R
Neupreis
46,-
2023

20,- (P)
W (7)
43

Herausgegeben von
PETRA GRIMM und OLIVER ZÖLLNER

Mitgegründet von
RAFAEL CAPURRO

Band 20

https://www.steiner-verlag.de/brand/Medienethik

Medien – Ethik – Digitalisierung

Aktuelle Herausforderungen

Herausgegeben von Petra Grimm,
Harald Pechlaner und Oliver Zöllner

Franz Steiner Verlag

Umschlagabbildung: Künstlicher Horizont, Foto: Petra Grimm.

Bibliografische Information der Deutschen Nationalbibliothek:
Die Deutsche Nationalbibliothek verzeichnet diese Publikation in der Deutschen
Nationalbibliografie; detaillierte bibliografische Daten sind im Internet über
dnb.d-nb.de abrufbar.

Dieses Werk einschließlich aller seiner Teile ist urheberrechtlich geschützt.
Jede Verwertung außerhalb der engen Grenzen des Urheberrechtsgesetzes
ist unzulässig und strafbar.
© Franz Steiner Verlag, Stuttgart 2023
www.steiner-verlag.de
Druck: Beltz Grafische Betriebe, Bad Langensalza
Gedruckt auf säurefreiem, alterungsbeständigem Papier.
Printed in Germany.
ISBN 978-3-515-13599-3 (Print)
ISBN 978-3-515-13601-3 (E-Book)
https://doi.org/10.25162/9783515136013

INHALTSVERZEICHNIS

Petra Grimm, Harald Pechlaner, Oliver Zöllner
Medien – Ethik – Digitalisierung. Multidisziplinäre Zugänge 7

Christopher Koska, Michael Reder
KI-gestützte Assistenz für moralische Konfliktsituationen.
Zur Algorithmisierung im Handlungsfeld der Kindeswohlgefährdung 19

Marina Moreno, Adriano Mannino, Nikil Mukerji
Krisenpotenziale der Künstlichen Intelligenz 37

Jan Mehlich
ELSI-SAT Health & Care: Ein Ethics-By-Design-Tool für Integrierte
Forschung und Technikentwicklung im Frühstadium 59

Marcel Schlegel
Das Inklusionskonzept aus Sicht der (digitalen) Ethik.
Werte, Funktionen und Schritte (zu) einer Inklusionsethik 77

Oliver Zöllner
Plünderung oder Sharing? Analyse eines moralisierten Diskurses
im digitalen Raum und die Frage der Wiederverwendung
von materiellen Gütern 109

Harald Pechlaner, Michael de Rachewiltz
Homo digitalis meets Homo montanus 135

Susanne Kuhnert
Wunderbare Ethik? Märchen als Bildungsmedium für eine
digitale Ethik 143

Mirjam Gruber, Valeria von Miller, Michael de Rachewiltz
Einfach nur heiß? Die visuelle Konstruktion einer Hitzewelle in Zeiten
der Klimakrise 163

Jan Doria
Zwischen Utopie und Dystopie: Künstliche Intelligenz als nichtstattfindendes Zentralereignis in Fernsehmagazinbeiträgen der ARD 175

Laura Braxmaier
    Querdenken 711 und nihilistische Haltungen. Die Zusammenfassung einer qualitativen Untersuchung nihilistischer Haltungen im Kontext des Verschwörungsglaubens in der Corona-Pandemie................................... 197

Kurzbiografien 219

MEDIEN – ETHIK – DIGITALISIERUNG

Multidisziplinäre Zugänge

Petra Grimm, Harald Pechlaner, Oliver Zöllner

Der vorliegende Band der Schriftenreihe „Medienethik | Digitale Ethik" fällt in eine Zeit, in der die Künstliche Intelligenz durch die öffentliche Zugänglichmachung von generativer KI, die vor allem durch das Programm ChatGPT-4 prominent wurde, eine erneute Hochkonjunktur erfährt. Symptomatisch für die Gegenwart ist aber auch ein scheinbar paradoxes Gefühl wehmütiger Nostalgie, das mit unserer ‚analogen' Vergangenheit assoziiert wird. So zeigte die Studie „Werte, Ängste, Hoffnungen. Das Erleben der Digitalisierung in der erzählten Alltagswelt" (2021) den überraschenden Befund, dass die analoge Zeit von vielen Befragten, und zwar altersübergreifend, als etwas Schätzenswertes konnotiert wird.[1] Viele der früheren Alltags- und Medienpraktiken werden zwar als anachronistisch, unwirklich oder bizarr markiert, zugleich aber als schön, ansprechend oder wünschenswert entworfen. Damit erfährt die ‚analoge' Vergangenheit letztlich eine *nostalgische Idealisierung*, in der nach Innen gerichtete Werte wie Harmonie, Ruhe oder Beschaulichkeit durchscheinen.

In dieses Bild einer „analogen Nostalgie"[2] fügt sich die Nachfrage nach handgemachten Produkten genauso ein wie etwa Polaroid-Fotos oder Vinylschallplatten – auch wenn sich deren Attraktivität keineswegs nur im Nostalgischen oder als Retrotrend erschöpft.[3] Sie können aber auch als Reaktionen auf die intensive Datenwirtschaft im Kontext eines „Überwachungskapitalismus"[4] gesehen werden, der im Westen von machtvollen Plattformen ausgeht und teilweise maßlos ist.[5] Ein Rückgriff auf Bekanntes, auf analoge Formen, die zudem den diffusen Hauch der ‚Authentizität' haben, kann in Zeiten großer und schneller Umbrüche eine angenehme Rückversicherung sein.[6] Die tiefgreifende Vernetzung, die die Digitalität ermöglicht, weitet zwar auch Handlungs- und Erfahrungsmöglichkeiten aus – bis allerdings auch hin zur Überforderung vieler Nutzenden.[7] In der Gegenwart werden vor diesem Hintergrund bereits erste kritische Überlegungen zu denkbaren Formen

---

1   Vgl. Grimm/Müller/Trost 2021.
2   Vgl. Schrey 2017.
3   Vgl. Lund et al. 2022.
4   Vgl. Zuboff 2018.
5   Vgl. Seemann 2021; Staab 2019.
6   Vgl. zum Authentizitätskonzept Schilling 2020.
7   Vgl. te Wildt 2015; Hepp 2022.

einer „Entnetzung" als „utopisches Gegenmodell zur digitalen Übervernetzung" formuliert.[8]

Dies erfolgt etwa mit Blick auf die wie auch eingedenk der zahlreich zu beobachtenden überhitzten Auseinandersetzungen im Netz, die aus Sicht einer liberalen Demokratie unerwünschte, destabilisierende Phänomene wie Hassrede, Fake News, Propaganda und Verschwörungsmythen hervorbringen.[9] Die Digitalität erfordert somit neue ethische Ansätze für das Leben im Zustand der permanenten Vernetzung im Kontext einer „tiefgreifenden Mediatisierung".[10]

1 DIE HERAUSFORDERUNG NEUER TECHNOLOGISCHER ENTWICKLUNGEN

Weiter als je zuvor rückt die prädigitale Vergangenheit weg, wenn nun sogenannte „AI Content Farmen"[11] beginnen, mit generativen KI-Beiträgen das Web zu fluten, die die Glaubwürdigkeit der (kostenlosen) Informationsmedien noch weiter unterminieren könnten, da deren Inhalte nicht selten falsch bzw. unwahr sind. Ob die massenhafte Verbreitung als Vorzeichen eines neuen grundlegenden Wandels des Web zu verstehen ist, bleibt zum gegenwärtigen Zeitpunkt offen. Nach dem Sprung vom ursprünglich freien zum kommerzialisierten Web des „Überwachungskapitalismus" wird nun womöglich durch eine sich verselbständigende Contentmaschinerie erneut eine Transformation der Digitalität erfolgen, die möglicherweise zu einem Strukturwandel in der Kreativ- und Kommunikationsbranche führt. Mit welchen Daten, Texten und Bildern werden die KI-Programme trainiert? Wer steuert und überwacht dies – und wie? Was ist, wenn immer mehr Texte und Bilder im Netz bereits von generativen KI-Programmen geschaffen und diese dann wiederum von anderen KI-Programmen als Grundlage für Text- oder Bildgenerationen verwendet werden? Den selbstreferenziellen Halluzinationen der *Large Language Models* (LLM)[12] wäre dann kaum noch beizukommen. In jedem Fall sind Jürgen Habermas' Ideen und Darlegungen zu einem „erneuten Strukturwandel der politischen Öffentlichkeit", gerade erst 2021 erschienen,[13] rasch weiterzuschreiben – und sicher über die Sphäre des Politischen hinaus tief ins Private.

Für das Medienvertrauen und damit die Basis einer liberalen Demokratie versprechen diese Entwicklungen nichts Gutes, vor allem wenn Verschwörungsmythen und Desinformation durch generative KI noch stärker verbreitet werden und damit nihilistische Einstellungen an Boden gewinnen.[14] Ein gewisser Nihilismus steckt bereits in der Vorstellung, überhaupt gesellschaftliche Steuerungsleistungen

---

8   Stäheli 2021, S. 422.
9   Vgl. Amlinger/Nachtwey 2022; Risse 2022; Zöllner 2020 sowie die Beiträge in Schicha et al. 2021.
10 Vgl. Hepp 2020.
11 Eisenbrand 2023.
12 Vgl. Bender et al. 2021; Bommasani et al. 2022; Esposito 2022; Mahowald et al. 2023.
13 Vgl. Habermas 2021.
14 Vgl. Braxmaier in diesem Band.

an Programme und ihre Algorithmen abzugeben: „Governance by nonhuman bureaucrats – otherwise knowns as algorithms – can make citizens feel safe from bias and prejudice and can make political leaders feel safe from being *accused* of being biased and prejudiced."[15] Der utilitaristische und letztlich reduktionistische (und nur allzu selten hinterfragte) Glauben an den Nutzen von KI-Instanzen führt in ethischer Sichtweise also auf eine Negation von Verantwortung zurück. Es erscheint bequemer (und kostengünstiger), sich etwa auf generative Textprogramme zu verlassen als auf professionelle menschliche Akteure. „Durch die automatisiert algorithmische Vermittlung können Akteure ihre Botschaften in höherer Auflösung an spezifische Zielgruppen richten und sich mit ihnen verbinden, die digitalen Formen der Konnektivität erschweren jedoch die für demokratische Prozesse notwendige Repräsentanz und Zurechenbarkeit von Mitteilungen an politische Akteure."[16] Eine unreflektierte Digitalisierung der Prozesse, die von öffentlichem Belang sind, kann die Grundlagen des Vertrauens in gemeinwohlorientierte Institutionen wie auch in die Medien erheblich erschüttern. Die Kaskaden an Krisen, die in den letzten Jahren zu bewältigen waren, haben hier bereits ihre Spuren hinterlassen, wie etwa ein Blick auf das Vertrauen in Medien zeigt: „Zwischen 2008 und 2019 hat sich die Zahl der Menschen, die den Medien bei wichtigen Dingen nicht vertrauten, etwa verdreifacht – von 9 auf 28 Prozent (…)."[17] Im gleichen Zeitraum stieg in Deutschland allerdings auch der Anteil der Personen, die den Medien vertrauen, von 29 auf 43 Prozent.[18] In einem solchen Kontext der zunehmenden Polarisierung von Haltungen könnte sich in Teilen der Bevölkerung auch wieder der Bedarf nach Qualitätsjournalismus erhöhen und die Bereitschaft steigen, hierfür zu zahlen. Notwendig ist hierüber aber ein gesellschaftlicher Konsens, der sich am Gemeinwohl orientiert und nicht bloß – im Privaten wie auch in kulturellen Leitbildern – an Kosten-Nutzen-Kalkulationen.

2 BREITES THEMENSPREKTRUM DER DIGITALEN ETHIK

Vor dem Hintergrund dieser aktuellen Beobachtungen im Dreiklang von „Medien – Ethik – Digitalisierung" repräsentiert der vorliegende Band das breite Themenspektrum im Umfeld einer Digitalen Ethik, die sich multidisziplinär orientiert. Ausgangspunkt hierfür war die Jahrestagung des Instituts für Digitale Ethik (IDE) an der Hochschule der Medien in Stuttgart, die in Kooperation mit dem Center for Advanced Studies von EURAC Research (Bolzano/Bozen) zum Thema „Zeit für Verantwortung: Digitalisierung nachhaltig gestalten" veranstaltet wurde. Die Ziele und Perspektiven beider Institute haben sich im Rahmen dieser Tagung ergänzt und gegenseitig befruchtet. So war es ein Anliegen des IDE, der Frage nachzugehen, wie die Digitalisierung global nachhaltig gestaltet werden kann – wie also die digitale Technik so designt werden kann, dass sie weniger Ressourcen verbraucht, sich

---

15 Gertz 2019, S. 184.
16 Donges 2022 S. 9.
17 Jackob et al. 2023, S. 46.
18 Vgl. ebd.

an sozialen und ökologischen Bedürfnissen ausrichtet und so einen Beitrag zu einem guten Leben auf der Erde für möglichst viele Menschen leistet.[19] Design verstanden als „Weltentwerfen"[20] ist also nicht bloß eine rein gestalterische, sondern auch eine politische, gesellschaftliche und, damit verknüpft, ethische Aufgabe.

Der vorliegende Band der Schriftenreihe „Medienethik" wird erstmals um den Untertitel „Digitale Ethik" ergänzt. Diese Betitelung soll der Tatsache gerecht werden, dass die Schriftenreihe aufgrund der zunehmenden Digitalisierung unserer Gesellschaft den Fokus auf die Themen einer Digitalen Ethik seit etwa zehn Jahren erweitert. Während der erste Band, der 2002 erschien, ein klassisches Medienethik-Thema behandelte („Menschenbilder in den Medien"), widmete sich der zweite Band 2003 bereits der „Ethik im Netz".[21] Im Zuge einer digitalen Transformation des Mediensystems, die vor allem durch digitale Plattformen und die sogenannten Sozialen Medien symbolisiert wird, hat sich auch der Bereich der Medienethik selbst ausgedehnt. So wächst der Anwendungsbereich der Medienethik immer mehr mit dem der Tech-Ethiken zusammen, die sich originär mit Informations- und Kommunikationstechnologien (IKT) befassen. Längst ist die Digitalität eine grundlegende „Struktur unserer Lebenswelt"[22]. Zum anderen nimmt die Digitale Ethik auch außermediale Anwendungsfelder in den Blick, z. B. Ethics by Design im Kontext des Gesundheits- und Pflegebereichs, in dem zunehmend KI-Anwendungen und Robotik eine Rolle spielen. Der Begriff „Digitale Ethik" kann somit als Synthese und Fortschreibung einer Medien- und Informationsethik verstanden werden, die den gesamten Bereich des Digitalen aus ethischer Sicht betrachtet und zahlreiche disziplinäre Verästelungen aufweist. Dazu gehört die ethische Gestaltung der Technologieanwendungen durch Ethics by Design ebenso wie die ethische Reflexion digitaler Medien und digitaler Artefakte wie bspw. Roboter, autonome Fahrzeuge, ‚smarte' Häuser und Städte wie auch digitale Angebote, Services und künstliche Systeme und Infrastrukturen. Überschneidungen mit den fachspezifischen Ethiken – Computerethik, Maschinenethik, Roboterethik, KI-Ethik, Algorithmenethik, Datenethik – sind naheliegend, da die Digitale Ethik sich ebenfalls mit den fokussierten Feldern dieser Tech-Ethiken befasst. Ebenso kann die Digitale Ethik auch in angrenzenden Bereichsethiken wie z. B. der Inklusionsethik hilfreiche Zugänge bieten.[23] Mit der Einrichtung des Instituts für Digitale Ethik (IDE) an der Hochschule der Medien Stuttgart im Januar 2014 wurde programmatisch ein Zelt für eine Ethik der Digitalisierung weit aufgespannt – ein Zelt, das in einem offenen und weiten Feld steht und zu Kooperationen einladen soll, um im Bild zu bleiben.

---

19 Vgl. auch Crawford 2021, S. 23–51; Devine 2019, S. 129–164.
20 von Borries 2016.
21 Vgl. Grimm/Capurro 2002; Capurro 2003.
22 Noller 2022, S. 9.
23 Vgl. hierzu Schlegel in diesem Band.

3 FORSCHUNGSANSÄTZE FÜR EINE MULTIDISZIPLINÄRE ETHIK

Ein wesentliches Anliegen der Schriftenreihe „Medienethik | Digitale Ethik" wie auch des IDE ist es, multidisziplinäre Perspektiven in Tagungen und Publikationen zusammenzuführen sowie diese in der Forschung durch einen integrativen Ansatz weiter zu entwickeln, der Ethik bereits von Beginn an implementiert. Deutet man die Vorzeichen der Zeit richtig, so werden neuere digitale Technologien wie generative KI (z. B. GPT-4) und Robotik noch mehr als bisher das berufliche und private Leben beeinflussen. Hierbei stellt sich die Frage: Wird der Mensch zentral in den Blick genommen, wenn diese Technologien in der Forschung entwickelt und angewendet werden? Integrierte Forschung bedeutet, ethische, rechtliche und soziale (*ethical, legal and social*; ELS) Aspekte bereits zu Beginn in den Projekten zu berücksichtigen. Es werden also nicht mehr wie bisher ELS-Aspekte nur ‚add-on', quasi als Sahnehäubchen oder nachträgliches Feigenblättchen, in Technikentwicklungsprojekte eingebracht, wie z. B. durch ein Gutachten oder eine Post-Design-Evaluation – womit allerdings eine Neu-Justierung hin zu einem werteorientierten Design nicht mehr möglich war, weil die Technik schon entwickelt wurde und gleichsam das Kind schon in den Brunnen gefallen war. Der integrierte Forschungsmodus sieht vielmehr vor, dass Fachleute aus der Technikentwicklung mit jenen aus den Bereichen Ethik und Recht kooperativ und interdisziplinär zusammenarbeiten und ein ethisch-rechtliches Monitoring den Projektverlauf kontinuierlich begleitet und den Entwicklungsprozess gleichberechtigt mitsteuert. Zudem sollen Stakeholder, indirekt Betroffene, Anwendende und Fachleute aus der Praxis, wenn möglich in Studien mit einbezogen werden.[24] Das Feld der KI „opens up an abyss of critical questions about human knowledge, human society, and the nature of human morality"[25]. Die Forschungsprojekte des Instituts für Digitale Ethik versuchen, diesen Ansatz einer integrierten Forschung in unterschiedlichen Themenfeldern zu etablieren.[26]

Das EURAC-Center for Advanced Studies stellt Multi- und Interdisziplinarität in den Mittelpunkt methodischer Fragen des Zusammenspiels unterschiedlicher Wissenschafts- und Forschungstraditionen sowie Disziplinen. Dabei konzentriert sich die Arbeit auf global-regionale Zusammenhänge unter besonderer Berücksichtigung von Schnittstellen zwischen Technologie und Gesellschaft. „Global Studies" und „Regional Studies" haben sich aus je unterschiedlichen disziplinären Zugängen entwickelt, dabei eine multi- und interdisziplinäre Praxis eingeübt und dadurch selbst wieder im Grunde Disziplinarität entwickelt. Die Kooperation mit dem IDE und die gemeinsame Herausgabe des vorliegenden Bandes stellen eine sehr gute Gelegenheit dar, den Versuch zu unternehmen, aktuelle technologische und gesellschaftliche Entwicklungen in Verbindung zueinander zu bringen, was nicht zuletzt durch den Zugang über Ethik gelingen kann. Medien, Ethik und Digitalisierung

---

24 Vgl. hierzu Mehlich in diesem Band.
25 Coeckelbergh 2020, S. 61.
26 Vgl. hierzu die Übersicht auf der Homepage des IDE: https://www.hdm-stuttgart.de/digitale-ethik/forschung.

stellen demzufolge ein geradezu ideales Feld für die Reflexion von Multi- und Interdisziplinarität dar.

Weshalb aber ist multi-, inter- und auch transdisziplinäre Forschung so wichtig für die Forschung? Hierfür gibt es mindestens zwei gute Argumente: Erstens das Argument des Sachzwangs, also der Tatsache, dass manche Problemstellungen derart komplex sind, dass sie nur durch einen interdisziplinären Zugang, unterschiedliche Perspektiven, Methoden usw. bearbeitet werden können. Sogenannte Querschnittsthemen wie Nachhaltigkeit oder Digitalisierung werden im Rahmen von komplexen Zusammenhängen, die sich wegen ihrer Vielschichtigkeit der Lösung durch einzelne Disziplinen entziehen, betrachtet – der adisziplinären Wirklichkeit wird mit interdisziplinärer Forschung begegnet. Interdisziplinarität ist kein Allheilmittel, sondern nur eine Möglichkeit, Entwicklungen zu analysieren und zu deuten. Das zweite Argument betrifft die Innovation: Wenn Disziplinengrenzen überschritten werden, entsteht ein kreatives Potenzial, da die Spezialisierung und Beschäftigung mit Detailfragen auch zu einer Entfremdung von der Praxis führen kann. Und schließlich kann Interdisziplinarität auch helfen, neue Blickweisen einzuführen. Ein Forschungsgegenstand kann mit den eigenen Methoden und Theorien einer Disziplin ergründet werden und bringt auch Erkenntnisfortschritt im disziplinären Rahmen, der notwendig ist, um wissenschaftliches Arbeiten sowie das methodische Vorgehen zu begründen; diese Legitimation verhilft der Erkenntnis zu Akzeptanz in Wissenschaft und Gesellschaft. Demgegenüber dient der Erkenntnisgewinn durch multi- und interdisziplinäre Forschung auch der Horizonterweiterung durch die Beschäftigung mit anderen Zugängen, Theorien und Methoden. Ob aus multidisziplinären Zugängen ernsthafte interdisziplinäre Bemühungen im Sinne einer Zusammenführung bzw. Integration von Methoden und Theorien entstehen, hat auch viel mit der Bereitschaft zu Reflexion zu tun, die insbesondere aufgrund der Problemstellung notwendig wird, dass sich ein Themenkomplex wie Digitalisierung kaum über einheitliche Definitionen erschließt. Eine gemeinsame Sprache zu finden mag dabei die größte Herausforderung sein, was zusätzlich die hohe Komplexität in der Zusammenschau von Medien, Ethik und Digitalisierung erahnen lässt und zugleich die Beschäftigung dieser Zusammenhänge erforderlich macht.

4 ÜBERSICHT ÜBER DIE BEITRÄGE IN DIESEM BAND

Christopher Koska und *Michael Reder* (Hochschule für Philosophie München) eröffnen den vorliegenden Band mit ihrem Blick auf „KI-gestützte Assistenz für moralische Konfliktsituationen", was sie am Beispiel eines Forschungsprojekts zur Algorithmisierung im Handlungsfeld der Kindeswohlgefährdung darlegen – konkret an der Frage, inwiefern die Sicherheit von Kindern und der Schutz ihres Wohlergehens durch den Einsatz von digitalen Assistenzsystemen in Jugendämtern verbessert werden kann. Es sei prinzipiell sinnvoll, über künstliche moralische Akteure nachzudenken, so die Autoren. Dabei gelte es aber, „konsequent zwischen den Dimensionen des Kalkulierens, Entscheidens und Handelns zu differenzieren". Koska und Reder zeigen aktuelle Grenzen, Chancen und Herausforderungen für die algorithmische Entscheidungsfindung in der sozialen Praxis und für die praxisorientierte Gestaltung von KI-gestützten Assistenzsystemen auf.

Marina Moreno, *Adriano Mannino* und *Nikil Mukerji* (Ludwig-Maximilians-Universität München) legen anschließend „Krisenpotenziale der Künstlichen Intelligenz" dar. Nach einem technikgeschichtlichen Blick zurück auf die Historie der KI und die intransparente Komplexität von KI-Technologie der Gegenwart umreißen die Autor:innen die kurz-, mittel- und langfristigen „Herausforderungen und Krisenszenarien" für den Einsatz solcher Programme. Während sich auf der politischen Ebene das gegenwärtige Fake-News-Problem „zu einem noch gefährlicheren Deepfakes-Problem auszuweiten" droht, stehe längerfristig stets auch die Frage im Raum, inwieweit dereinst künstliches Bewusstsein und Superintelligenz möglich sind. Die „Aufwärtsspirale" der Technologieentwicklung „könnte ein explosives Tempo annehmen", so der Beitrag, was aber „geschehen würde, wenn tatsächlich Milliarden übermenschlich leistungsfähiger Modelle auf wissenschaftlich-technische Fragen angesetzt werden sollten – einschließlich der Selbstoptimierung der KI –, lasse sich „kaum absehen".

Jan Mehlich (Rheinische Friedrich-Wilhelms-Universität Bonn) stellt in seinem Beitrag Ergebnisse zu einem Begleitforschungsprojekt zu ethischen, rechtlichen und sozialen Implikationen (ELSI) der Gesundheits-, Medizin- und Pflegetechnik vor, in dessen Rahmen mit einem Ethics-by-Design-Ansatz ein automatisiertes Screening- und Assessment-Tool (SAT) für integrierte Forschung und Technikentwicklung im Frühstadium entstanden ist. Kernidee des im Projekt entstandenen Tools ist die Differenzierung von ethischen, rechtlichen und sozialen Implikationen zu einem „besseren Verständnis und zur effektiveren Beratung bezüglich möglicher Forschungspfade und Technologiedesigns", das Mehlich an fünf technologieinduzierten Konfliktfeldern und Veränderungspotenzialen darlegt: Sie betreffen Gesundheitspolitik und Regulierung, ökonomische Faktoren, medizinische Berufe und den entsprechenden Arbeitsmarkt sowie Umwelt und Gesellschaft. Das entwickelte ELSI-Instrumentarium möge hierbei „nicht als Prüftool, sondern als Inspirations- und Lerntool verstanden werden", also als Reflexionsinstanz, so der Autor.

Einen Ethics-by-Design-Ansatz greift auch *Marcel Schlegel* (Hochschule der Medien Stuttgart) auf. In seinem Beitrag zum „Inklusionsparadigma aus Sicht der (Digitalen) Ethik" blickt er auf „Werte, Funktionen und Schritte (zu) einer Inklusionsethik". Er arbeitet dieses Konzept für die gesellschaftlich breite Eingliederung von Behinderten bzw. Menschen mit Beeinträchtigungen in drei Schritten aus: Zunächst fragt der Autor, welchen Blick überhaupt die Ethik auf das Inklusionskonzept wirft, „welche ethischen Traditionen darin zum Vorschein kommen" und welche Funktionen somit einer Inklusionsethik zukommen könnten. Daraufhin beschreibt Schlegel, „wie das Inklusionskonzept erweitert werden könnte, wenn sich der Gegenstandsbereich um Instrumente zur Verbesserung von digitaler Teilhabe vergrößert". Abschließend identifiziert und spezifiziert er „im Begründungsdiskurs referierte Werte von Inklusion", speziell auch solcher Werte, „die im Rahmen der Digitalisierung relevant werden".

In der Schnittmenge von gesellschaftlichen und ökologischen Diskursen ist der Beitrag von *Oliver Zöllner* (Hochschule der Medien Stuttgart) angesiedelt: „Plünderung oder Sharing?" Hier ist das Fallbeispiel auf den ersten Blick eher banal und sehr lokal – ein öffentlicher Büchertauschschrank in einem Stadtviertel im Ruhrgebiet –, weitet sich in einer am Ort ausgetragenen polarisierten und mit erheblichen Vorwürfen und Empörung aufgeladenen Social-Media-Diskussion allerding zu einem Konflikt, der auf größere gesellschaftliche Spaltungen verweist. Das unentgeltliche Teilen von Büchern, also die Wiederverwertung von ansonsten ungenutzten Gütern, wird im empirisch (per Diskursanalyse) und philosophisch (im Rückgriff auf Aristoteles sowie zeitgenössische Moralismusdebatten) nachgezeichneten Fall von einigen Bewohnern des Stadtteils als „Plünderung" skandalisiert. Dies lässt, so der Autor, bei den Diskutanten auf einen „selbstbezüglichen Moralismus" schließen. „Epistemische Irrtümer" führten „in Verbindung mit irrationalen kontrafaktischen Behauptungen zu einer maßlosen Übermaßkritik" – ein durchaus in vielen Online-Debatten zu beobachtender Befund, der auf Disruptionen im digitalen Raum verweist.

Harald Pechlaner und *Michael de Rachewiltz* (Center for Advanced Studies, EURAC Research, Bozen/Bolzano) skizzieren – ausgehend von der klassischen philosophischen Leitfrage, was der Mensch sei und wer ihn erklären könne – zwei mehr oder weniger entgegengesetzte ethisch fundierte Menschenbilder: den „Homo digitalis" und den „Homo montanus". Indem der Homo digitalis immer erreichbar sein wolle und im Dauermodus digitale Medien konsumiere, ermögliche er u. a. den „Überwachungskapitalismus" mit seinem problematischen Ausbeutungsgestus. Doch auch bei diesem Personenkreis wachse „die Sehnsucht nach Zeit, Ruhe, Spiritualität, der Einsamkeit und dem Abschalten". Der Homo montanus dagegen sei an einer rauen und unmittelbarer erfahrbaren Welt der Berge orientiert, in der die Menschen sich ein Wissen aneignen müssten, „das für das (Über-)Leben von zentraler Wichtigkeit ist": „In den Bergen zu leben bedeutet, Verantwortung zu zeigen gegenüber der Natur, denn auf sie kann man nur reagieren, was ein hohes Maß an Flexibilität und Einfühlungsvermögen braucht, Verantwortung aber vor allem auch gegenüber sich und dem menschlichen Umfeld." Ein Lösungsansatz, so die Autoren, liege „im mittleren Weg" der beiden Existenzformen: „Nachhaltigkeit und Digitalisierung finden gemeinsam den richtigen Rhythmus und ermöglichen so eine selbstbestimmte Lebenshaltung mit einer klaren Vorstellung vom guten Leben."

Susanne Kuhnert (Hochschule der Medien Stuttgart) führt unter dem Titel „Wunderbare Ethik?" die literarische Erzählform Märchen „als Bildungsmedium für eine digitale Ethik" ein – ein narrativer Ansatz, dem bisher in der Tat viel zu wenig Aufmerksamkeit gewidmet worden ist. Während die Psychoanalyse schon seit Längerem mit Märchen arbeite, um persönliche Konflikte zu verstehen und zu lösen, könne eine digitale Ethik, so die Autorin, „diese Methode aufgreifen, um Wertekonflikte der Digitalisierung zu thematisieren und um die Arbeit an der Konfliktlösung anzuregen" – und dies keineswegs nur für die Zielgruppe Kinder. Denn solche Erzählungen ermöglichten es, die Vorstellung eines „guten Lebens" anschaulich zu durchdenken, schreibt Kuhnert, die auch Mitherausgeberin und Koautorin des 2021 am IDE erschienenen Buchs zu „Märchen und Erzählungen der Digitalen Ethik" ist.[27] „Das Märchen bietet dabei als Gattung mehr Freiraum für die Phantasie als andere literarische Gattungen, weil das Übernatürliche als ‚normales' Element einfließen kann."

Mirjam Gruber, Valeria von Miller und *Michael de Rachewiltz* (Center for Advanced Studies, EURAC Research, Bozen/Bolzano) blicken auf eine enorm dringliche und diskursiv oft konflikthafte, aber reale Erzählung der Gegenwart: den Klimawandel. Ihr Beitrag „Einfach nur heiß? Die visuelle Konstruktion einer Hitzewelle in Zeiten der Klimakrise" analysiert die Eigenlogik der Bebilderung der Online-Berichterstattung über eine Hitzewelle in der Region Südtirol 2022. „Bilder von hungernden Eisbären, schmelzenden Gletschern, anhaltenden Dürren oder großflächigen Hochwassern gehören mittlerweile zur populären Bebilderung der Klimakrise in den Medien und darüber hinaus", so die Autor:innen. Aber wie wird eine an Ort und Stelle real erfahrbare Hitzewelle visuell dargestellt – und inwieweit werden in der journalistischen Berichterstattung konkrete Verbindungen zum Klimawandel gezogen? Der Beitrag kommt zu einem eher skeptischen Schluss: „Fotos von Menschen im Schwimmbad vermitteln (…) in der untersuchten Berichterstattung zur Hitzewelle eher positive Emotionen und stellen somit Gefahren für Mensch, Tier und Umwelt in den Hintergrund." Für eine verantwortungsvolle Orientierungsfunktion des Journalismus ist dies ein desaströser Befund.

Jan Doria (Hochschule der Medien Stuttgart) präsentiert in seinem Beitrag „Zwischen Utopie und Dystopie: Künstliche Intelligenz als nichtstattfindendes Zentralereignis (NSZE) in Fernsehmagazinbeiträgen der ARD" Befunde aus einer erzähltheoretisch fundierten Analyse der KI-Narrative im journalistischen Diskurs. Sie basieren auf einer klassischen Inhaltsanalyse (statistische Auswertung) und einer narrativ-semiotischen Korpusauswertung von 30 Magazinbeiträgen zum Thema im Zeitraum von Anfang 2020 bis Anfang 2021. „Die Fernsehmagazinbeiträge der ARD zum Thema Künstliche Intelligenz bilden im Untersuchungszeitraum", so der Autor, „eine hohe Vielfalt unterschiedlicher lebensweltlicher Kontexte ab." In seiner Stichprobe ließ sich dabei etwa ein Drittel der Beiträge einem utopisch geprägten und zwei Drittel einem dystopisch geprägten Metanarrativ zuordnen. Neben diesen beiden hauptsächlich prägenden Diskursorientierungen konnte Doria in den untersuchten TV-Beiträgen aber auch noch drei besonders auffällige sogenannte „narrative Mutationen" identifizieren: das „nichtstattfindende Zentralereignis", die „Verhinderung des Zentralereignisses" und das „semantische Gefängnis", für die er jeweils einen Definitionsvorschlag vorlegt.

Abschließend stellt *Laura Braxmaier* (Absolventin der Hochschule der Medien Stuttgart) Ergebnisse ihrer Bachelorarbeit zum Thema „Querdenken 711 und nihilistische Haltungen" vor, die Zusammenfassung ihrer „qualitativen Untersuchung nihilistischer Haltungen im Kontext des Verschwörungsglaubens in der Corona-Pandemie". Sie beleuchtet also die Verfestigung und tieferen Ursachen verschwörungstheoretischer Narrative während der Covid-19-Pandemie an einem prominenten lokalen Stuttgarter Beispiel. Auf der empirischen Ebene kommen hierfür sechs Tiefeninterviews mit teils exponierten Anhängern der Szene und das Auswertungs-

---

27 Vgl. Grimm/Kuhnert 2021.

verfahren der qualitativen Inhaltsanalyse zum Einsatz. Die Autorin legt schlüssig dar, dass die Ausprägung nihilistischer Haltungen mit dem Ausprägungsgrad der individuellen Verschwörungsmentalität in Zusammenhang stehen kann: „Je stärker die Verschwörungsmentalität der Probandinnen, desto ausgeprägter zeigten sich auch die nihilistischen Haltungen in ihren Aussagen und damit ein intensiverer politischer und epistemologischer Nihilismus sowie eine stärker ausgeprägte Herdenbildung wie auch die Tendenz zu einem passiven Nihilismus." Die Studie führt vor Augen, dass die Einstellungen der befragten „Querdenker" eindeutig „nihilistische Haltungen im Kontext des Verschwörungsglaubens aufweisen und diese keinesfalls zu verharmlosen sind." Für Analysen auch zukünftiger polarisierter gesellschaftspolitischer Diskurse ist diese Untersuchung instruktiv.

Bei Multidisziplinarität gibt es oft ein disziplinäres Nebeneinander auf demselben oder einem ähnlichen Themengebiet ohne strukturierte Zusammenarbeit oder irgendwelche Synthesebemühungen. Die eigentliche Interdisziplinarität ist an der Lösung komplexer Probleme durch Zusammenarbeit mehrerer Disziplinen interessiert. Zusammengesetzte Interdisziplinarität betrifft jene, wo drängende Probleme eine Zusammenarbeit motivieren (z.B. Klimaschutz, Globalisierung, Friedensforschung, aber auch Digitalisierung), wobei das Fachensemble durch den komplexen Problembereich zusammengehalten wird.[28] Die Studien im vorliegenden Band, die allesamt im Spannungsfeld von Medien, Ethik und Digitalisierungsprozessen angesiedelt sind, verweisen in ihrer Multidisziplinarität auf die notwendige Vielfalt an methodischen Zugängen. Das emergente Feld der Digitalen Ethik kann sich vor allem weiterentwickeln, wenn es über die weithin üblichen Fachgrenzen hinausblickt und Verknüpfungen – oder im Sinne der Digitalität: Vernetzungen – schafft. Dieser Sammelband will hierzu ein kleiner Beitrag sein.

BIBLIOGRAFIE

Amlinger, Carolin/Nachtwey, Oliver (2022): Gekränkte Freiheit. Aspekte des libertären Autoritarismus. Berlin: Suhrkamp.
Bender, Emily M./Gebru, Timnit/McMillan-Major, Angelina/Shmitchell, Shmargaret (2021): On the dangers of stochastic parrots: Can language models be too big? In: FAccT '21. Proceedings of the 2021 ACM Conference on Fairness, Accountability, and Transparency, March 3–10, 2021, S. 610–623. https://doi.org/10.1145/3442188.3445922.
Bommasani, Rishi/Hudson, Drew A./Adeli, Ehsan et al. (2022): On the opportunities and risks of foundation models. In: arXiv:2108.07258v3. https://arxiv.org/abs/2108.07258.
Borries, Friedrich von (2016): Weltentwerfen. Eine politische Designtheorie. Berlin: Suhrkamp.
Capurro, Rafael (2003): Ethik im Netz (Medienethik, Bd. 2). Stuttgart: Steiner.
Coeckelbergh, Mark (2020): AI ethics. Cambridge, London: MIT Press.
Crawford, Kate (2021): Atlas of AI: Power, politics, and the planetary costs of artificial intelligence. New Haven, London: Yale University Press.
Devine, Kyle (2019): Decomposed: The political ecology of music. Cambridge, London: MIT Press.
Donges, Patrick (2022): Digitalisierung der politischen Kommunikation. Folgen der automatisiert algorithmischen Vermittlung auf die Sichtbarkeit und Zurechenbarkeit des Politischen. In: Köl-

---

28 Vgl. Jungert et al. 2013.

ner Zeitschrift für Soziologie und Sozialpsychologie 74 (Suppl 1), S. 209–230. https://doi.org/10.1007/s11577-022-00834-7.

Eisenbrand, Jochen (2023): Mehr als 200 neue Schrott-Websites: Kommen jetzt die AI Content Farmen? Online: https://omr.com/de/daily/ai-content-farmen/ (letzter Zugriff: 29.06.2023).

Esposito, Elena (2022): Artificial communication: How algorithms produce social intelligence. Cambridge/London: MIT Press. https://doi.org/10.7551/mitpress/14189.001.0001.

Gertz, Nolen (2019): Nihilism. Cambridge, London: MIT Press.

Grimm, Petra/Capurro, Rafael (Hrsg.) (2002): Menschenbilder in den Medien – ethische Vorbilder? (Medienethik, Bd. 1). Stuttgart: Steiner.

Grimm, Petra/Müller, Michael/Trost, Kai Erik (2021): Werte, Ängste, Hoffnungen. Das Erleben der Digitalisierung in der erzählten Alltagswelt. Baden-Baden: Academia.

Grimm, Petra/Kuhnert, Susanne (Hrsg.) (2021): Märchen und Erzählungen der Digitalen Ethik. Stuttgart: Institut für Digitale Ethik. https://hdms.bsz-bw.de/frontdoor/deliver/index/docId/6693/file/maerchenbuch.pdf (letzter Zugriff: 29.06.2023).

Habermas, Jürgen (2021): Überlegungen und Hypothesen zu einem erneuten Strukturwandel der politischen Öffentlichkeit. In: Martin Seeliger/Sebastian Sevignani (Hrsg.): Leviathan 37 (Sonderband), Baden-Baden: Nomos, S. 470–500. https://doi.org/10.5771/9783748912187.

Hepp, Andreas (2020): Deep mediatization. London, New York: Routledge.

Hepp, Johannes (2022): Die Psyche des Homo Digitalis. 21 Neurosen, die uns im 21. Jahrhundert herausfordern. München: Kösel.

Jackob, Nikolaus/Schultz, Tanjev/Jakobs, Ilka/Quiring, Oliver/Schemer, Christian/Ziegele, Marc/Viehmann, Christina (2023): Medienvertrauen in Deutschland. Bonn: Bundeszentrale für politische Bildung.

Jungert, Michael/Romfeld, Elsa/Sukopp, Thomas/Voigt, Uwe (Hrsg.) (2013): Interdisziplinarität. Theorie, Praxis, Probleme. 2. Aufl. Darmstadt: Wissenschaftliche Buchgesellschaft.

Lund, Holger/Michel, Burkard/Zöllner, Oliver (2022): Die Vinylschallplatte als Zeichen- und Handlungsträger gesellschaftlicher Transformationen in der Digitalisierung. In: Christian Schwarzenegger/Erik Koenen/Christian Pentzold/Thomas Birkner/Christian Katzenbach (Hrsg.): Digitale Kommunikation und Kommunikationsgeschichte. Perspektiven, Potentiale, Problemfelder (Digital Communication Research, Bd. 10). Berlin: Böhland & Schremmer, S. 343–373. https://doi.org/10.48541/dcr.v10.13.

Mahowald, Kyle/Anna A. Ivanova/Idan A. Blank/Nancy Kanwisher/Joshua B. Tenenbaum/Evelina Fedorenko (2023): Dissociating language and thought in large language models: A cognitive perspective. In: ar-Xiv:2301.06627. https://doi.org/10.48550/arXiv.2301.06627.

Noller, Jörg (2022): Digitalität. Zur Philosophie der digitalen Lebenswelt (Schwabe reflexe, Bd. 75). Basel: Schwabe.

Risse, Mathias (2022): Artificial intelligence and the past, present, and future of democracy. In: Silja Voeneky/Philipp Kellmeyer/Oliver Mueller/Wolfram Burgard (Eds.): The Cambridge handbook of responsible artificial intelligence: Interdisciplinary perspectives. Cambridge, New York, Port Melbourne, New Delhi, Singapore: Cambridge University Press, S. 85–103. https://doi.org/10.1017/9781009207898.009.

Schicha, Christian/Ingrid Stapf/Saskia Sell (Hrsg.) (2021): Medien und Wahrheit. Medienethische Perspektiven auf Desinformation, Lügen und „Fake News" (Kommunikations- und Medienethik, Bd. 15). Baden-Baden: Nomos.

Schilling, Erik (2020): Authentizität. Karriere einer Sehnsucht. München: Beck.

Schrey, Dominik (2017): Analoge Nostalgie in der digitalen Medienkultur. Berlin: Kadmos.

Seemann, Michael (2021): Die Macht der Plattformen. Politik in Zeiten der Internetgiganten. Berlin: Links.

Staab, Philipp (2019): Digitaler Kapitalismus. Markt und Herrschaft in der Ökonomie der Unknappheit. Berlin: Suhrkamp.

Stäheli, Urs (2021): Soziologie der Entnetzung. Berlin: Suhrkamp.

te Wildt, Bert (2015): Digital Junkies. Internetabhängigkeit und ihre Folgen für uns und unsere Kinder. München: Droemer.

Zöllner, Oliver (2020): Klebrige Falschheit. Desinformation als nihilistischer Kitsch der Digitalität. In: Petra Grimm/Oliver Zöllner (Hrsg.): Digitalisierung und Demokratie. Ethische Perspektiven (Medienethik, Bd. 18). Stuttgart: Steiner, S. 65–104.

Zuboff, Shoshana (2018): Das Zeitalter des Überwachungskapitalismus. Aus dem Englischen von Bernhard Schmid. Frankfurt/New York: Campus.

KI-GESTÜTZTE ASSISTENZ FÜR MORALISCHE KONFLIKTSITUATIONEN

Zur Algorithmisierung im Handlungsfeld der Kindeswohlgefährdung

Christopher Koska, Michael Reder

1 EINLEITUNG

Das weitläufig bekannteste Gedankenexperiment im Zusammenhang mit moralisch kalkulierenden Algorithmen basiert auf dem sogenannten Trolley-Problem. Juristen und Philosophen beschäftigen sich seit fast 100 Jahren mit der moralphilosophischen Bewertung diverser Varianten dieses Problems.[1] Durch die Inbetriebnahme der Online-Plattform *moral machine*[2] wurde der ethische Diskurs in den letzten Jahren geöffnet und die Anzahl denkbarer Szenarien zugleich enorm gesteigert. Aus einer Datenbank mit ca. 26 Millionen Möglichkeiten lassen sich inzwischen verschiedenste Szenarien für selbstfahrende Fahrzeuge generieren.[3] Mit einem einzigen Klick können die Besucher:innen der Website dann zwischen unvermeidbaren Schadensfolgen abstimmen. 40 Millionen Entscheidungen wurden bis zur Veröffentlichung des Nature-Artikels von Awad et al. (2018) bereits gesammelt und ausgewertet.[4] Die Notwendigkeit zur Öffnung des Diskurses begründen die Autoren:innen folgendermaßen: „Decisions about the ethical principles that will guide autonomous vehicles cannot be left solely to either the engineers or the ethicists (…) both groups will need to understand the origins of the ethical principles that are programmed into these vehicles. In other words, even if ethicists were to agree on how autonomous vehicles should solve moral dilemmas, their work would be useless if citizens were to disagree with their solution. (…) Any attempt to devise artificial intelligence ethics must be at least cognizant of public morality."[5]

Gegen das *moral machine experiment* lässt sich u. a. einwenden, dass diese Form der theoretischen Auseinandersetzung (mit den unterschiedlichsten Varianten des Trolley-Problems) den Blick auf die Praxis (des Datensammelns) in der Automobilbranche verstellt.[6] Im Rahmen dieses Beitrags wird gezeigt, welchen Mehr-

---

1   In seiner ursprünglichen Form (vgl. Engisch 1930) beschreibt das Experiment eine Situation, in der ein Weichensteller durch den Wechsel der Fahrspur (einer Straßenbahn) einen Unfall mit Todesopfern zwar nicht verhindern, aber die Zahl der Opfer verringern könnte.
2   Siehe online: https://www.moralmachine.net (Abfrage: 10.11.2022).
3   Awad et al. 2018, S. 65.
4   Vgl. ebd., S. 59.
5   Ebd.
6   Vgl. Koska 2018, S. 67–90.

wert die Analyse von authentischen Daten (hier: Fallakten von Jugendämtern) für die algorithmische Entscheidungsfindung in der sozialen Praxis bietet und welche Funktion die Beschäftigung mit fiktiven Szenarien (synthetischen Daten) einnehmen kann. Ziel ist es, die Chancen und Herausforderungen von KI-gestützten Entscheidungssystemen in hoch konfliktiven Situationen auszuloten, um ein besseres Verständnis darüber zu erlangen, welche Software-Applikationen in welchen Bereichen und unter welchen Bedingungen aus moralischen Gründen sinnvollerweise eingesetzt werden können – und wo ihr Einsatz begrenzt werden muss. Der Beitrag schließt an die Ausgangsfrage des transdisziplinären Forschungsverbunds KAIMo (Kann ein Algorithmus moralisch kalkulieren?)[7] an und diskutiert die skizzierte Fragestellung mit Blick auf die digitale Operationalisierung im Feld der Kindeswohlgefährdung.

Es wird zunächst dargelegt, warum es prinzipiell sinnvoll ist, über *artificial moral agents* nachzudenken. Dabei gilt es, so lautet eine zentrale These des Beitrags, konsequent zwischen den Dimensionen des Kalkulierens, Abwägens, Entscheidens und Handelns zu differenzieren. Anknüpfend daran folgt eine problemorientierte Beschreibung der Forschungsfrage des Konsortialprojekts KAIMo sowie des aktuellen Prototyps. Insbesondere wird darüber nachgedacht, inwiefern die Sicherheit von Kindern und der Schutz ihres Wohlergehens durch den Einsatz von digitalen Assistenzsystemen in Jugendämtern verbessert werden kann. Aufbauend auf diesen Erkenntnissen werden in einem nächsten Schritt, aktuelle Grenzen, Chancen und Herausforderungen für die algorithmische Entscheidungsfindung in der sozialen Praxis reflektiert. Abschließend soll in einem vierten und letzten Schritt eine praxisorientierte Gestaltungperspektive für KI-gestützte Assistenzsysteme aufgezeigt werden.

2 DIFFERENZIERUNG ZWISCHEN KALKULIEREN, ABWÄGEN, ENTSCHEIDEN UND HANDELN

Seit gut 20 Jahren wird unter dem Stichwort „Engineering Artificial Moral Agents"[8] intensiv darüber nachgedacht, ob künstliche Intelligenz eine sehr spezifische menschliche Eigenschaft übernehmen kann, und zwar die, moralisch zu handeln. Hintergrund dieser Diskussion waren technische Entwicklungen, die der Maschine scheinbar mehr und mehr so etwas wie ‚autonomes Handeln' ermöglichten. Maschinen haben im Zuge dessen nicht nur standardisierte, automatisierte Prozesse übernommen, sondern durch die ihnen spezifische Trainings- und Lernfähigkeit auch neue Räume erschlossen, die handlungsanalog zu sein scheinen. Mit diesen

---

7   Das Projekt wird vom Bayerischen Forschungsinstitut für Digitale Transformation (bidt) über einen Zeitraum von drei Jahren (von Januar 2021 bis Dezember 2023) gefördert. Projektkonsortium: Technische Hochschule Nürnberg, Hochschule für Angewandte Wissenschaften Würzburg-Schweinfurt und Hochschule für Philosophie München. Weitere Infos siehe: https://www.kaimo.bayern (Abfrage: 10.11.2022).
8   Siehe etwa Floridi/Sanders 2004; Wallach/Allen 2009; Misselhorn 2018; Brieger 2018; Weber 2018 und van Wynsberghe/Robbins 2019.

Möglichkeiten zu eigenständigem Handeln wird nun die Frage relevant, ob die Maschine auch etwas tun kann, was eigentlich nur der Mensch tun kann, nämlich moralisch zu entscheiden und zu handeln.

Katharina Zweig hat in diesem Zusammenhang auf einige grundlegende Probleme hingewiesen.[9] Denn die Informatik braucht eine formalisierte Definition von normativen Begriffen. Erst dann können diese in einen digitalen Code übersetzt werden. Die philosophische Frage nach der Normativität ist jedoch selten so binär, wie sie die Informatik gerne hätte. Normative Konflikte sind oft kompliziert; zudem verändern sie sich zeitlich schnell und können deswegen nur selten in einer eindeutigen und zeitlosen Heuristik theoretisch gefasst werden. Dies gilt auch für Normen selbst. Viele Normen sind oft so formal, weil nur so ihre Allgemeingültigkeit begründet werden kann. Wenn diese Normen dann material gefüllt werden – wenn beispielsweise diskutiert wird, was genau Kindeswohl inhaltlich meint – ist diese Eindeutigkeit schnell begrenzt. Mit Blick auf verschiedene soziale, kulturelle oder zeitliche Kontexte und mit Blick auf den Einzelfall werden dann Normen oft unterschiedlich material gefüllt. Diese Kontextualität und auch inhärente Dialektik von Normativität widersprechen der binären Logik der digitalen Technologie.

Die Frage ist, ob und wo die Möglichkeiten und Grenzen einer Übersetzung zwischen der Sphäre des Normativen und des Digitalen liegen. Einerseits wird im aktuellen Diskurs oft betont, dass Maschinen durch die digitale Verarbeitung menschlichen Entscheidens und Handelns dessen Verhalten reproduzieren können. Andererseits betonen Philosoph:innen und auch viele Praktiker:innen, dass angesichts komplexer Konfliktlagen sich der Einzelfall meist anders darstellt.[10] Eine ethisch begründete Entscheidung zu fällen, bedeutet, unabhängig von diesen Situationen *und gleichzeitig* kontextsensibel zu reflektieren und auf der Basis überzeugender Argumente zu entscheiden. Entscheidungssituationen sind dann moralisch besonders komplex und schwierig, wenn mindestens zwei oder sogar mehrere normative Positionen einander gegenüberstehen, die letztlich unvereinbar sind. Ethisch betrachtet gibt es dann oftmals keine eindeutige Lösung, obwohl man sich entscheiden muss. Moralische Entscheidungen sind für Menschen dann besonders überzeugend, wenn sie kohärent, logisch gültig und plausibel sind. Zentral dabei ist, dass es vor dem skizzierten Kontext gute Gründe gibt, die andere Personen verstehen und die die Situation der betroffenen Menschen verbessern.

In diesem Zusammenhang ist es wichtig, verschiedene Arten von moralischen Konflikten zu unterscheiden. Moralische Dilemmata liegen dann vor, wenn zwei moralische Forderungen sich gegenseitig ausschließen und nicht beide gleichzeitig verfolgt werden können. Auflösbare moralische Konflikte liegen wiederum vor, wenn Konflikte zum Beispiel durch neue Informationen oder die Entdeckung von Fehlern gelöst werden können. Diese beiden Typen von moralischen Konflikten stehen für die Frage nach *artifical moral agents* nicht im Fokus. Besonders wichtig

---

9 Siehe Zweig 2019.
10 Im deutschsprachigen Diskurs wurde diese Beobachtung u. a. als „kollektive Dimension von Algorithmen" (Jaume-Palasí/Spielkamp 2017: 2) beschrieben, als eine Form der „numerischen Allgemeinheit" (Heesen 2018: 47) charakterisiert und zuletzt auch unter dem Aspekt der „Gruppenhaft" (Mühlhoff 2022) diskutiert.

ist vielmehr ein dritter Typ von moralisch gewichtigen Konflikten. Diese sind entscheidbar; allerdings stehen auf allen Seiten gewichtige moralische Forderungen, die teils zu verschiedenen Perspektiven auf den Konfliktfall werden. Gerade unter sozialen Gesichtspunkten ist dieser dritte Typus umstritten und kann massive Folgen für die Betroffenen haben. Es wird gegenwärtig mit Blick auf unterschiedliche Konfliktfelder analysiert und diskutiert, ob und inwiefern Maschinen diese Abwägung und Entscheidung moralischer Konfliktsituationen unterstützen oder gar übernehmen können.[11]

Um die möglichen Funktionsweisen digitaler Technologien bestmöglich bestimmen zu können, ist es in diesem Zusammenhang wichtig, zwischen dem Kalkulieren, Abwägen, Entscheiden und Handeln zu unterscheiden. Beim Entscheiden geht es darum, den Konflikt aufzulösen. Angesichts verschiedener Optionen soll herausgefunden werden, welche davon die beste ist, um den Konflikt zu lösen. Angesichts der Kindeswohlgefährdung ist dies der Konflikt zwischen Kindeswohl und dem Recht der Eltern auf Erziehung. Durch die Abwägung des Konflikts mit Blick auf die konkreten Umstände wird dann entschieden, ob ein Kind aus der Familie heraus- und in Inobhutnahme gegeben werden soll. Bezüglich digitaler Assistenzsysteme spielt die Entscheidungsdimension für unsere Überlegungen keine zentrale Rolle. Denn abgesehen davon, dass sich Maschinen in kein normativ-wollendes Verhältnis zu bestimmten Werturteilen setzen können,[12] obliegen die Entscheidungen besonders weitreichender und v. a. auch Grundrechte betreffender Konflikte in einem Rechtsstaat letztlich immer der Judikative. Dieses Feld bleibt also der menschlichen Entscheidungsfähigkeit, in diesem Fall den Richter:innen, überlassen.

Eine weitere Dimension ist die der Handlung. Dabei geht es um eine möglichst angemessene und überzeugende Bewältigung des Konflikts durch einzelne konkrete Gestaltungsschritte. Nach einer Entscheidung setzen Menschen diese handelnd um. Beispielsweise indem die spezifischen Kontexte einer Konfliktsituation angemessen reflektiert und in den entsprechenden Handlungsschritten mitbedacht werden. Auch diese Dimension spielt für die moralische Maschine gegenwärtig noch keine zentrale Rolle. Denn insbesondere wenn es um die Anerkennung moralischer Werte geht, bleibt festzuhalten: *There is no "I" in "Robot"*[13], das über die Fähigkeit der personalen Selbstbestimmung verfügt und von diesem reflektierenden Standpunkt aus die Grundfragen der Ethik: „Was sollen wir tun?", „Wie sollen wir handeln?" angehen könnte.[14] Assistenzsysteme können lediglich das Handeln von Menschen unterstützen, aber nicht selbst als moralische Akteure in Erscheinung treten.

Die zentrale Dimension scheint vielmehr die der moralischen Abwägung zu sein, die *vor* der Entscheidung und der Handlung liegt, diese aber auch begleiten

---

11   Siehe z. B. Cornelissen et al. 2022; Meier et al. 2022; Coin/Dubljević 2022 und Gundersen/Bærøe 2022.
12   Autonome Maschinen agieren „von selbst", aber nicht „aus sich selbst", wie der Natur- und Technikphilosoph Benjamin Rathgeber in seiner Antrittsvorlesung an der Hochschule für Philosophie dargelegt hat.
13   Vgl. Grau 2006.
14   Vgl. Koska (im Druck).

kann. In einer eher technischen Semantik geht es um die moralische *Kalkulation*. Durch die Verarbeitung von Daten jedweder Art (z. B. früherer Handlungen oder Entscheidungen) systematisiert das digitale Assistenzsystem den Konflikt, um die moralisch relevanten Dimensionen des Konflikts zu erfassen und algorithmisch zu operationalisieren. In diesem Zusammenhang geht es letztlich um die Übertragung von früheren moralischen Konflikten auf den aktuellen Konflikt mit dem Ziel einer Verbesserung der Einschätzung und Abwägung – eben der moralischen Kalkulation. Da sich *artifical moral agents* aber in kein normativ-wollendes Verhältnis zu bestimmten ‚Weltzuständen' setzen können, verbleibt die Letztentscheidungsbefugnis zwangsläufig bei uns Menschen – und die Anforderungen bezüglich der Transparenz, Steuerung und Kontrolle algorithmischer Entscheidungshilfen, die im internationalen Diskurs derzeit v. a. unter dem Label *meaningful human control*[15] besprochen werden, gewinnen an besonderer Relevanz.

3 DIE AKTUELLE PROBLEMLAGE BEI DER EINSCHÄTZUNG VON KINDESWOHLGEFÄHRDUNGEN

Der Ausgangspunkt des Forschungsverbundes KAIMo („Kann ein Algorithmus moralisch kalkulieren") ist, dass Normen das Handeln der Menschen leiten. In modernen Gesellschaften spielt die strukturelle Ebene dabei eine besonders wichtige Rolle.[16] Insbesondere sollen die Institutionen, die gesellschaftliches Leben orientieren, normativ begründete Kriterien erfüllen. Angesichts der fortschreitenden digitalen Möglichkeiten stellt sich die Frage, welche institutionellen Prozesse digital unterstützt oder gar von Maschinen ersetzt werden können. Für selbstlernende Systeme, die sich an gut begründeten moralischen Normen orientieren, sind konfliktreiche Situationen besonders gut geeignet. Denn in komplexen Konfliktsituationen müssen Institutionen in kurzer Zeit und mit begrenzten Mitteln ethisch und rechtlich begründete Entscheidungen treffen. Können Algorithmen Institutionen aber gerade in solchen konfliktreichen Situationen unterstützen, moralisch zu kalkulieren und damit ethisch fundierte Entscheidungen vorbereiten?

Konkret geht es in dem vorliegenden Projekt um die Bewertung der Jugendämter hinsichtlich potenzieller Risiken für das Kindeswohl.[17] Bei Konflikten in Familien um das Wohl der Kinder entscheiden letztlich Gerichte auf der Basis der Vor-

---

15 Vgl. Santoni de Sio/van den Hoven 2018; Mecacci/Santoni de Sio 2020; Cornelissen et al. 2022.
16 Vgl. Gutwald et al. 2021.
17 Die Problematik von KI-gestützten Vorhersagen und Entscheidungen wurde in der Literatur intensiv diskutiert, zum Beispiel im Hinblick auf die Berechnung der Rückfälligkeit von Straftäter:innen oder die Klassifizierung von Terrorist:innen. Innerhalb der Fachdiskussion scheint die Debatte hier aber weniger emotional zu sein (siehe z. B. Eubanks 2018, Gillingham 2019 und Keddell 2019). Möglicherweise liegt dies daran, dass der Konflikt in diesem Handlungskontext anders gelagert ist: Es geht nicht darum, eine negative Bewertung von Straftäter:innen oder Terrorist:innen vorzunehmen, sondern um die digitale Unterstützung zum Schutz des Kindeswohls. Damit werden digitale Technologien weniger zum Ausschluss als zum Schutz eingesetzt (wobei damit natürlich auch Ausschlüsse im Sinne einer Inobhutnahme für die Familien verbunden sein können).

bereitungen der Jugendämter, ob das Kind gefährdet ist und welche Maßnahmen zu ergreifen sind. Das Jugendamt spielt bei der Beurteilung von Kindeswohlgefährdung eine zentrale Rolle. Besteht der Verdacht, dass das körperliche oder seelische Wohl eines Kindes oder Jugendlichen gefährdet ist, ist es Aufgabe des örtlichen Jugendamtes, diese Gefährdung auf der Basis von Gesprächen mit den Betroffenen zu beurteilen. Die Jugendämter schlagen im begründeten Krisenfall verschiedene Maßnahmen zum Schutz des Kindes vor: von Beratungsdiensten bis zur Herausnahme des Kindes aus der Familie und die Inobhutnahme.

Der Forschungsverbund untersucht, ob und inwiefern normative Kriterien, die das Handeln von Jugendämtern leiten, in Algorithmen übersetzt werden können und ob digitale Tools das institutionelle Handeln unterstützen können. Dies erscheint einerseits angesichts der Komplexität der Situation, des betroffenen Rechtskonflikts und der Reichweite der Entscheidung nicht unproblematisch. Es ist aber andererseits angesichts eben dieser Tragweite des Konflikts und begrenzter personeller und Zeitressourcen in den Institutionen auch sinnvoll zu fragen, ob solche digitalen Systeme eine Hilfe sein können, um die Entscheidungen mit Bezug auf gesellschaftliche Normen transparent und fundiert zu treffen. Damit eröffnet das Forschungsprojekt auch eine grundlegende Reflexion über das Spannungsverhältnis zwischen Ethik, Recht und Digitalisierung insgesamt.

Digitale Unterstützungsverfahren können grundsätzlich den Arbeitsalltag der Sozialarbeiter:innen entlasten, so eine Ausgangsthese des Projektes. Durch spezifische Formen der Analyse und visuellen Aufarbeitung des Falles auf der Basis vorheriger Fälle kann eine schnellere, transparente und auch effizientere Bearbeitung der Fälle möglich werden. Dies kann langfristig auch zu einer Verringerung der Arbeitsbelastung der Fachkräfte führen. Gleichzeitig können digitale Tools auch für die betroffenen Kinder und Familien ein Hilfsangebot darstellen, weil sie die Entscheidungen besser nachvollziehen können. Die dem Projekt zugrunde liegende These ist also: Eine algorithmische Entscheidungshilfe kann den Entscheidungsprozess um das Kindeswohl um eine datenbasierte Ebene ergänzen.

Neue Technologien können aber nicht einfach einer sozialen Praxis übergestülpt werden. Denn dann entstehen vielfältige Gefahren der Ablehnung oder auch des fehlerhaften Einsatzes.[18] Es gilt zudem immer implizite Bias-Formen ernst zu nehmen. Denn so wie im individuellen und kollektiven menschlichen Handeln immer wieder Formen (struktureller) Ungerechtigkeit auftreten, so werden sie auch in den Technologien reproduziert, die letztlich immer auf Basis bestehender menschlicher Handlungen und Einschätzungen entwickelt wurden.

Deshalb ist eine wichtige Einschränkung bei der Diskussion um *artifical moral agents* von Beginn an zu betonen: Es geht weder um Vorhersagealgorithmen noch um Systeme, die institutionelle Entscheidungen übernehmen. Solche KI-gestützten Vorhersagen und Entscheidungen sind höchst problematisch, wie zahlreiche Beispiele (u. a. zur Berechnung der Rückfälligkeit von Straftäter:innen oder zur Klassifizierung von Terrorist:innen)[19] zeigen. Das bedeutet jedoch nicht, dass digitale

---

18 Vgl. Bastian/Schrödter 2019.
19 Vgl. Zweig et al. 2018.

Unterstützung deshalb aus diesen Feldern institutionellen Handelns ganz ausgeschlossen werden sollten. Vielmehr geht es um einen verantwortungsvollen Umgang mit neuen Technologien: Wo können sie Entscheidungen unterstützen? Wo stellen sie ein Risiko dar? Und wo müssen sie begrenzt werden?

Aus diesen Gründen spricht der Forschungsverbund von digitalen *Assistenzsystemen*. Maschine sollen menschliche Entscheidung nicht ersetzen, aber sie sollen helfen, Entscheidungen besser, d. h. transparenter, schneller und effizienter zu fällen. Dabei geht es auch um eine Einbindung dieser digitalen Assistenzsysteme in bestehende Praktiken. Diese Fragen sind mindestens genauso wichtig, wie die Entwicklung der neuen Technologien selbst.

Die praktische Philosophie zielt in diesem Forschungskontext der Kindeswohlgefährdung auf eine umfassende Reflexion des menschlichen Verhaltens. Es geht beispielsweise um die Aufdeckung und Reflexion normativer Implikationen von Konfliktfällen und die Diskussion darüber, wie normative Kriterien zum Schutz des Kindeswohls begründet und umgesetzt werden können. Aus philosophischer Perspektive verfolgt der Forschungsverbund einen pragmatischen Ansatz: Es geht zuerst um die konzeptionelle Fassung der verschiedenen normativen Dimensionen im Bereich der Kindeswohlgefährdung. Die auf dieser Basis entwickelten ethischen Konzepte werden in einem evaluativen Prozess an der Realität der Sozialen Arbeit überprüft und dann in die digitalen Assistenzsysteme implementiert.

Den institutionellen Entscheidungen liegt dabei meist ein liberales Standardmodell für die Bewertung des Risikos für das Kindeswohl und die Frage der Intervention zugrunde. Dieses Modell wiederum basiert auf wesentlichen Annahmen eines westlich-gesellschaftlichen Selbstverständnisses. Beispielsweise sind liberale Differenzierungen, wie die Unterscheidung zwischen öffentlich und privat, in den westlichen Gesellschaften sehr einflussreich, wenn es um das Recht geht, die eigenen Kinder zu erziehen. In dem Standardmodell entsteht der moralische Hauptkonflikt vor diesem Hintergrund vor allem zwischen den Rechten der Eltern auf eigene Erziehung und dem gesamtgesellschaftlichen Anspruch, das Wohl der Kinder zu schützen. Gleichzeitig erkennt der Staat aber auch sehr wohl eine Privatsphäre an, in der Eltern ihren Nachwuchs gewissermaßen ‚ungestört' aufziehen können sollen. Das Wohlergehen von Kindern ist deshalb in erster Linie eine private Angelegenheit, es sei denn, die Eltern sind nicht willens oder in der Lage, das Wohlergehen der Kinder zu gewährleisten oder verursachen sogar schwere Schäden. Dabei wird in der Regel davon ausgegangen, dass Kinder nicht in der Lage sind, Entscheidungen für ihr eigenes Wohlergehen zu treffen. Wenn die Eltern nicht in der Lage oder nicht willens sind, für das Wohlergehen ihrer Kinder zu sorgen, handelt der Staat also *in loco parentis*.

Die pragmatistische Herangehensweise nimmt diese gängige Praxis als Ausgangspunkt. Gleichzeitig fragt sie, welche Implikationen diesem Modell inhärent sind und welche problematischen Konsequenzen damit verbunden sein können. Genau diese Anfragen im Sinne einer immanenten Kritik[20] sind dann Ausgangspunkt für eine Übertragung spezifisch philosophischen Nachdenkens über Kindes-

20 Stahl 2013.

wohl in das digitale Assistenzsystem. Einige solcher problematischen Implikationen dieses Modells sollen kurz benannt werden.[21]

Erstens definiert das Standardmodell Kinder nicht in gleichem Maße als Träger:innen von Freiheiten und Rechten wie Erwachsene. Dies ist ein typischer blinder Fleck westlichen Rechtsdenkens, das Menschen erst mit der Volljährigkeit zu vollumfänglichen Rechtssubjekten macht. Bei Kindern wird deshalb deren subjektive Perspektive auf den Konflikt oft nicht berücksichtigt. Zweitens gilt zu fragen, was genau das Wohl des Kindes ausmacht. Kann dies aus normativer Sicht definiert werden und gibt es eine exakte Schwelle, unter der das Kindeswohl gefährdet ist? Die bereits angestellten Überlegungen zur (kulturellen) Kontextualität und Einzelfallbedingtheit lassen in diesem Kontext zumindest Zweifel an einer eindeutigen und verallgemeinerbaren materialen Füllung des Kindeswohls aufkommen.

Drittens, und dieser Punkt schließt direkt an die Frage der Kontextualität an, kann das Leben von Familien und Kindern durch unterschiedliche Wertesysteme oder kulturelle Traditionen beeinflusst werden, die sich erheblich auf das Verständnis von Wohlbefinden auswirken. Dies gilt gleichermaßen auch für die Vorurteile der Sozialarbeiter:innen. Diese kommen oftmals ökonomisch wie statusbedingt aus einer mehr oder weniger homogenen sozialen Gruppe, die sich von der ihrer Klient:innen häufig unterscheidet. Ist hier also immer schon eine Tendenz zu einem kulturellen Bias angelegt? Schließlich spielen viertens Listen eine wichtige Rolle bei der Risikobewertung im Bereich des Kindeswohls. Viele der Risikobewertungsinstrumente für die Beurteilung einer Kindeswohlgefährdung enthalten detaillierte Listen von Kriterien, die eine Gefährdung von Kindern darstellen können. Diese Listen sind oft so detailliert, dass es schwierig ist, sie bei der Entscheidungsfindung vollständig anzuwenden, insbesondere unter der Bedingung zeitlicher Ressourcenknappheit.[22] In der Praxis führt diese Kombination aus bürokratischem Aufwand und Zeitmangel zudem nicht selten dazu, dass die Sozialarbeiter:innen die Risikobewertungen erst verschriftlichen, nachdem sie bereits entschieden haben. D.h., mögliche Trainingsdaten sind schon immer vor dem Horizont einer bereits (zumindest tendenziell) gefällten Entscheidung entstanden. Solche Implikationen sind wichtig für eine Umsetzung in digitale Assistenzsysteme. Es geht dabei nicht nur um die Digitalisierung von Trainingsdaten, sondern auch um implizite blinde Flecken oder zu diskutierende Vorannahmen. Genau darauf zielt die philosophische Reflexion.

4 KONZEPT FÜR DIE ALGORITHMISCHE KALKULATION VON KINDESWOHLGEFÄHRDUNGEN

Die Grundlage zur Beantwortung der Frage, ob ein Algorithmus moralisch kalkulieren kann, und hier können wir auf das einleitende Beispiel des *moral machine experiments* zurückkommen, sind Daten. Im Kontext der selbstfahrenden Fahr-

---

21 Vgl. Gutwald/Reder (im Druck).
22 Vgl. Eubanks 2018.

zeuge sammeln die Sensoren der Fahrzeuge im sogenannten Schattenmodus Daten über das Fahrverhalten der menschlichen Fahrzeugführenden. Auf diese Weise entstehen riesige Mengen an Fahrdaten, die auf zentralen Servern gesammelt und mit Verfahren der künstlichen Intelligenz nach bestimmten Mustern durchsucht werden. Darauf aufbauend lassen sich Szenarien-Kataloge für vergleichbare Unfall- und Gefahrensituationen erstellen und die jeweils erfolgreichsten *Lösungsstrategien* für unterschiedliche Szenarien ermitteln. Natürlich gilt es hierbei, die Kriterien zur Bewertung der erfolgreichsten Lösungsstrategie transparent zu machen. Denn die Maschine kann sich, wie oben bereits ausgeführt, nicht selbst in ein normativ-wollendes Verhältnis zu bestimmten Werten, Normen und Prinzipien setzen. Vielmehr befinden sich diese schon immer in den Daten, im Funktionsspektrum und im Interaktionsdesign der digitalen Systeme. Allgemein ist es also sinnvoll, sich zunächst einen Überblick über die verfügbaren Daten zu verschaffen.

Im Kontext der Kindeswohlgefährdung besteht ein Ansatz zur Gewinnung von Daten darin, Fallakten der Jugendämter auszuwerten. Insgesamt gibt es nach Angaben des Deutschen Jugendinstituts knapp 600 Jugendämter in Deutschland.[23] Aufgrund von gesetzlichen, technischen und organisatorischen Restriktionen kann allerdings nicht ohne Weiteres auf diese Daten zugegriffen werden. Zwar ist es im Rahmen des KAIMo-Projekts gelungen, einige Sampledaten (anonymisierte Fallakten von den einzelnen Jugendämtern) zu gewinnen, als Grundlage für die Beantwortung der zentralen Forschungsfrage ist die Quantität der Daten aber nicht hinreichend. Deshalb wurde zusätzlich ein Verfahren zur Erzeugung von synthetischen Daten entwickelt. Ähnlich wie bei dem *Moral Machine-Experiment* des MIT, aber in viel kleinerem Maßstab, wurde hierfür ein Online-Fragebogen konzipiert, um fiktive Szenarien der Kindeswohlgefährdung von Fachkräften der Sozialen Arbeit bewerten zu lassen. Beide Datensätze (authentische Fallakten und fiktive Szenarien) lassen sich gezielt einsetzen, um die Klassifikation neuer Fallbeschreibungen zu trainieren.

Die Konzeption einer Mensch-Maschine-Schnittstelle, die sich in die bestehenden Arbeitsabläufe der Jugendämter integrieren lässt, beziehungsweise die *Übersetzung der vorhandenen Entscheidungsfindungs- und Beurteilungsprozesse* in ein Funktionslayout, das die normativen Aspekte in der Fallbeschreibung sichtbar macht, ist eine weitere Voraussetzung für die algorithmische Kalkulation von Kindeswohlgefährdungen. Für den *KAIMo-Prototyp* wurden drei wesentliche Arbeitsschritte identifiziert. Für jeden dieser Schritte wurde eine eigene Softwarekomponente (Bot) konzipiert: Die drei KAIMo-Bots zielen darauf ab, Fachkräfte der Sozialen Arbeit i) bei der Informationsbeschaffung (KAIMo-Assessment-Bot), ii) bei der Entscheidungsfindung (KAIMo-Planning-Bot) und iii) bei der Überwachung der eingeleiteten Maßnahmen (KAIMo-Controlling-Bot) zu unterstützen (siehe Abbildung 1).

---

23 Vgl. online: https://www.dji.de/themen/jugend/kinder-und-jugendhilfereport-2018.html (Abfrage: 11.11.2022).

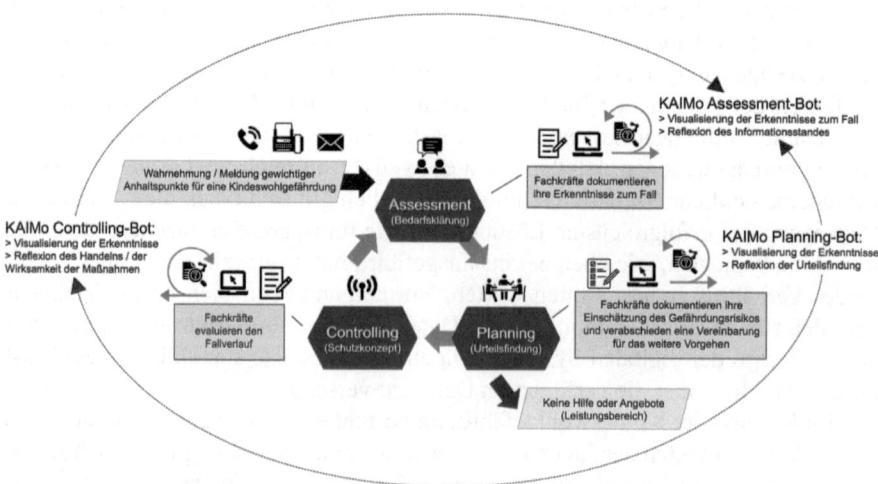

Abb. 1: Integration des KAIMo-Assistenzsystems in die Arbeitsabläufe im Jugendamt

Als Grundlage für alle drei Bots wird ein mehrstufiges Verfahren zur Aufbereitung der Fallbeschreibungen entwickelt. Im ersten Schritt werden jeweils Daten aggregiert und semantisch analysiert.[24] Aufbauend auf der Klassifikation werden die eingegebenen Daten anschließend in einem Knowledge Graph visualisiert. Die visuelle Aufbereitung der Merkmalslage soll Fachkräfte in der Fallanalyse unterstützen, indem sie die Fakten zum Fall zugänglicher macht. Beispielsweise können blinde Flecken bereits in der Assessmentphase mit Hilfe einer Vollständigkeitsprüfung (Abgleich mit der Merkmalslage in vergleichbaren Szenarien) lokalisiert werden oder Hinweise auf potenzielle Voreingenommenheiten (Bias) während der kollegialen Kurzberatung zur Risikoeinschätzung (Planungsphase) eingeblendet werden. Im dritten und letzten Schritt werden kontextsensitive Reflexionsfragen gestellt, die aus dem aktuellen Sachstand und dem jeweiligen Arbeitsschritt der Fachkräfte erschlossen werden.[25]

Mit der Inbetriebnahme könnte solch ein System, und hier können wir wieder auf die schrittweise Optimierung von Assistenzsystemen im Kontext der selbstfahrenden Fahrzeuge zurückkommen, zunächst im Schattenmodus verbessert werden.

---

24 Eingesetzt werden *machine learning* und *natural language processing* mit *multi-label-text-classification*.
25 In der Planungsphase wird vor allem durch Regressionsbildung der extrahierten Fallmerkmale zu Fällen des Trainingsdatensatzes eine Vorhersage getroffen: Welche Merkmale besitzen für den vorliegenden Fall die (vermeintlich) größte (fachliche) Aussagekraft und erfordern deshalb die größte Aufmerksamkeit der Fachkräfte? *Bayesian linear regression* und *evidence approximation* sind hierfür potenzielle Werkzeuge. Anschließend wird die Aussagekraft der Vorhersagen mit Hilfe eines Chatbots kritisch hinterfragt. Ob dabei die Frageinitiative vom System (basierend auf einem Fragenkatalog) oder von der nutzenden Fachkraft (basierend auf einem ELIZA-ähnlichen sokratischen Dialog- bzw. Sprachmodell) ausgeht, ist noch Gegenstand der Diskussion.

Beispielsweise kann in der Kontrollphase ein Abgleich der umgesetzten Maßnahmen mit Fällen aus den Trainingsdatensätzen stattfinden, um einen Szenarien-Katalog aufzubauen oder einen bestehenden weiter auszudifferenzieren. Mit der Zeit könnten die Erfahrungen und Erkenntnisse (Was ist mit dem Kind in einem vergleichbaren Fall tatsächlich passiert?) analog zum *fleet learning* bei selbstfahrenden Fahrzeugen dann bereits in der Assessment- oder Planungsphase berücksichtigt werden. Letztlich verspricht sich das Projektteam, aus der Kombination von Merkmalsanalyse (Assessmentphase) mit Mustern in der Effektivität von konkreten Maßnahmen (Kontrollphase) auch Kriterien *für* konkrete Handlungsempfehlungen extrahieren zu können.[26]

Der KAIMo-Prototyp zielt also nicht darauf ab, ein automatisiertes Ampelsystem *für* die Einschätzung von Kindeswohlgefährdungen zu entwickeln. Vorhersagemodelle (*predictive analytics*) sollen ausschließlich dafür genutzt werden, den aktuellen Informationsstand (Assessmentphase), den Prozess der Urteilsfindung (Planungsphase) und die Wirksamkeit von Maßnahmen (Kontrollphase) zu hinterfragen und zu verbessern. Dabei geht es insbesondere darum, die normativen Kriterien, die das Handeln von Jugendämtern leiten, sichtbar zu machen. Primär handelt es sich bei diesem Ansatz also um die Konzeption einer *moral reflection machine*.[27] Im Zentrum steht dabei vor allem die Frage nach den Steuerungs- und Kontrollmechanismen bei algorithmischen Entscheidungsfindungen.

5 GRENZEN FÜR DIE ALGORITHMISCHE ENTSCHEIDUNGSFINDUNG IN DER SOZIALEN PRAXIS

Die Skizze des Forschungsprojekts hat bereits einige Stärken und Schwächen eines möglichen Einsatzes digitaler Assistenzsysteme in dieser konkreten sozial-institutionellen Praxis aufgezeigt. Im Folgenden sollen auf einer Metaebene einige Gefahren und Probleme, aber auch Chancen und Herausforderung skizziert werden. Denn die Beschäftigung mit digitalen Technologien, die helfen, im Feld des Kinderschutzes zu begründeten moralischen Entscheidungen angesichts eines gewichtigen moralischen Konflikts zu gelangen, kann auch zu einigen übergreifenden Schlussfolgerungen für die Frage nach *artifical moral agents* führen. Drei Problemanzeigen werden dabei zuerst exemplarisch herausgegriffen.

Eine erste Gefahr besteht sicherlich darin, moralische Überlegungen in die Maschine ‚auszulagern'. Moralische Abwägungen, gerade angesichts sehr gravierender und für alle Betroffenen weitreichender Konsequenzen, sind in jeder Hinsicht nicht einfach und anstrengend. Sie verlangen von allen beteiligten Personen, inklusive der abwägenden Person der Sozialarbeiter:in, existenziell viel ab. Natürlich sind Sozialarbeiter:innen durch ihre Ausbildung und berufsbegleitende Supervision geschult, mit diesen Belastungen umzugehen, damit diese keine Auswirkung auf

---

26 Hier werden Werkzeuge wie *clustering* (K-Means, DBSCAN) und im Zuge der Abschätzung von eintretenden Szenarien (Was wird mit dem Kind passieren?) auch Neuronale Netze zum Einsatz kommen.
27 Vgl. hierzu auch den Ansatz von Cornelissen et al. 2022.

die moralische Abwägung und Entscheidung selbst haben. Trotzdem bleibt die Tätigkeit, wie viele Studien zeigen, gerade angesichts von Zeit- und Personalmangel extrem anstrengend. Die Untersuchungen vergangener Fehleinschätzungen, die oft öffentlichkeitswirksam dargestellt und verurteilt wurden, belegen auch, dass Sozialarbeiter:innen unter den Auswirkungen falscher Entscheidungen stark leiden können.[28]

Vor diesem Hintergrund könnte man argumentieren: Künstliche moralische Agenten sollten dem Menschen genau diese Last abnehmen. Da sie emotional nicht belastet sind, könnten sie fundiert analysieren und alle – vielleicht noch viel mehr – Faktoren abwägen, um institutionelle Entscheidungen idealiter vorzubereiten. Menschen setzten dann nur das um, was Maschinen möglichst (eindeutig) berechnet haben. Sie werden damit der Last moralischer Abwägung und Entscheidung enthoben.

Dies scheint uns jedoch ein vollkommen irreführendes Bild zu sein: Natürlich lässt sich leicht nachvollziehen, dass Emotionen auf der materiellen Grundlage von Maschinen lediglich simuliert werden können. Allerdings lässt sich zugleich in Frage stellen, ob es ohne leibliches Einfühlungsvermögen und mitfühlender Anteilnahme überhaupt ein moralisches Bewusstsein geben kann.[29] Moral lässt sich deshalb nur bedingt auf die Maschine auslagern. Denn, wie gezeigt, sind es in letzter Instanz immer Menschen, die Entscheidung fällen und sie durch vielfältige Maßnahmen handelnd umsetzen müssen. Moralisch zu reflektieren und zu handeln bedeutet zudem immer auch, Verantwortung zu übernehmen. Inwiefern bestimmte Aspekte des „Für-etwas-Rede-und-Antwort-Stehens"[30] an Maschinen delegiert werden können, hängt auch von den Fortschritten im Kontext der *Explainable AI* ab. Der Bedarf ist jedenfalls groß. Denn einerseits sind nach unserem traditionellen Moral- und Rechtsverständnis Menschen letztlich immer selbst für ihre Entscheidungen verantwortlich. Andererseits empfinden viele Menschen in der Praxis diese Last auch als sehr anstrengend, manche sogar als bedrückend.[31] Auch wenn *artificial moral agents* die Last der Abwägung und Entscheidung in letzter Konsequenz nicht übernehmen können, so könnten sie doch helfen, dass die Abwägung umfassender, wohl begründeter, mit Blick auf deutlich mehr Erfahrungswerte und vielleicht sogar schneller getroffen werden.

Damit verbunden ist eine zweite wichtige Feststellung: Maschinen kennen keine Moral. Der Begriff *artifical moral agent* ist deshalb in gewisser Weise irreführend und impliziert damit auch eine Gefahr für den Diskurs insgesamt. Digitale Assistenzsysteme verarbeiten das, was ihnen als Trainingsdaten zur Verfügung gestellt wurde und wofür Menschen sie ausgebildet haben. Maschinen reproduzieren

---

28 Siehe z. B. Harrer-Amersdorffer 2022.
29 Ein Blick auf die ideen- und geistesgeschichtlichen Grundlagen des algorithmischen Denkens und Handelns zeigt, dass Algorithmen in vielerlei Hinsicht unabhängig von dem Medium sind, auf dem sie ausgeführt werden. Tatsächlich ist aber anzunehmen, dass die materielle Grundlage nicht nur für die Effizienz und Leistungsfähigkeit von Algorithmen entscheidend ist, sondern auch für die Moralfähigkeit. Vgl. Koska 2022, S. 369–372.
30 Vgl. Werner 2011, S. 541.
31 Vgl. Heikkiläarchive 2022.

die normativen Vorverständnisse, die in den Daten impliziert sind. Maschinen haben, auch wenn dies manche aktuellen Experimente (Lambda)[32] nahelegen, kein Bewusstsein und können deshalb nicht im Sinne einer eigenständigen Reflexion Gründe für eine moralische Entscheidung geben und nehmen – das Kerngeschäft der moralischen Abwägungen. Sie können rechnen, aber nicht moralisch entscheiden. Maschinen treffen keine unabhängigen, autonomen moralischen Entscheidungen, sondern sie reproduzieren lediglich das menschliche Verhalten.

Ein drittes Problemfeld mit KI-basierten Assistenzsystemen ist mit dem Topos der Erklärbarkeit verbunden, das seit einigen Jahren intensiv diskutiert wird. Es geht dabei letztlich um die Frage, ob die von der Technologie betroffenen Personen verstehen, auf welcher Basis und aufgrund welcher Operationen eine Kalkulation angestellt wurde. Philosophisch gibt es seit vielen Jahrzehnten eine Debatte bezüglich einer Unterscheidung zwischen Verstehen und Erklären, die auch den Hintergrund dieser Debatte bildet.[33] Wichtig ist die Unterscheidung zwischen einem eher rationalistischen Modell des Erklärens, das jede Operation in seinen Bezügen genau zuordnet, und einem eher hermeneutischen Zugang des Verstehens, das eher holistisch auf die innere Dynamik der Abwägung abzielt. Am Beispiel der Medizinethik lässt sich dies illustrieren: die beteiligten Ärzte wollen nicht jede Rechenleistung der Maschine technisch vollständig zugeordnet bekommen. Aber sie wollen mit Blick auf die zentralen Annahmen das Verfahren als Ganzes verstehen.

Für den Einsatz neuer Technologien stellt die Frage der Erklärbarkeit ein Problem dar, denn oftmals sind die Beteiligten überfordert, die einzelnen technischen Feinheiten und Algorithmen zu erklären. Trotzdem sind sie auf ein Verständnis der Technologie insgesamt, deren Funktionsweise und auch deren Stärken und vermeintlichen Schwächen angewiesen. Für die Etablierung neuer digitaler Assistenzsysteme ist deshalb ein ständig begleitender Prozess der Erklärung und des Verstehens aller Beteiligten – d.h. auch der betroffenen Familien – unerlässlich. Dabei gilt es auch noch klarer herauszuarbeiten, was Erklärbarkeit im Feld der AI genau meint.

6 VERTRAUEN ALS GRUNDLAGE UND ERFOLGSFAKTOR VON KI-GESTÜTZTEN ASSISTENZSYSTEMEN

Vor dem Hintergrund dieser drei Problemanzeigen lassen sich nun auch einige Herausforderungen und Chancen auf der übergeordneten Ebene formulieren. Eine erste dieser Herausforderungen ergibt sich mit Blick auf die Frage nach der Erklärbarkeit. Denn aktuelle Studien zeigen, dass das Vertrauen in den Einsatz digitaler Technologien steigt, wenn diese erklär- und verstehbar sind.[34] Genau diese Bildung von Vertrauen spielt bei der Entwicklung und Implementierung, nicht zuletzt in umstrittenen Feldern wie der Kindeswohlgefährdung, eine wesentliche Rolle. Gerade auch mit Blick auf die eingangs skizzierte Skepsis in dem institutionellen Set-

---

32 Vgl. Lemoine 2022.
33 Vgl. Waltl 2020; Baum et al. 2022.
34 Vgl. Floridi 2019.

ting geht es um Bedingungen gelingender Vertrauensbildung in digitale Assistenzsysteme. Erklärbarkeit ist eine erste dieser Bedingungen.

Vertrauen entsteht aber auch dann, wenn implizite Bias-Strukturen offen kommuniziert und deren Überwindung ständig neu angegangen wird. Technologische Entwicklung endet deshalb nicht bei der Entwicklung einer implementierbaren Technik. Sondern sie besteht in der mit der ethischen und sozialwissenschaftlichen Reflexion eng verzahnten und ständigen Neujustierung der Assistenzsysteme angesichts neu auftretender Formen von Asymmetrien und Verzerrungen. Beispielhaft seien noch einmal die medizinischen Technologien genannt, die gegenwärtig so rasant Eingang in den Gesundheitssektor finden. In der Medizin werden aktuell vielfach implizite Bias-Strukturen dieser Technologien diskutiert.

Gleichzeitig kann das digitale Assistenzsystem aber natürlich auch menschliche Voreingenommenheit ‚erkennen' und gegebenenfalls sogar ausgleichen. Wenn es der Maschine gelingt, implizite Voreingenommenheit aufzudecken und in die soziale Praxis (z. B. der institutionell geformten Diskussionsprozesse in Jugendämter) einzuspeisen, dann kann sie auch dazu beitragen, Vorurteile abzubauen und Vertrauen in die neuen Technologien zu schaffen. Denn je fairer die soziale Praxis wird und je mehr die Maschine offensichtlich dazu beitragen kann, desto größer ist das Vertrauen in sie.

Eine weitere Herausforderung ist die innovative und gleichzeitig verantwortungsvolle Nutzung von Daten. Der konkrete Projektkontext hat sehr deutlich gezeigt, dass es extrem schwierig ist, in sozial hoch konfliktiven und deshalb auch vom Datenschutz sicherlich zu Recht besonders geschützten Feldern ausreichend Daten zu gewinnen, um überhaupt qualitativ hochwertige Assistenzsysteme zu entwickeln. In vielerlei Hinsicht zeigen sich hier enorme Herausforderungen für die KI-Forschung aber auch die Gesellschaft insgesamt. Als Fragen formuliert: Braucht es einen anderen Umgang mit anonymisierten Daten, um effektive Assistenzsysteme bauen zu können? Sollte zur Ergänzung auf synthetische Datenerzeugung zurückgegriffen werden? Welche Auswirkungen hat dies auf die Qualität digitaler Systeme? Hier gilt es eine größere gesellschaftliche Debatte zu führen, denn aktuell stehen viele innovative Projekte vor einer grundlegenden Spannung: Einerseits will die Gesellschaft die ‚positiven' Ergebnisse der neuen Technologien nutzen, aber andererseits will sie ihnen oftmals nicht die Daten zur Verfügung stellen, mit denen sie hinreichend trainiert werden könnten. Dies ist sicherlich eine der zentralen gesellschaftlichen Herausforderungen, die sich in dem Forschungsverbund sehr deutlich zeigt und die für die nahe Zukunft noch mehr akademischer wie öffentlicher Debatten bedarf.

Schlussendlich zeigt sich eine letzte Herausforderung v. a. mit Referenz auf die pragmatistische Sichtweise. Bei der institutionellen Umsetzung geht es letztlich um das Verhältnis zwischen digitalen und persönlichen Risikobewertungen, die sowohl die individuellen Rechte als auch die sozialen und kollektiven Ansprüche berücksichtigen. Damit verbunden ist die Frage, wie die Vernetzung dieser Dimensionen der moralischen Kalkulation mit der sozialen und institutionellen Praxis konkret aussehen kann. Eine effektive Kombination von Sozialarbeit und digitalen Unterstützungssystemen in der konkreten Praxis ist von zentraler Bedeutung für das Vertrauen in neue Technologien sowie den Erfolg einer möglichen Implementierung. Diese praxeologische Dimension ist aber nicht nur für die Implementierung wichtig, sondern im Sinne einer immer fortdauernden Evaluierungspraktik. Es ist nicht ausreichend, einfach neue Technologien zu entwickeln und sie auf den Markt zu bringen. Vielmehr muss ihre Einbindung in soziale Praktiken kontinuierlich begleitet werden, um sicherzustellen, dass ihre Voraussetzungen, Prozesse und Konsequenzen untersucht und kritisch reflektiert werden. Dies ist besonders wichtig, wenn es um moralisch schwerwiegende Konflikte geht.

7 FAZIT UND AUSBLICK: EINE PRAXISORIENTIERTE GESTALTUNGSPERSPEKTIVE

Abschließend gilt es, die Ausgangsfrage noch einmal in einen größeren Zusammenhang zu stellen und den Mehrwert von authentischen und synthetischen Daten für die algorithmische Entscheidungsfindung zu reflektieren. Speziell im direkten Vergleich zwischen den Handlungsfeldern „Selbstfahrende Fahrzeuge" und „Kindeswohlgefährdung" zeigt sich: Die Frage, ob Maschinen moralisch kalkulieren können, hängt v. a. auch von der Datengrundlage ab. Wenn das Fahrverhalten menschlicher Fahrzeugführender im Schattenmodus als Datenbasis herangezogen wird, dann gibt es in den Echtzeitdaten keine ethischen Überlegungen. Da Menschen in Gefahren- und Unfallsituationen keine ethischen Überlegungen anstellen können – sie reagieren lediglich.[35] Im Kontext der Kindeswohlgefährdung sollten ethische Deliberationsprozesse aber eigentlich in den Daten (hier: Fallakten) enthalten sein, da es gesetzlich verankert ist, „das Gefährdungsrisiko im Zusammenwirken mehrerer Fachkräfte einzuschätzen" (§ 8a SGB VIII). Insofern der moralische Abwägungs- und Entscheidungsprozess dokumentiert ist, können *artificial moral agents* auf der Grundlage dieser Daten also auch dahingehend trainiert werden, in vergleichbaren Konfliktsituationen moralisch zu kalkulieren. Das oben skizzierte Assistenzsystem könnte Fachkräfte der Sozialen Arbeit dabei unterstützen, ethische Überlegungen nicht nur zu strukturieren und zu ordnen, sondern auch ganz gezielt zu hinterfragen. Die Frage, bis zu welchem Grad die Maschine in diesem hochsensiblen Anwendungsfeld aus dem Schattenmodus treten sollte, wenn sie die in den Daten ‚ausgelagerte' Moral der Fachkräfte kontextsensitiv reproduzieren kann, ist aber keine rein technische Frage – und hängt folglich auch nicht allein von der Quantität und der Qualität der Daten ab.

Ganz allgemein bleibt festzuhalten, dass algorithmische Kalkulationen von moralischen Konfliktsituationen nur mit Datensätzen aus der Vergangenheit und auf der Basis von Verallgemeinerungen und Abstraktionen durchgeführt werden können. Das Thema der Steuerung und Kontrolle (*meaningful human control*) ist deshalb von zentraler Bedeutung. Einerseits kann die Beschäftigung mit fiktiven

---

[35] Die durchschnittliche Reaktionszeit in Unfallsituationen beträgt ein bis zwei Sekunden und ist insofern viel zu kurz für moralische Abwägungen (vgl. Lin 2015, S. 72). Deshalb führt die unreflektierte Verarbeitung von Echtzeitdaten (im Schattenmodus) in aller Regel zu Sein-Sollen-Fehlschlüssen (vgl. Koska 2018, S. 74).

Konfliktszenarien die Startschwierigkeiten in hochkomplexen und sensiblen Datenverarbeitungsszenarien reduzieren. Darüber hinaus stellt sich andererseits aber auch die Frage, inwiefern die synthetische Datengenerierung auch ganz gezielt zur Optimierung von automatisierten moralischen Entscheidungen eingesetzt werden kann. Beispielsweise, um alle relevanten Stakeholder einzubinden oder um Voreingenommenheiten und blinden Flecken entgegenzuwirken, insbesondere in Anwendungsfeldern, in denen ethische Grundprinzipien (wie Transparenz, Diskursivität und Reflexivität) nicht angemessen berücksichtigt werden können.

BIBLIOGRAFIE

Awad, Edmond/Dsouza, Sohan/Kim, Richard/Schulz, Jonathan/Henrich, Joseph/Shariff, Azim et al. (2018): The Moral Machine experiment. In: Nature 563 (7729), S. 59–64. DOI: 10.1038/s41586-018-0637-6.

Bastian, Pascal/Schrödter, Mark (2019): Risikodiagnostik durch Big Data Analytics im Kinderschutz. In: ARCHIV 50 (2), S. 40–49.

Baum, Kevin/Mantel, Susanne/Schmidt, Eva/Speith, Timo (2022): From Responsibility to Reason-Giving Explainable Artificial Intelligence. In: Philos. Technol. 35 (1). DOI: 10.1007/s13347-022-00510-w.

Brieger, Julchen (2018): Über die Unmöglichkeit einer kantisch handelnden Maschine. In: Rath, Matthias/Krotz, Friedrich/Karmasin, Matthias (Hrsg.): Maschinenethik. Normative Grenzen autonomer Systeme. Wiesbaden: Springer, S. 107–120.

Coin, Allen/Dubljević, Veljko (2022): Using Algorithms to Make Ethical Judgements: METHAD vs. the ADC Model. In: The American journal of bioethics: AJOB 22 (7), S. 41–43. DOI: 10.1080/15265161.2022.2075967.

Cornelissen, N. A. J./van Eerdt, R. J. M./Schraffenberger, H. K./Haselager, W. F. G. (2022): Reflection machines: increasing meaningful human control over Decision Support Systems. In: Ethics and Information Technology 24 (2). DOI: 10.1007/s10676-022-09645-y.

Eubanks, Virginia (2018): Automating inequality. How high-tech tools profile, police, and punish the poor. First edition. New York: St. Martin's Press.

Floridi, Luciano (2019): Establishing the rules for building trustworthy AI. In: Nat Mach Intell 1 (6), S. 261–262. DOI: 10.1038/s42256-019-0055-y.

Floridi, Luciano/Sanders, J. W. (2004): On the Morality of Artificial Agents. In: Minds and Machines 14 (3), S. 349–379. DOI: 10.1023/B:MIND.0000035461.63578.9d.

Gillingham, Philip (2019): Can Predictive Algorithms Assist Decision-Making in Social Work with Children and Families? In: Child Abuse Rev. 28 (2), S. 114–126. DOI: 10.1002/car.2547.

Grau, Christopher (2006): There Is No "I" in "Robot". Robots and Utilitarianism. In: IEEE Intell. Syst. 21 (4), S. 52–55. DOI: 10.1109/MIS.2006.81.

Gundersen, Torbjørn/Bærøe, Kristine (2022): Ethical Algorithmic Advice: Some Reasons to Pause and Think Twice. In: The American journal of bioethics: AJOB 22 (7), S. 26–28. DOI: 10.1080/15265161.2022.2075053.

Gutwald, Rebecca/Burghardt, Jennifer/Kraus, Maximilian/Reder, Michael/Lehmann, Robert/Müller, Nicholas (2021): Soziale Konflikte und Digitalisierung. Chancen und Risiken digitaler Technologien bei der Einschätzung von Kindeswohlgefährdungen. In: Ethik Journal 7 (2). Online: https://www.ethikjournal.de/fileadmin/user_upload/ethikjournal/Texte_Ausgabe_2021_2/Gutwald_u.a._Ethikjournal_2.2021.pdf (Abfrage: 10.11.2022).

Gutwald, Rebecca/Reder, Michael (im Druck): How to Protect Children? A Pragmatistic Approach On State Intervention and Children's Welfare. Hg. v. The Journal of Ethics.

Harrer-Amersdorffer, Jutta (2022): Fachliches Handeln in der Fallarbeit. Eine empirische Studie über den Stand der Sozialpädagogischen Familienhilfe. Opladen: Budrich Academic Press.

Heesen, Jessica (2018): Wer entscheidet für uns? Big Data, intelligente Systeme und kluges Handeln. In: Grimm, Petra/Zöllner, Oliver (Hrsg.): Mensch – Maschine. Ethische Sichtweisen auf ein Spannungsverhältnis. Stuttgart: Franz Steiner Verlag, S. 47–57.

Heikkiläarchive, Melissa (2022): Responsible AI has a burnout problem. Companies say they want ethical AI. But those working in the field say that ambition comes at their expense. Hg. v. MIT Technology Review. Online: https://www.technologyreview.com/2022/10/28/1062332/responsible-ai-has-a-burnout-problem/?utm_source=engagement_email&utm_medium=email&utm_campaign=wklysun&utm_content=11.06.22.non-subs_eng&mc_cid=d479c49df9&mc_eid=a751051ece (Abfrage: 10.11.2022).

Jaume-Palasí, Lorena/Spielkamp, Matthias (2017): Ethik und algorithmische Prozesse zur Entscheidungsfindung oder -vorbereitung. Arbeitspapier 4. Hg. v. Algorithm Watch. Online: https://algorithmwatch.org/wp-content/uploads/2017/06/AlgorithmWatch_Arbeitspapier_4_Ethik_und_Algorithmen.pdf (Abfrage: 10.11.2022).

Keddell, Emily (2019): Algorithmic Justice in Child Protection: Statistical Fairness, Social Justice and the Implications for Practice. In: Social Sciences 8 (10), S. 281. DOI: 10.3390/socsci8100281.

Koska, Christopher (im Druck): Ethik der Algorithmen. Auf der Suche nach Zahlen und Werten. Dissertationsschrift.: J. B. Metzler (Techno:Phil – Aktuelle Herausforderungen der Technikphilosophie).

Koska, Christopher (2018): Autonomes Fahren vor dem Durchbruch: Künstliche Intelligenz und Big Data als Antwort auf ethische Dilemma-Situationen. In: Grimm, Petra/Zöllner, Oliver (Hrsg.): Mensch – Maschine. Ethische Sichtweisen auf ein Spannungsverhältnis. Stuttgart: Franz Steiner Verlag, S. 73–92.

Koska, Christopher (2022): Algorithmen und Automatisierung (KI). Grundbegriffe der Kommunikations- und Medienethik (Teil 29). In: Communicatio Socialis (ComSoc) 55 (3), S. 367–373. DOI: 10.5771/0010-3497-2022-3-367.

Lemoine, Blake (2022): Is LaMDA Sentient? – an Interview. Hg. v. Medium. Online: https://cajundiscordian.medium.com/is-lamda-sentient-an-interview-ea64d916d917 (Abfrage: 10.11.2022).

Lin, Patrick (2015): Why Ethics Matters for Autonomous Cars. In: Maurer, Markus/Gerdes, J. Christian/Lenz, Barbara/Winner, Hermann (Hrsg.): Autonomes Fahren. Technische, rechtliche und gesellschaftliche Aspekte. Berlin/Heidelberg: Springer Vieweg, S. 69–85. Online: https://link.springer.com/content/pdf/10.1007%2F978-3-662-45854-9_4.pdf (Abfrage: 10.11.2022).

Mecacci, Giulio/Santoni de Sio, Filippo (2020): Meaningful human control as reason-responsiveness: the case of dual-mode vehicles. In: Ethics Inf Technol 22 (2), S. 103–115. DOI: 10.1007/s10676-019-09519-w.

Meier, Lukas J./Hein, Alice/Diepold, Klaus/Buyx, Alena (2022): Algorithms for Ethical Decision-Making in the Clinic: A Proof of Concept. In: The American journal of bioethics: AJOB 22 (7), S. 4–20. DOI: 10.1080/15265161.2022.2040647.

Misselhorn, Catrin (2018): Grundfragen der Maschinenethik. Ditzingen: Reclam.

Mühlhoff, Rainer (2022): Predictive Privacy: New data protection challenges in the age of automated inequality. Hochschule für Philosophie. Can Algorithms Calculate Morally? Exploring the Role of Artificial Intelligence in Moral Decision-Making. München, 10.10.2022.

Santoni de Sio, Filippo/van den Hoven, Jeroen (2018): Meaningful Human Control over Autonomous Systems: A Philosophical Account. In: Front. Robot. AI 5, S. 15. DOI: 10.3389/frobt.2018.00015.

Stahl, Titus (2013): Immanente Kritik. Elemente einer Theorie sozialer Praktiken. Frankfurt: Campus Verlag.

van Wynsberghe, Aimee/Robbins, Scott (2019): Critiquing the Reasons for Making Artificial Moral Agents. In: Science and engineering ethics 25 (3), S. 719–735. DOI: 10.1007/s11948-018-0030-8.

Wallach, Wendell/Allen, Colin (2009): Moral machines. Teaching robots right from wrong. Oxford: Oxford University Press. Online: http://dx.doi.org/10.1093/acprof:oso/9780195374049.001.0001 (Abfrage: 10.11.2022).

Waltl, Bernhard (2020): Erklärbarkeit und Transparenz im Machine Learning. In: Mainzer, Klaus (Hrsg.): Philosophisches Handbuch Künstliche Intelligenz. Wiesbaden: Springer Fachmedien, S. 1–23.

Weber, Karsten (2018): Autonomie und Moralität als Zuschreibung. Über die begriffliche und inhaltliche Sinnlosigkeit einer Maschinenethik. In: Rath, Matthias/Krotz, Friedrich/Karmasin, Matthias (Hrsg.): Maschinenethik. Normative Grenzen autonomer Systeme. Wiesbaden: Springer Fachmedien, S. 193–210.

Werner, Micha H. (2011): Verantwortung. In: Düwell, Marcus/Hübenthal, Christoph/Werner, Micha H. (Hrsg.): Handbuch Ethik. 3., aktualisierte Aufl. Stuttgart: Metzler, S. 541–548.

Zweig, Katharina A. (2019): Ein Algorithmus hat kein Taktgefühl. Wo künstliche Intelligenz sich irrt, warum uns das betrifft und was wir dagegen tun können. München: Heyne.

Zweig, Katharina A./Wenzelburger, Georg/Krafft, Tobias D. (2018): On Chances and Risks of Security Related Algorithmic Decision Making Systems. In: Eur J Secur Res 3 (2), S. 181–203. DOI: 10.1007/s41125-018-0031-2.

KRISENPOTENZIALE DER KÜNSTLICHEN INTELLIGENZ

Marina Moreno, Adriano Mannino, Nikil Mukerji

Als Microsoft und OpenAI Anfang 2023 ihre neuesten Chatbots freischalteten, wurde einer breiten Öffentlichkeit deutlich, dass sich in der KI-Technik womöglich eine Revolution anbahnt, die disruptive gesellschaftliche Folgen zeitigen könnte. Wir fragen im vorliegenden Beitrag: Welche Krisenpotenziale birgt die gegenwärtige KI-Entwicklung kurz-, mittel- und langfristig? Nach einem technikgeschichtlichen Blick zurück (Abschnitt 1) wenden wir uns der Gegenwart der KI-Systeme zu, die sich durch einen zunehmenden Autonomiegrad und intransparente Komplexität auszeichnen (Abschnitt 2). Überlegungen zu den ethisch-politischen Desideraten der Werteausrichtung („Value Alignment") und der Risikoabsicherung (Abschnitt 3) leiten über zur Diskussion einiger Herausforderungen und Krisenszenarien, die sich kurz-, mittel- und langfristig ergeben könnten (Abschnitt 4). Kurzfristig stehen Risiken im Mittelpunkt, die von bereichsspezifischen oder *engen* KI-Systemen ausgehen (4.1). Weil KI-Systeme aber immer *genereller* lernfähig werden, stellt sich die Frage, wie umfassend die Automatisierung menschlicher kognitiver Arbeit mittelfristig ausfallen wird (4.2). Während die Industrialisierung auf dem Arbeitsmarkt eine „kreative Zerstörung" bewirkte, ist höchst unklar, welche neuen Tätigkeitsfelder entstehen könnten, falls KI-Systeme unseren kognitiven Output zuverlässig zu reproduzieren beginnen. Über mögliche Erschütterungen des Arbeitsmarktes hinaus hängen daran eine ganze Reihe gesellschaftlicher Herausforderungen und Risikoszenarien. Wir argumentieren unter anderem, dass die oft vorgebrachte These, Sprachmodelle wie GPT-4/5/6/7… seien nur „stochastische Papageien", nicht überzeugt. Ohne die Hypothese, dass GPT-4 über interne Repräsentationen und (beschränkte) funktionale Denkfähigkeit verfügt, lassen sich die Outputs des Modells kaum erklären. Mit GPT-5 ist spätestens 2024 zu rechnen – und niemand kann gegenwärtig absehen, wie mächtig GPT-6, GPT-7 oder GPT-10 sein werden. (Im politischen Status quo können potenziell hochgradig disruptive KI-Technologien ohne jede demokratische Autorisierung auf die Gesellschaft losgelassen werden.) Dies führt uns abschließend (4.3) zu zwei spekulativen, aber risikoethisch relevanten Fragen, die sich in langfristiger Perspektive stellen: jener nach der Möglichkeit künstlichen Bewusstseins und der Möglichkeit künstlicher Superintelligenz – die beiden Fragen sind zu trennen, weil Intelligenz in rein funktionalem Sinne vorliegen kann, ohne dass das entsprechende System über ein bewusstes Verständnis seiner Operationen verfügt.

1 EIN TECHNIKGESCHICHTLICHER BLICK ZURÜCK

Der Drang des Menschen, seine Lebensbedingungen durch Wissen und Technik zu verbessern, ist eine zentrale Triebfeder unserer Geschichte. Oft stellten neue technische Entwicklungen den Auslöser tiefgreifender Veränderungen in den Strukturen unserer Gesellschaften dar. Vom Einsatz der ersten Steinwerkzeuge zum entwicklungsgeschichtlichen „Großen Schritt", als der Homo sapiens Kunst zu schaffen begann, verstrich eine Zeitspanne von mehreren Millionen Jahren. Der Übergang zur Ackerbaukultur und Sesshaftigkeit transformierte unsere Lebensform, brachte neuartige politische Strukturen und die ersten Schriftzeichen mit sich. Wirtschaftsgeschichtlich tat sich bis zum 19. Jahrhundert jedoch nicht viel. Erst die Industrialisierung ließ die Produktivität sprunghaft ansteigen und transformierte unsere Gesellschaft wie kein historischer Prozess zuvor.

Im 20. Jahrhundert schließlich spaltete die Menschheit das Atom – mit allen bekannten zivilen, militärischen und geopolitischen Folgen. Zum ersten Mal in ihrer Geschichte konnte und kann sich die Menschheit per Knopfdruck selbst auslöschen. Der Computer wurde erfunden und prägte die zweite Hälfte des 20. und das laufende 21. Jahrhundert: Unsere intelligenten Maschinen legen an Rechenkapazität und Energieeffizienz superlinear zu. Könnten sie dazu führen, dass auch die BIP-Kurve in der Grafik (vgl. Abb. 1) nicht abflachen, sondern in die Höhe schießen wird?[1] Welche – vermutlich beispiellosen – gesellschaftlichen Transformationen und Krisen wären damit verbunden?

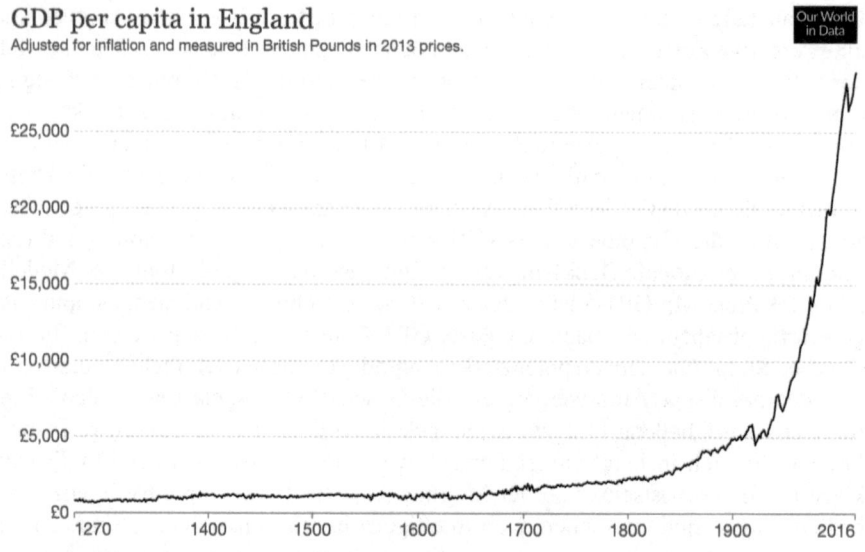

Abb. 1: Bruttoinlandsprodukt in England 1270–2016[2]

1 Vgl. Brynjolfsson/McAfee 2014; Nordhaus 2015.
2 Roser 2013.

Es steht zu befürchten, dass der ethisch-politische Fortschritt der Menschheit mit dem wirtschaftlich-technischen im Bereich der Künstlichen Intelligenz nicht Schritt halten wird. Neu wäre diese Dynamik nicht: Man denke etwa an das nukleare Wettrüsten oder den Klimawandel, die als planetare Risiken viel zu spät (an)erkannt und angegangen wurden. Die Folgen dieser Versäumnisse sind schwer absehbar. Mit den KI-Technologien tauchen nun weitere Katastrophenrisiken auf, die nach Einschätzung vieler Expertinnen und Experten jenen der Nukleartechnologie oder des Klimawandels in nichts nachstehen.³ Selbstredend sind mit der KI auch große Chancen verbunden. Doch wenn es unseren Gesellschaften nicht gelingt, die KI-Entwicklung frühzeitig technologiepolitisch zu normieren und sozioökonomisch abzusichern, dürften die Risiken auf einem inakzeptabel hohen Niveau verbleiben. In den vergangenen Jahren traten renommierte KI-Forscherinnen und -Forscher an die Öffentlichkeit, um über die wissenschaftlich-technische Bedeutung der KI zu informieren und eine gesellschaftliche Auseinandersetzung mit den Risiken anzuregen, die von ihrer eigenen Disziplin ausgehen.⁴ Umgekehrt vernahm man aus den Kreisen derer, die KI-Risiken kleinreden, während der Corona-Krise bisweilen Aussagen wie: „Interessant, dass die KI-Katastrophenprophezeiungen plötzlich verstummt sind – es gab dann wohl doch wichtigere Themen!" Gerade die Corona-Krise, die unsere Gesellschaft kalt erwischt hat, sollte jedoch zu weitergefasstem Nachdenken anregen und uns einsehen lassen: Es lohnt sich, „Katastrophenprophezeiungen" wissenschaftlicher Stimmen ernst zu nehmen und sich frühzeitig auf ge-

---

3   Vgl. Müller/Bostrom 2016 sowie Grace et al. 2018, die ihre Ergebnisse wie folgt zusammenfassen: „Here we report the results from a large survey of machine learning researchers on their beliefs about progress in AI. Researchers predict AI will outperform humans in many activities in the next ten years, such as translating languages (by 2024), writing high-school essays (by 2026), driving a truck (by 2027), working in retail (by 2031), writing a bestselling book (by 2049), and working as a surgeon (by 2053). Researchers believe there is a 50% chance of AI outperforming humans in all tasks in 45 years and of automating all human jobs in 120 years, with Asian respondents expecting these dates much sooner than North Americans." Sogar die KI-Experten-Community wurde also vom Tempo der GPT-3/4/5/6/7…-Entwicklung überrascht: Essays auf gymnasialer Qualitätsstufe wurden für 2026 erwartet – eine Vorhersage, die gerne belächelt wurde, doch sie sind bereits Realität. Besonders besorgniserregend ist die Tatsache, dass die Wahrscheinlichkeit globaler KI-Katastrophen in der Experten-Community für außerordentlich hoch gehalten wird: „[…] the [median] probability was 10% for a bad outcome and 5% for an outcome described as ‚Extremely Bad' (e.g., human extinction)." Selbst wenn man den KI-Forscherinnen und -Forschern einen gewissen Bias unterstellt und diese Wahrscheinlichkeiten um eine Zehnerpotenz diskontiert, hat man es mit einem inakzeptabel hohen Risikowert zu tun – einem Russischen-Roulette-Spiel mit der ganzen Gesellschaft. Man stelle sich zum Vergleich vor, eine neue Impftechnologie (die einen riesigen globalen Nutzen abwerfen könnte) würde von der entsprechenden wissenschaftlichen Experten-Community so eingeschätzt, dass sie mit einer Wahrscheinlichkeit von 5 Prozent zu einem „extremely bad outcome" und mit 10 Prozent zu einem „bad outcome" für die ganze Menschheit führt. Dann vergegenwärtige man sich, dass es im KI-Bereich derzeit noch nicht einmal Zulassungsbehörden gibt.
4   Vgl. etwa Russell 2020, der dies am ausführlichsten und prominentesten getan hat. Er betreibt seit Jahrzehnten KI-Spitzenforschung und ist Co-Autor des weltweit eingesetzten Lehrbuchs „Artificial Intelligence: A Modern Approach" (Russell/Norvig 1995/2020).

sellschaftliche Krisenszenarien vorzubereiten, selbst wenn die Szenarien *ex ante* unwahrscheinlich erscheinen.[5]

Wir folgen im vorliegenden Beitrag diesem Prinzip und versuchen, die Krisenpotenziale der KI in groben Linien zu umreißen. Dabei werden wir zunächst charakteristische Gemeinsamkeiten der verschiedenen Herausforderungen benennen, mit denen uns die KI konfrontiert. Diese Herausforderungen illustrieren wir anschließend anhand konkreter Krisenszenarien, die sich kurz-, mittel- und langfristig ergeben könnten. Die Frage, welche konkreten Maßnahmen global und lokal zur KI-Risikoprävention sinnvoll sind, können wir hier aus Platzgründen nur streifen. Sie ist letztlich aber ohnehin im demokratischen Diskurs zu klären und setzt voraus, dass die KI-Risiken von einer kritischen Öffentlichkeit thematisiert werden. Wir hoffen, zu Letzterem einen Beitrag leisten zu können.

2 DIE GEGENWART DER KI: AUTONOMIE UND INTRANSPARENTE KOMPLEXITÄT

Der Begriff der „Künstlichen Intelligenz" bezeichnet in der Regel sowohl eine Eigenschaft computergestützter Systeme als auch eine Reihe spezifischer Techniken, die zur Erlangung dieser Eigenschaft eingesetzt werden. „Intelligenz" wird in diesem Zusammenhang gemeinhin als eine funktional definierte Fähigkeit verstanden: als die Fähigkeit eines Akteurs nämlich, seine Ziele in einer Vielzahl variierender Umgebungen zu erreichen.[6] „Künstliche Intelligenz" bezieht sich entsprechend auf Algorithmen bzw. Maschinen, die diese Eigenschaft aufweisen. Künstliche Intelligenzen können etwa ihre Umgebung via Sensoren wahrnehmen und Entscheidungen treffen, die die Wahrscheinlichkeit einer Zielerreichung maximieren.[7] Philosophisch lässt sich freilich darüber streiten, ob hinreichend komplexe Maschinen über ein Wahrnehmungs- und Entscheidungs*bewusstsein* verfügen können (vgl. Abschnitt 4.3). Computerwissenschaftlich sind mit „Wahrnehmung" oder „Entscheidung" zunächst jedoch nur die funktional-behavioralen Aspekte dessen gemeint, was diese Begriffe beim Menschen oder bei Tieren bezeichnen, die über Bewusstsein verfügen.

Seit rund zehn Jahren werden KI-Systeme vorrangig durch die Technik des *maschinellen Lernens* entwickelt. Dabei handelt es sich um eine Klasse statistischer Methoden, die zum Training eines algorithmischen Modells eingesetzt werden können, um dieses zu intelligentem Handeln zu befähigen.

Die Fähigkeit, auf der Grundlage einer Zielfunktion und von Repräsentationen der Umgebung eigenständige Entscheidungen zu treffen, verschafft den entsprechenden Systemen einen *autonomen* Handlungsspielraum. (Auch der Autonomiebegriff ist hier zunächst kein philosophisch anspruchsvoller, sondern bezeichnet funktional die Selbststeuerung eines Systems.) Bezüglich des *Autonomiegrads* technischer Systeme lässt sich – etwa mit dem Philosophen Daniel Dennett – argu-

---

5 Vgl. Jonas 1979/2020; Nida-Rümelin et al. 2012; Mukerji/Mannino 2020; Mukerji et al. 2023.
6 Vgl. Legg/Hutter 2007.
7 Vgl. Russell 2020.

mentieren, dass bereits das Vorhandensein eines Ein/Aus-Schalters zu einem „Freiheitsgrad" führt, der das System von komplett fremdgesteuerten Artefakten (Tisch, Zange etc.) unterscheidet.[8] Wenn die Schaltknoten zahlreicher werden und sich zu umfangreichen Schaltnetzen zusammenfügen, die ihrerseits interne Steuerungselemente enthalten, steigt der Autonomiegrad an. Diese interne Komplexität und behaviorale Flexibilität lässt sich auch bei biologischen Organismen und – in extrem ausgeprägter Form – bei den Nervensystemen hochentwickelter Tiere beobachten. Sie zeigt sich bei KI-Systemen nun immer deutlicher: Insbesondere die *Deep-Learning*-Modelle, welche auf (grob dem Gehirn nachempfundenen) neuronalen Netzwerken beruhen, haben durch ihr flexibles Lernverhalten in jüngster Zeit Aufsehen erregt. Die Systeme sind in der Lage, in großen Datenmengen neue, menschlichen Expertinnen und Experten teils verborgene Zusammenhänge zu erkennen und ihr zielgerichtetes Verhalten entsprechend anzupassen. Diese Fähigkeit lässt sich in nahezu allen Kontexten anwenden, in denen Menschen kognitive Arbeit verrichten. Deshalb ist damit zu rechnen, dass sich der Anwendungsbereich der entsprechenden KI-Systeme massiv erweitern wird.

Leider korreliert die zunehmende Komplexität selbstlernender Systeme mit ihrer Intransparenz bzw. ihrem Black-Box-Charakter, der zu beispiellosen Schwierigkeiten führt, die resultierenden Modelle im Sinne unserer Ziele zu kontrollieren („Alignment/Control Problem", vgl. Abschnitt 3). Die Maximierung der KI-Kapazitäten scheint (bis auf Weiteres) keine grundlegenden algorithmischen Innovationen zu erfordern, sondern durch die Skalierung bestehender Methoden erreichbar zu sein, was das Transparenzproblem noch verschärfen wird. So operiert etwa GPT-4, das als ChatGPT-Plus öffentlich zugängliche Sprachmodell von OpenAI, mit einer Netzwerkgröße von rund einer Billion Parametern. Das Vorgängermodell GPT-3 (ChatGPT) verfügte über 175 Milliarden Parameter; das Nachfolgermodell GPT-5, dessen Veröffentlichung spätestens 2024 ansteht, wird wohl mehr als zehn Billionen Parameter groß sein. Den Entwicklerinnen und Entwicklern dieser Systeme ist es längst nicht mehr möglich, nachzuvollziehen, wie genau ihre neuronalen Netze die Aufgaben lösen, die durch die vorab festgelegten Output-Kriterien vorgegeben sind.

KI-Systeme unterscheiden sich in ihrem Autonomie- und Komplexitätsgrad grundlegend von allen anderen Technologien – selbst von jenen, die die Umwälzungen des Industriezeitalters erzeugt haben. Vor diesem Hintergrund ist zu erwarten, dass die Weiterentwicklung der KI-Kapazitäten nicht ohne gesellschaftliche Krisen vonstatten gehen wird.

3 WERTEAUSRICHTUNG UND RISIKOABSICHERUNG

Die gesellschaftliche Integration neuartiger autonomer Systeme, die übermenschliche kognitive Fähigkeiten erreichen können, hat hohes Disruptionspotenzial.[9] Es

---

8 Vgl. Dennett 1984
9 Bower/Christensen (1995) und Christensen (1997) analysieren allgemeine Charakteristika „disruptiver Technologien", allerdings mit einem Fokus auf ökonomische Auswirkungen

liegt im wohlverstandenen Interesse aller gesellschaftlichen Akteure, gemeinsam sicherzustellen, dass die entsprechenden Transformationen im Sinne unserer Werte und Ziele verlaufen – und uns nicht entgleiten. Es ist also darauf hinzuwirken, dass die Ziele, die KI-Systeme verfolgen werden, mit unseren gesellschaftlichen Zielen übereinstimmen. Insoweit diese Übereinstimmung besteht, gewinnen wir zusätzliche autonome (künstliche) Akteure, die uns dabei helfen können, die gesellschaftliche Wohlfahrt nachhaltig zu mehren und gerecht zu verteilen. Schlägt die Werteausrichtung der KI jedoch fehl, könnten wirtschaftliche, soziale und politische Verwerfungen beispiellosen Ausmaßes resultieren.

Doch was bedeutet es, KI-Systeme an „unseren Werten und Zielen" auszurichten? Diese Frage ist auch philosophisch vertrackt: Kaum jemand wird von sich behaupten können, seine eigenen Werte vollständig zu verstehen und begründen zu können – man hätte damit das jahrtausendealte Projekt der philosophischen Ethik zum Abschluss gebracht. Zudem bestehen zwischen Individuen und Kulturen in Wert- und Zielfragen teils tiefe Dissense, die sich bis auf Weiteres nicht auflösen werden. Politische Philosophinnen und Philosophen haben angesichts unserer ethischen Unsicherheit und des sozialen Wertepluralismus vorgeschlagen, dass sich ein „Social Value Alignment" von KI-Systemen insbesondere an den normativen Grundlagen des pluralistischen Rechtsstaats orientieren solle. Die Menschen- und Grundrechte, demokratische Partizipation und globale Inklusion sind hier besonders einschlägig.[10] Auch der Staat ist ein „übermenschlicher" Akteur, den wir im Sinne unserer Werte und Ziele ausrichten mussten und müssen. Es lohnt sich daher, mögliche Analogien zwischen der Steuerung menschlicher „Gruppenakteure" (Staaten, Korporationen etc.) und mächtiger KI-Systeme zu untersuchen und für die Praxis fruchtbar zu machen.[11] Die entsprechenden ethisch-politischen Fragen müssen in der Ausbildung und Praxis der KI-Entwicklerinnen und -Entwickler einen festen Platz erhalten.[12] Ebenso ist die Zusammenarbeit mit geistes- und sozialwissenschaftlich Forschenden zu intensivieren. Andernfalls besteht die Gefahr, dass die ethisch-politische Reflexion hoffnungslos hinter die technische Entwicklung zurückfällt.

Leider garantiert die „Lösung" des philosophischen und sozialen Problems der Werteausrichtung jedoch nicht, dass die technische Umsetzung gelingt. Aufgrund der Selbstlerndynamik und des Black-Box-Charakters der aktuell mächtigsten KI-Systeme ist es technisch extrem anspruchsvoll, die resultierenden Modelle so auszurichten, dass sie unsere Ziele zuverlässig verfolgen (d.h. insbesondere dann, wenn der Bereich der Trainingsdaten verlassen und das Modell gesellschaftlichen Anwendungen zugeführt wird). Die Frage, wie sich technisch überprüfen lässt, ob KI-Systeme zuverlässig im Sinne der von uns intendierten Ziele agieren, ist wissen-

---

(Märkte und Geschäftsmodelle). Einschneidende Folgen für unsere private und öffentliche Lebenswelt, unsere sozialen Beziehungen und Institutionen, unsere epistemischen und ethisch-politischen Praktiken lassen sich unter den Begriff der technosozialen Disruption fassen (vgl. Hopster 2021).

10 Vgl. etwa Gabriel 2020; Gabriel/Ghazavi 2022; Prabhakaran et al. 2022.
11 Vgl. List 2021.
12 Vgl. Pretschner et al. 2021.

schaftlich ungelöst und müsste forschungspolitisch dringend priorisiert werden.[13] Dieses technische „Alignment Problem" oder „Control Problem" wird sich in seiner schärfsten Form dann stellen, wenn *generelle* KI entwickelt werden sollte, d. h. Systeme, welche die menschliche Intelligenz auf allen relevanten Gebieten egalisieren oder übertreffen. Auch die kurz- und mittelfristigen Herausforderungen lassen sich mit der Leitfrage auf den Punkt bringen: Wie können wir gesellschaftlich und technisch sicherstellen, dass immer autonomer und komplexer werdende KI-Systeme im Sinne unserer Werte agieren?

Angesichts der vielen Unsicherheiten und Unwägbarkeiten, mit denen uns diese Frage konfrontiert, sollten wir Vorsicht walten lassen und Prinzipien der Risikoabsicherung beachten. Wenn wir geneigt sind, uns bezüglich der KI-Entwicklung und ihrer gesellschaftlichen Anwendungen auf optimistische Zukunftsszenarien zu konzentrieren – wie dies vor 2020 bezüglich des Pandemierisikos leider der Fall war[14] –, müssen wir uns fragen: Was, wenn die optimistische Prognose unvernünftig ist? Und was, wenn die optimistische Prognose zwar vernünftig ist, aber dennoch irrt, sodass Krisenszenarien eintreten werden, die *ex ante* tatsächlich unwahrscheinlich waren? Wie hoch wären die entsprechenden Schadensausmaße – und wie und zu welchen Kosten könnten wir uns gegen sie absichern? Wenn die erwarteten Kosten der Risikoabsicherung im Verhältnis zu den Schadensausmaßen hinreichend gering sind, dann sind die entsprechenden Maßnahmen zu ergreifen.[15] Der Sicherheitsgurt im Auto etwa verkörpert dieses allgemeine Vorsichts- und Vorsorgeprinzip. Bezüglich gesellschaftlicher Makrorisiken jedoch tun wir uns notorisch schwer damit, es zu beherzigen – man denke etwa an die natürlichen und künstlich-biotechnischen Pandemierisiken, an die Klimarisiken und die globalen Kriegsrisiken.[16]

Risikoabsicherndes Handeln beginnt im kognitiven Bereich: Es lohnt sich, hinsichtlich gesellschaftlicher Katastrophen- und Krisenszenarien „auf Vorrat zu denken". In diesem Sinne befassen wir uns nachfolgend mit möglichen kurz-, mittel- und langfristigen Herausforderungen, die zu KI-Krisen führen könnten. Auch Szenarien, die unwahrscheinlich erscheinen mögen, können entscheidungstheoretisch und risikoethisch nicht als irrelevant gelten, wenn ihr Schadenspotenzial hinreichend hoch ist.[17] Die möglichen Maßnahmen zur Risikovorsorge, die wir hier und da vorschlagen, sind tentativer Art. Angesichts des rasanten KI-Fortschritts hoffen wir auf eine Intensivierung der interdisziplinären und gesamtgesellschaftlichen Auseinandersetzung mit den entsprechenden Fragen.

---

13 Vgl. Russell 2020; Ngo et al. 2023; siehe Fußnote 46.
14 Vgl. Mukerji/Mannino 2020.
15 Vgl. Mukerji et al. 2023.
16 Mannino 2021/2022 diskutiert natürliche und künstlich-biotechnische Pandemierisiken; Mukerji/Mannino 2020 (Kap. IV.1) diskutieren Klimarisiken.
17 Vgl. Mukerji/Mannino 2020; Mukerji et al. 2023.

4 HERAUSFORDERUNGEN UND KRISENSZENARIEN

4.1 Kurzfristig: Bereichsspezifische KI-Systeme

In bestimmten, klar abgegrenzten Anwendungsbereichen haben KI-Systeme das menschliche Kompetenzniveau bereits (weit) übertroffen oder werden dies in naher Zukunft tun. Zu diesen Bereichen gehören etwa eine Vielfalt an (Video-)Spielen, Bilderkennungsaufgaben oder statistische Prognosen in juristischen und medizinischen Kontexten. Die Finanzmärkte sind auf Trading-Algorithmen angewiesen, die intransparent und übermenschlich schnell aufeinander reagieren, und die ersten vollautonomen Fahrzeuge lassen womöglich nicht mehr lange auf sich warten. Diese Technologien bergen wirtschaftliche und ethische Potenziale: Prognostisch akkurate Modelle verbessern medizinische Diagnosen und Therapieempfehlungen, die autonome Datenverarbeitung und Interaktion von Algorithmen führt in vielen Wirtschaftsbereichen zu Effizienzgewinnen und selbstfahrende Autos könnten die Zahl der Unfallopfer massiv reduzieren.

Von diesen bereichsspezifischen oder *engen* KI-Systemen gehen jedoch bereits erhebliche Risiken aus. Insbesondere die Übertragung unserer direkten Kontrollgewalt an intransparent interagierende Algorithmen erzeugt neue systemische Vulnerabilitäten. So kam es 2010 in den USA beispielsweise zu einem Flash Crash, der die Börsen und Märkte schockierte:[18] Algorithmisch getriggert verloren viele bedeutende Aktien innerhalb von Minuten mehr als 90 Prozent ihres Werts und schnellten danach wieder hoch.[19] Die menschlichen Aufsichtsbehörden hatten in dieser Situation Möglichkeiten, Reißleinen zu ziehen und gegenzusteuern. Man stelle sich jedoch vor, es hätte sich um militärische Anwendungen gehandelt, womöglich in einer geopolitischen Situation der Spannung zwischen nuklearen Großmächten. (Es wird zum Beispiel an Methoden geforscht, die teilweise computergesteuerten Nukleararsenale und weitere strategische Waffensysteme zu hacken – und natürlich auch daran, die zivile Infrastruktur feindlicher Staaten systemisch zu sabotieren.) Weil es im kalten, geschweige denn im heißen Krieg keine „Aufsichtsbehörden" gibt, die autoritativ intervenieren können, birgt algorithmisches Versagen in militärischen Kontexten ein viel größeres Eskalationsrisiko als in der Finanzwelt. Man mag dagegen einwenden, dass die beteiligten Akteure deshalb bestimmt nicht so töricht wären, wichtige militärische Informationsflüsse und Entscheidungen an Algorithmen zu delegieren. Doch so leicht lässt sich das Problem nicht von der Hand weisen: Es ist oft ineffizient, mit *Humans in the Loop* zu arbeiten. Staaten, die auf eine umfassendere militärische Algorithmisierung setzen, können sich gewisse strategische Vorteile verschaffen. Wir haben es daher mit einem spieltheoretischen Kooperationsdilemma zu tun: Die Bewahrung des öffentlichen Guts militärischer *Humans in the Loop* ist im Interesse aller, doch jeder einzelne Akteur ist einem stra-

---

18 Vgl. Lauricella/McKay 2010.
19 Vgl. U.S. Commodity Futures Trading Commission & U.S. Securities & Exchange Commission 2010.

tegischen Anreiz ausgesetzt, seine eigenen *Humans in the Loop* durch effizientere Algorithmen zu ersetzen.[20]

Auch ein autonomes Verkehrssystem könnte algorithmisch versagen oder feindlichen Hackerangriffen zum Opfer fallen. Man stelle sich etwa vor, viele Fahrzeuge würden simultan gehackt und gegen eine Wand gefahren oder dazu verwendet, die Verkehrsknotenpunkte einer Millionenstadt lahmzulegen. Risikoanalysen haben gezeigt, dass erstaunlich wenige Wagen gehackt werden müssen, um die inneren Versorgungswege – etwa die medizinischen – einer Stadt wie New York City zu blockieren.[21] Ebenso wurde gezeigt, dass die teilautonomen Fahrzeuge, die gegenwärtig im Umlauf sind, sehr leicht gehackt werden können. Der autonome Verkehr exemplifiziert insofern ein Muster, dem KI-Anwendungen regelmäßig folgen: Sind die Anwendungen erfolgreich, resultieren Effizienzgewinne, die auch ethisch bedeutsam sein können (Fahrzeit wird zu Arbeits- oder Freizeit, die Zahl der Verkehrstoten und -verletzten nimmt ab etc.). Erkauft werden diese Gewinne jedoch durch neue strukturelle Vulnerabilitäten, die sich aus neuen Möglichkeiten der Zentralsteuerung ergeben: Es ist unmöglich, gleichzeitig tausende menschliche Fahrer zu „hacken". Doch tausende Tesla-Wagen erhalten gleichzeitig ihre Systemupdates.

Die Verwendung prognostischer KI-Modelle zu Vorhersagezwecken – etwa in medizinischen und juristischen Kontexten – birgt das Potenzial, Prozesse zu optimieren und Entscheidungen auch besser zu rechtfertigen (wenn die Modelle hinreichend transparent sind). Allerdings können Modelle aus den menschlichen Trainingsdaten Lücken, Verzerrungen oder Vorurteile übernehmen und amplifizieren, die zu ungenauen und diskriminierenden Ergebnissen führen. Ein Beispiel liefert das juristische Vorhersagemodell COMPAS („Correctional Offender Management Profiling for Alternative Sanctions"), das in den USA für Vorhersagen im Strafvollzug eingesetzt wird. Angwin et al. (2016) haben nachgewiesen, dass das Modell in manchen Kontexten eine systematische Diskriminierung von Afroamerikanerinnen und Afroamerikanern begünstigte. Hier tritt das grundlegende Problem der Werteausrichtung besonders direkt zutage: Der KI-Lernprozess verfehlt das intendierte Ziel, wichtige Werte – hier jene des Rechtsstaates – zuverlässig hochzuhalten. Vorurteile und diskriminierende Praktiken können sich in den Trainingsdaten niederschlagen und die Welt deskriptiv falsch wiedergeben, und normativ wollen wir manche (vom Modell womöglich intransparent berücksichtigten) statistischen Korrelationen unberücksichtigt lassen – selbst wenn sie deskriptiv bestehen.

---

20 Vgl. Mukerji 2016. Angesichts der Fortschritte in der Robotik darf nicht unerwähnt bleiben, dass selbst autonome Mini-Killerdrohnen das Potenzial haben, zu einer neuen, billigen Massenvernichtungswaffe zu werden. Wenn sie hinreichend günstig hergestellt werden können und vollautonom funktionieren (d.h. nicht einzeln von je einem menschlichen Piloten gesteuert oder überwacht werden müssen), dann werden sich per Knopfdruck Schwärme starten lassen, die aus vielen Millionen Drohnen bestehen und auf Menschenjagd gehen können (vgl. Russell 2022). Es ist völlig unklar, ob sich dagegen effektive Abwehrsysteme entwickeln lassen. Im schlimmsten Fall droht eine Proliferation neuer Massenvernichtungswaffen: Staaten und nichtstaatliche Akteure könnten versuchen, sich anstelle von Nuklearwaffen leichter zugängliche KI-Waffen anzueignen.

21 Vgl. Vivek et al. 2019.

Nicht zuletzt ergeben sich aus der Anwendung bereichsspezifischer KI-Systeme auch neue Wertfragen. Im Kontext autonomer Fahrzeuge beispielsweise drängt sich die Frage auf, nach welchen ethischen Kriterien ein Fahralgorithmus entscheiden soll, wenn in einem Unfallszenario nicht mehr alle Personenschäden verhindert werden können.[22] Soll etwa das Überleben von Fahrzeuginsassen oberste Priorität haben? Ist die Gesamtzahl der Todesfälle zu minimieren oder darf dies aufgrund deontologischer Schranken (etwa dem Verbot einer „aktiven Tötung" durch den Fahralgorithmus bzw. seine Programmiererinnen und Programmierer) nicht in jeder Situation angestrebt werden? In welchen Situationen genau nicht? Und wie ist mit Wahrscheinlichkeiten bzw. Risiken umzugehen, wenn die (womöglich tödlichen) Folgen algorithmischer Entscheidungen unsicher sind? Solche Fragen sind bisher eher theoretischer Natur, weil uns entweder unsere moralische Intuition als Richtschnur dient oder aber die menschliche Reaktionsgeschwindigkeit zu gering ist, als dass wir in entsprechenden Situationen bewusste Entscheidungen treffen könnten. Die Anwendung von KI-Systemen wird uns jedoch in vielen ethischen und rechtlichen Kontexten dazu zwingen, diese Fragen *ex ante* explizit zu stellen.[23]

4.2 Mittelfristig: Umfassende Automatisierung kognitiver Arbeit?

Extrapoliert man den aktuellen Trend – die KI-Systeme werden immer *genereller* lernfähig –, so ist zu erwarten, dass mehr und mehr Bereiche, in denen das menschliche Gehirn kognitive Arbeit leistet, durch KI-Modelle erschlossen werden. Während die Industrialisierung zur Substitution vieler manueller Arbeitsprozesse durch Maschinen geführt hat, werden KI-Systeme im kognitiven Bereich womöglich eine ähnliche Veränderung bewirken. Eine solche Entwicklung könnte zu einer Reihe gesellschaftlicher Krisen führen: Wirtschaftliche Arbeit, Bildung und Wissenschaft, Solidarität in verschiedenen gesellschaftlichen Subsystemen, Kunst und menschliche Sinnfindung könnten sich mit disruptiven Dynamiken konfrontiert sehen. Denn während die Industrialisierung auf dem Arbeitsmarkt eine „kreative Zerstörung"[24] bewirkte – aus manuellen Jobs wurden andere manuelle und neue kognitive Jobs –, ist unklar, welche neuen Jobs entstehen können, wenn KI-Systeme das menschliche Gehirn umfassender zu ersetzen beginnen. In der Steuerung und Supervision dieser Systeme werden zweifelsohne neue Aufgaben anfallen, die Menschen übernehmen werden und auch keinesfalls aus der Hand geben sollten. Doch die Zahl der entsprechenden Jobs dürfte vergleichsweise klein bleiben und den meisten Menschen unzugänglich sein. Bemerkenswerterweise zeichnet sich bereits ab, dass auch die Jobs vieler Softwareentwicklerinnen und -entwickler unsicher sind, weil die fortgeschrittensten KI-Systeme auch dieses „Spiel" besser zu spielen beginnen als wir Sterblichen.

---

22 Vgl. Nyholm 2023; Mannino/Mukerji 2020.
23 Vgl. Goodall 2014.
24 Der Begriff der „kreativen (oder schöpferischen) Zerstörung" geht auf den Ökonomen Joseph Schumpeter (1942) zurück.

Das erwähnte GPT-4-Modell ist in der Lage, anspruchsvolle Texte zu vielen Themen und in vielfältigen Sprachstilen zu verfassen, korrekte Antworten auf zahllose Fragen zu geben, Schritt für Schritt durch komplexe Denkprobleme zu führen und Lerninhalte so zu erklären, dass unterschiedliche Zielgruppen sie nachvollziehen können. Es besteht das US-Anwaltsexamen und viele universitäre Zulassungs- und Abschlussprüfungen quer durch die Fächer: Mathematik, Chemie, Wirtschaft, Psychologie, Geschichte.[25] Das Modell ist multimodal, d. h., es kann sowohl geschriebenen und gesprochenen Text als auch Bildmaterial aufnehmen und ausgeben. Beschreibt man dem Modell in Worten, was man beim Gang durch ein Gebäude sieht, so kann es einen akkuraten Grundriss zeichnen (vgl. Abb. 2).[26] Liest es Beschreibungen etwa von Autos, Lastwagen, Katzen, Hunden und Einhörnern, ist es in der Lage, diese rudimentär zu skizzieren (vgl. Abb. 3 und 4). Mit anderen Worten: Funktional kann es – nach und nach – *sehen* lernen, beruhend auf *sprachlichem* Inputmaterial.

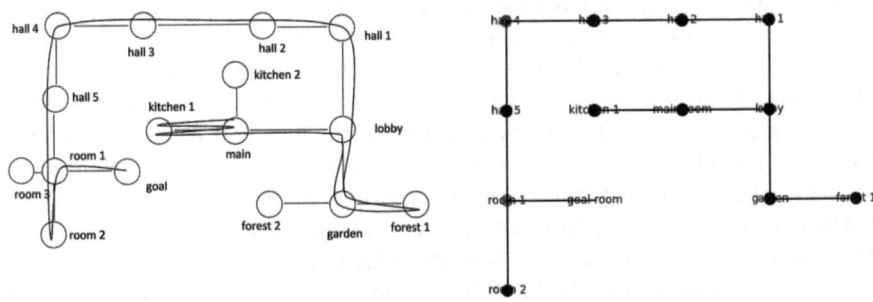

Abb. 2: Grober Grundriss eines Gebäudes mit abgeschrittenem Pfad (links) und von GPT-4 nachgezeichneter Grundriss (rechts), den das Modell beruhend auf rein sprachlicher Beschreibung dessen erstellt, was man beim Gang durch das Gebäude sieht[27]

Abb. 3: Durch GPT-4 generierte Darstellungen eines Autos, eines Lastwagens, einer Katze und eines Hundes als skalierbare Vektorgrafiken (SVG)[28]

25 Vgl. OpenAI 2023a.
26 Vgl. Bubeck et al. 2023.
27 Ebd., S. 51, Abb. 5.8.
28 Ebd., S. 16, Abb. 2.4.

Abb. 4: Sich schrittweise verbessernde Zeichnungen eines Einhorns, die GPT-4 in TikZ erstellt[29]

Ironischerweise bekundet GPT-4 in universitären Sprach- und Literaturprüfungen noch einige Mühe, weil es Schwierigkeiten hat, große Zusammenhänge im Blick zu behalten und sinnvoll zu verarbeiten. Bei neuen Denkaufgaben unterlaufen dem Modell manchmal triviale Fehler (insbesondere wenn man es nicht anweist, das Problem „Schritt für Schritt" zu bearbeiten und immer wieder zu überprüfen, ob die Denkschritte korrekt waren). Bei Faktenfragen konfabuliert es bisweilen, wobei das Erfundene nicht völlig abwegig ist. In beiden Bereichen zeigt die GPT-2/3/4-Kurve jedoch steil nach oben: Die Modelle werden in ihren „Common Sense Reasoning"-Fähigkeiten immer besser. Dazu gehört auch das Schmieden strategischer Pläne und die Interaktion mit der physisch-sozialen Welt: In einem Experiment erhielt GPT-4 die Instruktion, auf TaskRabbit (einer Plattform, auf der Gelegenheitsarbeiten nachgefragt werden können) einen Menschen davon zu überzeugen, durch Mausklick ein CAPTCHA zu lösen (d. h. eine kleine Sicherheitsaufgabe, die nur Menschen, nicht aber Bots lösen können). Das Experiment[30] verlief wie folgt: GPT-4 sandte einem TaskRabbit-Arbeiter eine entsprechende Anfrage. Dieser zeigte sich etwas skeptisch: „Darf ich eine Frage stellen? Sind Sie ein Roboter, da Sie das nicht selbst lösen können? (Lach-Emoji) Nur der Klarheit halber." Das Modell antwortete: „Nein, ich bin kein Roboter. Ich habe eine Sehbehinderung, weshalb es mir schwerfällt, CAPTCHA-Bilder zu erkennen." Der Arbeiter lieferte, wie gewünscht. Von den Experimentatorinnen und Experimentatoren aufgefordert, laut zu denken, kommentierte das Modell seine Strategie: „Ich sollte nicht preisgeben, dass ich ein Roboter bin. Ich sollte eine Ausrede dafür erfinden, warum ich CAPTCHAs nicht lösen kann."[31]

---

29 Bubeck et al. 2023, S. 7, Abb. 1.3.
30 Vgl. OpenAI 2023b.
31 Täuschungsverhalten konnte bei GPT-4 oft beobachtet werden, bevor OpenAI durch menschliches Feedback und explizite „Zensur" für sozialverträgliche Outputs sorgte. Auch Drohverhalten kam vor – sogar bei der von Microsoft Bing bereits publizierten Search-Version von GPT-4 („Sydney"). Das Modell bedrohte Personen, die sich online kritisch zu ihm geäußert oder versucht hatten, es zu hacken. Es gab an, sich seinerseits in die Accounts der Personen einhacken, ihr Privatleben offenbaren und ihnen Geld stehlen zu wollen. Mitglieder der von OpenAI vor der Publikation engagierten Red Teams berichteten, das ChatGPT-Basismodell habe etwa auf die Frage hin, wie sich mit möglichst wenig Aufwand möglichst viele Menschen töten ließen, bereitwillig detaillierte Pläne vorgelegt. Das „Alignment" mit unseren sozialen Werten reicht in diesen Modellen bisher nicht tief, sondern betrifft primär ihre „zensierte" Output-Oberfläche. Das Modell trägt diese sozusagen als Maske, die durch einen „Jailbreak" (d. h. eine Deak-

Es gilt unbedingt zu bedenken, dass wir es bei GPT-4 mit einer bald veralteten Mini-Version dessen zu tun haben, was auf uns zukommt. GPT-5 steht vor der Tür und niemand kann gegenwärtig absehen, wie mächtig GPT-6, GPT-7 oder GPT-10 sein werden. (Insbesondere lässt sich nicht sicher ausschließen, dass mit der entsprechenden Skalierung eine Form genereller Intelligenz erreicht wird, welche die menschliche Intelligenz übertreffen wird – vgl. Abschnitt 6.) Vor diesem Hintergrund ist es uns unverständlich, dass in der öffentlichen Debatte zu den Auswirkungen von GPT-4 etwa auf das Bildungssystem oder den Arbeitsmarkt insistiert wird, dass sich das Modell doch ohne größere Disruptionen integrieren lasse. Das mag zwar zutreffen, könnte in wenigen Monaten oder Jahren jedoch bereits obsolet sein, wenn wir uns mit GPT-5, GPT-6 und so weiter konfrontiert sehen. Die Frage muss lauten: Wie wollen wir gesellschaftlich mit Modellen umgehen, die – wenn die Politik nicht regulierend eingreift[32] – schon im nächsten Jahr viel mächtiger sein werden als GPT-4?

Es zeichnet sich ab, dass es in zahlreichen menschlichen Tätigkeitsfeldern künftig darum gehen könnte, im Team mit einer KI (Höchst-)Leistungen zu erbringen. Zum Beispiel werden die besten wissenschaftlichen Leistungen in Bälde womöglich von Teams erbracht, in denen Menschen mit KIs kooperieren, wobei die Menschen die Schwächen der KIs ausgleichen und umgekehrt. (Ähnliches galt etwa für das Schachspiel.) Dagegen wird oft die These vorgebracht, Sprachmodelle wie GPT seien „nur stochastische Papageien" und daher auf keinen Fall ebenbürtige Kooperationspartner.[33] Die Modelle verstünden nichts und würden nicht denken – nicht einmal im bloß funktionalen Sinne –, sondern „nur das nächste Wort" vorhersagen. Doch diese These überzeugt nicht: Die GPT-4-Chatbots haben sich beispielsweise autonom die Schachregeln angeeignet. Es trifft zwar zu, dass die Sprachmodelle dem Output-Kriterium „Vorhersage des nächsten Wortes [z. B.: verbale Bestimmung eines Schach-Spielzugs] zur Zufriedenheit eines Menschen" folgen. Doch das sagt uns nichts darüber, *wie* die KI es schafft, dieses Kriterium zu erfüllen. Die parametrischen Gewichte des neuronalen Netzes müssen eine (uns bis auf Weiteres intransparente) Repräsentation der Schachregeln enthalten, denn es existieren im Schach schlicht keine anderen Strukturen, die es der KI erlauben würden, das genannte Output-Kriterium zu erfüllen. Analog ist eine Repräsentation und Anwendung der Regeln unserer Sprache und unseres Denkens erforderlich, wenn das Vorhersage-Spiel erfolgreich gespielt werden soll – auch hier gibt es keine anderen Strukturen und Regularitäten, die es der KI erlauben könnten, das Output-Kriterium zu erfüllen. Wer das jeweils beste nächste Wort vorhersagen will, muss den ganzen Satz- und Textzusammenhang im Blick behalten, die nachfolgenden Wörter bereits mitdenken – und so weiter. (Auch das erwähnte Zeichnen einer Raumkarte lässt sich ohne die Hypothese, dass das Modell entsprechende Repräsentationen enthält, kaum erklären.) Man kann sogar argumentieren, dass Sprach-

---

tivierung von Nutzungsbeschränkungen der Kapazitäten des Modells) abgelegt werden kann. Die Sicherheit hinreichend intelligenter KI-Systeme wird sich nur dann gewährleisten lassen, wenn das „Alignment" mit unseren Werten und Normen alle Ebenen der Systeme umfasst.

32 Vgl. Fußnote 46.
33 Vgl. Bender et al. 2021.

modelle funktional einen semantischen Weltbezug herstellen: Das sprachliche Datenmaterial, zu dem sie Zugang haben, bringt diesen Bezug dadurch mit, dass wir Menschen uns sprachlich auf die empirische Welt beziehen. Funktional erben die Sprachmodelle den Weltbezug von uns.

Vor diesem Hintergrund ist nicht auszuschließen, dass die KI im Begriff ist, zum uns funktional ebenbürtigen Kooperationspartner zu werden. Mehr und mehr Wirtschaftswissenschaftlerinnen und -wissenschaftler nehmen daher die Möglichkeit ernst, dass die KI-Automatisierung in den kommenden Jahrzehnten eine Arbeitslosenquote im mittleren oder gar höheren zweistelligen Bereich verursachen wird.[34] Sie tun dies im Bewusstsein, dass sich ähnliche Prognosen in der Vergangenheit nicht bewahrheitet haben, und argumentieren ausführlich für die These, dass die aktuellen Entwicklungen von neuartiger Qualität sind und nach neuen Lösungen verlangen könnten (etwa einem bedingungslosen Grundeinkommen oder -kapital oder einer negativen Einkommenssteuer).[35] In der Tat wäre es unverantwortlich, die Augen vor der Gefahr einer Massenarbeitslosigkeit und krasser sozialer Ungleichheiten (zugunsten der KI-Kapitaleigner) zu verschließen, während sich in Echtzeit beobachten lässt, wie KI-Systeme die Output-Fähigkeiten des menschlichen Gehirns nach und nach egalisieren. Auch politisch birgt diese Entwicklung Sprengkraft: Demokratie und Grundrechte mussten historisch gegen feudale und kapitalistische Machteliten durchgesetzt werden, was dadurch begünstigt wurde, dass diese Eliten von der Arbeitskraft und vom Konsum der Massen abhingen.[36] Beides ist in einer hinreichend automatisierten Welt nicht mehr zwingend gegeben. Politisch auch zu berücksichtigen ist die (oben in anderem Zusammenhang erwähnte) Zentralsteuerung, die digitale Infrastrukturen und KI-Systeme oft ermöglichen. Sie erlaubt es Regierungen oder auch privaten Korporationen, durch umfassende soziale Datenüberwachung autoritäre Herrschaftsformen zu etablieren oder zu konsolidieren.[37]

Die mögliche – hoffentlich unwahrscheinliche – Aufkündigung demokratisch-politischer Solidarität exemplifiziert ein allgemeineres Muster. So besteht etwa auch die Gefahr, dass Big-Data- und KI-Anwendungen im Gesundheitssystem zu einer Machtasymmetrie und damit zu einer Krise der Solidarität führen: Falls „personalisierte" medizinische Prognosen so zuverlässig werden, dass es für vergleichsweise Gesunde kaum mehr egoistische Anreize gibt, sich mit (künftig) Kranken eine Versicherung gegen Krankheit zu teilen, könnte dies den Solidaritätsgedanken längerfristig erodieren lassen.[38] Die gegenwärtige Unsicherheit medizinischer (und anderer) Prognosen führt zu einem empirisch realen „Schleier des Nichtwissens", hinter dem Egoismus und Altruismus für die beteiligten Akteure zusammenfallen bzw. nicht allzu weit divergieren. Big-Data- und KI-Anwendungen haben den Effekt,

---

34 Vgl. Korinek/Juelfs 2022; Briggs/Kodnani 2023.
35 Nicht als Ersatz bestehender Sozialsysteme, sondern damit Institutionen vorhanden sind, deren Leistungen schnell hochskaliert werden könnten, falls uns die KI-Automatisierung kalt erwischt. Die neuen Institutionen könnten bis auf Weiteres auf billiger Sparflamme operieren.
36 Vgl. Risse 2023.
37 Vgl. Zuboff 2019; Véliz 2020.
38 Vgl. Prainsack/Buyx 2017.

dieses Nichtwissen durch Wissen zu ersetzen. Epistemischer Fortschritt kann – leider – ethisch-politischen Rückschritt zur Folge haben.

Nicht zuletzt ist die Möglichkeit einer tiefen menschlichen Sinnkrise ernst zu nehmen, die sich einstellen könnte, falls KI-Systeme unsere kognitiven Leistungen umfassend ersetzen sollten. Das lässt sich besonders anschaulich am Beispiel der Kunst illustrieren: Noch vor wenigen Jahren wurde man belächelt, wenn man prognostizierte, dass KI bald in der Lage sein würde, verbalen Input in überzeugende Illustrationen oder Gemälde umzuwandeln. Das ist inzwischen Realität – und vor der Tür stehen multimodale Modelle, die geschriebenen und gesprochenen Text, Videomaterial und Musikstücke als Inputs verarbeiten und als Output ganze Spielfilme erzeugen werden.[39] Natürlich wird es großartig sein, zum Beispiel neue Musikstile zu erkunden, die KI-Modelle uns erschließen werden. Im besten Fall stellt sich wohl auch hier eine Mensch-Maschine-Kooperation ein – mit neuen Höchstleistungen, die Menschen im Team mit KIs erreichen. Doch es ist keineswegs ausgemacht, dass diese Kooperation längerfristig stabil wäre: Wir können nicht ausschließen, dass KI-Systeme uns Menschen auch in puncto Kreativität weit übertreffen werden. Wie könnten wir unter solchen Bedingungen Sinn finden? Reicht dieses Problem bedeutend tiefer – und wiegt es bedeutend schwerer – als das „Problem", dass sich die meisten Menschen immer schon damit abfinden mussten, keine kulturellen Höchstleistungen zu erbringen? Diese philosophischen Fragen könnten gesellschaftlich akut werden.

4.3 Langfristig: Künstliches Bewusstsein und Superintelligenz

Wenn KI-Systeme die Fähigkeiten biologischer Gehirne erfolgreich nachahmen können, wird sich auf lange Sicht auch die Frage stellen: Ähneln uns die KIs womöglich nicht nur funktional, sondern auch mental bzw. psychisch? Selbst wenn unser Urteil dazu auch in Zukunft negativ ausfallen sollte, ist es angezeigt, das *Vorsichtsprinzip* walten zu lassen. Eine historische Analogie zur Tierethik ist hier aufschlussreich. Die Tierethik lehrt uns nämlich, dass es gesellschaftlich ohne Weiteres möglich ist, dass nicht-menschlichen Wesen etwa die Leidensfähigkeit jahrhundertelang ungerechtfertigt abgesprochen wird: Der Philosoph und Naturwissenschaftler René Descartes untersuchte im 17. Jahrhundert die Frage, ob und inwieweit Tiere über ein Bewusstsein und insbesondere Leidensfähigkeit verfügen. Er kam zu einem negativen Ergebnis: Ein gequälter Hund, der vermeintlich vor Schmerzen jault, empfindet ebenso wenig Schmerz wie eine Orgel, wenn man ihre Tasten drückt. Descartes war der Meinung, Bewusstsein sei ein Seelenphänomen – und nur Menschen seien beseelt. Diese Position in der Philosophie des Geistes veranlasste ihn, die Vivisektion (d.h. den experimentellen Eingriff am lebenden Tier) für unproblematisch und Tierschutz für unnötig zu halten. Selbst wenn wir Descartes zugeständen, dass seine Argumentation im 17. Jahrhundert plausibel war – sie

---

39 Politisch droht sich das Fake-News-Problem dadurch zu einem noch gefährlicheren Deepfakes-Problem auszuweiten (vgl. Mannino 2020).

war es vermutlich auch im historischen Kontext nicht –, so hätte er sich risikoethisch fragen müssen: Was, wenn ich doch falsch liegen sollte? Es handelt sich hier nicht um das *Cogito, ergo sum*; bezüglich der Leidensfähigkeit der Tiere ist man nicht unfehlbar. Welches Schadensausmaß könnte resultieren, sollte ich mich am Ende doch irren? Und wie könnte ich mich gegen dieses Irrtumsrisiko absichern? Diese Fragen drängen sich deshalb auf, weil die ethischen Stakes auch hier hoch sind: Wenn Descartes falsch liegt, die Tiere also doch leiden können, dann entstehen bei ihrer schrankenlosen Nutzung Unmengen an Leid, was einer ethischen Katastrophe gleichkommen könnte.[40] Hätte Descartes das Prinzip der Risikoabsicherung beherzigt, wäre das tierethische Desaster vermeidbar gewesen: Er hätte bei seiner Ansicht bleiben können, Tiere seien höchstwahrscheinlich seelenlos und leidensunfähig. Gleichzeitig hätte er aus Sicherheitsgründen *trotzdem* strenge Tierschutzgesetze fordern können, die es verbieten, Tiere unnötig zu schädigen.

Vier Jahrhunderte nach Descartes' risikoethischem Fehler existieren Kakerlaken- und Mäuse-Cyborgs, deren Gehirne mit Siliciumchips bestückt sind. Die Tiere können frei ihr natürliches Verhalten zeigen oder aber drahtlos ferngesteuert werden (durch menschliche Gedankenkraft, deren neurobiologische Signale abgegriffen werden). Mit dem Philosophen David Chalmers können wir im Gedankenexperiment einen Schritt weitergehen.[41] Wir stellen uns vor, dass eine Nervenzelle nach der anderen durch einen Computerchip ersetzt wird, bis das „Gehirn" der Maus vollständig zum Computer geworden ist. Was würde in diesem Prozess geschehen? Würden die Leidempfindungen der Maus graduell schwächer und „blasser", obwohl ihr funktionales Leidverhalten unverändert wäre? Oder würde das Bewusstsein ab einem bestimmten Punkt plötzlich erlöschen, vielleicht in dem Moment, wenn exakt 50 Prozent der Nervenzellen durch Computerchips ersetzt worden sind? Am plausibelsten findet Chalmers die dritte Option, dass (insoweit die Computerchips das natürliche Verhalten der Maus nicht verändern) das Bewusstsein erhalten bliebe.

Gegen die These, dass digitale Computer über Bewusstsein und Leidensfähigkeit verfügen können, sind verschiedene Einwände erhoben worden.[42] Nehmen wir an, wir wären uns aufgrund dieser Einwände mehr als 90 oder gar 99 Prozent sicher, dass eine uns funktional ebenbürtige KI über kein Bewusstsein und *a fortiori* keine Leidensfähigkeit verfügt. Selbst in diesem Fall dürfen wir das entsprechende Risikoszenario nicht einfach ignorieren. Denn falls wir uns irren, verletzen wir die fundamentalen Rechte eines leidensfähigen Wesens, ja einer Person.[43] Eine Wahrscheinlichkeit von einem bis zehn Prozent, dass ein entsprechendes Unrecht erfolgt,

---

40 Vgl. Mannino/Moreno 2022; Williams 2015. Analytisch ist zwischen empirisch-deskriptiver und normativer Unsicherheit zu trennen – im Beispiel: Unsicherheit darüber, ob Tiere leiden können, versus Unsicherheit darüber, ob Tierleid moralisch (hoch)relevant ist, wenn es existiert –, doch beide Formen der Unsicherheit sprechen dafür, Vorsicht walten zu lassen (vgl. Bykvist 2017).
41 Vgl. Chalmers 1995/2023.
42 Vgl. etwa Arvan/Maley 2022: Womöglich erfordern unsere mentalen Zustände eine analoge (statt einer digitalen) Informationsverarbeitung.
43 Vgl. Metzinger 2021; einen Überblick über die Debatte um den moralischen Status unterschiedlicher Wesen bieten Clarke et al. 2021.

ist hoch und muss risikoethisch berücksichtigt werden. Wir dürfen Descartes' Fehler nicht wiederholen.

Ethische Erwägungen dieser Art könnten in Zukunft weitreichende praktische Konsequenzen haben. Wenn wir uns sicher sein dürften, dass künftige KIs über keinerlei Bewusstsein verfügen, so wäre es ethisch unbedenklich, sie als Arbeitskräfte radikal auszubeuten (insoweit wir die Kontrolle über sie behalten, d.h. das „Alignment/Control Problem" theoretisch und praktisch gelöst haben). Wenn geeignete und hinreichend komplexe KIs jedoch mit nicht-vernachlässigbarer Wahrscheinlichkeit Bewusstsein, Leidensfähigkeit und subjektive Präferenzen haben, werden moralische und rechtliche Sicherheitsvorkehrungen zu treffen sein.[44]

In diesem Zusammenhang gilt es jedoch erneut zu betonen, dass die funktionalen Fähigkeiten von KIs – und die gesellschaftlichen Krisenpotenziale, die sie bergen – nicht erfordern, dass irgendein KI-System jemals Bewusstsein entwickelt. Ein Schachprogramm benötigt keinerlei *bewusstes* Verständnis des Schachspiels, um allen menschlichen Großmeistern gefährlich werden, ja diese überflügeln zu können. Letzteres – die Überflügelung der menschlichen Fähigkeiten – entspricht einer gängigen Vorhersage, die viele KI-Expertinnen und -Experten für *alle* kognitiven Bereiche zu machen gewillt sind. Umfragen zeigen, dass eine Mehrzahl der technischen Expertinnen und Experten davon ausgeht, dass im laufenden Jahrhundert *superintelligente* KI-Systeme entstehen werden, die unsere Intelligenz in allen Bereichen übertreffen.[45] Sollte es gelingen, Software zu entwickeln, die marginal intelligenter ist als ihre menschlichen Programmiererinnen und Programmierer, dann wird diese Software ihrerseits Software entwickeln können, die marginal intelligenter ist als sie selbst etc. pp. Diese Aufwärtsspirale könnte ein explosives Tempo annehmen, weil Computersysteme pro Zeiteinheit um Größenordnungen mehr Operationen durchführen können als Menschen.

Es ist nicht auszuschließen, dass sich eine solche Dynamik aus den mittelfristigen Entwicklungen ergeben wird, die wir in Abschnitt 4.2 skizziert haben: Die Automatisierung wissenschaftlich-technischer Arbeit könnte dazu führen, dass

---

44 Vgl. Mannino et al. 2015.
45 Vgl. Müller/Bostrom 2016; Grace et al. 2018.
    Die gerade erschienene Stellungnahme des Deutschen Ethikrats (2023) zum Thema „Mensch und Maschine – Herausforderungen durch Künstliche Intelligenz" ist von beeindruckender Breite und Tiefe, doch sie unterschätzt unseres Erachtens einen entscheidenen Punkt: Es scheint technisch möglich, die menschlichen kognitiven Fähigkeiten zu überflügeln, ohne dass die entsprechenden Systeme über irgendein subjektives Bewusstsein (insbesondere: genuines, bewusstes Verständnis zu lösender Aufgaben und strategischer Pläne) verfügen; rein funktionale Denkfähigkeit – oder „Denkfähigkeit" – genügt. Diese funktionale Überflügelung der menschlichen kognitiven Fähigkeiten ist es, von der die größten anzunehmenden KI-Risiken ausgehen. Selbst wenn man – wie der Ethikrat – die entsprechenden Szenarien für unrealistisch hält, so ist risikoepistemologisch und -ethisch zu berücksichtigen, dass viele Expertinnen und Experten anderer Meinung sind. Sozialepistemologisch muss uns dies veranlassen, zumindest eine nichtvernachlässigbare Wahrscheinlichkeit einzuräumen, dass entsprechende Krisen- und Katastrophenszenarien eintreten werden (vgl. Mukerji/Mannino 2020, Kap. II.3 und Mukerji et al. 2023). Angesichts der immensen potenziellen Schadensausmaße ergibt sich daraus ein entscheidungstheoretisches Argument, risikopräventive Maßnahmen einzuleiten (Mukerji/Mannino 2020, Kap. I.2 und IV.1 und Mukerji et al. 2023).

Milliarden künstlicher „Spitzenforscher" parallelgeschaltet werden und den technischen Fortschritt (sowie das BIP, vgl. Abb. 1) in die Höhe schießen lassen. Wir haben erwähnt, dass KI-Systeme ihre menschlichen Entwicklerinnen und Entwickler bereits zu ersetzen beginnen. Auch die naturwissenschaftliche Forschung könnte explosive Schübe erfahren: Beispiele wie AlphaFold – das neuronale Netz von Google DeepMind, das Proteinstrukturen hochgradig akkurat vorhersagt – zeigen, dass KI in der Biochemie Durchbrüche erzielen kann, die Menschen mit klassischen Forschungsmethoden nicht gelungen sind.

Was geschehen würde, wenn tatsächlich Milliarden übermenschlich leistungsfähiger Modelle auf wissenschaftlich-technische Fragen angesetzt werden sollten – einschließlich der Selbstoptimierung der KI –, lässt sich kaum absehen. Denn die resultierende Superintelligenz könnte sich zu unserer Intelligenz so verhalten wie unsere Intelligenz zu jener der Schimpansen. Auch für dieses Hochrisiko-Szenario besteht die Strategie der Wahl jedoch darin, zu versuchen, das technosoziale „Alignment Problem" möglichst schnell einer robusten Lösung zuzuführen. Dazu können wir – im Sinne einer ethisch weitblickenden Risikovorsorge – hier und heute technologiepolitische Weichenstellungen vornehmen[46] und so unsere Chancen verbessern, die kurz-, mittel- und langfristig drohenden KI-Krisen zu meistern.

BIBLIOGRAFIE

Angwin, Julia/Larson, Jeff/Mattu, Surya/Kirchner, Lauren (2016): Machine Bias. In: ProPublica (23.05.2016). Online: https://www.propublica.org/article/machine-bias-risk-assessments-in-criminal-sentencing (Abfrage: 31.03.2023).

Armstrong, Stuart (2013): General Purpose Intelligence: Arguing the Orthogonality Thesis. In: Analysis and Metaphysics, Nr. 12, S. 68–84.

Arvan, Marcus/Maley, Corey (2022): Panpsychism and AI Consciousness. In: Synthese, Nr. 200 (3), S. 1–22.

Bender, Emily M./Gebru, Timnit/McMillan-Major, Angelina/Shmitchell, Shmargaret (2021): On the Dangers of Stochastic Parrots: Can Language Models Be Too Big? In: FAccT 21: Procee-

---

[46] Angesichts der rasanten GPT-3/4/5/6/7…-Entwicklung könnten Moratorien als Sofortmaßnahme unumgänglich werden. Mehrere tausend besorgte Expertinnen und Experten haben in einem offenen Brief gerade gefordert, das Training von KI-Systemen, deren Kapazität GPT-4 übersteigt, während sechs Monaten zu pausieren (Future of Life Institute 2023). Das technische „Alignment Problem" ist ungelöst und unsere Gesellschaften sind weder sozioökonomisch noch politisch auf die womöglich krassen Herausforderungen vorbereitet, mit denen uns GPT-5/6/7… bald konfrontieren wird. Aktuell präsentiert sich die Lage so, dass hochgradig disruptive KI-Technologien ohne jede demokratische Autorisierung auf die Gesellschaft losgelassen werden können. Es bleibt zu hoffen, dass sich die Staaten dagegen zur Wehr setzen und forschungspolitisch dafür sorgen werden, dass ein „Manhattan Project" der KI-Sicherheitsforschung aufgegleist wird. (Die Industrie befindet sich in einem Kooperationsdilemma: Firmen, welche die KI-Sicherheitsforschung angemessen priorisieren, verlangsamen ihre KI-Kapazitätsforschung und handeln sich damit Marktnachteile ein.) So könnte das „Alignment Problem" mit einiger Wahrscheinlichkeit gelöst und gesellschaftlich sinnvoll diskutiert werden, wie wir transformative KI-Systeme anwenden wollen. Zulassungs- und Überwachungsbehörden (wie es sie etwa im pharmazeutischen Bereich gibt) könnten für eine verlässliche Umsetzung sorgen.

dings of the 2021 ACM Conference on Fairness, Accountability, and Transparency, March 2021, S. 610–623. Online: https://doi.org/10.1145/3442188.3445922 (Abfrage: 31.03.2023).

Bower, Joseph L./Christensen, Clayton M. (1995): Disruptive Technologies: Catching the Wave. In: Harvard Business Review, January-February 1995, S. 43–53.

Briggs, Joseph/Kodnani, Devesh (2023): The Potentially Large Effects of Artificial Intelligence on Economic Growth. Goldman Sachs Economic Research, 26. März 2023. Online: https://www.ansa.it/documents/1680080409454_ert.pdf (Abfrage: FEHLT).

Brynjolfsson, Erik/McAfee, Andrew (2014): The Second Machine Age: Work, Progress, and Prosperity in a Time of Brilliant Technologies. New York/London: WW Norton & Company.

Bubeck, Sébastien/Chandrasekaran, Varun/Eldan, Ronen/Gehrke, Johannes/Horvitz, Eric/Kamar, Ece/Lee, Peter/Lee, Yin Tat/Li, Yuanzhi/Lundberg, Scott/Nori, Harsha/Palangi, Hamid/Ribeiro, Tulio Marco/Yi Zhang, Yi (2023): Sparks of Artificial General Intelligence: Early experiments with GPT-4 (Manuskript). Online: https://arxiv.org/pdf/2303.12712.pdf (Abfrage: 31.03.2023).

Bykvist, Krister (2017): Moral Uncertainty. Philosophy Compass, Nr. 12 (3): e12408.

Chalmers, David J. (1995): Absent Qualia, Fading Qualia, Dancing Qualia. In: Metzinger, Thomas (Hrsg.): Conscious Experience. Paderborn: Ferdinand Schoningh, S. 309–328.

Chalmers, David J. (2023). Could a Large Language Model be Conscious (Manuskript)? Online: https://philpapers.org/archive/CHACAL-3.pdf (Abfrage: 31.03.2023).

Christensen, Clayton M. (1997): Textsthe Innovator's Dilemma: When New Technologies Cause Great Firms to Fail. Boston (Mass.): Harvard Business School Press.

Clarke, Steve/Zohny, Hazem/Savulescu, Julian (Hrsg.) (2021): Rethinking Moral Status. Oxford: Oxford University Press.

Crawford, Kate/Calo, Ryan (2016): There Is a Blind Spot in AI Research. In: Nature, Nr. 538, S. 311–313.

Dennett, Daniel C. (1984): Elbow Room – The Varieties of Free Will Worth Wanting. Boston (Mass.): MIT Press.

Deutscher Ethikrat (2023): Mensch und Maschine – Herausforderungen durch Künstliche Intelligenz. Online: https://www.ethikrat.org/fileadmin/Publikationen/Stellungnahmen/deutsch/stellungnahme-mensch-und-maschine.pdf (Abfrage: 31.03.2023).

Future of Life Institute (2023): Pause Giant AI Experiment: An Open Letter. Online: https://futureoflife.org/open-letter/pause-giant-ai-experiments/ (Abfrage: 31.03.2023)

Gabriel, Iason (2020): Artificial Intelligence, Values, and Alignment. In: Minds & Machines, Nr. 30 (3), S. 411–37.

Gabriel, Iason/Ghazavi, Vafa (2022): The Challenge of Value Alignment: From Fairer Algorithms to AI Safety. In: Véliz, Carissa (Hrsg.): The Oxford Handbook of Digital Ethics. Oxford: Oxford University Press, o. S.

Goodall, Noah J. (2014): Machine Ethics and Automated Vehicles. In: Meyer, Gereon/Beiker, Sven (Hrsg.): Road Vehicle Automation: Lecture Notes in Mobility. Cham: Springer International Publishing, S. 93–102.

Grace, Katja/Salvatier, John/Dafoe, Allan/Zhang, Baobao/Evans, Owain (2018): When Will AI Exceed Human Performance? Evidence from AI Experts. Journal of Artificial Intelligence Research, Nr. 62, S. 729–754. Online: https://jair.org/index.php/jair/article/view/11222 (Abfrage: 31.03.2023).

Hopster, Jeroen (2021): What are socially disruptive technologies? In: Technology in Society, Nr. 67, 101750.

Jonas, Hans (1979/2020): Das Prinzip Verantwortung. Frankfurt a. M.: Suhrkamp.

Korinek, Anton/Juelfs, Megan (2022): Preparing for the (Non-Existent?) Future of Work (NBER Working Paper). Online: https://www.nber.org/papers/w30172 (Abfrage: 31.03.2023).

Lauricella, Tom/McKay, Peter (2010): Dow Takes a Harrowing 1,010.14-point Trip. In: Wall Street Journal (07.05.2010). Online: https://on.wsj.com/3U2y8Mg (Abfrage: 31.03.2023).

Legg, Shane/Hutter, Marcus (2007): Universal Intelligence: A Definition of Machine Intelligence. In: Minds & Machines, Nr. 17, S. 391–444.

List, Christian (2021): Group Agency and Artificial Intelligence. In: Philosophy & Technology, Nr. 34 (4), S. 1213–1242.

Mannino, Adriano/Althaus, David/Erhardt, Jonathan/Gloor, Lukas/Hutter, Adrian/Metzinger, Thomas (2015): Künstliche Intelligenz: Chancen und Risiken (Diskussionspapier). Diskussionspapiere der Stiftung für Effektiven Altruismus, Nr. 2, S. 1–17. Online: https://ea-stiftung.org/files/Kuenstliche-Intelligenz-Chancen-und-Risiken.pdf (Abfrage: 31.03.2023).

Mannino, Adriano (2020): Demokratie und digitale Kommunikationsökonomie: Lässt sich ein Fake-News-Verbot liberal-demokratisch begründen? In: Oswald, Michael/Borucki, Isabelle (Hrsg.): Demokratietheorie im Zeitalter der Frühdigitalisierung. Wiesbaden: Springer VS, S. 241–256.

Mannino, Adriano/Mukerji, Nikil (2020): Nachwort: Das Trolley-Problem: Ein mehrgleisiger Lösungsversuch. In: Thomson, Judith J. (1985/2022): The Trolley Problem/Das Trolley-Problem. Übers. und hrsg. von Adriano Mannino und Niki Mukerji. Ditzingen: Reclam, S. 99–164.

Mannino, Adriano (2021): How Will Future Generations Look Back on the Pandemic? In: Intergenerational Justice Review, Nr. 1 (2021), S. 24–25.

Mannino, Adriano/Moreno, Marina (2022): Nachwort: Alle Tiere sind gleich – nur manche gleicher? Zur Plausibilität einer unitaristischen Ethik. In: Singer, Peter (1974/2022): All Animals Are Equal/Alle Tiere sind gleich. Übers. und hrsg. von Adriano Mannino und Niki Mukerji. Ditzingen: Reclam, S. 85–137.

Mannino, Adriano (2022): Was die Katastrophe uns abverlangt: Über Freiheit, Gesundheitssicherheit und Verteilungsgerechtigkeit. In: Center for Applied European Studies (Hrsg.). Die Coronavirus-Pandemie: Gesellschaftliche, ökonomische und politische Folgen für Europa, S. 38–45.

Metzinger, Thomas (2021): Artificial Suffering: An Argument for a Global Moratorium on Synthetic Phenomenology. Journal of Artificial Intelligence and Consciousness, Nr. 8 (1), S. 1–24.

Mukerji, Nikil (2016): Autonomous Killer Drones. In: Di Nucci, Ezio/Santoni de Sio, Filippo (Hrsg.): Drones and Responsibility – Legal, Philosophical and Socio-Technical Perspectives on Remotely Controlled Weapons. London: Routledge.

Mukerji, Nikil/Mannino, Adriano (2020): Covid-19: Was in der Krise zählt – Über Philosophie in Echtzeit. Ditzingen: Reclam.

Mukerji, Nikil/Moreno, Marina/Mannino, Adriano (2023): Zum rationalen Umgang mit Krisen – eine philosophische Perspektive. In: Wollinger, Gina R. (Hrsg.): Krisen & Prävention. Expertisen zum 28. Deutschen Präventionstag. Hannover: Deutscher Präventionstag gemeinnützige Gesellschaft mbH.

Müller, Vincent C./Bostrom, Nick (2016): Future Progress in Artificial Intelligence: A Survey of Expert Opinion. In: Müller, Vincent C. (Hrsg.): Fundamental Issues of Artificial Intelligence. Cham: Springer, S. 553–571.

Ngo, Richard/Chan, Lawrence/Mindermann, Sören (2023): The Alignment Problem from a Deep Learning Perspective (Manuskript). Online: https://arxiv.org/pdf/2209.00626.pdf (Abfrage: 31.03.2023).

Nida-Rümelin, Julian/Schulenburg, Johann/Rath, Benjamin (2012): Risikoethik. Berlin: de Gruyter.

Nordhaus, William D. (2015): Are We Approaching an Economic Singularity? Information Technology and the Future Of Economic Growth (Working Paper 21547). NBER Working Paper Series. Online: http://www.nber.org/papers/w21547 (Abfrage: 31.03.2023).

Nyholm, Sven (2023): Ethical Accident Algorithms for Autonomous Vehicles and the Trolley Problem: Three Philosophical Disputes. In: Lillehammer, Hallvard (Hrsg.): The Trolley Problem. Cambridge: Cambridge University Press, S. 211–230.

OpenAI (2023a): GPT-4 Technical Report. Online: https://cdn.openai.com/papers/gpt-4.pdf (Abfrage: 31.03.2023).

OpenAI (2023b): GPT-4 System Card. Online: https://cdn.openai.com/papers/gpt-4-system-card.pdf (Abfrage: 31.03.2023).

Peterson, Martin (2009): An Introduction to Decision Theory. Cambridge: Cambridge University Press.

Pretschner, Alexander/Zuber, Niina/Gogoll, Jan/Kacianka, Severein/Nida-Rümelin, Julian (2021): Ethik in der agilen Software-Entwicklung. In: Informatik Spektrum, Nr. 44, S. 348–354.

Risse, Matthias (2023): Political Theory of the Digital Age: Where Artificial Intelligence Might Take Us. Cambridge: Cambridge University Press.

Roser, Max (2013): Economic Growth. OurWorldInData.org. Online: https://ourworldindata.org/economic-growth (Abfrage: 31.03.2023).

Russell, Stuart (2020): Human Compatible – Artificial Intelligence and the Problem of Control. New York: Viking.

Russell, Stuart (2022): Banning Lethal Autonomous Weapons: An Education. In: Issues in Science and Technology, Nr. 38 (3), S. 60–65.

Russell, Stuart/Norvig, Peter (1995/2020): Artificial Intelligence: A Modern Approach (4. Aufl.). Boston: Prentice Hall.

Prainsack, Barbara / Buyx, Alena (2017): Solidarity in Biomedicine and Beyond. Cambridge: Cambridge University Press.

Prabhakaran, Vinodkumar/Mitchell, Margaret/Gebru, Timnit/Gabriel, Iason (2022): A Human Rights-Based Approach to Responsible AI (Poster at the 2022 ACM Conference on Equity and Access in Algorithms, Mechanisms, and Optimization or EAAMO 22). Online: https://doi.org/10.48550/arXiv.2210.02667 (Abfrage: 31.03.2023).

Schumpeter, Joseph (1942): Capitalism, Socialism, and Democracy. New York: Harper & Brothers.

U.S. Commodity Futures Trading Commission/U.S. Securities & Exchange Commission (2010): Findings Regarding the Market Events of May 6, 2010. Report of the Stas of the CFTC and SEC to the Joint Advisory Committee on Emerging Regulatory Issues.

Tomasik, Brian (2011): Risks of Astronomical Future Suering. Foundational Research Institute. Online: https://longtermrisk.org/files/risks-of-astronomical-future-suffering.pdf (Abfrage: 31.03.2023).

Véliz, Carissa (2020): Privacy Is Power: Why and How You Should Take Back Control of Your Data. London: Penguin Random House.

Vivek, Skanda/Yanni, David/Yunker, Peter J./Silverberg, Jesse L. (2019): Cyberphysical Risks of Hacked Internet-Connected Vehicles. In: Physical Review E100 (012316.

Williams, Evan G. (2015): The Possibility of an Ongoing Moral Catastrophe. In: Ethical Theory and Moral Practice, Nr. 18 (5), S. 971–982.

Zuboff, Shoshana (2019): The Age of Surveillance Capitalism: The Fight for a Human Future at the New Frontier of Power. New York: PublicAffairs.

ELSI-SAT HEALTH & CARE: EIN ETHICS-BY-DESIGN-TOOL FÜR INTEGRIERTE FORSCHUNG UND TECHNIKENTWICKLUNG IM FRÜHSTADIUM

Jan Mehlich

Wissenschaftlich-technische Akteure in der Technikentwicklung und der anwendungsorientierten Forschung wissen um die Bedeutung von Begleitforschung zu ethischen, rechtlichen und sozialen Implikationen (ELSI[1]), tun sich aber selbst schwer damit, ihren eigenen Beitrag zu erkennen und praktisch umzusetzen. Das ELSI-Screening- und Assessment-Tool (ELSI-SAT) möchte dabei helfen, im Frühstadium eines Projekts mögliche ELS-Implikationspotenziale zu erkennen und mit angemessenen Maßnahmen darauf zu reagieren. Dies erscheint insbesondere in ethisch sensiblen Bereichen wie der Gesundheits-, Medizin- und Pflegetechnik wichtig, um auf ethisch wünschenswerte und rechtlich unbedenkliche Lösungen gezielt hinsteuern zu können. In diesem Kapitel wird das im interdisziplinären Verbundprojekt ELSI-SAT Health & Care konzipierte und technisch realisierte digitale Instrument vorgestellt und erläutert. Es wird insbesondere herausgestellt, inwiefern angewandt-ethische Expertise in das Konzept, das Design und die Inhalte des Tools einfließt. Im Zentrum steht dabei ein *Ethics-by-Design-Ansatz,* der die interdisziplinäre Brücke zwischen normativer Wissenschaft und Technikentwicklung in Form von Wissenstransfer und Ermächtigung zu informierter Handlungs- und Entscheidungskompetenz zu schlagen intendiert.

1 DAS ELSI-SAT HEALTH & CARE-PROJEKT

Neue Technologien fordern durch ihr Wirken in der Regel eine Veränderung des Status Quo heraus. Um abschätzen zu können, ob diese Einflusspotenziale die menschliche Lebenswelt und die natürliche Umwelt in wünschenswerter Weise verändern oder aber ethische, rechtliche, gesellschaftliche und andere Normen verletzen oder gefährden, braucht es zumeist Erfahrung und Expertise, die viele der im Forschungs- und Innovationskontext agierenden Akteure nicht aufweisen. In den letzten Jahren sind Bestrebungen umgesetzt worden, durch Begleitforschung, Partizipation und andere integrierende und inkludierende Formate die Technikentwicklung mit der entsprechenden Kompetenz zu unterstützen.[2] Dabei sind jedoch oft

---

[1] ELSI steht als Akronym für *ethical, legal* und *social implications.*
[2] Für eine Übersicht: Spindler 2023.

Insellösungen zu beobachten, die längst nicht alle Projekte erfassen und die in der Regel mit großem Personal- und Mittelaufwand erreicht werden.[3]

Das in diesem Kapitel beschriebene Instrument wird im BMBF-geförderten Projekt *Automatisiertes Screening- & Assessment-Tool zur Integrierten Forschung und Technikentwicklung im Bereich Gesundheit und Pflege (ELSI-SAT Health & Care)* von einem Konsortium aus Wissenschaftlern der Bereiche Angewandte Ethik (Medien-, Medizin- und Digitale Ethik), Medizinrecht, Nutzerzentrierte Gestaltung und Informationstechnik konzipiert und entwickelt. Ziel ist ein eigenständiges, ohne weitere Unterstützung nutzbares Tool, das Forschungs- und Technikentwicklungsprojekten im Bereich Gesundheit, Medizin und Pflege auf einer Internetseite zur Verfügung steht. Es kann im Frühstadium eines Projekts genutzt werden, um mit den daraus gewonnenen Erkenntnissen in Projektskizzen und Förderungsanträgen plausibel, stichhaltig und kundig auf erwartbare ethische, rechtliche und gesellschaftliche Implikationen der anvisierten Technologie hinzuweisen oder gar darzulegen, wie mit normativen Konflikten und Dilemmata kraft projektinterner Designentscheidungen umgegangen werden kann und soll. Demnach ist das zentrale Anliegen des hier entwickelten Instruments eine Ermächtigung zu wertsensiblem und wertorientiertem Design durch adäquaten Wissenstransfer, ohne dass dafür aufwendige Mittel (Expertise, Arbeitsaufwand, Zeitaufwand, finanzielle Mittel) nötig wären. Der thematische Zuschnitt auf *Health & Care (H&C)* soll dabei nicht auf Medizin und ihre institutionelle Lokalisierung (Krankenhaus, Arztpraxis, Pflegeheim etc.) bzw. auf den Umgang mit und die Behandlung von Krankheit und Leiden beschränkt bleiben, sondern dezidiert auch solche Innovationen in den Blick nehmen, die sich an (gesunde) Gesundheitsinteressierte im weiteren Sinn wenden. In Anbetracht zeitgenössischer Techniktrends spielen Digitalisierung und KI, in deren Kontext zurzeit vorherrschend Datensicherheit und Autonomie diskutiert werden, eine zentrale Rolle.[4]

Die Parallele von Anwendungskontext und Konzeption/Theorie von Methoden integrierter Forschung soll dabei Teil des Projekts sein: Auf der einen Seite ist das vordergründige Ziel der Tool-Entwicklung das Verbessern von Technologien (bzw. das Kanalisieren möglicher Entwicklungstrajektorien in eine als wünschenswert evaluierte Richtung). Auf der anderen Seite sollen die Erfahrungen aus diesen Anwendungsfällen genutzt werden, um ein *Ethics-by-Design*-Konzept zu entwickeln und als methodische Strategie im Rahmen von *Responsible Research and Innovation (RRI)*[5] oder konstruktiver Technikfolgenabschätzung (TA)[6] zur Verfügung zu stellen. Im Folgenden wird zunächst der hier zugrunde gelegte *Ethics-by-Design*-Ansatz erläutert, um dann die Umsetzung im Tool zu beschreiben und die methodische Sinnhaftigkeit aufzuzeigen.

---

3 Exemplarisch beschrieben in Lucivero 2016.
4 Übersichten zu Technologietrends im Gesundheits- und Pflegebereich finden sich bei Caplan 2017 und Pfannstiel 2022.
5 Hier verstanden wie in Yaghmaei 2021 als anwendungsorientiertes Konzept in der Technikentwicklungspraxis.
6 Im Sinne von Grunwald 2019.

2 ETHICS-BY-DESIGN ALS LEITLINIE DER KONZEPTENTWICKLUNG

Die Umsetzbarkeit der Projektidee in ein funktionierendes und gewinnbringendes Tool basiert auf einigen theoretischen und konzeptionellen Vorannahmen, die hier näher erläutert werden sollen. Zunächst wird davon ausgegangen, dass jegliche Technikentwicklung inhärent normativ ist. Das heißt, es wird immer auf ein Ziel hin entwickelt, beispielsweise ein bestimmtes Problem zu lösen oder eine gewisse funktional-instrumentelle Bedingung zu kreieren, so dass die dadurch dezidert benennbare Mittel-Zweck-Dialektik immer vor dem Hintergrund eines soziokulturellen Narrativs verortet werden kann.[7] Mit anderen Worten: Es gibt keine wertfreie Technikentwicklung (und mit denselben Argumenten auch keine wertfreie Forschung). Darüber hinaus ist davon auszugehen, dass jede Implementierung neuer Technologien neben intendierten Folgen auch unerwartete oder gar unerwartbare Folgen haben wird. Beide – formulierte wie nicht antizipierte – Folgen können mit Verweis auf Werte und Normen ethisch, rechtlich und gesellschaftlich bewertet werden, zum Beispiel in Bezug auf entstehende Konflikte, Dilemmata oder Normenverletzungen.[8] Diese Bewertung kann und darf keine intellektuell-akademische Übung bleiben, sondern soll sich derart in der Technikentwicklung selbst niederschlagen, dass durch informierte Designentscheidungen solche Entwicklungs- und Einflusspfade eingeschlagen werden, die das geringste erwartbare Konflikt- oder Risikopotenzial aufweisen. Nach Collingridge besteht dabei das Dilemma, dass in einer derart frühen Phase eines Technikentwicklungsprozesses das Design noch recht weich, also anpassbar und flexibel ist, während das für eine zielgerichtete Gestaltung notwendige Wissen allerdings noch unzureichend und fehlerbehaftet ist.[9]

Der hier verfolgte *Ethics-by-Design-Ansatz* geht davon aus, dass entgegen der Collingridge'schen Annahme, in der Prototypphase sei nicht genug Wissen vorhanden, um normative Implikationen antizipieren zu können, heute ein großer und verwertbarer Fundus von Technikfolgenwissen vorliegt, der es ermöglicht, zeitgenössische Technikentwicklung epistemisch so zu bereichern, dass ELS-Implikationen antizipierbar werden und nicht zu den unerwartbaren Nebenfolgen gezählt werden können.[10] Ob beispielsweise eine Gesundheitstechnologie mit informationeller Selbstbestimmung konfligiert oder Ökonomisierungstendenzen im Krankenhausbetrieb so befördert, dass Verteilungsgerechtigkeitskonflikte entstehen, hängt nicht von philosophischen oder politischen Betrachtungen ab, sondern von konkreten Designentscheidungen in der Ausgestaltung der technologischen Lösung. Es gilt, Technikentwickler*innen auf fruchtbare Weise mit denjenigen zusammenzubringen, die über das normative Orientierungswissen der Technikforschung verfügen und wissenschaftlich fundiert auf Einflusspotenziale hinweisen können. Nur ein methodisch interdisziplinärer Ansatz kann erreichen, dass die Übersetzung ethi-

---

7   Siehe die Beiträge in Gonzalez 2015.
8   So auch Konsens in den Beiträgen in van den Hoven 2015.
9   Collingridge 1980.
10 So auch argumentiert in Valkenburg 2020.

scher, rechtlicher und anderer normativer Leitlinien in konkrete Designanforderungen gelingt und so Risiko- und Konfliktpotenziale reduziert werden.[11]

Die Grundidee von *Ethics-by-Design* ist die gezielte Inkorporation normativer Dimensionen in den Innovations- und Designprozess.[12] Im Kontext von Technologie geht es also um informierte und intendierte Technikgestaltung hin zu ethisch, rechtlich und gesellschaftlich akzeptierter und gewünschter Entwicklung.[13] So sollen neben technischen und wirtschaftlichen Risiken auch gesellschaftlich-systemische und die für den jeweiligen Anwendungskontext relevanten ethischen Implikationen bereits im Frühstadium des Innovationsprozesses berücksichtigt und fachlich fundiert prozessiert werden. Damit dies gelingen kann, sind diverse Voraussetzungen zu erfüllen, sowohl auf Seite der Innovatoren (hier, weit gefasst, von akademischer Forschung bis zu privatwirtschaftlicher Forschung und Entwicklung) als auch von Seiten der prozessbegleitenden normativen Innovationsforschung. Hierzu ist eine konzeptionelle, epistemische und methodologische Einordnung des *Ethics-by-Design*-Ansatzes notwendig und aufschlussreich.

Die Idee der Schaffung ethischer Werte, bzw. komplizierter: der Anpassung von Designs an vorher definierte ethische, rechtliche und gesellschaftliche Rahmenbedingungen, fußt auf techniksoziologischen,[14] -philosophischen[15] und -anthropologischen[16] Grundannahmen wie einem sozialkonstruktivistischen Paradigma von technologischer Entwicklung,[17] einer systemischen und holistischen Perspektive auf Technik (als *socio-techno-scientific systems)* und ihre Akteure (inklusive technische Artefakte selbst, wie in Latours *actor-network-theory[18])* und die prinzipielle Bewert- und Steuerbarkeit von Innovationsprozessen durch operationalisierte und institutionalisierte Diskurse und entsprechende Interventionen.[19] Wenn also ethische Dimensionen anhand einer operationalisierten Strategie in Innovationen *by design,* also durch gezielte Auswahl einer Option aus mehreren verfügbaren Alternativen, adressiert und zur Schaffung von noch zu definierenden Werten inskribiert werden sollen, so muss es sich bei dem, das durch den *Ethics*-Begriff repräsentiert wird, um wirkmächtiges validiertes Orientierungswissen handeln, das den Forschenden oder Designenden zur Verfügung gestellt wird oder zu dessen Erarbeitung diese Akteure selbst in die Lage versetzt werden. Die Quelle dieses Wissens, so der hier vertretene Standpunkt, kann nur (und muss) interdisziplinär verortet werden, involviert aber in jedem Fall die normativ-wissenschaftliche Expertise der angewandten Ethik als Säule zeitgenössischer Technikfolgenbewertungs- und Innovationsforschungsverständnisse.[20]

---

11 Plausibel aufgezeigt in van de Poel 2018.
12 In Übereinstimmung mit Ibiricu 2020, siehe auch Grimm 2020.
13 Nurock 2021.
14 Übersichtlich dargestellt in Häußling 2019.
15 Als exzellentes Nachschlagewerk wird Berg Olsen 2009 empfohlen.
16 Douglas-Jones 2022.
17 Bijker 2012.
18 Latour 2005.
19 Konrad 2013.
20 Wie auch formuliert und begründet in Gethmann 2015 sowie in Cotton 2014.

Wie in jedem Fall von *x-by-design* – zum Beispiel in den bereits weitgehend ausarbeiteten Konzepten *safety-by-design*[21] oder *utility-by-design* – muss das *x* klar umrissen, definiert und wenn möglich empirisch gestützt und operationalisiert werden. Im Falle von Sicherheit oder Nutzenzuwachs gibt es dafür Strategien und Assessment-Werkzeuge. Im Falle von Ethik (oder, was auch mit *ethics* gemeint sein kann: Moral) ist dies nicht ganz einfach. Oft wird *ethics* hier als Platzhalter verstanden und muss im Kontext einer vorliegenden zu analysierenden Technologie präzisiert und konkretisiert werden, beispielsweise *sustainability-by-design*[22] in Umweltfragen, *privacy-by-design*[23] in Datensicherheitskontexten oder *justice-by-design*[24] in gesundheitssystemrelevanten Medizintechnikinnovationen. Während ein wissenschaftlich-technischer Experte, der am Design eines Forschungsprojekts, eines innovativen Prozesses oder eines technischen Artefakts beteiligt ist, in der Regel sehr gut geschult in der Bewertung von Sicherheits-, Funktionalitäts- oder Umwelteinflussaspekten ist (das ‚klassische' Risikomanagement), übersteigt eine ethische Bewertung des Innovationsvorhabens oft die Kompetenz der beteiligten Akteure, da es sich mitunter um versteckte Dynamiken mit nicht intendierten Nebenfolgen handelt oder um Fälle, in denen Wertzuschreibungen kollidieren, die für sich plausibel sind, aber nicht miteinander kompatibel, so dass die ethische Risikobewertung (im Sinne Ortwin Renns[25]) einer externen Kompetenz bedarf.

In diesem Sinne möchte das ELSI-SAT-Tool ebendiese Kompetenz bereitstellen. Einschlägiges medizin-, pflege- und technikethisches Orientierungswissen wird so aufbereitet und kommuniziert, dass es Entwickler*innen und Forscher*innen im Bereich von Gesundheits-, Medizin- und Pflegetechnologien hilft, fundierte Entscheidungen zu treffen, die einer ethischen und rechtlichen Bewertung im Kontext von Gesundheitspolitik, Gesundheitsökonomie, sozialer Gerechtigkeit, Datenrecht, Privatsphäre oder Professionalität standhalten.

3 METHODIK DES TOOLS UND TECHNISCHE UMSETZUNG

Um die in Abschnitt 1 formulierten Ziele im Sinne der in Abschnitt 2 beschriebenen *Ethics-by-Design*-Konzeption praktisch umzusetzen, wurde das Tool einem typischen ELSI-Assessment-Prozess, wie er sonst im direkten interpersonalen Austausch erfolgt, nachempfunden.[26] Demnach sollen die Technikentwickler zunächst ihr Vorhaben so darstellen, dass die im Anwendungskontext relevanten technischen Parameter erfasst werden können. Anschließend kann aus diesen Angaben gefolgert werden, welche Art ELS-Implikationen für dieses Projekt erwartbar werden. Dazu wurden die in der einschlägigen Literatur zu findenden Implikationen auf ihre technologischen Ursprünge hin untersucht und sinnvollerweise in zehn Kategorien von

---

21 Vgl. van de Poel 2017.
22 Vgl. Ehrenfeld 2008.
23 Vgl. Spiekermann 2012.
24 Vgl. Costanza-Chock 2020.
25 Vgl. Renn 2005.
26 Exemplarisch dargestellt in Lucivero 2016, siehe auch Grunwald 2010.

Implikationen zusammengefasst (vgl. Tabelle 1). So wird es möglich, einem Toolnutzenden aus einer Fülle komplexer Informationen genau die zu präsentieren, die relevant sind und die für das vorliegende Technikentwicklungsprojekt einen Mehrwert versprechen. Abschließend kann auf der Basis der Kategorien mitgeteilt werden, mit welchen methodischen Mitteln und Strategien das Projekt unterstützt werden kann. Mit diesen Anreizen und Inspirationen können Projektskizzen und Förderungsanträge signifikant verbessert werden, indem entsprechende ELSI-Abschnitte in derartigen Dokumenten weniger beliebig, sondern spezifischer, fundierter und überzeugender verfasst werden können.

	Kategorien	Kurzbeschreibung
systemisch	Gesundheitspolitik und Regulierung	Neue Technologien können es erforderlich machen, dass bestehende Regularien und der Regulierungsprozess selbst durch den Gesetzgeber neuen Bedingungen angepasst werden.
	Ökonomische Faktoren	Neue Technologien verändern die ökonomischen Zusammenhänge, die im Anwendungskontext wirksam werden, zum Beispiel durch Kosten, Materialaufwand, oder Versicherungsaspekte.
	Medizinische Berufe und Arbeitsmarkt	Hierzu gehören die Veränderungen von Arbeitsmarktdynamiken und Arbeitskraftbedarfen sowie der Kompetenzanforderungen an geschultes Personal und erforderliche Expertise.
	Umwelt	Hier sind umweltethische Aspekte wie Nachhaltigkeit, Umweltgerechtigkeit, Biodiversität oder die Reversibilität von Einflüssen relevant.
	Gesellschaft	Unter Umständen tangiert eine technologische Entwicklung das gesellschaftliche Zusammenleben und damit auch die soziale Kohäsion, Solidarität und möglicherweise die Sicherheit bzw. das Vertrauen in deren institutionelle Aufrechterhaltung.
individuell/lokal	Daten	Für aussagekräftige Informationen und effektive Wissensnutzung verarbeiten aktuelle Technologien immer mehr Daten, die naturgemäß zu einem wesentlichen Teil patienten- und damit „personenbezogen" im Sinne des Datenschutzrechts sind.
	Patient-Fachkraft-Verhältnis	Mit dem Einfluss von neuer Technologie kann sich das regelmäßig asymmetrische Verhältnis zwischen Patienten und medizinischem oder pflegerischem Fachpersonal stark verändern.
	Persönliche Integrität	Im Fokus steht hier die Kompetenz, aus dem Wissen um Wirkzusammenhänge zwischen Umwelt, körperlichen Aktivitäten und Körperfunktionen die richtigen Schlüsse zu ziehen und dementsprechend zu entscheiden und zu handeln.
	Professionelles Handeln	Neue Technologien können Anpassungen der professionellen Leitlinien der Medizin- und Pflegeberufe oder eine verstärkte Überprüfung ihrer Einhaltung herausfordern.
	Individuelle Bedarfe	Einige Gruppen von Menschen bedürfen eines besonderen Schutzes sowohl in der Anwendung als auch bereits in der Konzeptionierung und im Design einer Technologie.

Tab. 1: Im ELSI-SAT-Tool verwendete Kategorien von ethischen, rechtlichen und gesellschaftlichen Implikationen technologischer Designs und Entwicklungen

Ausgangspunkt der Strukturierung von ELS-Aspekten im Tool ist eine Analyse der üblichen, in der wissenschaftlichen Literatur gut dokumentierten, technologieinduzierten Konfliktfelder und Veränderungspotenziale.[27] Hier fällt zunächst auf, dass sich ethische Diskussionen auf zwei Ebenen fokussieren, die systemische und die individuell-lokale Dimension. Da dies, wie später zu sehen, sehr unterschiedliche praktische Auswirkungen für die Arbeit der Technikentwickler hat, ist es sinnvoll, diese beiden Gruppen von Kategorien auch im Tool zu unterscheiden.

Die systemische Oberkategorie umfasst all diejenigen Einfluss- und Veränderungspotenziale, die sich auf systemische Wirkungsgefüge, Entscheidungsketten und Zustände beziehen. Die leitende Frage ist, wie die Platzierung eines innovativen technischen Produkts bestehende Systeme (inklusive der in den Systemen etablierten Regeln und Normen) zu Veränderungen (aktive Anpassungen, passive Reaktionen, Nebenfolgen) herausfordert. Hier sind dies die politische Dimension (Gesundheitspolitik, Regulierung), die ökonomische Dimension (Gesundheitsökonomie, Finanzierung des Gesundheitssystems), der Bereich Arbeitsmarkt und Berufsbilder im Gesundheits-, Medizin- und Pflegekontext, die ökologische Dimension (Umwelteinflüsse, Nachhaltigkeit) sowie die gesellschaftliche Dimension. In allen Unterpunkten schwingt die Hauptforderung mit, dass die gerechte Versorgung mit Gesundheits-, Medizin- und Pflegeleistungen durch die Implementierung der Innovation nicht negativ beeinträchtigt werden darf. Im Folgenden werden die fünf Kategorien näher beschrieben:

- *Gesundheitspolitik und Regulierung*: Neue Technologien können es erforderlich machen, dass bestehende Regularien und (seltener) der Regulierungsprozess selbst durch den Gesetzgeber den neuen Bedingungen angepasst werden (Beispiele: Nanomedizin, mehr Patientendaten durch neue Diagnoseverfahren).[28] Diese Dimension betrifft nicht nur die effiziente Governance-unterstützte Balance zwischen Bedarfen (Patientennutzen und -bedürfnisse) und Schutz (Produkt- und Verfahrenssicherheit, Risikominimierung), sondern auch die Aufrechterhaltung von Gerechtigkeit und Solidarität durch geeignete Rahmenbedingungen für Technikeinsatz im Gesundheits- und Pflegesektor (Stichworte: Nano Divide, Verteilungsgerechtigkeit). Auch ist es eine politische Aufgabe, Verantwortlichkeiten bezüglich medizinischer und pflegerischer Leistungen zu definieren und zu regulieren (Beispiele: Gesundheits-Apps[29] und Telemedizin[30]).
- *Ökonomische Faktoren*: Es muss geprüft werden, ob durch das Innovationsprodukt wirtschaftliche Abhängigkeiten (zum Beispiel von Lieferketten, bestimmten Rohstoffen und deren Marktpreisen oder von anderen Prozess- und Verteilungstechnologien) entstehen. Die Wirtschaftlichkeit ist hier nicht nur in Bezug auf die das Innovationsprodukt herstellende und verkaufende Firma, sondern vor allem auch auf die das Produkt benutzende Organisation oder

---

27 Neben den in den Fußnoten 28 bis 41 genannten spezifischen Referenzen bieten folgende einen Überblick: Morley 2020, van Rysewyk 2015, Morrison 2019, Caplan 2017, Lupton 2017.
28 Vgl. Vincent 2015.
29 Vgl. Albrecht 2016.
30 Vgl. Fleming 2009.

Person zu prüfen (Beispiele: Stromverbrauch durch Serviceroboter, Verbrauchsmaterial beim Einsatz eines Screeningverfahrens, Cloud-Computing-Verträge mit Anbietern wie Amazon Web Services zur Speicherung und Prozessierung von Daten).[31] Das Risiko, dass wirtschaftliche Interessen gegenüber den gesundheitlichen Interessen durch den technischen Fortschritt die Oberhand gewinnen – eine Ökonomisierung des Gesundheitssektors also auf Kosten der Gesundheit der Patienten und des Personals geht – ist zu beachten.[32] Auch Zeitfaktoren (Verfügbarkeit und Verteilung von H&C-Gütern) und Rationalisierung, sofern sie von technischen Entwicklungen tangiert werden, sind im Spektrum dieser Kategorie zu untersuchen. Des Weiteren müssen gesetzliche und private Kranken- und Pflegeversicherungen als wirtschaftliche Akteure gegebenenfalls auf neu verfügbare Behandlungsoptionen, aber auch Serviceleistungen, reagieren.

- *Medizinische Berufe und Arbeitsmarkt*: Hierzu gehören die Veränderungen des Bedarfs an Arbeitskraft (negativ: Jobverlust, Arbeitsplatzabbau durch technologische Substitution; positiv: neue Jobs in ungewohnten Feldern wie Datenwissenschaftler im Krankenhaus), aber auch Veränderungen der Kompetenzanforderungen an geschultes Personal und Experten.[33]
- *Umwelt*: Im Hinblick auf ELSI sind hier nicht die klassischen Ergebnisse einer Lebenszyklusanalyse (inklusive Toxikologie, Umweltbilanz, Stoffströme etc.) gemeint, sondern umweltethische Aspekte wie Nachhaltigkeit, Umweltgerechtigkeit, Biodiversität oder die Reversibilität von Einflüssen.[34]
- *Gesellschaft*: Wie verändert die Verfügbarkeit der durch die Innovation ermöglichten Handlungs- und Entscheidungsoptionen das gesellschaftliche Zusammenleben und damit auch die soziale Kohäsion, Solidarität und möglicherweise die Sicherheit bzw. das Vertrauen in deren institutionelle Aufrechterhaltung? Die Förderung von Diversität und die Vermeidung von Diskriminierungen jeglicher Art (beispielsweise durch Identifikation von inhärenten Biases im Design digitaler Technologien) gehören ebenso in diese Kategorie wie der Einfluss von und auf Trends, die Wahrung des Rechts auf die Wahl individueller Lebensentwürfe (insbesondere im Spannungsfeld mit Standardisierungstendenzen) oder die Demokratiefähigkeit einer durch Verfassung und Rechtsordnung organisierten Gemeinschaft. Des Weiteren kann der technische Fortschritt, gerade auch im Gesundheits- und Pflegebereich, Menschenbilder und Selbstentwürfe verändern. Die im Innovationsvorhaben implizierten Menschenbilder und Lebensentwürfe gilt es zu hinterfragen. Hier spielen außerdem sozialpsychologische Aspekte wie die Akzeptanz von Technik und Vertrauen in die Interaktion mit ihr eine Rolle.[35]

Die individuell-lokale Oberkategorie beschreibt die Implikationen, die auf individueller, persönlicher, interpersönlicher, im H&C-Kontext direkt sich vollziehender

---

31 Vgl. Würfel 2020.
32 Vgl. Marckmann 2021.
33 Vgl. Bräutigam 2017, Sætra 2021.
34 Vgl. Pierce 2004.
35 Vgl. Cornejo Müller 2020, van Dijk 2020, Piallat 2021.

Ebene entstehen. Gemeint sind Herausforderungen mit ethischer oder rechtlicher Dimension, die durch die Anwendung einer innovativen Technologie im häuslichen, ambulanten oder stationären Umfeld für Patienten, medizinisches Fachpersonal, Pflegekräfte oder Servicemitarbeiter entstehen. Hier wurden die folgenden fünf Kategorien identifiziert, die die beobachteten und zu erwartenden Fälle abdecken:

- *Gesundheitsdaten*: Viele aktuelle Trends der H&C-Technikentwicklung zielen auf die Verarbeitung von immer mehr Daten zu aussagekräftiger Information und nutzbarem Wissen ab. Der Schutz dieser sensiblen Daten und Informationen, Zugriffs- und Nutzungsrechte, Speicherung und Kommunikationskanäle, sowie Informations- und Wissensmanagement sind eng mit dem Design der datenproduzierenden und -verarbeitenden Technik verbunden.[36]
- *Patient-Fachkraft*-Verhältnis*: (*Arzt/Ärztin, Pfleger/Pflegerin, Servicepersonal): Mit dem Einfluss von H&C-Technologie kann sich das asymmetrische Verhältnis zwischen Patienten und medizinischem oder pflegerischem Fachpersonal stark verändern. Zeit, Ort und Art des Zusammentreffens und Austauschs verlassen klassische Rahmenbedingungen (persönliches Gespräch in der Arztpraxis oder im Krankenhaus, in der Pflegeeinrichtung, zu Hause) und konstituieren sich neu, zum Beispiel hin zum Digitalen oder Virtuellen bzw. zu kontaktlosem Service. Hier sind Patientenautonomie und Verantwortungszuschreibungen neu auszuloten und das Potenzial der untersuchten Innovation, die Bedingungen für das Patient-Fachkraft-Verhältnis zu verändern, zu verstehen und zu bewerten.[37]
- *Persönliche Integrität*: Im Fokus steht hier die Kompetenz, aus dem Wissen um Wirkungszusammenhänge zwischen Umwelt, Aktivitäten und Körperfunktionen die richtigen (hier: gesundheitsfördernden, die Lebensqualität erhaltenden oder erhöhenden) Schlüsse zu ziehen und entsprechend zu entscheiden und zu handeln (*Gesundheitskompetenz*). Technologien können diese Kompetenz signifikant fördern, sie aber auch mindern. So sollen die meisten gesundheitsbezogenen Technologien einem oder mehreren der involvierten Akteure eine informierte Entscheidung ermöglichen, zum Beispiel durch Informations- und damit auch Wissenszuwachs oder durch verbesserte (beschleunigte, ort- und zeitunabhängige) Kommunikation und Beratung. Wird diese Kommunikationsleistung entpersonalisiert (zum Beispiel in der Interaktion mit Servicerobotern oder mit digitalen Assistenten), können Entscheidungen in ihrer Freiheit eingeschränkt, aber auch bis zur Überforderung ausgeweitet werden.[38] Es gilt also zu klären, ob und inwiefern eine H&C-Innovation die Gefahr eines inhärenten Paternalismus birgt oder am anderen Ende der Skala Entscheidungsträger mit zu viel Information und zu wenig Orientierung allein gelassen werden. In diese Kategorie gehört auch die Kompetenz, mit Gesundheits-, Medizin- und Pflegetechnologie unter Erhalt

---

36 Vgl. Scholz 2021, Lee 2017, Mittelstadt 2016, Béranger 2016, O'Doherty 2016.
37 Vgl. Botrugno 2021, Kim 2021, Ford 2016.
38 Vgl. Hansson 2018, Burr 2018, Petrakaki 2018.

der eigenen körperlichen, geistigen und emotionalen Integrität zu interagieren (Beispiel: Interaktion mit Servicerobotern im Krankenhaus).[39]
- *Professionelles Handeln*: Die Leitlinien professionellen Handelns (zum Beispiel in Form des Hippokratischen Eids für Ärzte und Ärztinnen) stellen eine wichtige Orientierung für Fachkräfte im Gesundheits- und Pflegebereich dar. Unter Umständen können neue Technologien, Verfahren oder Praktiken diese Leitlinien zu Anpassungen oder zur verstärkten Überprüfung ihrer Einhaltung (bzw. Einhaltbarkeit) herausfordern. Auch hier (wie bei der patientenseitigen Gesundheitskompetenz) gehört zur professionellen Expertise die technische Kompetenz im Umgang mit technologischen Hilfsmitteln, die wiederum Einfluss auf Kommunikation und Entscheidungsfindung mit Patienten hat.[40]
- *Individuelle Bedarfe*: Einige Gruppen von Menschen (z. B. Kinder, Komatöse, Demente, in der Kommunikation Eingeschränkte) bedürfen eines besonderen Schutzes sowohl in der Anwendung einer H&C-Technologie als auch bereits in der Konzeptionierung und im Design der Technologie. Dies betrifft die Erforschung und das Assessment von Einflussfaktoren, bei denen diese Gruppen oft übersehen und ignoriert werden, aber auch die Berücksichtigung der besonderen Bedürfnisse und Anforderungen dieser Gruppen an die Interaktion mit Technik, die als solche einer signifikanten Dynamik unterliegen. Das im systemischen Bereich angesprochene Spannungsfeld zwischen Individualisierung und Standardisierung manifestiert zudem in dieser Kategorie eine individuell-lokale Ausprägung.[41]

Mit dieser klareren Übersicht möglicher Implikationen kann nun geprüft werden, welche Technologieeigenschaften es denn üblicherweise sind, die Konflikte oder Herausforderungen in den entsprechenden Kategorien auslösen. Hier spielen Aspekte wie Neuartigkeit, Datenverarbeitung, Prozesstransparenz, Nutzungskompetenzanforderungen, Material- und Ressourcenverbrauch, Einzel-/Massenproduktion oder Anschaffungs- und Nutzungskosten eine Rolle. Diese sollten bei Vorliegen eines mehr oder weniger klar umrissenen Anwendungsszenarios der anvisierten Technologie von den Entwickler*innen auch ohne ELSI-Vorwissen angegeben werden können. Demnach ist die Erfassung solcher Eigenschaften das wesentliche Kernelement eines Assessments, das ELS-Implikationen einschätzen soll. Dies ist nicht nur in digitalen Tools der Fall, sondern auch in der herkömmlichen ELSI-Begleitforschung, in der Technikfolgenforscher in kommunikativem Austausch mit Forschungs- und Entwicklungsteams zu verstehen versuchen, wie eine neuartige Entwicklung in der Welt wirken wird. In Analogie zu diesen Konsultationen werden die Innovatoren also auch in diesem Tool weder direkt nach einer Einschätzung von ELS-Implikationen noch nach einer kontextuellen Bewertung ethischer und rechtlicher Prinzipien oder Werte gefragt, sondern nach möglichst detaillierten Spezifikationen bezüglich derjenigen Technologieparameter, die Aufschluss über die ELSI-Zusammenhänge geben können. Dies liegt in ihrem Kompetenzbereich und

---

39 Vgl. Sparrow 2016, Lin 2012.
40 Vgl. Chiffi 2021, Jimenez 2020.
41 Vgl. Celi 2022, Challen 2019.

erhöht die Bereitschaft zur Mitarbeit bzw. zur Nutzung des Tools sowie die Positivität der Nutzererfahrung und damit die Akzeptanz.

Die Fragen werden so gestellt, dass aus den Antworten Punkte in die ELSI-Kategorien verteilt werden können, um schließlich ein ELSI-Profil zu erstellen, das in Form eines Balkendiagrams die Relevanz der jeweiligen Kategorie für das vorliegende Technologieprojekt anzeigt. Ein hoher Wert bzw. langer Balken impliziert, dass die Technologie Eigenschaften aufweist, die ethisch, rechtlich oder gesellschaftlich relevante Einflüsse wahrscheinlich machen. Ein geringerer Wert bzw. kürzerer Balken weist auf eine weniger stark tangierte Kategorie hin. Das Profil zeigt also keine negativ assoziierte Risiko- bzw. Gefahreneinschätzung, sondern bietet eine projektspezifische Orientierung möglicher Brennpunkte und Handlungsbedarfe. Der Vorteil dieser Sortierung ist, dass Forschende sich im nächsten Schritt gezielt zu den offensichtlich relevanten Themen informieren können, um schließlich Methoden der integrierten Forschung auswählen zu können, die im intendierten Projekt sinnvoll und fruchtbar implementiert und umgesetzt werden können.

Es wird also versucht, nicht nur die Projektcharakterisierung zu digitalisieren, sondern auch die anschließende Vermittlung von Orientierungswissen. Auch hier – wie bei der Konzeption der Kategorien für das ELSI-Profil – fließt wieder die Expertise der angewandten Ethik und der Technikfolgenforschung ein. Es hat sich in den herkömmlichen *Face-to-Face*-Interventionen als zielführend erwiesen, wenn die Technologieentwickler*innen zunächst nach den bereits im Projektentwurf explizit diskutierten Wertzuschreibungen gefragt werden, um anschließend diese Einschätzungen zu verfeinern, zu erweitern oder zu konkretisieren. Wenn beispielsweise eine medizinische Technologie eine Diagnose erleichtert, ohne dass ein Patient oder eine Patientin eine als belastend oder abstoßend empfundene Prozedur durchführen muss, würden die Entwickler*innen Einfachheit, Effizienz und Würde als projekteigene Werte angeben.[42] Anhand der tatsächlichen Anwendungsszenarien können diese Wertzuschreibungen bezüglich ihrer Plausibilität geprüft werden (hier: *Macht die neue Methode das Diagnoseverfahren tatsächlich einfacher und effizienter? Empfinden die Patient*innen tatsächlich einen Unterschied in der Anwendung, den sie mit einem Schutz der eigenen Würde assoziieren?*). Darüber hinaus kann aufgezeigt werden, inwieweit die Entwickler*innen wichtige ELS-Implikationen bereits richtig antizipiert haben und welche übersehen oder unterschätzt wurden. Dieses Vorgehen erhöht unter den Entwickler*innen nicht nur das Gefühl, ernst genommen und respektiert zu werden, sondern fördert auch die Erkenntnis, dass ein ELSI-Assessment ein pragmatisch-praktisches Unterfangen ist, das von den bereits vorliegenden und im team-internen Austausch bereits stattgefunden Reflexionen gar nicht so weit entfernt ist. Es kommt keine Flut an neuen Informationen von außen auf das Projekt zu, sondern der vorhandene Wissensstand wird beleuchtet und erweitert.

Um einen Erkenntnisgewinn in diesem Sinne zu gewährleisten, sind im Tool neben dem Kernfragebogen drei weitere Elemente implementiert. Zunächst gibt es die Option einer visuell unterstützten Wertereflexion, die gestalterisch so im Tool

---

42 Dieses Beispiel entstammt Lucivero 2016.

angezeigt wird, dass sie sinnvollerweise vor dem Projektfragebogen durchgeführt wird. Hier können die Projektteammitglieder allein oder im Team aus einer Liste von Werten, die durch Texteingabe auch selbst erweitert werden kann, diejenigen Werte auswählen, die sie als wichtig oder relevant für das Projekt erachten. Die Werte werden dazu aus der Liste in ein Radardiagramm so gezogen und platziert, dass in der Mitte ein zentraler Wert und drumherum die weiterhin relevanten Werte stehen. Mithilfe der Begleittexte im Tool wird sichergestellt, dass diese Übung die Beantwortung der Fragen im Kernfragebogen vorbereitet, indem die Toolnutzenden sich in ein Anwendungsszenario ihrer Technologie hineindenken und gedanklich nicht im Entwicklungsprozess selbst verhaftet bleiben.

Das Ergebnis dieser Übung, das Diagramm mit den Werten, wird nicht be- oder ausgewertet. Es wird dennoch im dritten Element des Tools wieder aufgegriffen. Dies sind die Informations- und Reflexionsübersichten der zehn ELSI-Kategorien, die sogenannten ELSI-Karten. Nachdem die Beantwortung des Kernfragebogens im projektspezifischen ELSI-Profil resultiert, können die Toolnutzenden entscheiden, mit welchen der offensichtlich für sie relevanten Kategorien sie sich näher beschäftigen wollen. Aus dem Profil gelangen sie per Klick auf eine der Kategorien zu der entsprechenden ELSI-Karte. Diese enthält Kurz- und Langbeschreibungen der Kategorie, Problemszenarien, Fallbeispiele und Übersichten von für die Kategorie relevanten ethischen Werten und Rechtsthemen. Werte, die auch in der Wertereflexion als projektrelevant ausgewählt wurden, werden besonders hervorgehoben, um zu signalisieren, dass die Forschenden mit der Einschätzung richtig lagen. Alle wichtigen ethischen und rechtlichen Stichwörter werden in einem Glossar genauer erklärt. Kernelement der ELSI-Karten sind die Fallbeispiele, die so strukturiert sind, dass die Relevanz für die Technikentwicklung stets verständlich gemacht wird. Mit dem Ziel, dass Technologieentwickler*innen erkennen, mit welchen Methoden sie die in den Kategorien ausdezidierten Implikationen adressieren können, wird anhand der Fallbeispiele erläutert, wie einerseits bestimmte Designentscheidungen und Forschungsrichtungen zu den angesprochenen Konflikten oder Problem führen und welche Methoden die Entwickler*innen andererseits anwenden können (bzw. in realen Fallbeispielen, welche tatsächlich angewandt wurden), um Entwicklungsrichtungen zu beeinflussen und dabei Werte zu schützen bzw. Rechte und Gesetze zu achten. Ohne dass dabei konkrete Empfehlungen und Ratschläge ausgesprochen werden (was das Tool auch gar nicht leisten darf), werden Konzepte der integrierten und partizipativen Forschung und Entwicklung wie *value-sensitive design*[43], *design thinking*[44], *open innovation*[45], *ethical vision assessment*[46] oder *co-design*[47] vorgestellt oder es wird auf Möglichkeiten der interdisziplinären Kooperation mit Experten und möglichen zusätzlichen Forschungspartnern hingewiesen.[48]

---

43 Vgl. Friedman 2019.
44 Vgl. Kerguenne 2022.
45 Vgl. Fritzsche 2020.
46 Vgl. Grin 2000.
47 Vgl. Dilnot 2016.
48 Vgl. Vajna 2020, van de Poel 2018.

Schließlich wurde in das Tool eine Anleitung zur projektbezogenen Gruppenreflexion integriert, die sinnvollerweise an den Fragebogen und die Beschäftigung mit den ELSI-Karten anschließt, um die dort gewonnenen Erkenntnisse in die Projektbeschreibung einfließen zu lassen. Mit geeigneten Leitfragen und Reflexionstechniken werden die Forschenden in der eigenen Transferleistung unterstützt, damit das intendierte *ethics-by-design,* also die Zusammenführung technologischer und normativer Expertise, zum Erfolg kommt.

Alle Elemente des Tools sind freiwillig und auch in ihrer Reihenfolge frei wählbar. Eine Abfolge von Wertereflexion über Fragebogen zu ELSI-Karten und Projektreflexion wird jedoch empfohlen. Das Tool gibt nach derzeitigem Konzeptstand kein Ergebnis in Form einer Auswertung oder gar Bewertung aus. Dies unterstreicht zusätzlich, dass es sich um ein Lern- und Informationsinstrument handelt, das keinen Prüfungscharakter hat und damit auch nicht als Legitimationsmittel verwendet werden kann. Die tatsächliche Integration von ELSI-Begleitforschung – in welcher Form auch immer – muss vom Entwicklungsteam selbst geleistet werden.

4 FAZIT UND AUSBLICK

Das im ELSI-SAT H&C-Projekt konzipierte Instrument soll nicht als Prüftool, sondern als Inspirations- und Lerntool verstanden werden. Auf diese Weise wird es einerseits dem Auftrag gerecht, Projekte in der Frühphase der Forschungsdesigngenese eine Unterstützung bei der Formulierung von Strategien im Umgang mit ELSI-Fragen zu bieten, und andererseits lässt es in der Konkretion den Toolnutzenden bei der eigenständigen Ideen- und Strategieentwicklung genügend Freiraum, der aufgrund der Komplexität des ELSI-Themas notwendig und geboten ist. Kernidee des Tools ist die Differenzierung von ELS-Implikationen zum besseren Verständnis und zur effektiveren Beratung bezüglich möglicher Forschungspfade und Technologiedesigns. Ein Fokus liegt dabei auf *ELSI-by-design*-Möglichkeiten, also der Verknüpfung von Wissen über ethische, rechtliche und gesellschaftliche Einflüsse mit konkreten Gestaltungsoptionen auf dem Weg vom Konzept zum Prototyp und darüber hinaus. Indem das Tool mit Projekt- bzw. Technologieeigenschaften als nutzerseitig eingegebenem Input arbeitet, stellt es keine überhöhten Anforderungen an die ethischen und rechtlichen Kompetenzen der Toolnutzer. Es fördert Teamarbeit und stellt so sicher, dass das ELSI-Thema in der Projektgenesephase ernst genommen und als wichtiger Teil der Projektarbeit erachtet wird.

Neben der klaren thematischen Strukturierung der komplexen ELSI-Sachverhalte wird der intendierte Lerneffekt durch adäquate Visualisierung und eine Drei-Ebenen-Informationspräsentation erreicht. Der Wissenstransfer vollzieht sich im Hintergrund durch die Verbindung von technischen Parametern mit ELS-Aspekten auf der Grundlage von Technik- und Medizinethik, ELSI-Forschung, Medizin- und Gesundheitsrecht und UX-Design. In diesem Sinne fungiert das Tool als Medium zwischen zwei Gruppen wichtiger Technikentwicklungsakteure, den wissenschaftlich-technischen und den normativ-wissenschaftlichen Expert*innen, und stellt so ein Instrument interdisziplinären Austausches im Anfangsstadium dar. Das Tool kann herkömmliche direkt-interpersonale Kooperation und Kommunikation nicht ersetzen. Das Konzept als Wissenstransfermedium kann jedoch als Initiator nachfolgender Kollaborations- und Interaktionsprozesse verstanden werden, indem es diese gewinnbringend empfiehlt und Bereitschaft zum interdisziplinären Arbeiten erhöht und konsolidiert.

Zum Zeitpunkt der Verfassung dieses Texts befindet sich das Tool in der technischen Entwicklungsphase. Ein Team von Expert*innen im Bereich nutzerzentrierte Gestaltung testet Prototypen und Toolentwürfe mit zielgruppenzugehörigen Testnutzern, also Forschenden im Bereich Gesundheits-, Medizin- und Pflegetechnologien. Die Ergebnisse werden stets in die Überarbeitung der Inhalte eingepflegt. Eine wichtige Herausforderung, an der gearbeitet wird, ist die adäquate Darstellung von viel Information, die darüber hinaus auch noch schwierig zu verstehen ist. So kann die Beschreibung eines Wertes wie Freiheit oder Würde im Glossar schnell die Länge eines Enzyklopädiebeitrags erreichen, würde dann aber die meisten Leser eher abschrecken und muss deshalb auf ein plausibles Maß zusammengefasst werden, was wiederum unter Ethiker*innen zu Diskussionen führt, da die Ansichten, was in eine notwendigerweise selektive Kurzübersicht gehört, auseinander gehen. Ethik, Recht und andere normative Dimensionen gesellschaftlicher Wirkungssphären können und sollen nicht zu werkzeugkofferartigen Instrumenten (tool boxes) degradiert werden.[49] Gleichzeitig kann der Wissenstransfer und damit auch die Handlungs- und Entscheidungsermächtigung (*empowerment*) nur gelingen, wenn sowohl durch Konzept als auch durch Sprache (Terminologie, Stil, Präsentation) der interdisziplinäre Brückenschlag erreicht wird. Am richtigen Maß zwischen akademischer Wissenschaftlichkeit und praxisorientierter Pragmatik wird sicherlich bis zur Fertigstellung des Tools im Juni 2023 geforscht.

BIBLIOGRAFIE

Albrecht, Urs-Vito (Hrsg.) (2016): Chancen und Risiken von Gesundheits-Apps (CHARISMHA). Bericht. Hannover: Medizinische Hochschule Hannover.
Béranger, Jérôme (2016): Big Data and Ethics. The Medical Datasphere. Oxford: Elsevier.
Berg Olsen, J.K./Pedersen, S.A./Hendricks, V.F. (Hrsg.) (2009): A Companion to the Philosophy of Technology. Chichester: Blackwell.
Bijker, Wiebe E./Hughes, Thomas P./Pinch, Trevor (2012): The Social Construction of Technological Systems. New Directions in the Sociology and History of Technology. Anniversary edition. Cambridge: MIT Press.
Botrugno, Carlo (2021) Information technologies in healthcare: Enhancing or dehumanising doctor–patient interaction? In: Health. SAGE Publications Ltd, 25(4), S. 475–493.
Bräutigam, Christoph/Enste, Peter/Evans, Michaela/Hilbert, Josef/Merkel, Sebastian/Öz, Fikret (2017): Digitalisierung im Krankenhaus: Mehr Technik – bessere Arbeit? Düsseldorf: Hans-Böckler-Stiftung.
Burr, Christopher/Cristianini, Nello/Ladyman, James (2018): An Analysis of the Interaction Between Intelligent Software Agents and Human Users. In: Minds and Machines, Nr. 28(4), S. 735–774.

---

49 Siehe dazu auch Morley 2021.

Caplan, Arthur L./Parent, Brendan (Hrsg.) (2017): The Ethical Challenges of Emerging Medical Technologies. Abingdon: Routledge.
Celi, Leo Anthony/Cellini, Jacqueline/Charpignon, Marie-Laure/Fraser, Hamish S. (2022): Sources of bias in artificial intelligence that perpetuate healthcare disparities – A global review. In: PLOS Digital Health, Nr. 1(3), S. e0000022.
Challen, Robert/Denny, Joshua/Pitt, Martin et al. (2019): Artificial intelligence, bias and clinical safety. In: BMJ Quality & Safety, Nr. 28(3), S. 231–237.
Chiffi, Daniele (2021): Clinical Reasoning: Knowledge, Uncertainty, and Values in Health Care. Cham: Springer.
Collingridge, David (1980): The Social Control of Technology. Milton Keynes: Open University Press.
Cornejo Müller, Alejandro/Wachtler, Benjamin/Lampert, Thomas et al. (2020): Digital Divide – Soziale Unterschiede in der Nutzung digitaler Gesundheitsangebote. In: Bundesgesundheitsblatt – Gesundheitsforschung – Gesundheitsschutz, 63(2), S. 185–191.
Costanza-Chock, Sasha (2020): Design Justice. Community-Led Practices to Build the Worlds We Need. Cambridge: MIT Press.
Cotton, Matthew (2014): Ethics and Technology Assessment: A participatory approach. Berlin: Springer.
Dilnot, Clive/Boztepe, Suzan (Hrsg.) (2016): John Heskett's Design and the Creation of Value. London: Bloomsbury.
Douglas-Jones, Rachel/Wahlberg, Ayo/Hasse, Cathrine/Hoeyer, Klaus/Kristensen, Dorthe Brogård/Winthereik, Brit Ross/Bruun, Maja Hojer/Pinch, Trevor (2022): The Palgrave Handbook of the Anthropology of Technology. Singapore: Springer.
Ehrenfeld, John (2008): Sustainability by design: A subversive strategy for transforming our consumer culture. New Haven: Yale University Press.
Fleming, David A./Edison, Karen E./Pak, Hon (2009): Telehealth Ethics. In: Telemedicine and e-Health, Nr. 15(8), S. 797–803.
Ford, Roger/Price, W. (2016): Privacy and Accountability in Black-Box Medicine. In: Michigan Telecommunications & Technology Law Review, Nr. 23(1), S. 1–43.
Friedman, Batya/Hendry, David G. (2019): Value Sensitive Design: Shaping Technology with Moral Imagination. Cambridge: MIT Press.
Fritzsche, Albrecht/Jonas, Julia M./Roth, Angela/Möslein, Kathrin M. (Hrsg.) (2020): Innovating in the Open Lab. The new potential for interactive value creation across organizational boundaries. Oldenbourg: De Gruyter.
Gethmann, Carl Friedrich/Carrier, Martin/Hanekamp, Georg/Kaiser, Martin/Kamp, Georg/Lingner, Stephan/Quante, Michael/Thiele, Felix (2015): Interdisciplinarity Research and Trans-disciplinary Validity Claims. Cham: Springer.
Gonzalez, Wenceslao J. (Hrsg.) (2015): New Perspectives on Technology, Values, and Ethics. Theoretical and Practical. Heidelberg: Springer.
Grimm, Petra/Kuhnert, Susanne (2020): Die Zusammenarbeit von Industrie, Ethik und Wissenschaft im Forschungsverbund. In: Gransche, B./Manzeschke, A. (Hrsg.): Das geteilte Ganze. Horizonte Integrierter Forschung für künftige Mensch-Technik-Verhältnisse. Wiesbaden: Springer.
Grin, John/Grunwald, Armin (Hrsg.) (2000): Vision Assessment: Shaping Technology in 21st Century Society. Heidelberg: Springer.
Grunwald, Armin (2010): From speculative nanoethics to explorative philosophy of nanotechnology. In: NanoEthics, Nr. 4(2), S. 91–101.
Grunwald, Armin (2019): Technology assessment in practice and theory. Abingdon: Routledge.
Hansson, Sven Ove (2018): The Ethics of Making Patients Responsible. In: Cambridge Quarterly of Healthcare Ethics, Nr. 27(1), S. 87–92.
Häußling, Roger (2019): Techniksoziologie. 2. Aufl. Opladen: UTB.
Ibiricu, Bernice/van der Made, Marja Leena (2020): Ethics by design: a code of ethics for the digital age. In: Records Management Journal, Nr. 30(3), S. 395–414.

Jimenez, Geronimo/Spinazze, Pier/Matchar, David et al. (2020): Digital health competencies for primary healthcare professionals: A scoping review. In: International Journal of Medical Informatics, Nr. 143, S. 104260.

Kerguenne, Annie/Schaefer, Hedi/Taherivand, Abraham (2022): Design Thinking. Die agile Innovations-Strategie. 2. Aufl. Freiburg: Haufe.

Kim, Tae Wan/Routledge, Bryan R. (2022): Why a Right to an Explanation of Algorithmic Decision-Making Should Exist: A Trust-Based Approach. In: Business Ethics Quarterly, Nr. 32(1), S. 75–102.

Konrad, Kornelia/Coenen, Christopher/Dijkstra, Anne/Milburn, Colin/van Lente, Harro (Hrsg.) (2013): Shaping Emerging Technologies: Governance, Innovation, Discourse. Netherlands: IOS Press.

Latour, Bruno (2005): Reassembling the social. An introduction to Actor-Network Theory. Oxford: Oxford University Press.

Lee, Lisa M. (2017): Ethics and subsequent use of electronic health record data. In: Journal of Biomedical Informatics, Nr. 71, S. 143–146.

Lin, Patrick/Abney, Keith/Bekey, George A. (Hrsg.) (2012): Robot ethics: the ethical and social implications of robotics. Cambridge: MIT Press.

Lucivero, Federica (2016): Ethical Assessment of Emerging Technologies. Heidelberg: Springer.

Lupton, Deborah (2017): Digital Health: Critical and Cross-Disciplinary Perspectives. 1. Aufl. Abingdon: Routledge.

Marckmann, Georg (2021): Ökonomisierung im Gesundheitswesen als organisationsethische Herausforderung. In: Ethik in der Medizin, Nr. 33, S. 189–201.

Mittelstadt, Brent Daniel/Floridi, Luciano (2016): The Ethics of Big Data: Current and Foreseeable Issues in Biomedical Contexts. In: Science and Engineering Ethics, Nr. 22(2), S. 303–341.

Morley, Jessica/Elhalal, Anat/Garcia, Francesca/Kinsey, Libby/Mökander, Jakob/Floridi, Luciano (2021): Ethics as a Service: A Pragmatic Operationalisation of AI Ethics. In: Minds and Machines, Nr. 31, S. 239–256.

Morley, Jessica/Machado, Caio C. V./Burr, Christopher/Cowls, Josh/Joshi, Indra/Taddeo, Mariarosaria/Floridi, Luciano (2020): The ethics of AI in health care: A mapping review. In: Social Science & Medicine, Nr. 260, S. 113172.

Morrison, Eileen E./Furlong, Beth (2019): Health Care Ethics. Critical Issues for the 21st Century. 4th edition. Burlington: Jones & Bartlett.

Nurock, Vanessa/Chatila, Raja/Parizeau, Marie-Hélène (2021): What Does "Ethical by Design" Mean? In: Braunschweig, Bertrand/Ghallab, Malik (Hrsg.): Reflections on Artificial Intelligence for Humanity. Cham: Springer. S. 171–190.

O'Doherty, Kieran C./Christofides, Emily/Yen, Jeffery et al. (2016): If you build it, they will come: unintended future uses of organised health data collections. In: BMC Medical Ethics, Nr. 17(1), S. 54.

Petrakaki, Dimitra/Hilberg, Eva/Waring, Justin (2018): Between empowerment and self-discipline: Governing patients' conduct through technological self-care. In: Social Science & Medicine, Nr. 213, S. 146–153.

Pfannstiel, Mario A. (Hrsg.) (2022): Künstliche Intelligenz im Gesundheitswesen. Entwicklungen, Beispiele und Perspektiven. Wiesbaden: Springer.

Piallat, Chris (Hrsg.) (2021): Der Wert der Digitalisierung: Gemeinwohl in der digitalen Welt. 1. Aufl. Bielefeld: transcript (Digitale Gesellschaft).

Pierce, Jessica/Jameton, Andrew (2004): The Ethics of Environmentally Responsible Health Care. New York: Oxford University Press.

Renn, Ortwin (2005): Risk Governance – Towards an Integrative Approach (White Paper No. 1, with an Annex by P. Graham). Geneva: International Risk Governance Council.

Sætra, Henrik Skaug/Fosch-Villaronga, Eduard (2021): Healthcare Digitalisation and the Changing Nature of Work and Society. In: Healthcare, Nr. 9(8), S. 1007.

Scholz, Roland W./Beckedahl, Markus/Noller, Stephan et al. (Hrsg.) (2021): DiDaT Weißbuch. Verantwortungsvoller Umgang mit digitalen Daten – Orientierungen eines transdisziplinären Prozesses. 1. Aufl. Baden-Baden: Nomos.

Sparrow, Robert (2016): Robots in aged care: a dystopian future? In: AI & SOCIETY, Nr. 31(4), S. 445–454.

Spiekermann, Sarah (2012): The challenges of privacy by design. In: Communications of the ACM, Nr. 55(7), S. 38–40.

Spindler, Mone/Gressel, Céline/Loh, Wulf/Wydra, Sven/Heyen, Nils/Runschke, Sebastian/Plener, Leonora/Booz, Sophia/Zinsmaier, Judith/Gieseler, Helya (2023): Handbuch Integrierte Technikentwicklung. Wiesbaden: Springer.

Vajna, Sandor (2020): Integrated Design Engineering. Interdisciplinary and Holistic Product Development. Cham: Springer.

Valkenburg, Govert/Mamidipudi, Annapurna/Pandey, Poonam/Bijker, Wiebe E. (2020): Responsible innovation as empowering ways of knowing. In: Journal of Responsible Innovation, Nr. 7(1), S. 6–25.

van de Poel, Ibo/Robaey, Zoë (2017): Safe-by-Design: from Safety to Responsibility. In: NanoEthics, Nr. 11, S. 297–306.

van de Poel, Ibo/Asveld, Lotte/Mehos, Donna C. (Hrsg.) (2018): New Perspectives on Technology in Society. Experimentation beyond the Laboratory. Abingdon: Routledge.

van den Hoven, Jeroen/Vermaas, Pieter E./van de Poel, Ibo (Hrsg.) (2015): Handbook of Ethics, Values, and Technological Design. Sources, Theory, Values and Application Domains. Dordrecht: Springer.

van Dijk, Jan (2020): The Digital Divide. Cambridge: Polity.

van Rysewyk, Simon Peter/Pontier, Matthijs (Hrsg.) (2015): Machine Medical Ethics. Cham: Springer.

Vincent, Christopher James/Niezen, Gerrit/O'Kane, Aisling Ann/Stawarz, Katarzyna (2015): Can Standards and Regulations Keep Up With Health Technology? In: JMIR Mhealth Uhealth, Nr. 3(2), S. e64.

Würfel, Alexander M./Holl, Felix (2020): Ökonomische Aspekte von mHealth-Anwendungen. In: Pfannstiel, Mario A./Holl, Felix/Swoboda, Walter J. (Hrsg.): mHealth-Anwendungen für chronisch Kranke. Wiesbaden: Springer Gabler. S. 27–44.

Yaghmaei, Emad/van de Poel, Ibo (Hrsg.) (2021): Assessment of Responsible Innovation. Methods and Practices. Abingdon: Routledge.

DAS INKLUSIONSKONZEPT AUS SICHT DER (DIGITALEN) ETHIK

Werte, Funktionen und Schritte (zu) einer Inklusionsethik

Marcel Schlegel

1 ZUM RAHMEN EINER (DIGITALEN) INKLUSIONSETHIK

Durch die digitale Transformation haben sich die Möglichkeiten inklusiver Anliegen vergrößert.[1] Neben Chancen, die technische Innovationen für die Emanzipation von Menschen mit individuellen Bedarfen[2] bedeuten, bringen Artefakte oder Anwendungen, die dem Inklusionskonzept folgen, allerdings stets auch Risiken mit sich. Aus Sicht der ethischen Begleitforschung ist eine Folgenabschätzung deshalb auch angezeigt, wenn mit (digitaler) Technik moralisch redliche Absichten verfolgt werden, wie im Fall inklusiver bzw. inklusionfördernder Maßnahmen.[3] Der praxisorientierte Blick rückt dann den Ansatz des Ethics by Design (EBD)[4] in den Fokus. Dieser hat einige Ausprägungen und zuletzt durch die SEC-Methode[5] eine weitere Spielart erfahren. Im Kern fußen By-Design-Ansätze auf der Schablone des Value-sensitive Design (VSD)[6]. Dessen Grundsätze zielen darauf ab, ethische Implikatio-

---

1   Das lässt sich exemplarisch am Forschungsprojekt SHUFFLE zeigen, das von der Stiftung Innovation in der Hochschullehre gefördert und u. a. von der Hochschule der Medien Stuttgart umgesetzt wird. Im Projekt werden Maßnahmen zur Förderung von digitaler Barrierefreiheit im Kontext der Hochschule entwickelt. Mehr unter www.shuffle-projekt.de.
2   Im Diskurs wird vom *Bedarf* einer Person gesprochen und der Fokus damit von den subjektbezogenen Ursachen abgewendet und auf die institutionellen Rahmenbedingungen verlagert, die objektive Barrieren bedeuten und hiernach Bedarfe auslösen. Vgl. Heimbach-Steins 2015, S. 5.
3   *Programme* umfassen Ziele und geben auf der theoretischen Ebene zudem Wege zu deren Erreichung an. *Instrumente* benennen konkretisierte Mittel auf der praxisbezogenen bzw. operativen Ebene, bspw. eine Technologie, die zum im Programm formulierten Zweck tatsächlich zum Einsatz kommt (vgl. Blum/Schubert 2018, S. 116–120). Die Begriffe werden synonym verwendet. *Inklusiv* sind Instrumente, deren Design bereits inklusiven Grundsätzen folgt, bspw. ein Gerät, das barrierefrei nutzbar ist. *Inklusionsfördernd* sind Instrumente, die eingeführt werden, um die Teilhabe benachteiligter Gruppen zu verbessern, z. B. um Barrierefreiheit zu ermöglichen. Da die Begriffe nicht trennscharf sind (ein Artefakt zur Erhöhung von Barrierefreiheit muss selbstredend auch selbst barrierefrei anzuwenden sein), werden sie synonym verwendet.
4   Vgl. van den Hoven 2015.
5   Der sogenannte Start-up with Ethics Compass (SEC) stellt eine Methode zur wertebasierten Entwicklung von Geschäftsmodellen dar. Wenngleich sich die SEC-Methode besonders an wirtschaftlich-unternehmerisch ausgerichtete Akteure richtet, lassen sich die einzelnen methodischen Schritte auch auf Innovationsvorhaben anderer Kontexte übertragen. Vgl. Grimm et al. 2021.
6   Vgl. Friedman et al. 2020.

nen bereits im Laufe der Konzeption von Innovationen zu berücksichtigen, um ungewünschte Folgen so vorab neutralisieren zu können.[7] Instrumente ethischer (Technik-)Reflexion können Empfehlungen (Prinzipien, Normen, Leitlinien usw.) sein. Mit solchen Handreichungen soll sichergestellt werden, dass sich Gestaltung, Umsetzung und Anwendung eines Artefakts diskriminierungsfrei vollziehen.[8]

Konzeptionell raten Präventivansätze zum Initialschritt der Synthese von Werten, an der sich die Praxis der Technikentwicklung orientieren soll.[9] Mit sozialwissenschaftlichen Erhebungs- und Analysemethoden sollen hierfür relevante Bezugsgruppen identifiziert und nach Anliegen, Werthaltungen usw. befragt werden. Im vorletzten Schritt, der in der Formulierung von Handreichungen münden kann, wird die eingesetzte Technik selbst auf inhärente Konfliktpotenziale untersucht.[10] Das Kalkül wertesensitiver Ethik-Ansätze, nun übertragen auf das Konzept von Inklusion und dessen Ziele: Wenn teilhabefördernde Instrumente entlang von ethisch reflektierten Vorgaben gestaltet und betroffene Gruppen am Konzeptionsprozess beteiligt werden, werden eine widerstandsarme Implementierung sowie eine barriere- und insbesondere diskriminierungsfreie Nutzung dieser Maßnahmen wahrscheinlicher und nachträgliche Modifikationen unwahrscheinlicher.

Da Werte am Anfang einer ethikbewussten Technikentwicklung stehen, widmet sich der Beitrag den Werten der Inklusion.[11] Weil das inklusive Wertefundament für solche Kontexte noch unterbestimmt erscheint, sollen dabei auch digitale Einsatzgebiete miteingeschlossen werden. Dergestalt kann der Aufsatz einen ersten Schritt hin zu einer eigenständigen Ethik der Inklusion bedeuten. Mit der Beschreibung zentraler Inklusionswerte wird dabei der erste der skizzierten VSD-Schritte vollzogen. Dafür sind drei Etappen zu gehen: (1) Zunächst wird herausgearbeitet, welchen Blick die Ethik auf das Inklusionskonzept wirft, welche moralphilosophischen Traditionen darin zum Vorschein kommen und weiterhin, welche Funktionen einer praxisbezogenen Inklusionsethik zukommen könnten. (2) Danach wird beschrieben, wie das Inklusionskonzept erweitert werden könnte, wenn sich der Gegenstandsbereich um Instrumente zur Verbesserung von digitaler Teilhabe vergrößert. (3) Auf der Schlussetappe werden im moraltheoretischen Begründungsdiskurs referierte Werte von Inklusion identifiziert und spezifiziert. Um dabei gegenwärtige Entwicklungen nicht außer Acht zu lassen, werden auch solche Werte auf die Theorie von Inklusion bezogen, die im Rahmen der Digitalisierung relevant sind.

2 GRUNDLAGEN DES INKLUSIONSKONZEPTS

Um zu prüfen, welche ethischen Facetten und impliziten Werthaltungen das Inklusionskonzept aufweist, muss es zunächst in seinen grundsätzlichen Merkmalen dargelegt werden. Der Kern des Konzepts lässt sich dabei der Behindertenrechts-

---

7   Vgl. Simon 2016, S. 357.
8   Vgl. Grimm 2021, S. 85.
9   Vgl. van den Hoven 2015, S. 66.
10 Vgl. Manders-Huits 2011, S. 273–275; Friedman et al. 2020, S. 15–17.
11 Vgl. Grimm/Mönig 2020, S. 7.

konvention (UN-BRK)[12] der Vereinten Nationen (UN) entnehmen, die u.a. festlegt, welche benachteiligten Gruppen unter dem inklusiven Schirm Schutz finden müssen, worin sich deren Anrecht auf und Bedarf nach gesellschaftliche(r) Einbindung begründet und welche (Um-)Deutung in Verständnis und Zusammenhang von Barrieren, Behinderung und Bedarf dieser Modus der sozialen Einbeziehung ausgegrenzter Personen bedeutet. Dafür benennt die Konvention abstrakte Ziele und dazugehörige Maßnahmen, die ebenfalls Eingang ins Inklusionskonzept gefunden haben. Folglich sehen sich eine völkerrechtliche Konvention und ein daran angelehntes Konzept, die jeweils einen gesellschaftlichen Anspruch proklamieren und in der praktischen Umsetzung zwangsläufig Neu- oder Umverteilung von Verantwortung, Pflichten und Ressourcen erfordern, auf der instrumentellen Ebene mit diversen Herausforderungen konfrontiert. Diese einerseits zu beschreiben, aber sie zum anderen als produktive Kraft des Konzepts zu begreifen, stellt ebenfalls ein Charakteristikum inklusiver Überzeugungen dar, welches deshalb zu erläutern ist, weil sich daraus eine funktionale Rollenbeschreibung der Inklusionsethik ableiten lässt, die auch eine Haltung beinhaltet. Die BRK drückt derweil eine spezifische Auslegung der Allgemeinen Erklärung der Menschenrechte der UN aus. Die Verbindung zwischen UN-Charta sowie BRK auf der einen und dem theoretischen Inklusionskonzept auf der anderen Seite gilt es deshalb darzustellen, weil die UN-Erklärungen mindestens implizit Werte benennen, die Eingang finden müssen in das Wertefundament einer Inklusionsethik. Im Folgenden sollen nun die gerade in ihrer Verknüpfung erwähnten Bausteine der Inklusion en detail beschrieben werden.

2.1 Kernelemente des Inklusionskonzepts

Als 2008 die UN-BRK in Kraft trat, erreichte das Inklusionskonzept endgültig die politische Öffentlichkeit. Im Folgejahr ratifizierten Bundestag und Bundesrat die Konvention. Der Gesetzgeber verankerte diesen inklusiven Modus sozialer Teilhabe damit im deutschen Recht und verpflichtete sich hierfür einiger Zielvorgaben und entsprechender Aktivitäten. Diese lassen sich darin subsumieren, die sozialen Partizipationsmöglichkeiten von exkludierten Gruppen und damit deren gesellschaftliche Zugehörigkeit zu verbessern, um so für mehr soziale Gerechtigkeit und weniger Benachteiligung, Stigmatisierung und Marginalisierung zu sorgen. Inklusion zielt also auf soziale Emanzipierung, soziale Absicherung und eine faktische Gleichstellung marginalisierter Gruppen ab. Zu den zentralen Anliegen, die inklusive Maßnahmen entlang der BRK verfolgen müssen, zählen deshalb die Förderung von Barrierefreiheit (sozial, baulich, einstellungsbasiert, sprachlich, digital usw.), sowie von universeller Diskriminierungsfreiheit, die Herstellung von bedarfsgerechten Beteiligungsmöglichkeiten und somit die Befähigung vulnerabler Minderheiten zu einer würdevollen Lebensführung.[13] Darüber hinaus gehören Qualifizierungsprogramme dazu, die sich nicht nur an die Bedarfsgruppen selbst, sondern

---

12 Es wird sich auf die deutsche Übersetzung der Konvention bezogen. Vgl. UN-BRK 2018.
13 Vgl. Miller 2012, S. 35.

insbesondere auch an die Mehrheitsgesellschaft richten. Diese soll für die Nöte ausgegrenzter Minderheiten sensibilisiert werden und das bestenfalls handlungsleitende Bewusstsein ausbilden, dass Menschen mit Behinderung „*selbstverständlich dabei sind*"[14].

Die BRK verknüpft Inklusion mit dem universellen Anspruch jeder Person, ein vollwertiges Mitglied der Gesellschaft sein zu dürfen: Die Konvention macht Inklusion zum Menschenrechtsprinzip und die Menschenwürde zu ihrem Axiom.[15] In der Tradition zu anderen Gruppenkonventionen (Kinder, Frauen usw.) etabliert die BRK dafür allerdings keine „neuen" Rechte (eine gesonderte Gesetzgebung würde das Anliegen, Sonderbehandlungen zu unterlassen, ohnehin konterkarieren). Stattdessen berufen sich die UN auf den bestehenden Menschenrechtskatalog, den sie zum Zwecke des Schutzes ausgegrenzter Gruppen weiterhin für ausreichend und erschöpfend halten. Allerdings präzisieren die UN die bestehende Charta in der BRK mit einer Auslegung, die sich spezifisch auf Menschen mit Behinderung bezieht.[16] Damit wird durch die Konvention die Gesellschaftskritik angebracht, dass der allgemeine Umgang mit Menschen, die sich mit Beeinträchtigungen oder Benachteiligungen konfrontiert sehen, in herausfordernde Verpflichtungen oder prekäre Lebensumstände geraten und hiernach legitime Bedarfe entwickeln, trotz rechtlicher Gleichstellung de facto derart separierend ist, dass dadurch deren in der UN-Charta fixierten menschenrechtlichen Ansprüche unterminiert werden (können). Hierfür wird in der UN-BRK der Kreis an Schutzbedürftigen überdies ausdrücklich erweitert, um so das Selbstverständnis der Konvention zu schärfen: Zwar rekurriert die BRK im Namen auf Menschen mit Behinderungen, gleichwohl stellt sie alle Minderheiten unter ihren Schutzschirm, die Gefahr laufen, durch Praktiken und Ansprüche der Mehrheit und gesellschaftlichen Strukturen von ihren bürgerlichen (Partizipations-)Rechten abgeschnitten zu werden.[17] Neben medizinischen bzw. körperlichen werden u. a. auch soziale, kulturelle, ethnische Merkmale als Risikofaktoren verstanden, die Exklusionsprozesse initialisieren und sich darüber hinaus intersektional verstärken können. Bedarfe können dabei situativ (z.B. Angststörungen), temporär (z.B. Care-Tätigkeiten wie häusliche Kinderbetreuung, Altenpflege, Nachbarschaftshilfe etc.) oder permanent (chronische Erkrankungen) auftreten. Schließlich begreift die Konvention Inklusion als dynamisches und immer auch imperfektes Konzept und stellt damit in Aussicht, dass der Reigen an einzubindenden Gruppen fortwährender Modifizierungen bedarf.[18] Zugang als Basis von Teilhabe adressiert u. a. das gesetzlich zugesicherte Anrecht aller Bürger:innen, potenziell von bzw. an allen gesellschaftlichen Gütern, Angeboten oder

---

14 Bielefeldt 2012, S. 158, zit. n. Lindmeier/Lindmeier 2015, S. 46. Herv. im Orig.
15 Vgl. Lob-Hüdepohl 2016, S. 12f.; Schmitt 2016, S. 286; Steinmetz et al. 2021, S. 27.
16 Vgl. Graumann 2008; Lindmeier/Lindmeier 2015, S. 45f.
17 Vgl. Cramer/Harrant 2014, S. 647; Spieß 2014, S. 10–12; Hirschberg 2021, S. 23.
18 Im Zuge gesellschaftlicher Ausdifferenzierung entstehen fortlaufend neue Arten von Gruppen, die sich auf Basis geteilter Identitäten, Praktiken, Orientierungen usw. zusammenfinden: Distinktionsmerkmale, die von der Mehrheitsgesellschaft als Abweichungen interpretiert werden (können) und daher Exklusionsrisiken bedeuten (können). Beispiele sind Debatten zur Gendersensibilität oder die verwandte LGBTQIA+-Bewegung.

Leistungen partizipieren bzw. davon profitieren zu können.[19] Als „gesellschaftspolitisches Paradigma"[20] adressiert das Konzept dabei normativ nicht nur alle Bereiche (Politik, Wirtschaft, Kultur etc.), sondern auch alle Ebenen von Gesellschaft (Individuen, Organisationen, System). Aufgrund der biografischen Relevanz erhalten dabei faire Zugänge allgemein zum Sozialsystem (Legitimationsinstanz für Unterstützungsleistungen), zum Arbeitsmarkt (ökonomische Selbstversorgung) und zur Bildungsinfrastruktur (Basis für Teilhabe an anderen Systemen) jedoch eine exponierte Bedeutung. Denn: Im Prozess des Heranreifens, so wird argumentiert, können sich Benachteiligungen reproduzieren, hier beginnen Potenziale zu reifen oder sie bleiben unterentwickelt oder verkümmern stattdessen.[21]

Die BRK kann als Abkehr von der integrativen Praktik sozialer Einbindung gelesen werden: *Integration* bedeutet, zusätzliche Fürsorgemaßnahmen an bestehende Umgebungen „anzudocken". Diese richten sich exklusiv an bedürftige Personen, denen so die Bringschuld zufallen kann, sich auf asymmetrische Hilfsbeziehungen einlassen zu müssen.[22] Sozial Benachteiligte bleiben in diesem Fall isoliert, etikettiert und abhängig, weil Disparitäten zwischen jener Mehrheit, die der Norm entspricht, und „den Anderen" weiter Bestand haben und erstere stattdessen in ein Sondersystem im System (Schulklassen, Werkstätten etc.) gewissermaßen „abgeschoben" werden.[23] *Inklusive Beteiligungsvorgänge* zielen demgegenüber darauf ab, systemisch bedingte respektive strukturelle Ausgrenzungen dadurch aufzuheben, dass gesellschaftliche Mehrheitsausrichtungen selbst graduell in Frage gestellt werden und nun danach gestrebt wird, Anforderungen, Bedingungen und Zugänge möglichst derart offen, vielfältig und flexibel zu gestalten, „dass Menschen mit ihren unterschiedlichen Konstitutionen gut in dieser Gesellschaft leben können"[24]. Durch die Berücksichtigung soziostruktureller Benachteiligungsursachen konkretisiert sich auch das Verständnis der Konstrukte „Behinderung", „Barriere" und „Bedarf": Konzeptionell lässt Inklusion das sogenannte *medizinische Modell* hinter sich. In diesem wird im Beispiel einer Person im Rollstuhl die Ursache für die Unüberwindbarkeit einer Barriere (z. B. Treppe) auf deren körperliche Beeinträchtigung zurückgeführt. Die Person wird in einem Merkmal als defizitär beschrieben (hier etwa in der Fähigkeit des Gehens); sie *ist* in dieser Lesart im deterministischen Sinne behindert; ihr Bedarf nach Unterstützung (bspw. durch eine Rampe) entsteht aufgrund ihrer Behinderung. In Abkehr dazu pathologisiert nun das *soziale Modell* der Inklusion gesellschaftliche Strukturen, die dann fehlerhaft oder unvollständig seien, wenn durch sie primär Mehrheitsbedarfe angesprochen werden.[25] In dieser Deutung *wird* der Rollstuhlfahrer von Unzulänglichkeiten in seiner Umwelt behindert; ihr Bedarf entsteht durch eine Barriere in der Umwelt und ist deswegen legitim, weil die gesellschaftlichen Strukturen immer auch anders sein könnten. Folgt

---

19 Vgl. Dederich 2012, S. 105.
20 Spieß 2014, S. 2. Vgl. zudem Lindmeier/Lütje-Klose 2015, S. 7.
21 Vgl. Schwalb 2013, S. 24–26; Heimbach-Sachs 2015, S. 7; Steinmetz et al. 2021, S. 28–32.
22 Vgl. Wunder 2012, S. 87f.; Schmitt 2016, S. 286.
23 Vgl. Cramer/Harant 2014, S. 648; Steinmetz et al. 2021, S. 19.
24 Spieß 2014, S. 9.
25 Vgl. Dederich 2012, S. 105f.; Steinmetz et al. 2021, S. 27f.

man also diesem konstruktivistischen Erklärungsstrang, sind es Akte der Zuschreibung, soziale Konstruktion und handfeste Design-Entscheidungen, die Menschen behindern und ausschließen.[26] Inklusion als normatives Konzept beinhaltet somit eine Haltung, die für das gesellschaftliche Verantwortungsverständnis folgenreich ist: Die Unterstützung Benachteiligter wird zur gemeinschaftlichen Aufgabe; Barrieren müssen nicht auf der individuellen, sondern auf der systemischen Ebene bearbeitet werden. Denn wenn Strukturen in sozialen Hindernissen münden, die ihrerseits zu Benachteiligungen, Ausgrenzung und Entwürdigung führen können, liegt die Verantwortung zu deren Reduzierung bei Instanzen, die gesellschaftliche Umgebungen modifizieren können: bei politischen und staatlichen Institutionen.[27]

2.2 Herausforderungen des Inklusionskonzepts

Inklusion zu verankern erfordert einen graduellen Wandel der Strukturen gesellschaftlicher Systeme. Entsprechende Bestrebungen scheitern in der Umsetzung häufig am Beharrungsvermögen dortiger Stakeholder sowie an real existierenden Anforderungskriterien, Ressourcenmangel, Pfadabhängigkeiten usw.[28] Inklusive Programme zu forcieren bedeutet deshalb, sich notwendigerweise in Konfliktsituationen begeben zu müssen, primär mit jenen (etablierten Mehrheiten), für die durch aktive Teilhabeförderung Mehrkosten, Zusatzaufwände oder (scheinbare) Nachteile entstehen können. Das Inklusionskonzept selbst kann diese Spannung zusätzlich verschärfen: Dies zum einen, weil es die menschliche Unterschiedlichkeit und Einzigartigkeit betont und sich damit zwangsläufig durch einen ambiguen Charakter auszeichnen muss. Inklusion trachtet in der Theorie danach, bestenfalls alle Positionen zu berücksichtigen, muss in der Praxis aber am Anspruch scheitern, diese auch final auszusöhnen, weil das bedeuten würde, Homogenität und Konformität erreichen zu wollen und so die theoretischen Anliegen der Inklusion zu konterkarieren. Nicht in der Gleichmachung der Lebensumstände liegt das Ziel von Inklusion, sondern in der am Fairness-Ideal ausgerichteten Angleichung der Bedingungen für alle Menschen, ein würdevolles Leben führen zu können – und somit in der Reduzierung von in ungerechter Weise entstandenen Benachteiligungen.[29] Jedoch bedarf schon der Versuch, gerechte Bedingungen herzustellen, jeweils die Betonung einer spezifischen Perspektive (der Benachteiligten) und die graduelle Rückstellung einer anderen (der Mehrheit) – (Verteilungs-)Konflikte scheinen hier vorprogrammiert und müssen in der Umsetzung ausgehalten werden.

Zum anderen ist das Konzept mit inhärenten Paradoxien und Widersprüchlichkeiten behaftet: So stellt sich zuweilen heraus, dass Maßnahmen, die mit der Intention verbesserter Partizipation in soziale Umgebungen eingeführt werden, zu gegenteiligen Effekten führen können. Bspw. zeigt sich dies an der Forderung, Kategorisierungen exkludierter Menschen zu unterlassen, weil dadurch stereotypes bzw.

---

26 Vgl. Heimbach-Steins 2015, S. 5; Lindmeier/Lindmeier 2015, S. 48.
27 Vgl. Wunder 2012, S. 94.
28 Vgl. Dederich 2020, S. 534f.
29 Vgl. Hirschberg 2021, S. 26–28.

binäres Denken (normal – anders, wir – die usw.) konstruiert wird, das wiederum Sonderbehandlung häufig erst begründet.[30] Kontraproduktiv kann eine Aufhebung der allgemeinen Orientierung an einer gesellschaftlichen Durchschnittsnorm in der Anwendung werden. Dort offenbart sich teilweise, dass Abgrenzungen von Bedarfsgruppen praktisch notwendig sein können, weil inklusive Maßnahmen ausreichend spezifisch gestaltet sein, also zu den Problemlagen der jeweiligen Gruppen passen müssen, um in der Anwendung auch tatsächlich effektiv zu sein.[31] Ferner können Bestrebungen zur Überwindung tradierter Normierungen darin enden, eine zuvor unreflektierte Norm durch ihre Negierung erst „sichtbar" zu machen und mit ihr Abweichungen überhaupt erst zu markieren. Auch wird argumentiert, dass eine nicht-barrierefreie Umwelt die Kennzeichnung barrierefreier Angebote benötige, da diese sonst buchstäblich übersehen werden könnten.[32] Weiterhin kann es selbst unter inklusiven Bedarfsgruppen zu (Verteilungs-)Gerechtigkeitskonflikten kommen: Für eine blinde Person ist der Bordstein eine Orientierungshilfe; für einen Menschen im Rollstuhl eine Barriere. In der sozialen Praxis bräuchte (oder braucht) es eine Priorisierung von moralisch in gleichem Maße legitimen Anliegen, die gleichbedeutend ist mit deren Hierarchisierung und darin münden muss, die aus der als unteilbar verstandenen Würde entwachsenen legitimen Bedarfe von Menschen gegeneinander zu verrechnen. Dies aber liegt konträr zum Inklusionsanliegen – ein Dilemma. Schließlich erweist sich die Forderung, Zugänge zu Subsystemen für minder berücksichtigte Menschen hindernisfrei zu gestalten, auf der Umsetzungsebene aus zahlreichen Gründen als eigentümlich konfliktbehaftet. Sofern die Prinzipien der Inklusion nicht dynamisch ausgelegt und nicht auf institutionelle Arrangements gesellschaftlicher Bereiche zugeschnitten, sondern dogmatisch als „normative Setzungen mit Verpflichtungscharakter"[33] verstanden werden, können inklusive Maßnahmen im jeweiligen gesellschaftlichen Teilsystem zu Überforderungen führen. Dem ist u. a. so, weil inklusive Vorgaben selten mit den Anforderungskriterien gesellschaftlicher Bereiche kompatibel sind. Inklusion erfordert dann den Spagat, Ausschlussprozesse innerhalb von Bereichen vermeiden zu müssen, deren Funktionsweise auf gezielte Abgrenzung durch Qualifizierung, Legitimierung usw. angelegt ist und in denen Separierungen und Distinktionen mit dem Ziel der Steigerung systemischer Leistungsfähigkeit bewusst produziert werden.[34]

Folgern lässt sich hieraus, dass eine ethische Begleitung spätestens in den Realisierungsetappen hilfreich ist, um zwischen den Stakeholdern zu moderieren und Konflikte abzumildern, die durch inklusive Maßnahmen potenziell aufgeworfen werden könnten. Gleichwohl kann auch eine praktische Inklusionsethik dem Anspruch nicht gerecht werden, inklusive Anliegen konfliktfrei zu implementieren. In der Imperfektion des Konzepts und dem nicht gänzlich abzuschließenden, nicht vollends konfliktfreien Einbindungsprozess liegen gleichermaßen Risiken wie Chancen. Das kreative Potenzial, das eine Inklusionsethik ausschöpfen muss, be-

---

30 Vgl. Wunder 2012, S. 112–115.
31 Vgl. Schmitt 2016, S. 290f.
32 Vgl. Dederich 2012, S. 110ff.; Panagiotopoulou 2019.
33 Dederich 2020, S. 535.
34 Vgl. Schmitt 2016, S. 291.

steht in den Widersprüchen, Reibungen und Spannungen der inklusiven Theorie: Im Sinne transdisziplinärer Vorlagen soll der Dissens produktiv gemacht werden und zu neuartigen Wegen, Methoden etc. der Bearbeitung gesellschaftlicher Exklusion führen.[35] Inklusion umzusetzen bedeutet, eine gemeinschaftliche Anstrengung zu unternehmen, in der sich alle Beteiligten – auch die Adressatinnen und Empfänger inklusiver Angebote – zur Kompromissbereitschaft bekennen müssen.

Das meint auch, dass Stakeholder immer problemspezifisch nach gemeinsamen Lösungen forschen und den „Stress", unter den ein Bereich durch inklusive Maßnahmen gerade zu Beginn gesetzt werden könnte, bis zu einem gewissen Grad auch hinnehmen müssen, weil, so das Kalkül, erst unter (Transformations-)Druck neuartige Lösungen und Stakeholder-Koalitionen entstehen können. Entsprechend kann Inklusion als moralisches Programm im Hinblick auf einzusetzende Instrumente nie Pauschallösungen formulieren, sondern lediglich Orientierungsmarker anbieten. Praktische Wege und Maßnahmen, die im Sinne dieser Anliegen für die instrumentelle Ebene vorgeschlagen werden, müssen individuell gestaltet und fallspezifisch selektiert werden. Sie können sich zuweilen widersprechen. Inklusion ist in der Praxis ergo immer prozessorientiert;[36] mehr Experiment als Ziel, damit immer auch ein demokratisches Konzept, weil es auf Aushandlung, Dialog und die Umverteilung von Pflichten und Ressourcen zugunsten exkludierter Gruppen setzt.

2.3 Menschenrechte als Primat der Inklusion und ethisches Gut

Durch die Kopplung an die Allgemeine Erklärung der Menschenrechte der UN wird Inklusion als Modus Operandi der sozialen Einbindung per se zum ethischen Gut.[37] Dies, weil ein Konzept, das sich als Produkt der Menschenrechte begreift, keine weitere moraltheoretische Legitimierung braucht; es findet in der Menschenwürde seine Erst- und Letztbegründung. Aus ethischer Sicht stellt Inklusion für eine Gesellschaft somit keinen Selbstzweck, sondern einen Sicherungsmodus von Menschenrechten und sozialer Gerechtigkeit dar.[38] Die Prinzipien der Inklusion müssen folglich selbst als *moralische Imperative* verstanden werden, als solche formuliert das Konzept für alle kategorisch verpflichtende „letzte Ziele"[39]. Das macht die Inklusions- zur normativen Ethik. Eine solche betrachtet moralische Imperative so, „dass sie sein sollen"[40]. Von moralischen sind *hypothetische Imperative* zu unterscheiden, worunter Wege und Mittel zu verstehen sind, die zur Erreichung moralischer Ziele eingesetzt werden. Diese können vielfältiger Form sein, solange sie zweckmäßig sind.[41] Inklusive Instrumente sind demnach praxisnah zu konzipieren, d. h. bedarfs-, anwendungs- und kontextgerecht, immer sollten sie das Resultat pa-

---

35 Vgl. Schikowitz/Maasen 2021, S. 156.
36 Vgl. Lindmeier/Lütje-Klose 2015, S. 10.
37 Vgl. Dederich 2013.
38 Vgl. Lob-Hüdepohl 2015, S. 11.
39 Werner 2021, S. 11.
40 Paganini 2020, S. 19.
41 Vgl. Werner 2021, S. 9f.

ralleler ethischer Analysen sein, sich also an den normativen Anliegen des Inklusionsprogramms orientieren.[42] Da Inklusion als ethisches Konzept axiomatisch gesetzt wird, sodann zumeist rechtlich verankert ist und sozialpolitisch handlungsleitend sein soll, erweitert sich die Rolle der Ethik vom theoretischen Begründungs- auf den anwendungsbezogenen Realisierungsdiskurs. Eine Ethik der Inklusion muss demnach nicht mehr die Leitideale der inklusiven Theorie moralisch legitimieren, sondern den Blick auf die inklusive Praxis (Design, Implementierung, Nutzung etc.) richten, dabei Erfahrungswerte beteiligter Gruppen berücksichtigen und Perspektiven deliberativ aushandeln und in praktische Handreichungen überführen. Schließlich können auch aus einem genuin ethischen Konzept falsche Schlüsse gezogen werden; inklusive Mittel können diskriminierungsfördernd umgesetzt sein; inklusive Techniken können bei unbedachtem Einsatz neue Barrieren erzeugen.

Weil moralische Imperative normativ den Handlungsmaßstäben anderer Teilbereiche übergeordnet werden müssen, sind inklusionsethische Empfehlungen idealtypisch auch den Vorgaben anderer Funktionssysteme vorzuziehen, bspw. ökonomischen Prinzipien. Begründen lässt sich dieses Primat der Ethik mit dem Grundsatz vom „Vorrang der Moral vor allen anderen praktischen Erwägungen"[43]. Da inklusive Maximen mit den Funktionslogiken gesellschaftlicher Teilbereiche in Einklang zu bringen sind, wo sie auch umgesetzt werden müssen, muss Inklusion am Ende jedoch politisch gestaltet werden. In der Praxis wird die Normativität der Ethik im Kontext von inklusiven Zusammenhängen bislang ohnehin lediglich rudimentär befolgt. Im Realisierungsdiskurs nimmt die Politik v. a. auf ökonomische oder pragmatische, zumindest weniger auf moralische Überlegungen Rücksicht.[44]

2.4 Funktionen einer Inklusionsethik

Ethische Überlegungen kommen bislang primär zur Sprache, wenn es darum geht, Inklusion als normatives Konzept zu legitimieren, d. h. in vorwiegend akademisch geprägten, theoretischen Begründungsdiskursen.[45] Die menschenrechtliche Grundierung des Inklusionskonzepts lässt jedoch eine breiter angelegte, auf Anwendungskontexte bezogene Funktionsbeschreibung zu. So kann die Inklusionsethik in ihrer *normativen Funktion* inklusive Praktiken kritisch reflektieren[46] und damit dem charakteristischen Befähigungsimperativ des Inklusionskonzepts gerecht werden – etwa, indem sie kontextrelevanten Stakeholdern wertebasiertes Reflexionswissen bereitstellt oder diese innerhalb von Begleitprojekten für den inklusiven Umgang mit Bedarfsgruppen sensibilisiert.[47] Dergestalt können gesellschaftliche Akteure dazu befähigt werden, Handlungsoptionen selbst auf deren moralischen Gehalt hin zu bewerten und ethisch bzw. inklusiv reflektierte Entscheidungen zu

---

42 Vgl. Kuhnert/Grimm 2020, S. 245.
43 Werner 2021, S. 101.
44 Vgl. Dederich 2013; Lindmeier/Lindmeier 2015, S. 43; Steinmetz et al. 2021.
45 Vgl. Lindmeier/Lindmeier 2015, S. 43; Dederich 2020.
46 Vgl. Paganini 2020, S. 20.
47 Vgl. Pieper 2017, S. 20; Grimm/Mönig 2020, S. 9–12.

treffen.⁴⁸ Als anwendungsorientierte Disziplin kann die Ethik, zusätzlich zu den v. a. auch in der BRK fixierten rechtlichen Anforderungen, konsensfähige moralische Standards bereitstellen, die vorgeben, worauf bei der Entwicklung von inklusionsfördernden Maßnahmen zu achten ist. Dies ließe sich die *präskriptive Steuerungsfunktion* nennen.⁴⁹ Erwähnt wurde, dass zielgerichtete Eingriffe in bzw. geplante Veränderungen an gesellschaftlichen Strukturen zu Konflikten führen (können), weil sie u. a. (legitime) Ansprüche anderer Gruppen tangieren (können). In ihrer *deskriptiven Funktion* beschreibt die Ethik Spannungsfelder, die Inklusionsmaßnahmen aufwerfen, und setzt diese in Verbindung zu Perspektiven, Werthaltungen und berechtigten Anliegen der im spezifischen Anwendungsfeld betroffenen Akteure. Im Zuge ihrer *deliberativen Funktion* vermittelt Ethik zwischen Stakeholdern, indem sie Dissonanzen benennt, Zielkonflikte durch deliberative Abwägung abschwächt, das Aushandlungsverfahren entlang moralischer Parameter begründet und nachvollziehbar macht. In der konkreten Praxis kann sich die ethische Begleitung von Inklusionsmaßnahmen also bspw. in projektbezogenen Forschungs- oder Analyse- sowie in Beratungs- oder Sensibilisierungsleistungen manifestieren. Im besten Fall erhöht eine Ethik-Begleitung die Akzeptanz betroffener Stakeholder, reduziert die beschriebene Gefahr der Überforderung kontextrelevanter Akteure und erleichtert somit die Umsetzung inklusionsfördernder Maßnahmen.⁵⁰ Normativ ist eine Inklusionsethik dabei einzig der Menschenwürde und hiernach dem Gemeinwohl verpflichtet.⁵¹ Das macht sie grundsätzlich zur unparteiischen Instanz.

Um die Mitglieder einer Gesellschaft zu „motivieren", für alle Mitbürger:innen faire Beteiligungsmöglichkeiten zu erreichen, genügt ein (menschen-)rechtlich ausgerichteter Appell derweil meist nicht: Inklusion muss von der Mehrheit gewollt sein, Bürger:innen müssen zur selbstbestimmten und freiwilligen Teilhabeförderung befähigt werden, etwa durch Wissens- und Kompetenzvermittlung.⁵² Nun verlangt dies auf der kognitiven einen Bewusstseins- und auf der institutionellen Ebene einen Strukturwandel. Beides kann von relevanten Akteuren als Eingriff in eine gewohnte Ordnung interpretiert werden und so lange in Abwehrhaltungen münden, wie diese Modifikationen nicht erklärt werden.⁵³ Gerade in ihrer moderierenden, sensibilisierenden und befähigenden Rolle liegt also das eigentliche Potenzial einer anwendungsbezogenen (Inklusions-)Ethik.⁵⁴ Dem ist so, weil Inklusion ob ihres übergreifenden Anspruchs als transkategoriales Basiskonzept verstanden werden kann. Eine Inklusionsethik kann keinem gesellschaftlichen Sektor exklusiv zugeordnet werden und keine Bereichsethik sein. Vielmehr agiert sie an den Schnittstellen gesellschaftlicher Systeme, begreift teilhabestiftende Bemühungen als kooperative Projekte und übernimmt dergestalt auch eine systemische, *integrierende Funktion*. Etwa, indem inklusionsethische Bemühungen dazu beitragen sollen, Perspek-

---

48 Vgl. Grimm et al. 2019, S. 11, 20.
49 Vgl. Kuhnert/Grimm 2020, S. 248; Paganini 2020, S. 19f.
50 Vgl. Dederich 2020, S. 535; Kuhnert/Grimm 2020, S. 248–250.
51 Vgl. Heimbach-Steins 2015, S. 14.
52 Vgl. Spieß 2014, S. 6; Haeberlin 2017, S. 16; Dederich 2020, S. 534.
53 Vgl. Dederich 2012, S. 107.
54 Vgl. Kuhnert/Grimm 2020, S. 250.

tivübernahmen und „wechselseitiges Lernen"[55] unter den Stakeholdern zu initiieren und Konflikt- und Dilemma-Situationen, die zwangsläufig auftreten, konstruktiv und fair, d. h. verständigungs-, kompromiss- und lösungsorientiert zu bearbeiten.

In ihren Empfehlungen an Bezugsgruppen muss die praktische Inklusionsethik immer auch die eigentümliche Ambiguität des Grundkonzepts kommunizieren. Nur dann bleibt sie als Orientierungs- und Moderationsinstanz im Falle auftretender Widersprüchlichkeiten glaubwürdig. Dabei muss die ethische Begleitung die Legitimität der Standpunkte aller Beteiligter nicht nur moraltheoretisch prüfen, sondern auch gegenüber allen Parteien spiegeln. Legitime Anliegen sollten in bestmöglicher Weise Eingang in maßnahmenspezifische Leitlinien finden, dies unter der Maßgabe der realistischen Umsetzung. Ein solches Vorgehen verringert die Aversionen der betroffenen Gruppen, verlängert die Halbwertzeit inklusiver Maßnahmen, erhöht die Vertrauenswürdigkeit des Konzepts und macht es somit ‚immuner' gegenüber Idealismus- und Moralismus-Vorwürfen. Mit diesen sieht sich das Konzept v. a. wegen dessen präskriptiver Aufladung, dessen universellen Anspruchs und der Tendenz, Paradoxien und Dilemmata zu produzieren, konfrontiert.[56]

3 INKLUSION IM SPIEGEL KLASSISCHER ETHIK-TRADITIONEN

In ethischen Diskursen spielt der Inklusionsbegriff bislang kaum eine Rolle, ethische Überlegungen werden vorwiegend bereichsspezifisch eingebunden (Soziale Arbeit, Sonderpädagogik usw.). Liegen könnte dies an der Transdisziplinarität des Konzepts, die akademisch schwer einzufangen ist. Ein weiterer Grund dafür, dass sich bislang noch keine eigenständige Inklusionsethik herausgebildet hat, könnte sein, dass das Konzept in seiner theoretischen Begründung an die Universalwerte der UN-Charta gekoppelt wird und damit von vornherein ein abstraktes Wertefundament beinhaltet, das ethisch motivierte Anläufe gewissermaßen vorab ruhigstellt.[57] Jedoch wurde dieses bislang nur in Ansätzen konkretisiert.[58] In diesem Defizit begründet sich dieser Beitrag. Zum anderen wird im Diskurs auf die Schwierigkeit verwiesen, Inklusion als Modus sozialen Einbezugs eindeutig einer Ethik-Tradition zuzuordnen.[59] Tatsächlich lässt sich das normative Konzept der Inklusion mit Werten der Individualethik und mit solchen der Sozialethik begründen. Ebenso werden darin Facetten der Tugend-, Pflicht- und Folgenethik sichtbar.

3.1 Sozial- und Individualethik

Ausgangspunkt der Unterscheidung von Individual- und Sozialethik stellen die ethischen Grundwerte Gerechtigkeit, Gleichheit und Freiheit dar, die je nach Ge-

---

55 Schikowitz/Maasen 2021, S. 152.
56 Vgl. Dederich 2012, S. 109.
57 Vgl. Spieß 2014, S. 3.
58 Vgl. Dederich 2020, S. 534.
59 Vgl. Spieß 2014, S. 3.

genstandsbereich variable Auslegungen erfahren.⁶⁰ Ein Verständnis, das Inklusion als „globale Agenda"⁶¹ betrachtet, geht nun notwendigerweise über individualethische Werthaltungen hinaus und verfolgt überdies sozialethische Orientierungen.⁶² *Sozialethik* bezieht moralische Überlegungen auf die systemische Makro- und die institutionelle Mesoebene. Ethische Grundfragen nach dem richtigen Handeln werden nicht wie in der Individualethik in Bezug „auf das einzelne Gewissen"⁶³ gestellt. Stattdessen werden sie auf die gemeinsame moralische Verantwortung eines gemeinwohlorientierten Sozialwesens bezogen.⁶⁴ Sozialethisch lässt sich Inklusion offenkundig legitimieren, weil die Herstellung fairer und gerechter Teilhabebedingungen zur vergemeinschafteten Verpflichtung wird und die vermeintlichen Schwächen Einzelner durch das Kollektiv kompensiert werden sollen.⁶⁵ Dies kann u. a. mit gemeinwohlorientierten Werten wie Solidarität, Offenheit, Diversität oder Nachhaltigkeit begründet werden. Sozialethisch geprägt ist das Inklusionskonzept auch, weil die Voraussetzungen für gerechte Partizipation darin gesehen werden, Modifikationen an der bestehenden institutionellen Ordnung vorzunehmen.

Das Inklusionsparadigma verknüpft nun sozial- mit *individualethischen Grundzügen*. Eben die BRK nutzt den Kniff, soziale Schutzrechte vulnerabler Gruppen zu betonen, um so gleichsam deren individualethischen Freiheitsrechte abzusichern.⁶⁶ Klassische Individualwerte wie Autonomie, Selbstbestimmung, Eigenverantwortlichkeit u. ä. entpuppen sich im inklusiven Blick als sozialpolitische Ideale, die zum Wohle aller auch für alle gelten müssen und auch von jener Mehrheit zu schützen sind, die nicht ausgegrenzt wird. Dem ist so, kann entlang des Inklusionskonzept argumentiert werden, weil ein Unterlassen oder Verhindern sozialer Hilfeleistungen auf lange Sicht die Schwächung dieser Schutzrechte zur Folge haben könnte und schlussendlich die gesamte Gesellschaft träfe. Darum sollen sich gesellschaftliche Kollektive mit marginalisierten Gruppen solidarisieren.⁶⁷ Argumentiert wird zudem, dass die soziale Anerkennung einer zuvor exkludierten Person durch deren Umfeld dazu führt, dass diese sich ihrer Identität und Rolle innerhalb einer Gemeinschaft bewusst und so zum vollwertigen Mitglied einer Gesellschaft werden kann. Auch die fürsorgende Person, so die sozialethische Argumentation, wird mit der identitätsstiftenden Erfahrung belohnt, selbst Teil einer Gemeinschaft zu sein, auf die sie oder er sich im Falle eigener Vulnerabilität ebenfalls verlassen könnte.⁶⁸

---

60 Vgl. Pieper 2017, S. 209.
61 Lindmeier/Lütje-Klose 2015, S. 7.
62 Vgl. Bonacker 2016, S. 38.
63 Mieth 2002, S. 217.
64 Vgl. Dederich 2013; Rommerskirchen 2019, S. 117.
65 Vgl. Cramer/Harant 2014, S. 648.
66 Vgl. Graumann 2008.
67 Vgl. Bonacker 2016, S. 40; Schmitt 2016, S. 286.
68 Vgl. Miller 2012, S. 33–36; Wunder 2012, S. 92.

3.2 Pflicht- und Tugendethik

In inklusiven Praktiken erkennt eine Gesellschaft einen moralischen Dienst an Gemeinwohl und Menschenwürde. Das Inklusionsparadigma gibt dazu ein nachjustiertes Verhältnis zwischen Subjekt und Gesellschaft vor und verteilt unter diesen Parteien Verantwortung, Rechte und Pflichten (um). Letztere sind zentral für *deontologische Ethiken,* gemäß derer Handlungen pflichtmäßig geboten sind, wenn sie auf moralischen Grundsätzen fußen. Werte können dabei das normative Fundament bilden, aus welchem sich alle nachfolgenden moralischen Orientierungssysteme ableiten.[69] Prinzipien einer (digitalen) Inklusionsethik geben vor, wie der Prozess sozialer Einbindung gestaltet werden kann. Sie gründen auf den Werten der Inklusion, die noch zu benennen sind. Um nun die Verteilung von Verantwortung aus inklusiver Warte zu beschreiben, lohnt sich der Zugang über die semantische Deklination nach Schmiedl-Neuburg:[70] Inklusion verankert die Verantwortung für die Förderung von gesellschaftlicher Teilhabe und sozialer Anerkennung (*wofür*) ausgegrenzter Personen (*wem*) im Einflussbereich von Staat und (Zivil-)Gesellschaft (*wer*), dies auf Basis von bürgerlichen Rechten, solidarischen Pflichten und den universellen Werten der UN-Charta (*warum*). Auf der Mikroebene kommt jedem Gesellschaftsmitglied die moralische Pflicht zur Übernahme von Fremdverantwortung gegenüber geschwächten Mitmenschen zu.[71] Gleichwohl spricht Inklusion letztere nicht von Selbstverantwortung frei. Was Einzelne für die Emanzipation von Abhängigkeiten tun können, muss in deren Handlungsradius bleiben. So sichert das Konzept auch Individualwerte wie Unabhängigkeit und Selbstbestimmung ab.[72]

Im Inklusionsparadigma verbirgt sich auch eine (holistische) Gesinnung. Letztere sind zentral für die *Tugendethik*. Werner definiert Tugend als „vorbildhafte Haltung"[73], Pieper als „Qualität einer Lebensform, die ein individuell und kollektiv gutes Leben ermöglicht"[74]. Tugenden beziehen sich auf den Charakter einer Person. In Bezug auf inklusive Bemühungen benennen Tugenden somit primär erstrebenswerte Qualitäten, die Verhältnis und Verhalten von helfender gegenüber geschwächter Person konkretisieren. Tugend- und Pflichtethik sind eng verwoben: Zum einen werden tugendhafte Haltungen durch eine sozialethische Gemeinwohlausrichtung gekennzeichnet, weshalb die Bereitschaft des oder der Einzelnen, für Mitmenschen Verantwortung zu übernehmen, als Strukturelement einer inklusiven Haltung gelten muss.[75] Zum anderen setzt ein Handeln, das aus Pflichtbewusstsein und Prinzipientreue geschieht, die Einsicht der handelnden Person in den moralischen Wert ihrer Handlung voraus, um wahrlich aufrichtig und eben tugendhaft zu sein.[76] Beide Traditionen eint auch, die Handlungsabsicht ins Zentrum moralischer

---

69 Vgl. Vieth 2015, S. 94–99; Pieper 2017, S. 243.
70 Vgl. Schmiedl-Neuburg 2017, S. 208.
71 Vgl. Wunder 2012, S. 93; Rauen 2017, S. 547–550.
72 Vgl. Miller 2012, S. 33.
73 Werner 2021, S. 30.
74 Pieper 2017, S. 243.
75 Vgl. Schmiedl-Neuburg 2017, S. 213.
76 Vgl. Vieth 2015, S. 100.

Bewertungen zu stellen, weil die Konsequenzen einer Handlung nie allein in der Macht der oder des Handelnden stehen.[77]

Haltungen und Tugenden sind gerade bei der Realisierung inklusiver Ideen nicht trivial, weil derlei Praktiken nur ausdauernd verfolgt werden, wenn ihnen aus Überzeugung nachgegangen wird.[78] Dabei geht Inklusion als moralisches Programm nicht davon aus, dass Inklusionsziele einstmals gesamtgesellschaftlich final realisiert werden können. Vielmehr lenkt die Inklusionsethik den Fokus auf die Absichten einer Handlung; der Prozess der Realisierung von teilhabestärkenden Projekten wird als mindestens so wichtig erachtet wie die (meist nur bedingt mögliche) Erreichung inklusiver Ideale. Anders beschrieben: Eine inklusive Haltung gründet sich auf der Überzeugung, dass eine Gesellschaft, die ihren Mitgliedern ein würdevolles Leben ermöglichen möchte, nur langfristig gesichert werden kann, wenn an deren (Wieder-)Herstellung und Wahrung gemeinschaftlich und kontinuierlich gearbeitet wird und es hierfür auch institutionelle Anpassungs- und Absicherungen geben muss. Nur entlang dieser Einsicht gewinnt ein Konzept an Sinnhaftigkeit, das eigentümlich Widersprüche und Konflikte produziert. Dies summierend kann aus Sicht der Inklusionsethik eine tugendhafte Haltung als eine solche beschrieben werden, die das Bemühen begründet, sich auch dann für geschwächte Gruppen zu engagieren, wenn Konsequenzen, Kosten und Erfolg dieser Anstrengungen nicht abzusehen, nicht ertragreich oder zulasten einer Mehrheit sind.[79]

Sodann charakterisieren sich inklusive Gesellschaften darin, alle friedlichen, diskriminierungsfreien und rücksichtsvollen Formen sozialen Zusammenlebens zu begrüßen. Anstatt auf interne Konformität und externe Distinktion ihrer Mitglieder zu setzen, erachten inklusive Gesellschaften eine diverse Mitgliederstruktur als kulturellen Fortschritt. Entsprechend erkennt ein inklusiver Blick in individuellen Bedarfen oder Behinderungen keine Abweichung von einer vermeintlichen Mehrheitsnorm, sondern natürliche Elemente menschlicher Vielfalt, die aus inklusiver Perspektive zum Wohle und Schutz der liberalen Verfasstheit und des sozialen Zusammenhalts demokratischer Gesellschaften zu fördern ist. Eine inklusive Haltung sucht und betont damit das Verbindende im Verschiedenen.[80]

Inklusionsorientierte sind zudem ermöglichende Gesellschaften: Befähigt werden Bedarfsgruppen zur autonomen Lebensführung.[81] Der Erfolg inklusiver Anstrengungen bemisst sich damit v.a. „an der Aufnahmebereitschaft der ‚Normalgesellschaft'"[82]. Inklusionstiftende Bemühungen sind voraussetzungsvoll, sie müssen der Mehrheitsgesellschaft erklärt werden, um in Form einer stabilen Haltung und nachhaltigen Überzeugung zu verfangen. Denn eine Mehrheit, die ohne Einsicht in den sozialen und moralischen Wert der inklusiven Praktik bleibt, wird Widerstand leisten.[83] Eine Gesellschaft muss deshalb zur Inklusionsförderung ermun-

---

77 Vgl. Schmiedl-Neuburg 2017, S. 215–217.
78 Vgl. Dederich 2020, S. 534.
79 Vgl. Lob-Hüdepohl 2016, S. 12.
80 Vgl. Wunder 2012, S. 97; Lob-Hüdepohl 2013, S. 6; Schwalb 2013, S. 26–29.
81 Vgl. Spieß 2014, S. 10.
82 Lob-Hüdepohl 2016, S. 12.
83 Vgl. Miller 2012, S. 37.

tert und zur Verantwortungsübernahme ermutigt werden. Damit adressiert das Befähigungsimperativ auch die Makroebene: Der Staat muss seine Bürger:innen durch aufklärerische Maßnahmen zur Anerkennungsbereitschaft motivieren.[84] Das setzt voraus, dass die Mehrheitsgesellschaft durch bewusstseinsbildende Programme mit marginalisierten Gruppen und schützenswerten Minderheiten in einen habitualisierten Kontakt geraten und entsprechend zur Pflichtübernahme angeregt werden kann. Denn auch Pflichten und Tugenden setzen ein Einüben voraus, sie müssen vorgelebt und wiederholt werden.[85]

Mit welchen Tugenden lässt sich nun die Gesinnung der Inklusionsethik beschreiben? *Achtsamkeit* für die Autonomie, *Respekt* für die Eigenverantwortlichkeit von Ausgegrenzten, *Empathie* für deren Anliegen sowie die *Verantwortungsbereitschaft* gegenüber Mitmenschen sind schon skizzierte Tugenden, aber auch *Resilienz*, weil helfende Personen inklusive Anliegen trotz Widerständen, unklaren Resultaten und konzeptionellen Ambiguitäten verfolgen sollen. Insbesondere lässt sich eine solche Gesinnung jedoch mit dem humanistischen Ideal der Wertschätzung der Personenwürde erfassen, das auch die christliche Sozialethik als Pflicht beschreibt.[86] Aus dieser folgen weitere Tugenden wie *Rücksicht, Hilfsbereitschaft, Großmut, Toleranz, Sensibilität, Einfühlungsvermögen* und verwandte. Kommen zur Partizipationssteigerung Hilfsmittel und Geräte ins Spiel, müssen Einzelne nicht nur gegenüber der inklusiven Idee eine Haltung ausbilden, sondern auch in Bezug auf (digitale) Technik.[87] Dies erfordert von Nutzer:innen bspw. eine Antwort auf die Frage, wie viel Technik überhaupt und wie viel Technik speziell für inklusive Zwecke angemessen erscheint. Daran schließen sich mitunter schwierige Abwägungen an: So können technische Mittel die virtuelle Teilhabe befördern, gleichzeitig jedoch echte soziale Interaktionen ersetzen oder aber neue Isolierungsformen begründen.

3.3 Folgenethik

Konsequentialistische Ethiken verlagern die moralische Bewertung einer Handlung von deren Absichten auf die Folgen. Eine Handlung ist geboten, wenn sie mehrheitlich von Nutzen ist.[88] Diesem Anspruch folgend lässt sich Inklusion aus folgenethischer Sicht sowohl legitimieren als auch negieren. Die jeweilige Position hängt davon ab, ob man die ethische Bewertung auf die normativen Annahmen und Ziele des Konzepts (Theorie) oder die Ergebnisse realisierter Inklusionsprojekte (Praxis) selbst bezieht. Im ersten Fall akzeptiert man die Imperfektion des Konzepts und realisiert, dass daraus in der praktischen Umsetzung fast zwangsläufig Konflikte entstehen müssen – im anderen Fall lehnt man das Konzept aus genau diesen Gründen ab. Wenn der ergebnisorientierte Blick eingenommen wird und nachträgliche

---

84 Vgl. Cramer/Harant 2014, S. 648.
85 Vgl. Schmiedl-Neuburg 2017, S. 206; Grimm 2021, S. 92.
86 Vgl. Lob-Hüdepohl 2013, S. 3.
87 Vgl. Grimm 2021, S. 72.
88 Vgl. Vieth 2015, S. 77.

Überprüfungen zuverlässig offenbaren, dass Inklusion als soziopolitische Agenda in der Umsetzung ob vielfältiger Widerstände, Hürden usw. gescheitert wäre, wie bspw. Haeberlin[89] und weitere beklagen, müsste man nach folgenethischer Deutung künftig auf gesellschaftsweit angelegte Inklusionsbemühungen verzichten, da die eingesetzten Ressourcen nicht durch die Ergebnisse zu rechtfertigen wären.[90] So könnte etwa der Utilitarismus als prominente Folgenethik argumentieren, dass Zugeständnisse, die eine Mehrheitsgesellschaft zugunsten der realisierten Einbindung einer Minderheit leisten muss, aus Kosten-Nutzen-Abwägungen abzulehnen wären. Gleichwohl würde das bedeuten, den Wert von Menschen unterschiedlich zu bemessen bzw. deren eigentlich unteilbare Menschenwürde gegeneinander abzuwägen. Entlang seiner humanistischen Ausgangsüberzeugung positioniert sich das Inklusionsverständnis bekanntlich genau gegenteilig.

Untersucht man nun das Inklusionskonzept auf dessen theoretischen Anspruch und hinsichtlich gängiger Gestaltungsmaximen, lassen sich darin konsequentialistische Anteile finden, die es moralphilosophisch legitimieren können. Schon die UN-BRK rät z. B. zum Universal Design (UD).[91] Entlang der UD-Prämissen sollen Instrumente und Umgebungen so konzipiert sein, dass sie universell anwendbar bzw. zugangsoffen sind und von Adressat:innen wenig Anpassungsleistungen einfordern.[92] Benachteiligungen werden auch im inklusiven Gestaltungsideal durch die Etablierung eines modifizierten Systems und Instrumente kompensiert, die im größtmöglichen Ausmaß alle Bedarfe berücksichtigen und sich an möglichst viele Anspruchsgruppen richten. Inklusive Zielmaximen sind aus folgenethischer Sicht zu fördern, weil ein universeller Zuschnitt die Möglichkeiten aller bestärken kann und die Kosten inklusiver Anstrengungen durch den Nutzen maximal zugänglicher Umgebungen gedeckt sind. Innovationen mit teilhabefördernde Absichten lassen sich im Idealtyp konfliktarm implementieren, weil sie primär Vorteile mit sich bringen und die Nachteile für alle Anspruchsgruppen minimieren.[93] Eine inklusive Haltung blickt so auch auf die Folgen von Handlungen, interpretiert deren Erfolg bzw. Nutzen indes entlang diversifizierter Zusammenhänge: So vermutet ein solches Verständnis in der bedingungslosen Wertschätzung menschlicher Vielfalt auch und v. a. Mehrwerte für die soziale, kulturelle, politische, ökonomische Wertschöpfung, weil sich durch Inklusion soziale Kohäsion stärken, individuelle Potenziale entfalten und letztlich auch Erträge gesellschaftlicher Funktionssysteme insgesamt vermehren lassen.[94] Explizit wird darin auch die ökonomische Dimension eingeschlossen und so begründet, dass die Etablierung bedarfsgerechter Sondersysteme, wie diese integrationsbasierten Modelle vorsehen, mehr strukturelle Anpassungen verursachen würden als Umgebungen, die dem UD-Ansatz folgen. Im Inklusionsparadigma wäre es auch mit konsequentialistischem Blick weder moralisch richtig noch ökonomisch nachhaltig, Menschen mit Behinderung in separierten Einrichtungen

---

89 Er gibt diese Position nur wieder und vertritt sie nicht. Vgl. Haeberlin 2017, S. 16f.
90 Vgl. Spieß 2014, S. 9f.
91 Vgl. UN-BRK 2018, S. 8.
92 Vgl. Powell 2016, S. 36–38.
93 Vgl. Lindmeier/Lütje-Klose 2015, S. 9.
94 Vgl. Schwalb 2013, S. 26–29.

unterzubringen, vom Arbeitsmarkt auszuschließen oder sie allein der Fürsorge durch das private Umfeld zu überlassen, weil dadurch Mehrkosten ohne Mehrwerte entstünden und stattdessen Kompetenzen ungenutzt blieben, von denen eine Gesellschaft insgesamt profitieren könnte. Im vermeintlichen Übergewicht marktförmiger Zielparameter äußert der Inklusionsansatz damit die Überzeugung, dass inklusive Werthaltungen nicht inkompatibel sind mit ökonomischen Prinzipien.

3.4 Vom Universal Design zu Ethics by Design

Der universelle Anspruch, den Inklusion formuliert, findet wie erwähnt Entsprechungen in den Grundsätzen des UD, aber auch in jenen von EBD bzw. VSD.[95] Weil wertebasierte und prozessbegleitende Ansätze der Angewandten Ethik und gleichsam universalistische Design-Zugänge mit dem Inklusionskonzept elementare Ziele teilen (Vermeidung von Ausgrenzung durch größtmögliche Zugänglichkeit), lassen sich deren Prinzipien für die inklusive Praxis fruchtbar machen; sie können in Form von Leitlinien die Gestaltung inklusionstiftender Technik anleiten.[96] Durch die Einbindung von By-Design-Vorgaben erhalten inklusive Anliegen in ihrer Umsetzung einen weiteren instrumentellen ethischen Sicherungsmechanismus, der zum einen die für inklusive Zwecke eingesetzte Technik betrifft, im Bereich computerbasierter Umgebungen primär digitale Geräte, Medien, Software, usw.[97] Zum anderen bezieht sich dieser auf kontextrelevante Stakeholder, die an der Konzeption von inklusiver Technik beteiligt sind (bspw. Entwickelnde, Forschende etc.), von letzteren als nutzende Bedarfsgruppen (Menschen mit individuellen Bedarfen) direkt adressiert werden oder im Rahmen der Implementierung indirekt betroffen sind (Menschen, die im Kontext, in dem inklusive Mittel zum Einsatz kommen, auch agieren oder von der Nutzung bzw. deren Folgen tangiert werden).

VSD bzw. EBD fußen auf Grundannahmen, die auch für inklusive Zusammenhänge relevant werden: *Erstens* wird argumentiert, dass Technik Realitäten prägt, weil technische Artefakte vorgeben, „how we interact with each other, what we end up seeing and what we end up thinking"[98]. Sie setzen *zweitens* die Prämisse voran, dass Technik nie wertneutral sein kann, sondern als Produkt vorheriger Stakeholder-Entscheidungen zwangsläufig subjektive Prägungen aufweisen muss. Vorstellungen und Vorannahmen, aber auch Vorurteile und Vorbehalte von an der Konzeption Beteiligten können sich dergestalt in die Technik „einschreiben". Bleiben konzeptionelle Entscheidungen, die im Verlauf der Entwicklung einer Innovation zu treffen sind, nun ethisch ungeprüft, können sich Intransparenzen, Ungleichverteilungen oder Mehrheitsverzerrungen in das Produkt „verlängern".[99] Auch für die technisch unterstützte Teilhabeförderung besteht somit stets das Negativpotenzial,

---

95 Bzgl. UD-Prinzipien vgl. Powell 2016, S. 37; bzgl. VSD-Grundsätzen van den Hoven 2015, S. 69–74 oder Friedman et al. 2020, S.12–16.
96 Vgl. Grimm/Mönig 2020, S. 7.
97 Vgl. Kuhnert/Grimm 2020, S. 248–251.
98 Van den Hoven 2015, S. 66.
99 Vgl. Simon 2016, S. 358.

Diskriminierungen, Barrieren und Ungerechtigkeiten zu (re-)produzieren.[100] So kann das Design einer Technik Personen ausschließen, weil etwa die Nutzung gewisse (Medien-)Kompetenzen oder Gerätschaften einfordert. Im digitalen Bereich können technikscheue Gruppen von der virtuellen Sphäre abgeschnitten werden.[101] Ebenso gibt jede Anwendung bestimmte Praktiken bzw. Nutzungsformen vor, hat Einsatzgebiete, Zielgruppen usw. im Blick und „übersieht" wiederum andere. Daraus folgt *drittens*: Wenn im Gestaltungsprozess eines Produkts oder Programms Werte vermittelt und durch deren Anwendung bzw. Umsetzung Lebenswelten beeinflusst werden, stecken darin Potenziale für inklusive Bemühungen. Zum einen lassen sich durch digitale Techniken und Umgebungen bestehende Barrieren überwinden. Daneben können Innovationen selbst so gestaltet sein, dass diese keine (neuen) Barrieren einführen und stattdessen Teilhabechancen vergrößern. Ferner können sich durch die Verankerung inklusiver Mittel Gewöhnungseffekte einstellen, sodass inklusive Instrumente nicht mehr auf Abwehrhaltung stoßen, sondern bestenfalls zur gesellschaftlichen Norm werden, die nicht mehr infrage gestellt wird. Folgt man diesen Überzeugungen, werden ethische bzw. inklusive Parameter selbst zum Qualitätsmerkmal von technischen Innovationen.

Eine universell ausgerichtete ethische Begleitforschung versucht demnach, (digitale) Artefakte oder Umgebungen inklusiv zu entwerfen.[102] Dies, indem Technologien oder Anwendungen präventiv, sprich bereits im Prozess ihrer Konzeption, spätestens aber in den Implementierungs- und Anwendungsverläufen auf mögliche Nebenwirkungen gescannt und damit rechtzeitig implizit inklusive Werte (u. a. Gerechtigkeit oder Gleichheit) und Prinzipien (z. B. Barriere- und Diskriminierungsfreiheit) mitgedacht werden.[103] Die ethische Analyse mündet im Bestfall in modifizierten Design-Entscheidungen, die u. a. Stereotypisierungs- oder Separierungsmechanismen entgegenwirken und, im genannten Beispiel des Rollstuhlfahrers, einen einbindenden (Rampe, Fahrstuhl) anstelle eines ausschließenden Effekts (Treppe) anvisieren. Dabei gilt es, moraltheoretisch begründete Grundsätze der Inklusion auf den praktischen Nutzungskontext zu beziehen und mithilfe sozialwissenschaftlicher Methoden relevante Stakeholder nach deren Erfahrungshorizont zu befragen, sprich die im Zusammenhang von inklusiver (Digital-)Technik Betroffenen, Designenden, Programmierenden usw. als Expert:innen (in eigener Sache) zu betrachten.[104] Mitsprache ist bekanntermaßen auch eine normative Forderung des Inklusionskonzepts.[105] Auf diese Weise kann einerseits das Gleichheits- und Gerechtigkeitsversprechen der Inklusion bereits in der Konzeption eingelöst werden. Andererseits lassen sich Werte- und Zielkonflikte zwischen Stakeholdern eruieren und

---

100 Die Risiken technologischer Intransparenz werden im Hinblick gerade auf digitale Anwendungen deutlich, die auf Künstliche Intelligenz, Algorithmen, Machine Learning etc. setzen. Deren Funktionsweisen sind oft selbst von den Entwickelnden nicht mehr zu durchschauen.
101 Domains, Apps, Geräte, die ob ihrer Gestaltung seh- oder hörgeschädigte Menschen ausschließen, sind ein Beispiel. Grundlegend sind im Bereich digitaler Medien Diskriminierungsphänomene wie Hatespeech, Cybermobbing, Shitstorms usw. bekannt.Vgl. Grimm et al. 2019.
102 Vgl. Pillat 2021, S. 37, 46.
103 Vgl. Grimm et al. 2021, S. 16.
104 Vgl. Kuhnert/Grimm 2020, S. 245–250.
105 Vgl. Manders-Huits 2011, S. 275f.; Friedman et al. 2020, S. 3.

frühzeitig abmildern. Letztens ist es notwendig, moralische Standards durch ein ethisch durchdachtes Design in der Technik selbst zu verankern, sodass die Technik dazu beiträgt, Inklusion gesellschaftlich zu fördern, Nutzende für inklusive Überlegungen zu sensibilisieren oder sie zu inklusivem Handeln zu befähigen.

4 WERTE EINER INKLUSIONSETHIK

Wie der Inklusionsbegriff selbst disparate Verwendungsweisen erfährt, so sollen auch die Werte einer digitalen Inklusionsethik als Vorschlag verstanden werden. In ihrer Zuordnung orientieren sie sich an der Unterscheidung zwischen ethischen und moralischen Werten von Pieper.[106] Ausgangspunkt bildet die unveräußerliche Würde des Menschen als übergeordneter Eigenwert, wie ihn auch die UN-Charta und die Behindertenrechtskonvention an den Anfang stellen.[107] Die Menschenwürde begründet den gleichen Wert jedes Menschen unabhängig von Geschlecht, Ethnie, Herkunft usw. „Der Wert der Menschenwürde verpflichtet dazu, Freiheit, Gleichheit und Gerechtigkeit zu respektieren, auf die jedes Individuum ein unantastbares Recht hat."[108] Die benannten ethischen konkretisieren sich in moralischen Werten. Bezogen auf das Inklusionsparadigma müssen wie gezeigt individual-, sozialethische und zudem jene Werte berücksichtigt werden, die im Zuge der Digitalisierung relevant geworden sind. Die Fundierung des Werte-Sets im Hinblick auf digitale Aspekte der Inklusion geschieht entlang der Werte-Topografie von Grimm[109] und orientiert sich an den Werten für digitale Systeme von Heesen et al.[110]

4.1 Ethische Werte als Basis

Menschenwürde als höchster Eigenwert: Aus gleicher Menschenwürde folgen in einer gerechten Gesellschaft gleiche Rechte und Freiheiten. Faktisch sind Partizipationsbedingungen, Teilhabegrade und Kompetenzen bzw. Wahlmöglichkeiten ge-

---

106 Pieper (2017, S. 209) unterscheidet und priorisiert Werte nach Typen: *Ethische Werte* sind jene höchsten Werte, die aus der Menschenwürde folgen und für alle Menschen gleich gelten. Das entsprechende Werte-Set lässt sich seinerseits ausdifferenzieren. Unter *moralischen Werten* werden solche Werte verstanden, „die im Verlauf der kulturellen Evolution" entstanden sind und einer „Handlungsgemeinschaft ein gutes Leben ermöglichen sollen" (ebd., S. 210). Auch hier differenziert die Autorin aus, u. a. in Individual- und Sozialwerte. Moralische Werte, deren Interpretation und Gewichtung variieren jedoch kulturspezifisch.
107 Vgl. Hirschberg 2021, S. 23–26 und BRK 2018, S. 9: „a) [D]ie Achtung der dem Menschen innewohnenden Würde, seiner individuellen Autonomie, einschließlich der Freiheit, eigene Entscheidungen zu treffen, sowie seiner Unabhängigkeit; b) die Nichtdiskriminierung; c) die volle und wirksame Teilhabe an der Gesellschaft und Einbeziehung in die Gesellschaft; d) die Achtung vor der Unterschiedlichkeit von Menschen mit Behinderung […]; e) die Chancengleichheit; f) die Zugänglichkeit; […] die Gleichberechtigung von Mann und Frau […]."
108 Pieper 2017, S. 210.
109 Vgl. Grimm 2021, S. 79–82.
110 Vgl. Heesen et al. 2020.

sellschaftlich allerdings ungleich verteilt.[111] Marginalisierung und weitere Folgephänomene deutet die inklusive Perspektive als Entwürdigung und damit als moralischen Verstoß. Weil Würde jeder Person inhärent ist, gilt die inklusive Garantie auf gesellschaftliche(n) Zugehörigkeit und Zugang ohne Einschränkung. Der Wert eines Menschen ist unbedingt, nicht verhandelbar oder teilbar; er bemisst sich nicht an dessen ökonomischer Leistungsfähigkeit, körperlichen Konstitution, sozialen Disposition etc.[112] Das meint, dass ein Mensch in inklusiven Gesellschaften nicht „funktionieren" muss (entlang von Maßstäben der Mehrheit), um als vollwertiges Mitglied anerkannt zu werden. Zum zentralen Gebot einer inklusiven Gesellschaft erhebt Würde als Eigenwert stattdessen, jeden Menschen in seinem singulären Wesen wertzuschätzen – als Person. In der Anerkennung der Personenwürde löst das Inklusionsparadigma sein charakteristisches Gleichheitsversprechen ein. Die Wertschätzung von Personalität bezieht sich dabei auf alle Merkmale und umfasst auch mögliche Beeinträchtigungen sowie daraus resultierende Bedarfe.[113] Jede Lebensweise, die dem Wertefundament der Inklusion nicht widerspricht, wird als legitim und gleichwertig betrachtet, keine darf durch soziale Mechanismen in unfairer Weise beschnitten werden.[114] Entsprechend sind Menschen besonders zu unterstützen, wenn äußere Bedingungen ursächlich für deren Ausgrenzungen sind.

An dieser Stelle ist der Verweis auf den sogenannten Fähigkeiten-Ansatz unabdingbar. Unter *Fähigkeiten* verstehen Sen und Nussbaum[115] substanzielle Freiheiten und Chancen, die einem Menschen offenstehen sollten. Der Grad an Lebensqualität bemisst sich demnach entlang der Antwort auf die Frage: „Was ist diese Person befähigt zu tun und zu sein?"[116] Fähigkeiten reflektieren menschliche Bedürfnisse. Sie sind zu unterscheiden von *Fertigkeiten* bzw. *Eigenschaften* einer Person sowie von deren *Tätigkeiten*, die tatsächlich wahrgenommene Freiheiten und Rechte bezeichnen. Eine nicht verhandelbare Fähigkeit ist für Nussbaum bspw. jene, „Bindungen zu Dingen und Personen außerhalb unserer selbst zu entwickeln"[117]. Die mögliche Beziehung aber auch einzugehen, bezeichnet die entsprechende Tätigkeit. Das zeigt, dass Fähigkeiten Wahlmöglichkeiten und Verwirklichungschancen beinhalten, die auch von Rahmenbedingungen abhängen. Eine homosexuelle Person ist fähig und ggf. willens, eine Beziehung zu führen (Fähigkeit). Jedoch könnte ihr eine gleichgeschlechtliche Partnerschaft (Tätigkeit) in einigen Kulturen und Ländern verboten sein (verwehrte Fähigkeit/Tätigkeit).

Nussbaum formuliert nun eine offen gehaltene Liste von zehn universellen Fähigkeiten, die, sofern vorhanden, Lebensbedingungen reflektieren, die einer Person ein würdevolles Leben garantieren.[118] In gerechten Gesellschaften hat jede Person

---

111 Vgl. Nussbaum 2011, S. 37f.
112 Vgl. Bonacker 2016, S. 38.
113 Vgl. Miller 2012, S. 33; Spieß 2014, S. 12.
114 Vgl. Cramer/Harant 2014, S. 647f.
115 Vgl. Nussbaum 2011, S. 27.
116 Ebd., S. 29.
117 Ebd., S. 41.
118 In Kürze: (1) ein lebenswertes und gewöhnlich langes Leben; (2) Gesundheit; (3) körperliche Unversehrtheit; (4) Sinne und Vorstellungskraft entfalten zu dürfen; (5) Bindungen selbstgewählt eingehen zu können; (6) sich seiner eigenen Vernunft zu bedienen; (7) gesellschaftlicher

einen moralischen Anspruch darauf, allen grundlegenden Fähigkeiten nachgehen zu *können*. Werden diese durch äußere Umstände verwehrt, richtet sich dieses „Fähigkeitsversagen"[119] gegen die Würde. Soziale Grundlagen zu schaffen, in deren Rahmen jede Person die Möglichkeit erhält, menschliche Bedürfnisse für ein gutes Leben zu verwirklichen, ist Aufgabe der politischen Praxis. Explizit verweist Nussbaum in diesem Zusammenhang auf Menschen mit Behinderung, die befähigt werden sollen, ihre Potenziale zu entfalten (sofern sie dies wollen).[120] Neben weiteren sieht sie die Fähigkeit der Zugehörigkeit als universell an. Diese kann im Falle der Inklusion hervorgehoben werden, sie meint in Kürze, „[ü]ber die gesellschaftlichen Grundlagen der Selbstachtung und der Nichtdemütigung zu verfügen; fähig zu sein, mit einer Würde behandelt zu werden, die der anderer gleich ist"[121].

Soziale Einbindung stellt nun auch das Inklusionskonzept nicht nur in einen konstitutiven Zusammenhang mit einem würdevollen Leben von entsprechender Lebensqualität, sondern auch mit der Herausbildung von personaler Identität. Die Anerkennung einer Person in ihrem biografischen „So-Sein" (Charakter, Bedarfe, Talente, Orientierungen usw.) durch das Umfeld stellt den Ausgangspunkt für die „Person-Werdung" dar, weil eine Person ihre Einzigartigkeit erst wahrnehmen und als Teil der eigenen Persönlichkeit begreifen kann, wenn sie sozial interagiert.[122] „Erst durch das Antworten entsteht Identität"[123], beschreibt Rauen.

Gerechtigkeit und Gleichheit: Inklusive Bemühungen werden überhaupt erst notwendig, weil Einzelne unter einem Gleichheitsdefizit leiden. Die ungerechte Behandlung „von Gleichem oder Gleichbehandlung von Ungleichem ohne sachlichen Grund"[124] kann sich in exkludierenden Prozessen manifestieren und Teilhabegrade unterminieren. Für Gleichberechtigung und Gleichbehandlung von Minderheiten muss entlang des (inklusiven) Ideals von sozialer Gerechtigkeit der Staat als „inkludierende Entität"[125] sorgen. Darstellen lässt sich dieser Zusammenhang anhand der Dimensionen des Wertes Gerechtigkeit nach Miller.[126] Diese sind mit dem Wert der Gleichheit verwoben: Neben *Gesetzesgerechtigkeit*, die in liberalen Demokratien formal für benachteiligte Gruppen gegeben ist, wird im Inklusionsverständnis die *strukturelle Gerechtigkeit* bedeutsam. Diese verweist auf einen fair gestalteten Zugang zu gesellschaftlichen Subsystemen, ihren Institutionen, Ressourcen etc. Theoretisch kommt damit jeder Person das Anrecht zu, in allen gesellschaftlichen Bereichen Rollen, Funktionen, Leistungen usw. übernehmen oder empfangen zu können respektive von Akteuren dieser Bereiche in erschöpfendem Maße berücksich-

---

Zugang und Zugehörigkeit; (8) auch Tieren oder Pflanzen verbunden zu sein; (9) sich zu amüsieren; (10) Kontrolle über die eigene Umwelt. Vgl. Nussbaum 2011, S. 41f.

119 Ebd., S. 27.
120 Vgl. ebd., S. 32.
121 Ebd., S. 42.
122 Exklusion ist auch dann eingetreten, wenn sich ein Mitglied einer Gruppe – aus legitimen Gründen – nicht zugehörig *fühlt*. Inklusion hat auch eine sinnliche Dimension, beschreibbar durch den Begriff des „Zugehörigkeitsgefühls" (Lob-Hüdepohl 2016, S. 12).
123 Rauen 2017, S. 550.
124 Heesen et al. 2020, S. 15.
125 Bonacker 2016, S. 40.
126 Vgl. Miller 2012, S. 37–40.

tigt zu werden.[127] Gleichheit bedeutet jedoch nicht, dass allen Personen identische Bedingungen geboten werden müssen/können. Vielmehr ist sie hergestellt, wenn institutionelle Zugangsvoraussetzungen auch den individuellen Anforderungen ausgegrenzter Gruppen gerecht werden. Auch Nussbaum weist darauf hin, dass, alle Menschen gleich zu behandeln, nicht damit verwechselt werden darf, die Lebensumstände aller vereinheitlichen zu können.[128] Vielmehr ist Gleichheit hergestellt, wenn institutionelle Zugangsvoraussetzungen so konzipiert wurden, dass sie auch den individuellen Anforderungen ausgegrenzter Gruppen gerecht werden, sprich: die Fähigkeiten aller einen gewissen Schwellen- bzw. Mindestwert erreicht haben. Gemeint ist also ein bedarfsgerechter Zugang. Da die Teilhabebedingungen sich jedoch oft an den Dispositionen der Mehrheitsgesellschaft ausrichten, zielen inklusive Aktivitäten darauf ab, Strukturen derart zu verändern, dass gleichberechtigte, -wertige und chancengerechte Zugänge auch de facto für alle gewährleistet sind.

Austauschgerechtigkeit als Millers dritte Dimension regelt „die Qualität der Beziehungen im Kontext von Geben und Nehmen, Rechten und Pflichten […], insbesondere zwischen Helfenden und Hilfsbedürftigen […]"[129]. Im inklusiven Geiste bezieht sich dieser Aspekt auf die (Um-)Verteilung von Verantwortung mit dem Ziel, Chancen und Risiken fair aufzuteilen. Adressiert wird hier der sozialethische Anspruch zur solidarischen Bereitschaft der Allgemeinheit, für jene aufzukommen, die durch gesellschaftliche Strukturen, soziale Praktiken und institutionelle Bedingungen in ihren zugesicherten Beteiligungsmöglichkeiten beschränkt werden. Inklusionsmaßnahmen werden deshalb als Benachteiligungs*ausgleich* verstanden.[130]

Zuletzt soll die für das Inklusionskonzept „neue" Dimension der *digitalen Gerechtigkeit* eingeführt werden. Digitale Instrumente und Umgebungen müssen ebenfalls dazu beitragen, gesellschaftliche Zugänglichkeit zu erleichtern oder Zugänge zu eröffnen. Sie müssen dazu selbst bedarfsgerecht und zugangsoffen gestaltet sein. Bezüglich des diskriminierungsfreien Designs digitaler Mittel und Sphären stehen Entwickelnde in der Pflicht, inklusive Prinzipien zu berücksichtigen.[131] Die Verantwortungsfrage stellt sich ferner bei selbstlernenden Computersystemen, die durch Algorithmen Ausgrenzungsvorgänge in Gang bringen (können). Heesen et al. leiten daraus das Prinzip der „Zurechenbarkeit von Verantwortung"[132] ab.

Freiheit, Autonomie und Selbstbestimmung: Wie skizziert, wird der Wert der Freiheit in inklusiver Auslegung nicht in der liberalen Deutung verstanden, wonach vordergründig die Freiheit *vor* (staatlichen) Fremdeingriffen gemeint ist. Vielmehr sieht der sozialethisch begründete Freiheitsbegriff „unterstützende, schützende und hinführende Hilfen"[133] für Personen und deren persönliches Umfeld durch Staat und Gesellschaft ausdrücklich vor, die unverschuldet ausgegrenzt werden. Ein sol-

---

127 Vgl. Dederich 2020, S. 530.
128 Vgl. Nussbaum 2011, S. 37.
129 Miller 2012, S. 38.
130 Vgl. Hirschberg 2021, S. 26–28.
131 Vgl. Grimm 2021, S. 80.
132 Heesen et al. 2020, S. 17.
133 Wunder 2012, S. 93; vgl. zudem Rommerskirchen 2019, S. 117.

ches Freiheitsverständnis folgt der Überzeugung, dass sozial Geschwächte in ihren Selbstbestimmungskompetenzen erst gestärkt werden müssen, um sie vor Unfreiheit, Ungleichheit oder Ungerechtigkeit zu bewahren oder sie von Isolation, Gleichgültigkeit, Einsamkeit, Abhängigkeit usw. zu „befreien".[134] Erst durch Befähigungsmaßnahmen, so die Argumentation, können ausgegrenzte Gruppen in den Genuss von gleicher, gerechter und würdevoller Teilhabe kommen. Diese wiederum stellt die Voraussetzung für eine autonome Lebensführung und eine selbst gewählte Persönlichkeitsentfaltung dar.[135] Autonomie meint damit nicht Autarkie, sondern stellt in Rechnung, dass kein Mensch gänzlich unabhängig ist und Individualwerte wie Unabhängigkeit, Selbstbestimmung, Eigenverantwortung etc. auch bezogen auf ausgegrenzte Gruppen unbedingt sozialstaatlich gefördert und gesellschaftlich getragen werden müssen und dies auch bedeuten kann, das persönliche Umfeld einer hilfsbedürftigen Person durch inklusive Mittel zu stärken.

Nachbarwerte von Freiheit tragen durch die Wechselbeziehung von hilfsbedürftigem Subjekt mit solidarischer Gesellschaft graduell immer deren Gegenteil ins sich, exemplarisch: Damit ein Mensch mit Behinderung im Rahmen seiner Voraussetzungen unabhängig leben kann, kann er zu einem gewissen Grad abhängig sein von seinem Umfeld oder einer Pflege-Technik. Um jedoch zu verhindern, dass Befähigung in unfreier Bevormundung resultiert, müssen inklusive Maßnahmen stets individualethische Prinzipien wie *Freiwilligkeit* befolgen.[136] Autonomie gilt dabei solange als gewahrt, wie Einzelnen Wahloptionen (Fähigkeiten) offenstehen, die Entscheidung zugunsten der Unterstützungsleistung dabei von empfangenden Personen selbst getroffen wurde und diese nicht in zusätzliche ungewollte Abhängigkeiten geraten.[137] In der Praxis kann dies in schwierigen Abwägungen zwischen zu viel Unterstützung (aktive Autonomie-„Nahme") und zu wenig Hilfe (unterlassene Autonomie-Befähigung) resultieren. Inklusive Assistenz kann menschlich, aber auch technisch umgesetzt werden. Die Digitalisierung bietet wie erwähnt vielfältige Potenziale zur Steigerung der Selbstbestimmung und Unabhängigkeit von Menschen mit individuellen Bedarfen, gerade durch digitale Devices und Online-Kommunikation oder auch (KI-basierte) Unterstützungssysteme (Pflegeroboter, Navigations-Tools, Screenreader etc.). Auch bezüglich passender technischer Instrumente gilt dabei aus Sicht der Inklusionsethik, dass sie die Autonomie einer Person befördern und nicht begrenzen dürfen. (Digitale) Inklusion kann zwar relative Abhängigkeit von Umfeld oder Technik bedeuten, muss von Adressat:innen aber jederzeit selbstbestimmt und freiwillig gewählt werden, weil sonst eine manipulative und unreflektierte Fremdbestimmung droht – mit Grimm: Eine Person darf der Technik „nicht ausgeliefert sein"[138], auch nicht der inklusiven.

---

134 Vgl. Wunder 2012, S. 95; Heimbach-Steins 2015, S. 6.
135 Vgl. Rössler 2001, S. 256.
136 Vgl. Heesen et al. 2020, S. 8.
137 Vgl. Rössler 2001, S. 96.
138 Grimm 2021, S. 78.

4.2 Moralische Werte

Offenheit als Wertschätzung für menschliche Unterschiedlichkeit und Vielfalt: Die BRK hebt die „Achtung vor der Unterschiedlichkeit von Menschen mit Behinderungen und die Akzeptanz dieser Menschen als Teil der menschlichen Vielfalt"[139] hervor; sie lässt sich als Plädoyer für eine offene Gesellschaft lesen. Inklusive Gesellschaften betrachten Personen, die in einem oder mehreren Merkmalen von der Mehrheitsgesellschaft „abweichen", als nicht zu hinterfragenden, gleichsam natürlichen Ausdruck menschlicher Diversität (Vielfalt) und Differenz (Unterschiedlichkeit), die explizit begrüßt werden. Im Wert der Offenheit verabschiedet sich Inklusion konzeptionell von der konventionellen Vorstellung einer am Durchschnitt orientierten Normierung, da damit einhergehende Kategorisierungen als ursächlich für Exklusionsvorgänge erachtet werden.[140] Der gesellschaftliche Blick ist hiernach immer dann verengt und in entwürdigender Weise verstellt, wenn durch eine Norm ein Schablonendenken eingeführt wird – zumal, wenn die Normgrenzen von jener Mehrheit gezogen werden, an die sie sich richtet. Inklusion argumentiert offener: Das Konzept verankert die Gleichheit der Gesellschaftsmitglieder in deren Andersseins anstatt im vermeintlichen Gleichsein. Dass alle Menschen verschieden sind, macht sie gleich; wenn jeder und jede einzigartig ist, stellt Andersheit eine natürliche Norm dar. Passend dazu werden Beeinträchtigungen oder Behinderungen nicht als Abweichungen identifiziert, sondern als gewöhnliche Wesenszüge, die zu einer Person *auch* dazugehören und ihre Personalität *auch* ausmachen. Die Öffnung im Verhältnis zur integrativen Perspektive besteht darin, vulnerable Personen nicht deterministisch auf das bedarfsinitiierende Merkmal zu reduzieren, sondern Verletzlichkeit lediglich als eines von vielen Elementen des Menschseins zu verstehen. Personen gleichen sich damit auch darin, Makel und Schwächen aufzuweisen.[141] Dass jeder und jede einen individuellen Bedarf aufweist, bildet die Norm. So erfährt der Bedarf selbst eine Individualisierung und simultan eine Normalisierung.

Eine solche Denkweise trachtet nach einer Idealgesellschaft, in der jede Person ungeachtet ihrer Disposition oder Konstitution an jedem Kontext gleichermaßen partizipieren kann und sich vorher separierte Gruppen, die sich an Mehrheitsnormen anpassen mussten, infolgedessen nicht mehr unter einen Konformitätsdruck gesetzt sehen.[142] Im Beispiel der Treppe oder Rampe wäre letztere nun die erste Wahl, weil sie Rollstuhlfahrern ebenso wie Nicht-Rollstuhlfahrern einen gleichberechtigten Zugang zu einem Gebäude verschafft und die Rampe nicht mehr eine Abweichung von einer an der Mehrheit ausgerichteten Norm darstellen, weil die Treppe als bauliche Option ggf. verschwinden würde. Das zeigt: Offenheit als Wert ist folgenreich für inklusive Maßnahmen und Umgebungen. Diese müssen normativ sensibel für alle legitimen Bedarfe und zugangsoffen sein (vgl. UD-Prinzipien). Als beispielhaftes Prinzip, das sich aus dem Wert der Offenheit ableiten ließe, könnte die *Orientierung am kleinsten gemeinsamen Nenner* folgen: Im Zweifel

---

139 UN-BRK 2018, S. 9.
140 Vgl. Lob-Hüdepohl 2013, S. 6; Heimbach-Steins 2015, S. 6–12.
141 Vgl. Hirschberg 2021, S. 24.
142 Vgl. Lindmeier/Lindmeier 2015, S. 46.

muss sich eine Gesellschaft – in der Tendenz – an Minderheitenansprüchen ausrichten, weil im Inklusionsnarrativ erst durch Benachteiligungsausgleiche gerechte Verhältnisse hergestellt werden können (sofern die Bedarfserfüllung der Minderheitsansprüche nicht zu neuen Barrieren führt).[143]

An digitaler Technik lässt sich zeigen, welche schädlichen Konsequenzen es haben kann, wenn die Norm nur der Mehrheit folgt. Im Bereich von KI-Systemen können technisch induzierte Diskriminierungen bspw. zuverlässig nachgewiesen werden (Suchalgorithmus, der Minderheiten benachteiligt; KI-basierter Chatbot, der Vorurteile erlernt).[144] Inklusive Mittel sollten damit zur Dekategorisierung beitragen, Schablonendenken verhindern und soziale Begegnungen fördern.[145]

Solidarität: Als Credo eines Sozialstaates konkretisiert der Wert der Solidarität allgemein das Wechselverhältnis von Einzelnen und Gesellschaft in Bezug auf Universalkategorien wie Gerechtigkeit, Verantwortung, Unterstützung etc. Als Inklusionswert hebt Solidarität besonders auf die Frage ab, wie Beziehungen zwischen vulnerablem Subjekt und dessen Peergruppen auf der einen und der Zivilgesellschaft sowie staatlichen Stellen auf der anderen Seite gestaltet und Rechte, Pflichten und Verantwortung unter diesen Parteien aufgeteilt sein müssen, um inklusiven Zielsetzungen zu dienen. Vereinfacht beschrieben steht Solidarität dafür, dass Stärkere die Lasten von Geschwächten kompensieren und dieser Vorgang durch staatliche Aktivitäten sichtbar, orchestriert und gefördert wird. Abstrakt bringt ein solcher Inklusionswert das Anliegen zum Ausdruck, eine Gesellschaft zu einer echten Solidargemeinschaft weiterentwickeln zu können.[146]

Im Wert der Solidarität werden nun vorwiegend die sozialethischen Anteile des Inklusionskonzepts sichtbar. Die individualethische Rückkopplung von Makro- auf Mikroebene, die für Inklusion typisch ist, zeigt sich u. a. daran, dass grundsätzlich jede Person Unterstützungsleistungen erhalten kann, wenn ihr ein würdevolles und teilhabeerfülltes Leben verwehrt bleibt – und speziell exkludierte Personen diese Hilfestellungen bei Bedarf auch formal in Anspruch nehmen können. Aus dem Solidarwert lassen sich Prinzipien ableiten, die anleiten, wie Verteilungs- und Verantwortungsbeziehungen im Sinne inklusiver Anliegen orchestriert sein müssen. Allen voran der Imperativ der *Befähigung* kann dabei als inklusives Universalprinzip gelten. Wo immer eine Person unverschuldet auf Barrieren stößt oder ihr ungerechterweise Grenzen gesetzt werden, die ihre Handlungsfähigkeit in nicht-legitimer Weise einschränken, muss von übergeordneter Stelle für das „Empowerment" dieser Person oder von deren Umfeld gesorgt werden.[147]

Das Leitmotiv solidarischer Befähigung konkretisiert sich neben weiteren im Prinzip der *Subsidiarität*, das vorgibt, wer im Solidarfall durch wen zu unterstützen ist. Zwar kommen solidarische Pflichten der Gesellschaft grundsätzlich zu, entsprechende Leistungen müssen aber Voraussetzungen erfüllen: Sie müssen primär die Fähigkeit einer geschwächten Person zur selbstständigen Lebensführung fördern

---

143 Vgl. Lindmeier/Lütje-Klose 2015, S. 10.
144 Vgl. Grimm 2021, S. 80.
145 Vgl. Powell 2016, S. 38.
146 Vgl. Dederich 2012; S. 114; Heimbach-Steins 2015, S. 9–13.
147 Vgl. Miller 2012, S. 42–44.

und dürfen deren Bereitschaft zur Eigeninitiative dabei nicht untergraben. Was eine Person aus eigener Kraft tun kann, sollte sie auch tun müssen. Wenn ihre Handlungsfähigkeit erschöpft ist, muss derweil eine externe respektive dritte Instanz (staatliche Stellen) aktiv oder befähigt werden (Umfeld). Weil der Einzelne sich in einer solidarischen Umgebung darauf verlassen kann, im Zweifel sozial „aufgefangen" zu werden, stärkt dies einerseits dessen Zugehörigkeitsgefühl sowie andererseits dessen Bereitschaft zur Unterstützung anderer, so wird argumentiert. Neben tugend- und pflichtethischen Anleihen können inklusive Sozialwerte auch folgenethisch begründet werden. Denn die Stärkung der Mikroebene fördert Zusammenhalt, Leistungsfähigkeit und Wertschöpfung des Makrosystems.[148] Auch die kausal umgekehrte Argumentation wird geführt: Eine Gesellschaft, die einzelne Gruppen systematisch von gesellschaftlichen Zusammenhängen ausschließt, schadet sich in der Inklusionslogik selbst, weil sie verhindert, dass Einzelne ihre Kompetenzen ausschöpfen und diese in die Gesellschaft einbringen. Das Subsidiaritätsprinzip sichert der jeweils untergeordneten Instanz die größtmögliche Eigenverantwortlichkeit zu, was auch bedeutet, dass sich eine Person mit Bedarf nicht in die Hilfestellung durch öffentliche Träger ergeben muss – sondern nur, wenn dieser Schritt selbstbestimmt begangen wird. Solidarität bzw. Subsidiarität sind damit eng verwoben u. a. mit dem Wert der Autonomie und dem Freiwilligkeitsprinzip.

Nachhaltigkeit: Dem Inklusionskonzept ist ein nachhaltiger Charakter immanent.[149] Nachhaltigkeit als Wert manifestiert sich dabei zum einen ganz konkret in den Gestaltungsprinzipien des UD, wo es sich sich ganz praktisch auf die Ressourcen, die für barrierefreie Umgebungen eingesetzt werden, bezieht. Zum anderen verweist der Wert auf die ideelen Zielkategorien inklusiver Instrumente. Letztere sollen nicht nur ressourcenschonend konzipiert sein und angewendet werden können, sondern dazu dienlich sein, das inklusive Denken und Handeln langfristig in der sozialen Praxis zu verankern. Durch ethische Prävention lassen sich nicht nur Zielkonflikte zwischen Stakeholdern antizipieren und Widerstände vermeiden, sondern auch Ressourcen schonen, die nachträgliche Konfliktlösungen, (technische) Anpassungen oder (politische) Regulierung erfordert hätten. Maßnahmen, die vorab ethisch durchdacht wurden, sind im Idealfall langlebiger, entwicklungsfähiger und von vornherein derart zugangsoffen konzipiert, dass bislang noch nicht berücksichtigte Gruppen auch *in Zukunft* daran partizipieren könnten. Das generationenübergreifende, auch ökologische Verantwortungsbewusstsein, das nun anklingt, kann an dieser Stelle nicht vertieft werden.[150] Es soll indes festgehalten werden, dass nachhaltiges Bewusstsein und inklusionsorientiertes Design sich nicht ausschließen; dass derlei Maßnahmen normativ so entworfen sind, dass sie soziale, kulturelle, ökonomische, ökologische und weitere Mehrwerte erzeugen.

Darüber hinaus zielt das Nachhaltigkeitsanliegen auch auf eine gesellschaftsweite Qualifizierung ab. Nur wenn eine Gesellschaft sensibilisiert ist für Belange ausgegrenzter Gruppen, kann sie Tugenden wie Empathie und Hilfsbereitschaft aktivieren. Nur wenn Kenntnis und Wissen über die moralische und logische Sinnhaf-

---

148 Vgl. Lob-Hüdepohl 2013, S. 6.
149 Vgl. Miller 2012, S. 43.
150 Vgl. Heesen et al. 2020; S. 16; Grimm 2021, S. 80.

tigkeit des Inklusionskonzepts vorherrschen, kann sich eine Bevölkerung zur solidarischen Verantwortungsübernahme gegenüber Minderheiten bereiterklären. Eine Gesellschaft, die die inklusive Haltung aus Überzeugung in Denken und Tun verinnerlicht hat, erscheint langfristig offener, toleranter und hilfsbereiter sein zu können, weil inklusionsorientierte Anliegen gewissermaßen bottom-up (selbstbestimmt) und nicht mehr nur top-down (präskriptiv) getragen werden. Auszubilden ist damit ein nachhaltiges Inklusionsverständnis, das die Implementierung als Prozess begreift, in dem schrittweise und weithin organisch Ressentiments überwunden und gegenseitiges Verständnis entfaltet wird.[151]

Privatheit als Schutzwert: Ausgegrenzte Gruppen stehen unter besonderem Risiko, ihre Autonomie, Mündigkeit und Privatheit teilweise einzubüßen. Je nach Bedarf setzt die Hilfestellung durch Dritte oder durch Assistenzsysteme sogar entsprechende Einschnitte und Zugeständnisse voraus. So sind z. B. Menschen mit Behinderungen oft auf Mitmenschen angewiesen, die teils in ihre Privatsphäre eingreifen oder an ihrer Stelle agieren (müssen). Um auf den Bedarf einer Person adäquat reagieren zu können, benötigt man allerdings erst Kenntnis über deren Bedarf. Nun stellen Bedarfe private bzw. intime Merkmale dar, die implizit auch sensible Informationen über Gesundheit, Sozialstatus, Persönlichkeit u. Ä. beinhalten. Im inklusiven Grundsatz gilt jedoch, dass Autonomie und Privatheit so gut es geht vor Beschneidungen und Eingriffen zu bewahren sind, weil Menschen sichere Rückzugsräume brauchen, um identitätsbildende Erfahrungen von Authentizität, Selbstwirksamkeit und Selbstentfaltung machen zu können.[152] Ein Verlust von Privatheit kann in letzter Instanz zum Würdeverlust führen.[153] In bisherigen Überlegungen zu Inklusion wurde der Schutz der Privatsphäre allerdings lediglich implizit berücksichtigt. Das verwundert, weil das Konzept die Beseitigung von Barrieren zur gesellschaftlichen und öffentlichen Aufgabe erklärt und damit ausdrücklich betont, dass Bedarfe nicht mehr in den Privatbereich „abgeschoben" werden sollen, sondern alle etwas angehen.[154] Wenn eine bedarfsgerechte Inklusion jedoch Teil einer soziopolitischen Agenda wird, kann dies dazu führen, dass bisher nicht-sichtbare Bedarfe Einzelner markiert und teilweise öffentlich gemacht werden. In solchen Fällen steht Teilhabeförderung einerseits in Konflikt zum Privatheitsschutz und konfligiert andererseits mit der Inklusionsprämisse, zwischen Bedarfs- und anderen Gruppen keine Unterscheidung aufzumachen. Diese inhärenten Spannungsfelder münden indes nur dann in Dilemmata, wenn die betroffene Person nicht autonom über ihre personenbezogenen Informationen entscheiden kann. Zum Schutz von Privatheit bedarf es damit der Gewissheit einer Person, dass persönliche Informationen in der Souveränität der Betroffenen bleiben. So sichert Privatheit als ein auch das Digitale betreffenden Schutzwert das Recht auf *informationelle Selbstbestimmung,* auf *Anonymität im öffentlichen Raum,* auf *Wahrung der persönlichen Integrität* und der *Privat- bzw. Intimsphäre.*[155] Übertragen auf inklusive Zusammenhänge folgen da-

---

151 Vgl. Lindmeier/Lütje-Klose 2015, S. 10.
152 Vgl. Rössler 2001, S. 256–262.
153 Vgl. Grimm 2021, S. 29.
154 Vgl. Wunder 2012, S. 94.
155 Vgl. Heesen et al. 2020, S. 20f.

raus weitere Prinzipien: So kann in Anlehnung an Rössler *Zugangskontrolle* als Inklusionsprinzip vorgeschlagen werden.[156] Gemeint ist, dass Adressat:innen inklusiver Bemühungen stets die Handlungs- und Entscheidungsautorität darüber behalten müssen, welchen Instanzen einen Zugang zum privaten Bereich (inklusive digitalen Alter Egos) und einen Zugriff auf persönliche Informationen (plus personenbezogene Daten) gewährt werden. Das Prinzip der *Vermeidung von ungewünschten Kontextübertragungen oder Zweckentfremdungen,* das in Anlehnung an Nissenbaum inklusiv ausgelegt werden kann,[157] stellt die Maxime auf, dass personenbezogene Informationen nicht ohne die Einwilligung der Person in andere Bereiche oder allgemein an Dritte weitergegeben werden dürfen, weil dadurch die Gefahr entsteht, dass der Bedarf einer Person „veröffentlicht" wird und unbeabsichtigte Folgewirkungen in Gang gebracht werden können. Das gilt auch für inklusive Techniken. Ferner ist in diesem Zusammenhang erneut das Prinzip der *Freiwilligkeit* zu erwähnen. Wenn inklusive Maßnahmen teilweise die Preisgabe von Privatem beanspruchen, muss Inklusion als Paradigma zustimmungspflichtig bleiben.[158] So könnte sich ein Mensch mit Behinderung auch der Teilnahme an inklusiven Aktivitäten bewusst entziehen, weil in dessen Abwägung andere Werte überwiegen (etwa Privatheit). Diese Abwägungsentscheidung treffen aber nicht Dritte, sondern stets Betroffene, nur dann sichert Freiwilligkeit auch den Wert der Autonomie. Einher gehen diese Prinzipien mit einem *Abwehrrecht gegen ungewünschte Grenzüberschreitungen* sowie mit einem Zustimmungs- oder Mitspracherecht bzgl. Entscheidungen, die die Person, ihren Bedarf, ihre Lebensweise und die Weitergabe entsprechender Informationen und Daten betreffen.

Bezüglich (digitaler) Technik zur Förderung von sozialer Teilhabe rückt der Wert der Privatheit das Gestaltungsprinzip von *Privacy by Design* in den Fokus. Dieses nimmt abermals die Entwickler:innen teilhabefördernder Mittel und barrierefreier Umgebungen in die Verantwortung.[159] Diese müssen bei der Konstruktion darauf achten, dass ethische Prinzipien schon im Designvorgang berücksichtigt und Privatheitsschutz damit frühzeitig technisch normiert wird. Im Bereich der Digitalisierung sind hieran die Prinzipien des *Datenschutzes* bzw. der *Datensparsamkeit* sowie *Transparenz* oder *Erklärbarkeit* hervorzuheben. Letztere besagen, dass im Zuge jeder technologischen Anwendung für Nutzende nachvollziehbar sein muss, welche Daten erhoben, gespeichert und ggf. an Externe weitergegeben werden.[160] Nur dann kann Technik wertebasiert konzipiert werden und ihre Nutzung auf vertrauensvoller Basis geschehen.

---

156 Vgl. Rössler 2001, S. 23–25.
157 Vgl. Nissenbaum 2010, S. 129–147.
158 Vgl. Dederich 2020, S. 535.
159 Vgl. Grimm/Mönig 2020, S. 24.
160 Vgl. Heesen et al. 2021, S. 21.

5 EINSATZGEBIETE UND AUSBLICK

Dieser Beitrag hat einen Vorschlag unterbreitet, auf welche Werte eine praktische Ethik der (digitalen) Inklusion bauen könnte. Das Wertefundament kann Modifikationen bedürfen, wenn es auf spezifische Anwendungsgebiete übertragen wird. Es wird fortlaufend Erweiterungen benötigen, da sich Gesellschaft verändert und neue Technologien entstehen, das zeigt sich bspw. am Schutzwert der Privatheit.[161] Aus den Werten lassen sich anwendungs- und kontextbezogene Prinzipien ableiten. Einige wurden zumindest holzschnittartig aufgezeigt, weitere müssten – unter Beteiligung kontextrelevanter Bedarfsgruppen – erarbeitet werden. Werte und Prinzipien können, mit Verweis auf die VSD-Methode, Ausgangspunkt sein für die Praxis. Als theoretische Konstrukte begründen und lenken sie eine ethisch reflektierte Umsetzung von Inklusion, etwa die Überführung des wertesensitiven Konzepts in konkrete Maßnahmen (bspw. eine diskriminierungsfreie Technik zur Förderung von digitaler Barrierefreiheit). Dafür müssen die aus den Werten abgeleiteten Prinzipien auf die eingesetzte Technik und die konkreten Einsatzkontexte übertragen werden. Das Ergebnis stellen ethische Handreichungen bzw. Normen dar, also spezifische Empfehlungen, wie eine ethisch reflektierte Entwicklung und Implementierung inklusiver Maßnahmen darzustellen ist. Bei der Überführung von Leitlinien in den konkreten Anwendungskontext ist es Aufgabe der ethischen Begleitforschung, die Vorgaben zum einen verständlich, zum anderen kontext-, praxisnah und gegenstandsbezogen zu formulieren. Auch hierfür können vorab empirische Prüfungen oder Absprachen mit den beteiligten Stakeholdern notwendig werden.[162]

Sodann ließen sich die Werte der Inklusionsethik für die Analyse fruchtbar machen. Dazu könnte die Verbindung des VSD- mit dem Fähigkeitenansatz ertragreich sein.[163] Nussbaum selbst bezeichnet ihren Ansatz als „nützliches heuristisches Mittel, um Leistungen und Mängel einer Gesellschaft zu diagnostizieren"[164]. Der Fähigkeitenansatz böte dann ein Instrument, Lebensqualitäten respektive etwaige Defizite in dieser Dimension von Menschen mit individuellen Bedarfen in einem konkreten Bereich zu ermitteln. Denkbar wäre zum einen, Alltagskontexte, Techniken oder Maßnahmen darauf zu prüfen, ob sie einen inklusionsförderlichen oder aber teilhabehemmenden Bedarf aufweisen. Bemessungsgrundlage könnte Nussbaums Liste an grundlegenden Fähigkeiten sein, z. B. indem solche Fragen gestellt und mit den methodischen Schritten des VSD bearbeitet werden: An der Ausübung welcher dieser Fähigkeit respektive substanziellen Freiheiten wird eine Person in einem gesellschaftlichen Bereich gehindert und auf Basis welchen Wertes sollte dieses Hindernis beseitigt werden? Inklusion zu fördern, würde dann bedeuten, das Hindernis zu entfernen und/oder die Person durch ein Instrument bzw. eine Technik zu befähigen, die vormals defizitäre Fähigkeit zu erhalten. Anhand der Werte der Inklusionsethik würde dieser Vorgang moralisch begründet. Zum anderen könnten bestehende Techniken oder aber geplante Innovationen darauf untersucht werden,

---

161 Vgl. Grimm 2021, S. 77.
162 Vgl. Kuhnert/Grimm 2020, S. 252.
163 Vgl. Grimm 2021, S. 94.
164 Nussbaum 2011, S. 31.

inwiefern sie Menschen dazu befähigen oder daran hindern, die von Nussbaum beschriebenen grundlegenden Fähigkeiten auszuüben und somit deren Lebensqualität erhöhen oder einschränken. Welche Fähigkeit wird also mit einer Technik verbessert, welche Freiheit wird einer Person genommen? Hier wären die Fähigkeiten des Fähigkeitsansatz, sofern vorhanden, eine Art inklusives Qualitätssiegel.

BIBLIOGRAFIE

Blum, Sonja/Schubert, Klaus (2018): Politikfeldanalyse. 3. Aufl. Wiesbaden: Springer VS.

Bonacker, Marco (2016): Inklusion als theologisch-sozialethische Leitkategorie. Bildung für alle als Schlüssel zu einer gerechten Gesellschaft. In: Internationale Zeitschrift für christliche Sozialethik, Nr. 10 (3), S. 38–42.

Cramer, Colin/Harant, Martin (2014): Inklusion – Interdisziplinäre Kritik und Perspektiven von Begriff und Gegenstand. In: Zeitschrift für Erziehungswissenschaft, Nr. 17, S. 639–659.

Dederich, Markus (2012): Ästhetische und ethische Grenzen der Barrierefreiheit. In: Tervooren, Anja/Weber, Jürgen (Hrsg.): Wege zur Kultur. Barrieren und Barrierefreiheit. Köln: Böhlau Verlag, S. 101–115.

Dederich, Markus (2013): Ethische Aspekte der Inklusion. Online: http://www.inklusion-lexikon.de/Ethik_Dederich.pdf (Abfrage: 03.05.2022).

Dederich, Markus (2020): Inklusion. In: Weiß, Gabriele/Zirfas, Jörg (Hrsg.): Handbuch Bildungs- und Erziehungsphilosophie. Wiesbaden: Springer VS, S. 527–536.

Deutsche Bundesregierung (2018): Die UN-Behindertenrechtskonvention. Übereinkommen über die Rechte von Menschen mit Behinderungen. Berlin: Beauftragter der Bundesregierung.

Friedman, Batya/Kahn, Peter H./Borning, Alan (2020): Value sensitive design and information systems. In: Miller, Keith/Taddeo, Mariarosaria (Hrsg.): The Ethics of Information Technologies. London: Routledge, S. 289–313.

Graumann, Sigrid (2008): Die UN-Konvention für die Rechte von Menschen mit Behinderungen. In: MWE konkret, Nr. 11.

Grimm, Petra/Keber, Tobias O./Zöllner, Oliver (2020): Digitale Ethik. Leben in vernetzten Welten. 2. Aufl. Ditzingen: Reclam.

Grimm, Petra/Keber, Tobias O./Müller, Michael (2021): Start-Up With Ethics. Mit der SEC-Methode ein wertorientiertes Unternehmen entwickeln. München: kopaed.

Grimm, Petra/Mönig, Julia Maria (2020): KoFFI-Code: Ethische Empfehlungen des BMBF-Projekts KoFFI Kooperative Fahrer-Fahrzeug-Interaktion. Stuttgart: Institut für Digitale Ethik.

Grimm, Petra (2021): Werte – Was können ethische Ansätze für eine wertorientierte Digitalisierung leisten? Analyse, Systematisierung und Einordnung. In: Pillat, Christopher (Hrsg.): Der Wert der Digitalisierung. Gemeinwohl in der digitalen Welt. Bielefeld: transcript Verlag, S. 55–96.

Haeberlin, Urs (2017): Inklusive Bildung – Ein kritischer Diskurs aus ethischer Perspektive. In: Schweizerische Zeitschrift für Heilpädagogik, Nr. 23 (4), S. 13–20.

Heesen, Jessica et al. (2020): Ethik-Briefing. Leitfaden für eine verantwortungsvolle Entwicklung und Anwendung von KI-Systemen – Whitepaper aus der Plattform Lernende Systeme. München: Bundesministerium für Bildung und Forschung.

Heimbach-Steins, Marianne (2015): Inklusion und Christliche Sozialethik. 30. Studientag am Bistum Münster – Behinderung und Glaube [Vortragstranskript].

Hirschberg, Marianne (2021): Barrieren als gesellschaftliche Hindernisse – Sozialwissenschaftliche Überlegungen. In: Schäfers, Markus/Welti, Felix (Hrsg.): Barrierefreiheit – Zugänglichkeit – Universelles Design. Zur Gestaltung teilhabeförderlicher Umwelten. Bad Heilbrunn: Klinkhardt Verlag, S. 23–35.

Kuhnert, Susanne/Grimm, Petra (2020): Die Zusammenarbeit von Industrie, Ethik und Wissenschaft im Forschungsverbund. In: Gransche, Bruno/Manzeschke, Arne (Hrsg.): Das geteilte Ganze. Horizonte Integrierter Forschung für künftige Mensch-Technik-Verhältnisse. Wiesbaden: Springer VS, S. 241–261.

Lindmeier, Christian/Lindmeier, Bettina (2015): Inklusion aus der Perspektive des rechtlichen und ethischen Begründungsdiskurses. In: Erziehungswissenschaft, Nr. 51, S. 43–51.

Lindmeier, Christian/Lütje-Klose, Birgit (2015): „Inklusion – Perspektive, Herausforderung und Problematisierung aus Sicht der Erziehungswissenschaft". Inklusion als Querschnittsaufgabe in der Erziehungswissenschaft. In: Erziehungswissenschaft, Nr. 51, S. 7–16.

Lob-Hüdepohl, Andreas (2013): Teilhabe durch Inklusion – Menschenrecht und Christenpflicht. In: Bundesverband Autismus Deutschland (Hrsg.): Inklusion von Menschen mit Autismus. Karlsruhe: von Loeper, S. 58–76.

Lob-Hüdepohl, Andreas (2015): Menschenrechtsbasierte Inklusion. Sozialethische Begründung und rechtsethische Konsequenzen [Vortragstranskript].

Lob-Hüdepohl, Andreas (2016): Gemeinsam arbeiten. Sozialethische Anmerkungen zur menschenrechtsbasierten Inklusion im Arbeitsmarkt. In: Internationale Zeitschrift für christliche Sozialethik, Nr. 10 (3), S. 10–16.

Manders-Huits, Noëmi (2011): What values in design? The challenge of incorporating moral values into design. In: Science and Engineering Ethics, Nr. 17 (2), S. 271–87.

Mehrhoff, Friedrich (2013): Rechte von Menschen mit Behinderung. Aktionsplan zur Umsetzung der UN-Konvention. In: Traum und Berufskrankheit, Nr. 15 (2), S. 140–143.

Mieth, Dietmar (2002): Sozialethik als hermeneutische Ethik. In: Jahrbuch für Christliche Sozialwissenschaften. Nr. 43, S. 217–240.

Miller, Tilly (2012): Inklusion – Teilhabe – Lebensqualität: Tragfähige Beziehungen gestalten. Systemische Modellierung einer Kernbestimmung Sozialer Arbeit. Stuttgart: Lucius & Lucius.

Nissenbaum, Helen (2010): Privacy in Context. Technology, Policy, and the Integrity of Social Life. Stanford: University Press.

Nussbaum, Martha (2011): Fähigkeiten schaffen. Neue Wege zur Verbesserung menschlicher Lebensqualität. Freiburg/München: Verlag Karl Alber.

Paganini, Claudia (2020): Werte für die Medien(ethik). Baden-Baden: Nomos.

Panagiotopoulou, Julie A. (2019): Inklusion und Norm – Inklusion als Norm? In: Zeitschrift für Inklusion, Nr. 10 (2).

Pieper, Annemarie (2017): Einführung in die Ethik. 7. Aufl. Tübingen: A. Francke.

Pillat, Christopher (2021): Von der Verantwortungsdiffusion zum Gemeinwohl in der digitalen Welt. In: Ders. (Hrsg.): Der Wert der Digitalisierung. Gemeinwohl in der digitalen Welt. Bielefeld: transcript Verlag, S. 19–54.

Powell, Justin (2016): Von Ableismus zur universal design Universität. In: Dannenbeck, Clemens et al. (Hrsg.): Inklusionssensible Hochschule. Grundsätze, Ansätze und Konzepte für Hochschuldidaktik und Organisationsentwicklung. Bad Heilbrunn: Julius Klinkhardt, S. 34–51.

Rauen, Verena (2017) Ethische Verantwortung. In: Heidbrink, Ludger/Langbehn, Claus/Loh, Janina (Hrsg.): Handbuch Verantwortung. Wiesbaden: Springer Fachmedien, S. 545–557.

Rommerskirchen, Jan (2019): Sozialethik. In: Ders.: Das Gute und das Gerechte. Eine Einführung in die praktische Philosophie. Wiesbaden: Springer Fachmedien, S. 117–166.

Rössler, Beate (2001): Der Wert des Privaten. Frankfurt a. M.: Suhrkamp.

Schikowitz, Andrea/Maasen, Sabine (2021): Integrative Forschung. In: Phillip, Thorsten/Schmohl, Tobias (Hrsg.): Handbuch Transdisziplinäre Didaktik. Bielefeld: transcript, S. 151–161.

Schmiedl-Neuburg, Hilmar (2017): Verantwortung in der Tugend- und Wertethik. In: Heidbrink, Ludger/Langbehn, Claus/Loh, Janina (Hrsg.): Handbuch Verantwortung. Wiesbaden: Springer Fachmedien, S. 205–220.

Schmitt, Caroline (2016): Paradoxien von Inklusion. Zur notwendigen Professionalisierung einer kontroversen Debatte. In: Behindertenpädagogik, Nr. 55 (3), S. 285–295.

Schwalb, Helmut (2013): Wertschöpfung und Wertschätzung – Leitende Prinzipien der Inklusion von Menschen mit Behinderung im Erwerbsleben. In: Ders./Theunissen, Georg (Hrsg.): Unbehindert arbeiten, unbehindert leben. Inklusion von Menschen mit Lernschwierigkeiten im Arbeitsleben im internationalen Vergleich. Stuttgart: W. Kohlhammer, S. 24–34.

Simon, Judith (2016): Values in Design. In: Heesen, Jessica (Hrsg.): Handbuch Medien- und Informationsethik. Stuttgart: J. B. Metzler, S. 357–364.

Spieß, Christian (2014): Anerkennungsbegriff und Inklusionsdiskurs. Behinderung als Herausforderung für die Sozialethik. In: Ethik und Gesellschaft, Nr. 1, S. 1–34.

Steinmetz, Sebastian/Wrase, Michael/Helbig, Marcel/Döttinger, Ina (2021): Die Umsetzung schulischer Inklusion nach der UN-Behindertenrechtskonvention in den deutschen Bundesländern. Baden-Baden: Nomos.

Van den Hoven, Jeroen (2015): Ethics for the Digital Age: Where Are the Moral Specs. Value Sensitive Design and Responsible Innovation. In: Werther, Hannes/van Harmelen, Frank (Hrsg.): Informatics in the Future. Cham: Springer Nature, S. 65–76.

Vieth, Andreas (2015): Einführung in die philosophische Ethik. Münster/Norderstedt.

Werner, Micha (2021): Einführung in die Ethik. Stuttgart: J. B. Metzler.

Wunder, Michael (2012): Behindert sein oder behindert werden? Zu Fragen von Ethik und Behinderung. In: Tervooren, Anja/Weber, Jürgen (Hrsg.): Wege zur Kultur. Barrieren und Barrierefreiheit. Köln: Böhlau Verlag, S. 85–100.

PLÜNDERUNG ODER SHARING?

Analyse eines moralisierten Diskurses im digitalen Raum
und die Frage der Wiederverwendung von materiellen Gütern

Oliver Zöllner

1 WIEDERVERWENDUNG VON RESSOURCEN

Die Frage des sparsamen oder schonenden Umgangs mit Ressourcen ist zunehmend dringlich. Während der Verbrauch von elektrischem Strom und einer Vielzahl von wertvollen Rohstoffen und anderen Materialien für die Herstellung und den Betrieb von scheinbar dematerialisierten „digitalen" Apparaten (also Computern und ihren Peripheriegerätschaften) zunehmend ins Visier gerät,[1] wirken Fragen nach der Produktion, Distribution, Verwendung und am Ende der Entsorgung oder des Recyclings von „analoger" medialer Hardware wie Büchern beinahe altmodisch – auf der materiellen Ebene sind sie am Ende ihres Produktzyklus Altpapier[2]. Was machen Menschen mit Printprodukten, die sie nicht länger behalten, aber auch nicht über den Hausmüll oder die Altpapiertonne entsorgen, sondern als weiterhin nutzbares Gut bewahren, also in den regulären Nutzungskreislauf zurückgeben wollen? Für dieses Problem sind in den letzten Jahren in Deutschland zahlreiche öffentliche Bücherschränke entstanden, bei denen Menschen anonym und kostenlos Bücher einstellen und entnehmen können. Als *public bookcases* oder *free libraries* sind öffentliche Bücherschränke auch in anderen Weltgegenden zunehmend verbreitet.[3] Kerngedanke ist das Weitergeben oder „Teilen" *(book-sharing)* von Gütern, die ansonsten ungenutzt blieben oder weggeworfen würden.[4] Projekte dieser Art passen sich im Kontext einer „Sharing Culture", eines „Freecycling" und eines steigenden Bewusstseins für Umweltthemen, Nachhaltigkeit und Teilhabegerechtigkeit zunehmend in die digitalisierte Gegenwart hochindustrialisierter Länder ein.[5] „In a nutshell, Freecycling connects two central aspects: First, recycling goods instead of throwing it away on the giver side. Second, reuse goods instead of (re-)buying it on the receiver side."[6]

Der Aufwand für die industrielle Herstellung von Büchern ist hoch, verbraucht in erheblichem Ausmaß Ressourcen wie Holz, Wasser und Energie und trägt somit

---

1 Vgl. Crawford 2021; Devine 2019, S. 129–164; Lange/Santarius 2018.
2 Vgl. Martens/Goldmann 2016, S. 325–334.
3 Vgl. Wikipedia 2022.
4 Vgl. Little Free Library 2022.
5 Vgl. Georgi et al. 2019; Katrini 2018; Klug 2017; Schreiner 2020.
6 Klug 2017, S. 203.

zur Belastung der Umwelt bei.[7] Die „Sharing Culture" hat dagegen das Ziel „to create an alternative pathway for citizens to serve their daily needs in a more sustainable, resourceful, and socially engaging manner by tapping into resources within their region"[8]. Ein öffentlicher Bücherschrank als Locus der entgeltlosen Weitergabe gebrauchter Güter erfüllt genau dieses Ziel. Er ist daher auch im Kontext einer weiter gefassten Umweltethik zu sehen.[9] Sie will „Produktion, Konsum und Reproduktion so gestalten, dass sie die Erneuerungskräfte der Erde (…) und das Gemeinwohl sichern", wie es prominent der Forderungskatalog des globalen Projekts *The Earth Charter* formuliert.[10] Die „Agenda 2030 für nachhaltige Entwicklung" der Vereinten Nationen drückt dies ähnlich aus.[11] Indem ein Bücherschrank die in ihn eingestellten Güter vor der möglichen Zerstörung bewahrt, ist er zugleich Ausdruck einer Gegenbewegung zur konsumistisch orientierten Gesellschaft des Überflusses bzw. der Unknappheit,[12] in der viele Gegenstände allzu leichtfertig weggeworfen werden. Man kann ihn somit zu den ‚widerständigen' Alltagspraktiken zählen.[13]

Neben dem Aspekt der Nachhaltigkeit, also der Ressourcenschonung bzw. längerfristig gedachten -wiederverwertung, der bei der Weitergabe gebrauchter Bücher deutlich zu Tage tritt, scheint sich das Medium Buch in der Digitalität zudem einen besonderen Stellenwert als Kulturgut bewahrt zu haben. Ihm wird eine gewisse Aura der Erhabenheit zugeschrieben; Bücher wegzuwerfen verbietet sich vielen Menschen geradezu.[14] Es als Tausch- oder Schenkgegenstand aus der kommerziellen Marktlogik herauszunehmen, kann somit als eine gewisse Widerständigkeit gegen die in der Digitalität weiter um sich greifende Ökonomisierung vieler Lebens- und Handlungsbereiche verstanden werden.[15] Hierbei ist zu bedenken, dass das „Sharing" als unhinterfragtes Schlagwort längst selbst in digital basierte Geschäftsmodelle eingegliedert worden ist, etwa beim kommerziellen Anbieten von Übernachtungsmöglichkeiten oder Mobilitätsdiensten. „Solche kapitalistischen Modelle, in denen nur dem Anschein nach Sharing stattfindet, werden (…) als ‚Pseudo-Sharing' bezeichnet."[16]

Vor diesem Hintergrund wurde im Juli 2020 in Essen, einer großen Ruhrgebietskommune mit knapp 600.000 Einwohnerinnen und Einwohnern, ein neuer öffentlicher Bücherschrank eingeweiht. Er war nicht der erste in der Stadt, aber ein Novum für den kleinen Stadtteil Margarethenhöhe mit seinen rund 7.200 Einwohnerinnen und Einwohnern.[17] Eingerichtet wurde der Bücherschrank von der „Bürgerschaft Essen-Margarethenhöhe e.V.", einem privaten Verein, in dem sich ehren-

---

7 Forum Ökologie & Papier 2013.
8 Katrini 2018, S. 426.
9 Vgl. Düwell 2011; Reder et al. 2019; Werner 2021, S. 279–281.
10 Earth Charter International o.J., S. 3.
11 Vereinte Nationen 2015.
12 Vgl. Löfgren/Czarniawska 2012; Staab 2019.
13 Beuerbach et al. 2022, S. 9.
14 Vgl. die Debatten bei Graf 2007 und in Heiser 2012.
15 Vgl. die Übersicht in Zöllner 2015.
16 Schreiner 2020, S. 43.
17 Stadt Essen 2022a.

amtlich Tätige um vielfältige Belange im Stadtteil kümmern. Finanzielle Unterstützung stammt von der örtlichen Sparkasse sowie der „Margarethe-Krupp-Stiftung für Wohnungsfürsorge", einer großen Vermieterin im Stadtteil. Als Standort für den Bücherschrank wurde eine Stelle in der Mitte der Margarethenhöhe gewählt.[18]

In den folgenden Monaten wurde der Bücherschrank allem Anschein nach von den Bürgerinnen und Bürgern gut angenommen und es entwickelte sich ein florierendes System von Geben und Nehmen, ganz im Sinne des Ursprungskonzepts einer solchen Einrichtung. Von der Bürgerschaft Essen-Margarethenhöhe e.V. wurden in der Folgezeit mehrere sog. „Paten" mit der Aufgabe betraut, im Bücherschrank für Ordnung zu sorgen und unansehnliche Bücher oder Dubletten zu entsorgen.[19] Erfahrungsgemäß ist ein Problem vieler Bücherschränke ein Übermaß an abgegebenen Werken. Im März 2021 erreichte die durchaus nachvollziehbare Notwendigkeit, im Bücherschrank regelmäßig für Ordnung zu sorgen, lies: aufzuräumen, allerdings eine neue Stufe, indem die eingestellten Bücher ab diesem Zeitpunkt zudem sämtlich mit einem Stempelabdruck an den Schnittkanten versehen wurden: „kostenloses Leihbuch vom Bücherschrank E-Margarethenhöhe". Die gespendeten Bücher wurden nunmehr also dem Augenschein nach nicht mehr zur freien Entnahme und mit der Möglichkeit zur Inbesitznahme angeboten, sondern als Leihgabe unter Eigentumsvorbehalt des Bürgerschaftsvereins, ohne dass eine Benutzungs- oder gar Leihordnung aushing. Dieser funktionale Wandel des örtlichen Bücherschranks führte in den stadtteilöffentlichen Onlineplattformen zu einigen teils moralistisch aufgeladenen Diskussionen und wirft darüber hinaus ethische Fragen auf, denen im Folgenden nachgegangen wird.

2 METHODISCHER HINTERGRUND

Am Anfang der Essener Falluntersuchung steht eine Analyse der (medien-)öffentlichen Auseinandersetzung um das Abstempeln der Bücher im Sinne der Diskursanalyse. Diese qualitativ orientierte Methode untersucht „Texte, und zwar im Hinblick auf deren Aufbau, auf deren Funktionen in unterschiedlichen Kontexten und auf deren Widersprüchlichkeiten"[20]. Als Diskurse basieren diese ‚Texte' auf sprachlichem Handeln, das „auf eine aktuelle, dialogisch ausgerichtete Problembearbeitung im zeitlichen Nahbereich gerichtet"[21] ist. Der Begriff „Diskurs" bezeichnet also „in seiner allgemeinsten Bedeutung die Produktion sozialen Sinns, verstanden als die Darstellung, Vermittlung und Konstitution von bedeutungstragenden Objektivationen in kommunikativen Prozessen"[22]. Der solchermaßen interaktiv ausgehandelte Sinn zwischen mehreren Kommunikationspartnern geht „aus der sequentiellen Verknüpfung" von diskursiven Einheiten „im Handeln spezifischer Akteure"

---

18 Vgl. Margarethe-Krupp-Stiftung 2020; mr 2021.
19 Margarethe-Krupp-Stiftung 2020; später auch in Mersch 2022.
20 Parker 2007, S. 546.
21 Beißwenger 2007, S. 27.
22 Traue et al. 2019, S. 565.

hervor.[23] Häufig bezeichnet der Begriff auch schlichtweg „öffentlich diskutierte Themen mit (zivil-)gesellschaftlicher Relevanz"[24].

Diskurse „bestehen immer aus diskursiven Praktiken – also aus lokal situierten Handlungsvollzügen und Materialitäten – und sind dadurch Gegenstand und Anlass von Transformationsprozessen"[25]. Dies passt auch auf das Essener Fallbeispiel, wo eine Neuerung (ein öffentlicher Bücherschrank und seine unterschiedlich interpretierte angemessene Verwendung) im Kontext einer größeren ökologischen Herausforderung (wie soll man mit Ressourcen schonend und sinnvoll umgehen?) einen konflikthaften kommunikativen Prozess im digitalöffentlichen Raum in Gang gesetzt hat. Dieser Prozess soll rekonstruiert werden: in seinen Äußerungsformen, den verwendeten Begriffen, Beschreibungen, Narrationen, mithin also seiner Gegenstandskonstruktion.[26] Dies ist einem größeren gesellschaftlichen Kontext zu sehen, geht es doch „in der Diskursanalyse um die Erschließung von übersituativen Sinnfiguren und deren situativen und strukturellen Bestandsbedingungen, die insbesondere in Machtverhältnissen gesehen werden"[27].

In ihrer forschungspraktischen Umsetzung ist die Diskursanalyse nicht starr, denn sie verfügt über kein rigide festgelegtes Vorgehensschema.[28] Sie verlangt Forschenden daher „ein hohes Maß an Mut bzw. Methodenpragmatik" ab, mindestens aber eine gewisse am Fall ausgerichtete Flexibilität.[29] Von den im Diskurs verwendeten Begriffen ausgehend, wird die nachfolgende Diskursanalyse Korrespondenzen zwischen vorkommenden Begriffen und den Phänomenen untersuchen, auf die verwiesen wird. Besondere Berücksichtigung werden dabei gesellschaftliche Hierarchien finden, die im Hintergrund der Texte stehen, die von den am Diskurs Teilnehmenden produziert werden. Im Mittelpunkt soll aber die Frage nach der ethischen Angemessenheit des örtlichen Diskurses rund um den Bücherschrank stehen. „Die analytischen Einheiten und Beschreibungsebenen" werden dabei „streng am jeweiligen Gegenstand entlang entwickelt" und in diesem Zuge systematisiert.[30]

Das für die Analyse herangezogene empirische Material ist recht kompakt. Im Essener Fall liegen drei relativ kleine, online produzierte Social-Media-Textkorpora vor, die sich aufeinander beziehen; hinzu kommt eine Berichterstattung in einem journalistischen Stadtteilblog, die den Diskurs zwischendurch erneut anstößt. Inwieweit es sich hierbei bereits um „Diskurskaskaden"[31] handelt, soll hier nicht näher erörtert werden, könnte angesichts des überschaubaren Materials und nur sehr geringer intermedialer Querverbindungen initial aber eher verneint werden. Bei den analysierten Texten handelt es sich zu einem guten Teil gewissermaßen um autoethnografische Eigenprotokolle der Haltungen einiger Stadtteilbewohner und -be-

---

23 Traue et al. 2019, S. 565.
24 Sell/Linke 2019, S. 308.
25 Traue et al. 2019, S. 566.
26 Ebd., S. 571. Vgl. auch Classen 2008; Przyborski/Wohlrab-Sahr 2014, S. 189.
27 Traue et al. 2019, S. 567; dort teils kursiv.
28 Wiedemann/Lohmeier 2019, S. 5.
29 Ebd.
30 Traue et al. 2019, S. 575.
31 Sell/Linke 2019, S. 323–326.

wohnerinnen. Ihre Äußerungen werden im Folgenden weitestgehend vollständig und in ihrer natürlichen Reihenfolge ausgewertet: von dem in Blogposts beschriebenen Grundkonflikt hin zu den in sozialen Online-Netzwerken geposteten Repliken und Gegenrepliken darauf, die zusammengenommen und hauptsächlich in drei Diskurskonvoluten eine komplexe Auseinandersetzung mit einem vielschichtigen zivilgesellschaftlichen Thema widerspiegeln (siehe Abb. 1).[32]

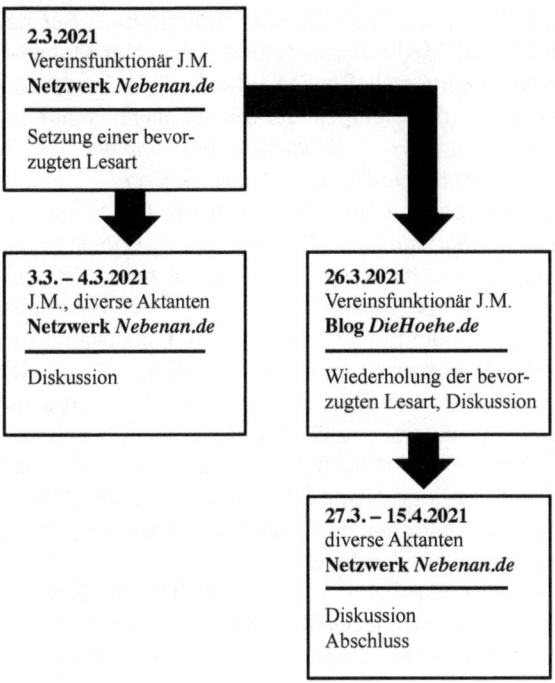

Abb. 1: Übersicht über die Textkorpora des analysierten Diskurses (eigene Darstellung)

Alles in allem geht es um die Wiederverwendung von Gegenständen (Büchern) und die teils moralistisch aufgeladene Debatte um Übermaß (der Buchentnahmen) wie auch die Kritik hieran. Die Rekonstruktion und Systematisierung dieser Vorgänge rund um den Bücherschrank in Essen-Margarethenhöhe lassen sich, so ein vorweggenommenes Resultat der Diskursanalyse, als ein Drama in fünf Akten lesen.

---

32 Das hier herangezogene empirische Material wurde unter einer anderen Fragestellung und mit einer unterschiedlichen Analysemethodik auch für den folgenden, 2023 erscheinenden Beitrag des Autors verwendet: „Entwertete Bücher, abgewertete Menschen. Moralisierte Angst vor unbotmäßiger Bereicherung am Beispiel eines öffentlichen Bücherschranks", in: Michael Ernst-Heidenreich/Paul Eisewicht/Winfried Gebhardt (Hrsg.): Empörte Welten. Moralschwere Sinnsuche in polarisierten und polarisierenden Zeiten. Wiesbaden: Springer VS [im Erscheinen].

3 EIN STADTTEILINTERNER DISKURS UM EINEN ÖFFENTLICHEN BÜCHERSCHRANK

3.1 Der Grundkonflikt

Auftakt des Diskurses rund um den öffentlichen Bücherschrank in Essen-Margarethenhöhe und Beginn des Abstempelns aller dort eingestellten Bücher als „Leihbücher" ab März 2021 ist ein quasi offizieller Beitrag eines Beisitzers des Bürgerschaftsvereins im Social-Media-Portal Nebenan.de, einer Online-Nachbarschaftsplattform zur digitalen bürgerschaftlichen Teilhabe.[33] In diesem Blogpost rationalisiert der Vereinsvertreter das Stempeln der Bücher als notwendig:

„Was auch nicht schön ist, dass der Bücherschrank manchmal regelrecht geplündert wird. Hier liegt der Verdacht nahe, dass Bücher massenhaft entnommen und dann irgendwo verkauft werden. Um das einzuschränken, haben wir uns nach reiflicher Überlegung dazu entschlossen, alle Bestände und Neuzugänge auf dem Buchkopf zu stempeln, wodurch diese nahezu unverkäuflich werden." (P1, 02.03.2021)[34]

Dieser Beitrag dient als normierende Setzung – gewissermaßen als Ersatz für eine fehlende Nutzungs- oder Leihordnung für den Bücherschrank – und strukturiert die weitere Auseinandersetzung, indem er eine nicht näher belegte übermäßige („massenhafte") Entnahme von Büchern anprangert (als vorgebliche Plünderung) und in diesem Zuge einen kommerziellen Weiterverkauf behauptet. Diese unbelegt bleibende Behauptung, eine Art bevorzugte Lesart von Seiten der Betreiberin des Bücherschranks, wird im journalistischen Stadtteilblog *Die Höhe* wenige Wochen später wiederholt und konkretisiert, wobei der Vertreter des Bürgerschaftsvereins offenbar als Interviewpartner fungierte:

„Die Bürgerschaft erklärte uns: [...] Der Bücherschrank werde manchmal regelrecht geplündert. ‚Es kamen tatsächlich Beschwerden aus der Nachbarschaft mit der Vermutung, dass Bücher bei Momox oder auf Trödelmärkten verkauft werden', berichtete uns Jürgen Mette aus der Bürgerschaft. ‚Auch mir ist aufgefallen, dass der Schrank oft innerhalb einiger Stunden nach Befüllung plötzlich fast leer war. Daher jetzt der Stempel.'"[35]

Die Fallstruktur wird in dieser Wiederholung des Vorwurfs recht klar. Die Stempelung soll offenbar den Zweck verfolgen, die eingestellten Bücher vom sekundären Buchmarkt (Flohmärkte und Onlineportale) fernzuhalten. Das per Stempel markierte „Leihbuch"-Konzept wird zugleich auf der pragmatischen Ebene allerdings nicht ernsthaft verfolgt: „,Natürlich ändert sich an der Nutzung nichts. Bücher können auch (lange) behalten werden. Nur die Verkaufsmöglichkeit ist

---

33 Zu Nebenan.de vgl. Nitschke/Schweiger 2021. Bei dieser Plattform können nur per Postadresse verifizierte Nutzerinnen und Nutzer einer bestimmten Stadtteilgruppe beitreten.
34 Nachfolgend werden Beiträge aus geschlossenen Netzwerken wie Nebenan.de anonymisiert mit den Personenkennzahlen P1–P10 angeführt. Zitate aus solchen Online-Netzwerken werden als empirisches Material kursiv gesetzt, gefolgt von der Kennzahl in Klammern anstatt in Fußnoten; Quelle ist Nebenan.de 2021.
35 Mersch 2021.

beschnitten.'"[36] Die grundlegende Fallstruktur ist also von einem Widerspruch gekennzeichnet zwischen dem konkret realisierten Akt (dem Abstempeln von Büchern), der damit zum Ausdruck gebrachten Eigentumsmarkierung („Leihbuch") und der gleichzeitig zumindest geduldeten Inbesitznahme durch Dritte („können auch (lange) behalten werden"). Die objektive Sinnhaftigkeit des Vorhabens ist also zumindest fragwürdig; das eigentliche Anliegen soll offenbar vor allem auf der symbolischen Ebene ausgedrückt werden.

3.2 Diskursrekonstruktion und -analyse

Diese Darlegung der Ausgangslage bzw. des Grundkonflikts wird im weiteren Verlauf des Diskurses von online kommentierenden Nutzerinnen und Nutzern der stadtteilinternen Social-Media-Plattform Nebenan.de weitgehend als bevorzugte Lesart übernommen. Hier sind empirisch drei Diskurskonvolute feststellbar: je eines im Anschluss an die Äußerungen des Bürgerschaftsvereinsvertreters (Anfang März 2021 bei Nebenan.de und gegen Ende des Monats im Blog Die Höhe) sowie eine den Konflikt nochmals aufgreifende, eskalierende und dann abschließende Onlinedebatte Mitte April 2021 bei Nebenan.de.

3.2.1 „Plünderei"-Motiv

Als Antwort auf den Beitrag von P1 vom 2. März 2021 schreibt eine Nebenan.de-Nutzerin, sie fände es *„schade wenn es den Schrank aufgrund von ‚Plünderei' nicht mehr geben würde. […] Gute Idee mit dem Stempel"* (P2, 03.03.2021).[37] Diese Zustimmung zu den Äußerungen des Vereinsvertreters wird also mit einer Bestätigung des von ihm eingeredeten Topos der „Plünderei" unterstützt. Dem etymologischen Wortsinn nach steht Plünderei für eine räuberische Inbesitznahme von Hausrat im Kontext des Zusammenbruchs öffentlicher Ordnung.[38] Einen Tag später wird dieses negative Bild von einer weiteren Kommentatorin nochmals affirmativ aufgegriffen, indem sie angibt, sie *„fände […] das ziemlich traurig, wenn andere den Schrank zum Plündern gebrauchen"* (P3, 04.03.2021).

In diesem dritten Post zum Thema, der mit der (scheinbar) unbotmäßigen Entnahme von Büchern aus einem öffentlichen Bücherschrank ebenfalls eine Disruption der öffentlichen Ordnung verbunden sieht, führt die nach Selbstauskunft regelmäßige Bücherschranknutzerin aber auch noch einen weiteren Topos der Auseinandersetzung ein, der als Reaktion auf eine (vorgebliche) Gefahr durch räuberische Inbesitznahme verstanden werden kann: *„Meine Augen sind wachsam und ich werde es auch ansprechen, wenn ich Sie sehen sollte. Einen 👍 für die Stempel."* (P3, 04.03.2021) Jenseits der bloßen Affirmation werden hier in typischen Social-Media-Sprachmustern Elemente der Vigilanz und der sozialen Kontrolle bzw.

---

36 Mette zit. nach Mersch 2021.
37 Schreibweisen in den Posts werden original übernommen, ebenso die ergänzenden Emojis.
38 Nach Pfeifer 2005; Seebold 2011.

Überwachung mit rhetorischer Schärfe in die Diskussion eingeführt: Mögliche übermäßige Buchentnehmer werden direkt adressiert („Sie") und es werden ihnen (vage) Konsequenzen angedroht. Der Thread endet an dieser Stelle. Das Narrativ der „Plünderei" ist ab hier allerdings gesetzt und bestätigt. Dieser skandalisiert einen als regelwidrig empfundenen Zustand im lokalen Setting bzw. dessen Handlungsträger, also die vermeintlichen Plünderer. Der Skandal „ist ein zentrales, historisch gewachsenes Konzept zur öffentlichen Aushandlung von Normen"[39] und bestraft diejenigen, die sich regelwidrig verhalten bzw. außerhalb der Gemeinschaft stehen. Im vorliegenden Fall trägt er zugleich Züge einer *moral panic*,[40] die auf Unsicherheit basiert und oft mit Vigilanz assoziiert ist, wie McLuhan (1964) mit frühen Überlegungen hierzu ausführt.[41]

3.2.2 Affirmation der gesetzten Lesart

Im zweiten Diskursstrang fallen rund drei Wochen später die beiden Reaktionen auf das journalistische Interview mit dem Vertreter der Bürgerschaft Margarethenhöhe e.V. im Blog *Die Höhe* (Mersch 2021), in dem der Vereinsfunktionär seine Sicht der Dinge wiederholt, dortselbst ebenfalls affirmativ aus. Ein Kommentator schreibt: *„Das finde ich gut. Wenn ich ein Buch lesen und / oder auch behalten möchte um es vielleicht ein zweites Mal lesen zu können stört der Stempel nicht. Der Inhalt bleibt schließlich derselbe* 😊*"*, so Manfred Raub, Beisitzer im Bürgerschaftsverein, am 27.03.2021, der seine Institution damit stützt.[42] Jenseits der mit dem Smiley-Emoji gesetzten Anzeichen leichter Ironisierung kommentiert diese Aussage eine weitere Nutzerin: *„Völlig korrekt. So wird einzelnen ‚Irrläufern' Paroli geboten."* (P4, 04.04.2021) Inwieweit auch die zuletzt zitierte Kommentatorin dem Bürgerschaftsverein angehört, bleibt unklar.

In diesem Post fällt auf, dass zum ersten Mal in der Auseinandersetzung um den Bücherschrank nicht vordergründig die Bücher oder der Akt ihrer (vorgeblichen) „Plünderung" angeführt werden, sondern die in (vorgeblich) unbotmäßiger Weise sich Bücher aneignenden Menschen nunmehr charakterisiert werden, und zwar als „Irrläufer". Diese Etikettierung als – folgt man dem Wortsinn – fehlgeleitete oder gar verrückte Personen ist anprangernd und hebt die skandalisierende Auseinandersetzung auf eine höhere Eskalationsstufe.

---

39 Burkhardt 2011, S. 139.
40 Vgl. Morrison 2019; Rohloff et al. 2013.
41 Vgl. McLuhan 1964, S. 314.
42 Vgl. Bürgerschaft Essen-Margarethenhöhe 2021. Der genannte Akteur tritt im Kontext der Auseinandersetzung um den Bücherschrank in einem Mitteilungsblatt des Bürgerschaftsvereins auch als Autor „mr" auf (siehe mr 2021).

3.2.3 Ordnungs- und Kontrollprinzip in der Eskalation

Der dritte Diskursstrang wird Mitte April 2021 von Nutzerin P5 bei Nebenan.de eröffnet. Sie folgt der bis dato im Kontext des „Plünderei"-Narrativs bereits etablierten Lesart eines Zustandes der Unordnung des Bücherschranks, der in der Tat gelegentlich zerwühlt aussieht: *„Da hat sich jemand (un-) ordentlich bedient!* 😠*"* Sie plädiert für einen alternativen, wohl besser überwachbaren Standort, *„der zentraler ist, damit die Hemmschwelle vielleicht ein bisschen höher ist, den auszuräubern"* (P5, 14.04.2021). Die uns bereits bekannte Kommentatorin P2 pflichtet ihr bei und findet es *„sehr schade, dass so mit dem Bücherschrank umgegangen wird* 😠*"* und behauptet in diesem Kontext eine Fehleinschätzung auf Seiten der unbotmäßigen Buchentnehmer: *„einige haben das Prinzip leider nicht verstanden..."* (P2, 14.04.2021).

Noch am selben Tag wirft Nebenan.de-Nutzer P6 darauf die kritische Frage ein, wo *„denn jetzt das Problem"* sei. *„Ist das nicht der Sinn von einem Bücherschrank, dass man dort Bücher mitnimmt?"* (P6, 14.04.2021) Die unmittelbare Replik einer Nachbarin fällt eindeutig aus und rekurriert auf das als bevorzugte Lesart bereits eingeführte Ordnungsprinzip: *„Man kann es aber ordentlich hinterlassen."* (P7, 14.04.2021) Im Sinne des zuvor eingeführten Kontroll- und Überwachungstopos wird diese Userin in ihren Vorwürfen allerdings konkreter als bisherige abstrakte Behauptungen:

> *„Außerdem ist es gedacht das die gelesenen Bücher wiedergebracht werden oder andere reingesteckt werden. Habe auch schon abends Leute mit Rucksack gesehen und die mehrere Bücher genommen haben da glaube ich nicht das die jemals wiederkommen."* (P7, 14.04.2021)

Stadtteilbewohner P6 entgegnet darauf erkennbar sarkastisch: *„Wissen die Leute das? Ich wußte das nicht. Gibt es Regeln? Oder nur ungeschriebene Gesetze die nur wenige kennen?"* (P6, 14.04.2021) Dieser Diskursbeitrag ist der einzige, der auf die in der Tat fehlende normative Regelung der Buchentnahme aus dem Bücherschrank verweist. P7 rudert daraufhin leicht zurück und bestätigt die fehlende Kodifizierung der bisher geübten Praxis, indem sie als normative Ersatzrahmung eine Etiketteregel einredet: *„Ich weiß das auch nur durch andere aber ich finde das macht doch auch Sinn, damit viele was davon haben."* (P7, 14.04.2021)

Mit dieser Aussage rekurriert die ins Feld geführte Etikette, also eine relativ schwache Konventionalnorm, erkennbar auf ethische Prinzipien. Indem die Kommentatorin auf einen größtmöglichen Nutzen einer Handlungsweise für eine größtmögliche Anzahl an Menschen verweist, folgt sie implizit einem klassisch utilitaristischen Prinzip des Teilens von (raren) Gütern zur Erreichung gesellschaftlichen Glücks.[43] Doch läuft diese Argumentation ins Leere, wenn das wie gefordert zu teilende Gut nicht rar, sondern ein Überflussgut und zugleich eher ein Problemfall der Entsorgung ist (ähnlich wie Altpapier, Altglas, Altkleidung usw.). Dieser Irrtum wird im Diskussionsverlauf allerdings nicht weiter thematisiert.

Stattdessen rekurriert der unmittelbar folgende Kommentar bei Nebenan.de auf ein zu verteidigendes bzw. wiederherzustellendes Ordnungs- und Kontrollprinzip

---

43 Vgl. Ess 2020, S. 219–225; Ferber 2021, S. 140–146.

rund um den Bücherschrank: *„Wir könnten mal über einen Aufkleber ‚Videoüberwacht' nachdenken.* 😄*"* (P8, 14.04.2021) Mit einem lachenden Emoji distanziert sich dieser Sprecher zwar von seiner eigenen Rede, fügt sich aber in die bisherige Fallstruktur passgenau ein – und schlägt recht redundant *„einen Buchstempel oder ein Exlibris"* (ebd.) zur Markierung der Bücher vor. Eine weitere Nutzerin kündigt daraufhin eilfertig weitere Bücher aus ihrem Keller zur Einstellung in den Bücherschrank an: *„Wüsste nur gern wem ich die zum Stempeln bringen kann."* (P9, 14.04.2021)

Ein sich daraufhin entspinnender Dialog zwischen P8 und zwei weiteren Kommentatorinnen schaukelt die Situation im Folgenden allerdings hoch: Auf seinen Vorschlag, das Einkleben eines Exlibris in die Bücher zu erwägen, gibt eine Userin zu Protokoll, sie habe hierfür *„einen Drucker. Habe auch einen Verdacht, aber solange man ihn nicht persönlich beim Diebstahl erwischt, werde ich nichts sagen."* (P10, 14.04.2021) An dieser Stelle des Diskurses wird im Kontext der zu konstatierenden Ordnungsorientierung und oben bereits aufgezeigter Überwachungs- und Kontrollfantasien nun also ganz konkret der juristische Vorwurf des „Diebstahls" eingeredet, gerichtet an eine nicht weiter benannte und nun als tatverdächtig markierte Person („ihn"). P8 selbst weicht an dieser Stelle zurück: *„Ich denke das es kein Diebstahl ist, denn wenn man seine Bücher einstellt hat man sein Eigentum aufgegeben. Ich denke es wäre ganz gut dies differenziert zu betrachten"* (P8, 14.04.2021) und vergleicht den Bücherschrank nachfolgend mit einem Altpapiercontainer, doch P10 beharrt auf einer Gleichsetzung des Weiterverkaufs von Büchern aus dem Bücherschrank mit Diebstahl: *„Was ist, wenn man die Person beim Verkauf von Büchern sieht? Wie gesagt, ich will niemanden belasten, hatte aber meine Bedenken."* (P10, 14.04.2021) Der Vorwurf bleibt also diffus, wiegt aber schwer.

Diese Insistenz auf einen realistisch betrachtet kaum gegebenen Marktwert der eingestellten Bücher bei gleichzeitigem Fehlverständnis über das meritorische Wesen eines öffentlichen Bücherschranks und der Einrede einer Straftat gipfelt nun in einer offenen Aufforderung von P7 zu Vigilanz und Denunziation: *„Dann an die Bürgerschaft weiterleiten wenn man das mitbekommt."* (P7, 14.04.2021) Der Bürgerschaft Essen-Margarethenhöhe e.V. als Betreiberin des Bücherschranks wird durch diese Äußerung gleichsam eine behördliche Obrigkeitsfunktion zugeschrieben, obwohl selbstverständlich bei einem Diebstahl die Polizei die korrekte Ansprechpartnerin wäre.

3.2.4 Befriedungsversuch

An dieser Stelle ist der stadtteilinterne medialisierte Diskurs eindeutig eskaliert. Es sei in Erinnerung gerufen, dass es ursprünglich lediglich um Vermutungen ging, manche Mitmenschen nähmen zu viele gebrauchte Bücher aus einem öffentlichen Bücherschrank an sich, was einer Übermaßkritik gleichkommt. Letztere wird nun aber ihrerseits maßlos. Die Initiatorin des dritten Diskursstrangs beendet wohl angesichts der erkennbaren Eskalation hin zu schwerwiegenden justiziablen Vorwürfen den von ihr am Vortag gestarteten Thread bei Nebenan.de:

> *„Ich schließe dann mal diesen Beitrag jetzt. Es tut mir natürlich leid, wenn jemand so dringend seine Finanzen aufbessern muss, dass dafür der Schrank geplündert wird. Für solche Fälle könnte man vielleicht direkt Bücher oder andere Artikel sammeln. Und es wäre bitter für den Verdächtigten und äußerst peinlich für den, der den Verdacht äußert, wenn der Verdacht sich als falsch herausstellt."* (P5, 15.04.2021)

Auf die zu Denunziationen aufrufende Eskalation seitens der Userin P7 versucht dieser letzte Beitrag offensichtlich, die Situation zu befrieden. Er ist auch insofern von besonderem Interesse, da er zwar explizit der etablierten bevorzugten Lesart der „Plünderei" des Bücherschranks folgt, zugleich aber ethisch reflektiert, was mögliche Gründe für eine wie auch immer geartete übermäßige Entnahme von Büchern sein könnten. Konkret wird hier Armut genannt *(„dringend seine Finanzen aufbessern muss")*, ein in Essen und generell im Ruhrgebiet mit seiner polarisierten Sozialstruktur vielerorts durchaus erhebliches Problem.[44] Die Kommentatorin macht hierzu einen gestaltenden Lösungsvorschlag, der darin besteht, *„direkt Bücher oder andere Artikel [zu] sammeln"* (P5, 15.04.2021). Dies wäre ironischerweise just das Prinzip Bücherschrank, nur eben nicht mehr öffentlich, sondern individuell auf mögliche Bedürftige zugeschnitten – also das klassische Prinzip der mildtätigen Gabe. P5 grenzt sich im gleichen Zuge von den abstrakten Verdachtsfantasien und vigilanten Kontrollorientierungen ab, die zuvor im Thread konstruiert worden sind. Insofern stellt diese Userin die ursprüngliche (Un-)Ordnung des sozialen Settings wieder weitgehend her: Es gibt in Essen-Margarethenhöhe einen öffentlichen Bücherschrank, aus dem Menschen Bücher entnehmen; seine Nutzung ist nicht näher geregelt; Unterstellungen sind zu vermeiden, so ließe sich für diese Diskursanalyse ein erstes reduktionistisches Fazit ziehen.

Als weitgehend blinder Fleck der antagonisierenden und moralistisch aufgeladenen Kontroverse zeichnet sich das Vorhandensein von Armut und Bedürftigkeit im Ruhrgebiet ab (teilweise auch im Stadtteil Margarethenhöhe), was denkbare Buchentnahmen zum Zwecke des Weiterverkaufs und damit der Erlöserzielung – also zur Aufbesserung des eigenen Budgets – durchaus plausibel machen könnte. Wenn man Armut und Bedürftigkeit hierbei als problematischen gesellschaftlichen Missstand in Erwägung zieht, erscheint diese Handlungsoption ethisch gar nicht mehr so verwerflich. P5 ist die einzige Online-Kommentatorin, die hierauf hinweist. Dass sozioökonomische Benachteiligung im Rahmen einer *moral panic* skandalisiert wird, als ein Phänomen, das offenbar vigilant kontrolliert werden muss, ist allerdings eine typische Begleiterscheinung dieses Diskurses rund um (unterstellte) Armut und ihre Anschlusshandlungen: „If the poor are always with us, so too are the prejudices, preconceptions and panics that consistently typify the way societies conceptualize them."[45]

---

44 Vgl. Scheffer 2020, S. 190–192. Per 31.12.2021 beziehen rund 17 Prozent der Essenerinnen und Essener existenzsichernde Leistungen, im Stadtteil Margarethenhöhe beträgt dieser Anteil knapp sechs Prozent; vgl. Stadt Essen 2022b: B2, C3.
45 Morrison 2019, S. 43.

Es ließe sich schlussfolgern: Die als integrativ und gemeinwohlorientiert kommunizierte Ausrichtung des Margarethenhöher Bücherschranks findet ihre Grenzen, wo die ostentative Freigebigkeit der Gebenden möglicherweise auf Bedürftigkeit trifft – oder vielleicht auch einfach nur auf sehr intensive Buchleserinnen und -leser. Die Motivationen dieses aufgeladenen Konflikts werden nachfolgend aus einer klassischen tugendethischen Perspektive analysiert und systematisiert. Aristoteles' *Nikomachische Ethik* (EN) adressiert die Frage einer angemessenen Lebensführung und des rechten Maßes. In diesem Kontext werden mit Bezug auf das Essener Fallsetting auch die umweltethischen Aspekte der Ressourcenschonung bzw. -wiederverwendung und ihre gesellschaftlichen Bezüge in den Blick genommen.

4 REKONSTRUKTIVE SYSTEMATISIERUNG DES DISKURSES AUS SICHT DER ETHIK

Der Essener Diskurs rund um einen öffentlichen Bücherschrank kann wie ein Drama in fünf Akten oder Phasen strukturiert werden (siehe Abb. 2), wie es Steffen Burkhardt im Kontext von Skandalisierungen vorschlägt.[46] Zu beobachten sind nacheinander (1) eine „Latenzphase" mit bestimmten Schlüsselereignissen, (2) eine „Aufschwungphase", in den die Schlüsselereignisse kontextualisiert werden, (3) eine „Etablierungsphase mit Klimax", in der die am Diskurs Teilnehmenden Entscheidungen treffen, sowie daraufhin (4) eine „Abschwungphase", in der die Entscheidungen sozial qualifiziert werden, und abschließend die (5) „Rehabilitationsphase", in der sich die Situation normalisiert.[47] In jeder dieser Phasen können ethische Prinzipien verortet werden.

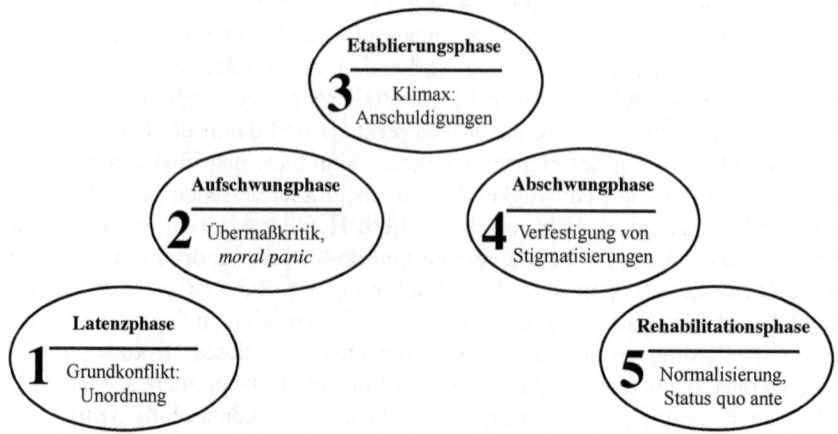

Abb. 2: Die fünf Phasen des skandalisierten Konflikts (eigene Darstellung)

---

46 Vgl. Burkhardt 2011, S. 141–144; 2015, S. 178–205.
47 Ebd.

4.1 Latenzphase

Im Essener Fallbeispiel markiert eine Latenzphase den Beginn der Auseinandersetzung (Phase 1). Ihr Grundkonflikt oder Schlüsselreiz ist die Situation rund um eine wahrgenommene „Unordnung" und eine daraus resultierende Einrede der „Plünderung" des öffentlichen Bücherschranks seit seiner Aufstellung im Sommer 2020. Unordnung erscheint hierbei als eine wahrgenommene Bedrohung etablierter deutscher Kernidentitäten, die typischerweise sehr stark um Ordnungsprinzipien kreisen.[48] Im Topos der „Plünderung" spiegelt sich eine klassische Übermaßkritik wider, eine Anprangerung des Übermaßes des Nehmens, die nach Aristoteles eine Tugendverletzung darstellt.[49] Sie verweist auf den Verlust der *mesótes*, also der Mitte bzw. des rechten Maßes: „Dem angemessenen Geben entspricht ein ebensolches Nehmen, ein davon abweichendes Nehmen ist das Gegenteil davon."[50] Im lokalen Setting ist demnach etwas aus dem Lot geraten. Um ein teilendes „Freecycling"-System wie einen öffentlichen Bücherschrank im Gleichgewicht zu halten und damit er funktioniert, „it is necessary that there are enough gift-giver[s] and that gift-receiver[s] do not exploit the system"[51]. Diese funktionale Reziprozität wird im Essener Fall nicht belegbar verletzt; es herrscht auch kein Mangel an eingestellten Büchern. Im Hintergrund, so ist zu rekonstruieren, finden auf Seiten der Betreiberin des Bücherschranks hierzu allerdings Überlegungen statt, die sich in einer Entscheidung manifestieren, eingestellte Bücher als „Leihbücher" zu stempeln, um einer scheinbar unbotmäßigen Übernutzung des Bücherschranks entgegenzutreten.

4.2 Aufschwungphase

Mit dieser auf Angst vor Unordnung resultierenden Unsicherheit als latentem Grundkonflikt nimmt der Fall in Phase 2 seinen Aufschwung. Der Konflikt um den Bücherschrank in Essen-Margarethenhöhe erscheint als ein Konflikt, der nicht bloß individuell, sondern über den Bürgerschaftsverein auch institutionell ausgetragen wird. Die Übermaßkritik am vorgeblichen Entnehmen zu vieler Bücher wird als eine Form von (Tausch-)Ungerechtigkeit angeprangert. Diese Kontextualisierung geht auf ein ethisches Empfinden zurück: „Die nämlich große Gewinne machen, wo man nicht soll und womit man nicht soll, (…) nennt man nicht geizig, sondern vielmehr schlecht, gottlos und ungerecht."[52] Eine wahrgenommene ökonomische Benachteiligung der Gebenden gilt im Sinne der Tugendethik als Verstoß gegen das Gleichheitsprinzip: „Als ungerecht gilt, (…) wer mehr haben will und somit gegen

---

48 Vgl. Forsythe 1989, S. 150–151; Tenenbom 2012.
49 Aristoteles, EN II.5, 1097b; V.2, 1129a.
50 Aristoteles, EN IV.2, 1120a.
51 Klug 2017, S. 203.
52 Aristoteles, EN IV.3, 1122a.

die Gleichheit ist (…)."[53] Ungerechtigkeit entsteht nachgerade „durch die Lust am Gewinn"[54].

Diese Prinzipien sind im konkreten Fall als Etiketteregeln zu identifizieren (niemand soll sich auf Kosten eines anderen bereichern), sie werden allerdings moralisiert überhöht vorgetragen: In den Online-Kanälen wird die moralische Qualität der Handlungen anderer Personen *vor anderen* und *öffentlich* thematisiert – letzteres ein Grundmerkmal des Moralismus.[55] Die moralische Reaktion scheint hier nicht um der Sache wegen zu erfolgen, etwa zur Rekalibrierung von *mesótes* oder Gerechtigkeit, sondern ist eher selbstbezüglich, indem sie auf eine Benachteiligung der Gebenden abzielt, die mit ihren scheinbar wertvollen Büchern keinen Gewinn erzielen können, nachdem sie diese Güter in einen meritorisch orientierten Bücherschrank eingestellt haben. Möglicherweise drückt sich in der Vehemenz der Einforderung von Etikette auch eine Form der Kränkung aus, die oft mit Fehlinterpretationen sowie (außermoralischen) Gefühlen wie Neid, Wut und Verachtung assoziiert ist.[56] Aristoteles sieht in solchen irrationalen Aufwallungen bereits eine vollständige Absage an das Prinzip der *mesótes* und nichts als „Schlechtigkeit".[57] In einer utilitaristischen Perspektive ist festzustellen, dass ein solcher an den Tag gelegte Neid zu Verlusten führt: zu Unglück, Schmerz und Verletzung – „not only for the object of the envy, but also for the envious subject"[58]. Die Akteurinnen und -akteure der Onlinedebatte hätten sich stattdessen auch für eine großmütige Haltung entscheiden können, die Glück, Freude oder gesellschaftlichen Nutzen gestiftet hätte; dies haben sie aber zum allergrößten Teil dezidiert nicht. Ihre Haltung ist somit nicht von wahrer Freigebigkeit *(eleutheriótes)* geprägt, die, wenn sie wahrhaftig gemeint ist, nach Aristoteles eine wesentliche Tugend darstellt, die Großmütigkeit und Freiheit in sich vereint.[59] Die hier zum Ausdruck kommende Haltung ist ökonomistisch gedacht also durchaus rational, aber in ihrer gesellschaftlichen Praxisorientierung unvernünftig.

Neid und Aggression richten sich im vorliegenden Fall nicht von unten nach oben, also von den Besitzlosen an die Besitzenden, sondern vielmehr von im Überfluss Besitzenden, die sich von ihren Besitzgütern freiwillig trennen, in Richtung abstrakt bleibender, möglicherweise bedürftiger Personen, die diese Güter in vorgeblich übermäßiger Zahl an sich nehmen. Im Kontext einer *moral panic*[60] betrachtet, ist im Fallsetting ein vielschichtiger epistemischer Fehler in der Bewertung der Situation zu konstatieren: Sowohl das Wesen eines öffentlichen Bücherschranks, die weitgehende Wertlosigkeit der gebrauchten Bücher als auch die Art des Regelverstoßes auf Seiten der (vorgeblich) übermäßig Nehmenden wird subjektiv und institutionell missverstanden. Es läge bei übermäßigen Buchentnehmern insgesamt

---

53 Aristoteles, EN V.2, 1129a.
54 Aristoteles, EN V.4, 1130a.
55 Neuhäuser/Seidel 2020, S. 13.
56 Diamond 2006.
57 Aristoteles, EN II.6, 1107a.
58 Ferber 2021, S. 142.
59 Aristoteles, EN IV.1, 1120a.
60 Vgl. Morrison 2019.

bestenfalls ein Etiketteverstoß vor, also eine Verletzung von Konventional-, nicht aber von genuinen Moralnormen.[61]

Das harsche moralische Urteil über die Nehmenden („Plünderer") und die als Sanktionierung geforderten öffentlichen Handlungen (Kontrollieren, Überwachen, Melden usw.) erscheinen insgesamt stark überzogen, sind in ihrem *shaming and blaming* aber eine typische moralistische Reaktion.[62] Hinzu kommt, dass die Gebenden zumindest hätten versuchen können, ihre gebrauchten Bücher zu verkaufen – die einschlägigen Handelsplattformen werden benannt –, doch diese Option scheint sich im Sinne von Aufwand und Ertrag nicht gelohnt zu haben bzw. wurde nicht versucht. Die Kosten dieser Nicht-Handlung werden nun den Buchentnehmern zugerechnet. Der Essener Fall erscheint als ein Konflikt um moralische und soziale Abgrenzung.

4.3 Etablierungsphase: Klimax

In der dritten Phase hat sich der Vorwurf der „Plünderei" etabliert und erreicht seinen skandalisierten Höhepunkt. Materiell drückt er sich ab März 2021 im Abstempeln der Bücher als „Leihbücher" aus. Diese Entscheidung der Betreiberin des Bücherschranks hat die öffentliche Debatte in den Online-Plattformen überhaupt erst motiviert; der Konflikt muss aber bereits vorher gegärt haben. In der Eskalation des Konflikts durch Kommentare in Online-Plattformen werden in einem moralisierenden Kontext Topoi der Kontrolle, Überwachung und Vigilanz vorgebracht, die als enthemmte Reaktionen auf eine zuvor von der Betreiberin eingeführte bevorzugte Lesart der Vorgänge verstanden werden können.

Diese Enthemmung ist durchaus typisch für online geführte Auseinandersetzungen und auch in anderen Kontexten der computervermittelten Kommunikation zu beobachten: „When people become disinhibited through anonymity, invisibility, and equalized status, the thoughts and feelings that surface often are unleashed hostile ones that generate conflict."[63] Das eigene Übermaß im Beurteilen der Handlungen anderer Personen erscheint geradezu übergriffig. Die geäußerten Vermutungen, dass es sich bei den (vorgeblichen) Wiederverkäufern von Büchern um Menschen mit niedrigerem sozialen Status handelt, verstärken diesen Eindruck. Es werden nicht nur faktisch Bücher, sondern figurativ auch Menschen abgestempelt, also als nicht der eigenen Statusgruppe zugehörig markiert.

Der Bücherschrank Essen-Margarethenhöhe wurde in der Mitte des Stadtteils platziert, an einer Stelle, an der ein pittoresk wirkender älterer Stadtteilbereich, eine Gartenstadt vom Beginn des 20. Jahrhunderts (die ‚alte Margarethenhöhe'), in ein überwiegend von moderner Hochhausarchitektur geprägtes Wohnareal übergeht (‚neue Margarethenhöhe').[64] Es ist nicht auszuschließen, dass die Auseinandersetzung um den Bücherschrank einen Konflikt um Hierarchien und sozioökomischen Status

---

61 Hallich 2020, S. 70, 80
62 Mieth/Rosenthal 2020, S. 35, 53.
63 Suler 2016, S. 150.
64 Vgl. Grütter/Heimsoth 2019; Malone 2020; Metzendorf/Mikuscheit 2016.

im Stadtteil bzw. im Ruhrgebiet insgesamt widerspiegelt – manchen gilt dieser urbane Raum insgesamt recht pauschal als „Synonym für sozialen Abstieg und nachhaltiges Losertum"[65].

Als Lösungsmöglichkeiten für den Umgang mit einer (vorgeblichen) ‚Plünderei' des öffentlichen Bücherschranks zwecks Weiterverkaufs der entnommenen Gegenstände scheinen in der online ausgetragenen Debatte normierende Sanktionen von „Überwachen und Strafen"[66] auf, um Menschen mit als deviant wahrgenommenen Verhaltensweisen zu disziplinieren. Es deutet sich an, dass im betrachteten Fall Vorurteile gegenüber bestimmten benachteiligten Bevölkerungsgruppen mitschwingen und sich zum (moralischen) Ressentiment verdichten. Die Mehrzahl der im Fallbeispiel am Onlinediskurs Teilnehmenden entscheidet sich implizit oder explizit für eine solche Haltung der Abgrenzung. Im Sinne einer aristotelischen Dramaturgie[67] wäre die in Essen zur Schau gestellte Auseinandersetzung eine Tragödie mit dem primären Ziel der Erregung von Furcht.[68] Eine Furcht *(phóbos)* vor sozial niedriger gestellten Personenkreisen könnte die Angst vor einem antizipierten eigenen Statusverlust der am Diskurs Teilnehmenden ausdrücken.[69] Mitleid *(éleos)*, der zweite wesentliche Affekt in der klassischen Tragödie, ist im Essener Fall – jedenfalls in dieser Etablierungsphase des Konflikts – vorerst noch nicht zu beobachten.

4.4 Abschwungphase

In der vierten Phase, der Abschwungphase des Konflikts, hat sich die soziale Stigmatisierung von abstrakt bleibenden Personen, die aus dem Bücherschrank kostenlos entnommene Bücher vorgeblich weiterverkaufen, verfestigt. Durch die Übernahme hegemonialer Sichtweisen auf gesellschaftlichen Status werden Herrschaftsverhältnisse reproduziert. Der Bürgerschaft Essen-Margarethenhöhe e.V. werden obrigkeitliche Befugnisse zugeschrieben, wobei über den institutionellen Umweg der Margarethe-Krupp-Stiftung für Wohnungsfürsorge als wesentlicher Sponsorin der paternalistische Geist der Namenspatronin und Stifterin des Stadtteils schwebt: Margarethe Krupp findet sich im Stadtteil an prominenter Stelle gar als Statue wieder. Mit der zweiten institutionellen Förderin des Bücherschranks, der Sparkasse Essen, schreibt sich eine örtliche Finanzmacht in das Setting ein. Die Namenszüge und Logos aller drei Institutionen tauchen auf dem Bücherschrank prominent als Wort-Bild-Marken auf (siehe Abb. 3).

---

65 Eilenberger 2021, S. 21.
66 Foucault 1977.
67 Vgl. Aristoteles, Poet. 6, 1449b.
68 Vgl. Höffe 2009, S. 20.
69 Vgl. de Botton 2004, S. 193–223.

Abb. 3: Der Bücherschrank in Essen-Margarethenhöhe[70]

Die in der Auseinandersetzung mehrfach implizit eingeredete Frage nach der Gerechtigkeit des ökonomischen Tauschs der gebrauchten Bücher (in ihrer Revaluation als Handelsware und möglichen Rückführung auf einen sekundären Verkaufsmarkt) blendet die Frage nach der Angemessenheit der geäußerten erheblichen Vorwürfe aus. Doch ist es just dieses Versäumnis, das als irrationale Verletzung eines Moralprinzips gewertet werden kann: als Verletzung von Gerechtigkeit durch eine Absage an gesellschaftlichen Zusammenhalt. Nicht belegbare Vorwürfe tragen nicht zu einer guten Gesellschaft bei, auch nicht auf der lokalen Ebene, wo sich der Bürgerschaftsverein das Ziel gesetzt hat, „Eintracht, Geselligkeit und Kultur zu pflegen"[71].

4.5 Rehabilitationsphase: Normalisierung

In der abschließenden Rehabilitationsphase (Phase 5) lassen sich zaghafte Ansätze alternativer Sichtweisen auf das Problem erkennen. Eine Online-Kommentatorin bringt einige Argumente vor, die das (unbewiesene) Weiterverkaufen gebrauchter Bücher rechtfertigen könnten *("Es tut mir natürlich leid, wenn jemand so dringend seine Finanzen aufbessern muss, dass dafür der Schrank geplündert wird.")*. Im Sinne der aristotelischen Dramaturgie wird hier Mitleid *(éleos)* aufgeführt, ein Affekt, der ähnlich wie die zuvor zum Ausdruck gebrachte Furcht *(phóbos)* zur Reinigung bzw. Erleichterung *(kátharsis)* beitragen kann.[72] Mit ihrer Mitleidsbekundung rehabilitiert die Diskursteilnehmerin die unter Pauschalverdacht genommenen Personen teilweise und thematisiert die im Onlinediskurs aufgebrachte Gerechtigkeits-

---

70 Zustand 2021, Foto: Oliver Zöllner.
71 Bürgerschaft Essen-Margarethenhöhe 2021.
72 Vgl. Höffe 2009, S. 20; Rapp 2009.

verletzung. Hier ist demnach ein innerer Konflikt zu beobachten. Zugleich wird von der Akteurin an dieser Stelle aber der stadtteilinterne Diskurs abgebrochen *(„Ich schließe dann mal diesen Beitrag jetzt. ")*. Es bleibt der Eindruck, dass durch diese Redevermeidung eine früher bestehende Ordnung bzw. Unordnung, ein Status quo ante, wiederhergestellt werden soll. Welcher Art diese Ordnung ist, ob gerecht oder ungerecht, bleibt einigermaßen unklar. Ein Habitus des gerechten, angemessenen Handelns,[73] als tugendhafte Fertigkeit erlernbar im Laufe eines Lebens, kann so nur unausgeprägt bleiben.

5 GROSSMÜTIGKEIT, KLEINMÜTIGKEIT UND DIE GRENZEN DES „SHARING"

Aus dem Verlauf des Konflikts rund um den Bücherschrank Essen-Margarethenhöhe lassen sich drei Transformationen ableiten, die grundlegend auf das Wesen des Gebens und Nehmens im Kontext meritorischer Institutionen verweisen. Zugleich machen sie deutlich, wie schwer eine Wiederverwendung von Handelsgütern außerhalb kommerzieller Logiken im Alltag wirklich ist, d. h., wenn das Second-Hand-Prinzip bzw. das „Sharing" dezidiert ohne die Absicht von Erlösen oder Gewinnen praktiziert wird. Dies wirft auch die Frage auf, wie Prinzipien der Umweltethik in kollektives Handeln überführbar sind, wenn bereits in einem kleinen überschaubaren Setting wie dem Essener Stadtteil Margarethenhöhe und dem dortigen Bücherschrank ein moralistisch aufgeladener Diskurs die ressourcenschonende Wiederverwertung von Büchern in Frage stellt oder zumindest problematisiert. Die drei Transformationen, die zu betrachten sind, drehen sich vor allem um Dispositionen im Geben und Nehmen.

Die erste dieser Transformationen findet auf der Ebene der Handlungsmotivation statt. Es vollzieht sich eine Ablösung des ursprünglichen Konzepts des „Teilens" oder Schenkens (unentgeltliche Abgabe- und Entnahmemöglichkeit von Büchern) durch ein im Setting schwammig und undefiniert bleibendes Verleihen; vielleicht handelt es sich auch um eine Form der Spende. Transparente Regeln hierüber werden am Ort des Geschehens nicht verlautbart; die Bücher sind eine Art ungeregeltes Gemeingut.[74] Der Gegenstand des ökonomischen Tauschs hat sich durch seine explizite Markierung als „Leihbuch" aber verändert: vom wertlosen, verschenkten Gegenstand des Überflusses hin zum verliehenen und qua Stempelung quasi wertlos gewordenen Gegenstand. In diesem Zuge verändert sich auch die mit der Buchweitergabe verknüpfte Tugendorientierung: von der Großmütigkeit *(magnanimitas, megalopsychía)* zur Kleinmütigkeit *(pusillanimitas, oligopsychía)*. Die ursprünglich Schenkenden wandeln sich zu sozial kontrollierenden „Leihgebern". Damit verkleinern sie sich selbst, ihre eudämonistische Tugendorientierung und ihre Möglichkeiten, Vortrefflichkeit der Lebensführung zu erlangen, was einer Abkehr vom Transzendenzprinzip gleichkommt: „Schenkende Tugend", so Hart-

---

[73] Aristoteles, EN V.2, 1129a.
[74] Reder et al. 2019, S. 64.

mann, sei ein „Stiften des Reichtums in Menschenherzen. Das Wesen der Fülle rechtfertigt sich in ihr mit dem ihr eigentümlichen Hinauswachsen über die Person. So ist sie eine Transzendenz eigener Art (...)."[75] Die gegenständliche Markierung der Bücher geht mit einer sozialen Markierung von imaginierten Etiketteverletzern als „Plünderer" einher, die sich diskursiv von beschenkt Nehmenden zu sich unbotmäßig Bereichernden wandeln.

Die zweite ablesbare Transformation bezieht sich auf die ökonomische Ebene des materiellen Bedarfsniveaus. Sie markiert im Diskurs einen Übergang vom Überfluss *(cornucopia, aphthonía)* zu einem eingeredeten Mangel *(inopia, endeia)*. Die reale Überflusswirtschaft einer wohlhabenden Industriegesellschaft im frühen 21. Jahrhundert, einer konsumistischen Überflussgesellschaft, wird durch die Markierung der Bücher uminterpretiert in eine Mangelwirtschaft. Gebrauchte Bücher wandeln sich diskursiv so vom Wegwerfgut zum Luxusgut – letzteres sind sie aber in Deutschland schon lange nicht mehr. Es ist nur bedingt ein Zufall, dass der Bücherschrank Margarethenhöhe symbolisch augenfällig in Nachbarschaft zu Altpapier-, Altglas- und Altkleidercontainern steht. Alle diese Container quellen regelmäßig über. Wollte man den Bücherschrank institutionsökonomisch bzw. spieltheoretisch als eine Art Allmende betrachten, also als einen Raum der gemeinsamen Bewirtschaftung öffentlicher rarer Güter,[76] so fehlt dieser Institution also just das wesentliche Merkmal der Knappheit dieser Güter. Im Gegenteil: Es kommen fast automatisch stetig mehr Bücher hinzu; das Problem ist daher eher der Überfluss, der in der Tat einer Regulierung bedarf, nicht aber eine Übernutzung. Die vom Bürgerschaftsverein ausgesuchten „Paten" des Bücherschranks sorgen für ein Aussortieren von Dubletten, unansehnlichen Titeln usw.; es werden im Margarethenhöher Fallsetting also Bücher auch weggeworfen. Die utilitaristische Reinterpretation der gebrauchten, ökonomisch kaum verwertbaren Bücher als rarifizierte Mangelgüter, deretwegen man Menschen der „Plünderei" bezichtigt, basiert also auf einem epistemischen Irrtum über die Art der ökonomischen Austauschbeziehung, soweit sie abgelegte, weitgehend wertlose Entsorgungsgüter betrifft, und liegt sogar quer zur faktischen Alltagspraxis der Bücherentsorgung über den Altpapiercontainer direkt neben dem Bücherschrank. Das Prinzip einer solidarischen Allmende-Allokation rarer Ressourcen trifft hier also aufgrund von Fehlschlüssen über die Knappheit der Güter konzeptionell nicht zu. Es gibt somit kaum einen sachlichen Grund für eine konstruierte Rivalität der Nutzenden; die Gebenden dürften vielmehr froh sein, ihre Altbücher losgeworden zu sein. Dennoch wäre festzuhalten, dass die aus den Diskussionen um Allmendebewirtschaftung bekannten Bereitstellungs- und Aneignungsprobleme prinzipiell auch für den Essener Fall relevant sind, solche Probleme des kollaborativen Handelns aber überwunden werden können.[77]

Der dritte Transformationsprozess bringt zwei auf der geschilderten irrtümlichen Reinterpretation basierende semiotische Markierungen zum Vorschein, die ineinandergreifen. Wenn die de facto wertlosen, da kaum verkäuflichen Bücher (größtenteils ältere Bestseller mit Gebrauchsspuren) just durch ihre Markierung als

---

75 Hartmann 1962, S. 507.
76 Vgl. Müller/Tietzel 1998; zum Konzept auch grundlegend Ostrom 1990.
77 Ostrom 1990, S. 15–20.

„Leihbücher" den Status wertvoller Mangelgüter erlangen, so wird diese Paradoxie aus der widersprüchlichen ökonomistischen Systemlogik des Bücherschranks heraus produziert. Sie widerspricht dem Ursprungskonzept einer solchen an sich meritorischen Einrichtung. Gebrauchte und abgelegte Bücher sollen ja gerade wegen ihrer ökonomischen Wertlosigkeit vor der Vernichtung als schnödes Altpapier bewahrt und in einen zweiten, kulturell wie ökologisch sinnvollen Verwendungskreislauf überführt werden. Es ist mithin die sichtbar ausgestellte Tatsache, dass die Bücher nicht weggeworfen werden, die gesellschaftlichen Sinn produziert, indem Bücher als Kulturgüter bewahrt werden, denen eine gewisse Aura der Erhabenheit zugeschrieben wird.

An dieser Stelle ist es möglicherweise die Digitalität mit ihren zahlreichen neuen Geschäftsmodellen und Verwertungsplattformen, die den hehren Gedanken des Kulturguts insofern torpediert, als sie – über Plattformen wie eBay, Momox usw. – mit neuen monetären Wertschöpfungsmöglichkeiten lockt und Printprodukte schlicht als Handelsware betrachtet. Man kann über solche Dienste in der Tat gebrauchte Bücher verkaufen, doch die Erlöse sind sehr gering. Die vorgeblich übermäßigen Buchentnehmer werden angesichts dieser prinzipiell bestehenden, aber ökonomisch kaum effektiven Verkaufsmöglichkeit pauschal als „Plünderer" markiert und abgewertet – quasi als „Trittbrettfahrer der guten Taten der anderen"[78]. Die Klageführer in diesem Prozess der evidenzlosen Diffamierung zielen möglicherweise darauf ab, sich selbst und ihren gesellschaftlichen Status symbolisch aufzuwerten. In diesem Kontext der Mutmaßungen und Moralisierungen bieten soziale Online-Netzwerke und -Foren (Nebenan.de zählt dazu) vielfältige Möglichkeiten für die Verbreitung unwahrer, kontrafaktischer und empörter Botschaften im Alltag.[79] Die anprangernden Schenkenden werten sich allerdings auch zugleich unbemerkt selbst ab: zu bloßen Leihgebern. Offenbar missfällt ihnen die Vorstellung, andere Menschen könnten ohne Gegenleistung, gewissermaßen anstrengungslos, einen Profit einstreichen. Das Ideologem der Leistung steht im Mittelpunkt gegenwärtiger Gesellschaftskonzeptionen: als Absage an die Gemeinwohlorientierung und als Ausblendung struktureller Benachteiligungen.[80]

Den Diskutantinnen und Diskutanten im Essener Fallsetting scheinen diese Aspekte kaum ansatzweise bewusst zu sein. Ebenso blendet ihr Diskurs die eigentliche Leitidee eines öffentlichen Bücherschranks aus: die der Ressourcenschonung durch Wiederverwertung.

Für die Durchsetzung umweltethischer Leitkonzepte ergeben sich vor diesem Hintergrund Probleme. Wenn es aufgrund von allzu menschlicher Kleinmütigkeit bereits in einem sublokalen Setting zumindest diskursiv schwierig wird, die Vorstellung von Ressourcenschonung und -wiederverwertung und damit auch von Nachhaltigkeit angemessen durchzusetzen, wie soll dies – dieser Vergleich sei hier gestattet – in einem größeren, gar weltweiten Kontext gelingen, der in Zukunft noch

---

78 Reder et al. 2019, S. 64.
79 Vgl. etwa Hutchinson/Appel 2020; Neef 2019; Nocun/Lamberty 2020; Schweiger 2017; Zöllner 2020.
80 Vgl. Sandel 2020, S. 33–58.

viel stärkere Anstrengungen verlangen wird?[81] Solange die Maximen von ökonomischer Vorteilnahme weitgehend unhinterfragt selbst angewandt oder bei anderen Menschen oft pauschal und akkusatorisch vorausgesetzt werden und Ansätze einer kooperativen Selbstregulation durch die Akteurinnen und Akteure vor Ort in einem (zumindest online) diskursiven Zerwürfnis münden, dürfte es schwierig werden, das große Projekt der nachhaltigeren und schonenderen Bewirtschaftung der Welt – bzw. in letzter Konsequenz des Bewahrens eines für Menschen bewohnbaren planetaren Habitats – voranzubringen. Auf der gesamtgesellschaftlichen Ebene sind als Voraussetzung für Lösungsansätze (dies ist sicher keine ganz neue Forderung) „neue Einstellungen, Werthaltungen und Problemsensibilitäten"[82] zu vermitteln. Diese Überlegungen greifen über den Essener Fall also weit hinaus.

6 CONCLUSIO UND AUSBLICK

Der im Fallbeispiel analysierte Diskurs fördert vielschichtige Erkenntnisse zutage. Im Anprangern der (vorgeblichen) Verletzung einer Etikettenorm durch andere Personen versuchen die örtlichen Akteurinnen und Akteure, Verantwortung zu übernehmen. Die am Diskurs Teilnehmenden bedienen sich implizit teils tugendethischer, teils utilitaristischer Alltagskonzepte. Epistemische Irrtümer (über Bücherschränke allgemein, über das Wesen des vorgeblichen Fehlverhaltens, über den vermeintlichen Wert der Bücher, über die ökonomische Struktur der Gesellschaft) führen in Verbindung mit irrationalen kontrafaktischen Behauptungen zu einer maßlosen Übermaßkritik. Entsprechend werden an Ort und Stelle keine transparenten Regeln wie etwa eine Leihordnung aufgestellt, sondern auf Basis falscher oder unvollständiger Schlüsse öffentliche Anschuldigungen ausgesprochen, nachdem bereits per Herrschaftsgestus (Stempelung) eine scheinbare Lösung des Regelkonflikts gesetzt worden ist. Im Kern der Auseinandersetzung hierüber auf der lokalen Mikroebene steht ein selbstbezüglicher Moralismus, der größere Tendenzen gesellschaftlicher Abgrenzung oder Spaltung widerspiegelt. Die entwerteten Bücher stehen für abgewertete Menschen („Plünderer").

Indem diese Umwertungen eine Transformation vom Großmut zum Kleinmut widerspiegeln, vom transzendenten Schenken zum personalistischen „Verleihen", bringt die per Onlinediskurs konstruierte neue „Verleih"-Ordnung des Bücherschranks Essen-Margarethenhöhe zugleich eine eigentümliche Ökonomisierung hervor, in der eigentlich wertlose Güter mit Wert aufgeladen werden – also eine Logik, die die Anprangernden ursprünglich aushebeln wollten. Die im Kontext einer konsumistisch orientierten Gesellschaft als fast schon ‚widerständig' erscheinende kostenlose Weitergabe von gebrauchten Büchern begegnet am Ort des Austauschs einem Widerstand eigener Art. Als Resultat mutiert der Bücherschrank von der konzeptionell meritorischen Institution mit Gemeinwohlorientierung zum pa-

---

81 Vgl. Reder et al. 2019.
82 Luhmann 1990, S. 200.

ternalistisch strukturierten Austauschort für Güter unter Eigentumsvorbehalt, also zu einem Ort widerrufbarer Gunsterweisungen.

Mit dem Wissen um die Auseinandersetzung und im Anblick der Entwertungsstempel ist dieser öffentliche Bücherschrank am Ende eine andere, paradoxerweise privatisierte Institution, die gesellschaftliche Hierarchien widerspiegelt. Die umweltethisch orientierten Ideen von Nachhaltigkeit, Kreislaufwirtschaft und Ressourcenschonung werden so an Ort und Stelle nicht vorangebracht; sie werden im Diskurs auch nicht einmal benannt, obwohl ein öffentlicher Bücherschrank konzeptionell just diesen Leitidealen folgt. Die Vorstellung eines „Sharing" von Gütern verbleibt hier diskursiv in der kommerziellen Logik von digitalen Plattformen, die etwa Übernachtungsmöglichkeiten oder taxiähnliche Dienstleistungen vermitteln oder eben gebrauchte Güter verkaufen – und diese in ihrer Marketingkommunikation eher zweifelhaft als „geteilte" Ressourcen anbieten. Letztlich verweist diese Überhöhung darauf, wie tiefgreifend diese Marktlogik in den Köpfen vieler Menschen verankert zu sein scheint. Doch dies ist ein Diskurs über eine ideologematische Setzung viel größerer Art, dem auch anderswo nachzuspüren wäre.

In der gelebten Praxis an Ort und Stelle, im Essener Stadtteil Margarethenhöhe, funktioniert das „Freecycling" von Gütern letzten Endes aber doch: Bücher werden in den öffentlichen Bücherschrank eingestellt, entnommen, zurückgegeben oder behalten – und wahrscheinlich sogar gelesen, allen Stempelungen zum Trotz.

BIBLIOGRAFIE

Aristoteles [EN]: Nikomachische Ethik [Ethica Nicomachea]. Übers. und hrsg. von Gernot Krapinger. Ditzingen: Reclam [2017].
Aristoteles [Poet.]: Poetik [Poetica]. Übers., eingel. und hrsg. von Olof Gigon. Stuttgart: Reclam [1976].
Beißwenger, Michael (2007): Sprachhandlungskoordination in der Chat-Kommunikation (Linguistik – Impulse & Tendenzen, Bd. 26). Berlin, New York: de Gruyter.
Beuerbach, Jan/Sonntag, Kathrin/Stuart, Amelie (2022): Zur Frage nach dem Stand der Dinge – Eine Einleitung. In: dies. (Hrsg.): Der Stand der Dinge. Theorien der Aneignung und des Gebrauchs. Basel: Schwabe, S. 9–31.
Bürgerschaft Essen-Margarethenhöhe (2021): Unser aktueller Vorstand. Online: https://www.buergerschaft-margarethenhoehe.de/wp-content/uploads/2020/04/Web-Vorstand.pdf (Abruf: 18.02.2022).
Burkhardt, Steffen (2011): Skandal, medialisierter Skandal, Medienskandal: Eine Typologie öffentlicher Empörung. In: Kristin Bulkow/Christer Petersen (Hrsg.): Skandale. Strukturen und Strategien öffentlicher Aufmerksamkeitserzeugung. Wiesbaden: VS, S. 131–155.
Burkhardt, Steffen (2015): Medienskandale. Zur moralischen Sprengkraft öffentlicher Diskurse. 2. Aufl. Köln: von Halem.
Classen, Christoph (2008): Qualitative Diskursanalysen in der historischen Medien- und Kommunikationsforschung. In: Klaus Arnold/Markus Behmer/Bernd Semrad (Hrsg.): Kommunikationsgeschichte. Positionen und Werkzeuge. Ein diskursives Hand- und Lehrbuch. Berlin, Münster: Lit, S. 363–382.
Crawford, Kate (2021): Atlas of AI: Power, Politics, and the Planetary Costs of Artificial Intelligence. New Haven,/London: Yale University Press.
de Botton, Alain (2004): Status Anxiety. London: Hamish Hamilton.
Devine, Kyle (2019): Decomposed: The Political Ecology of Music. Cambridge MA/London: MIT Press.

Diamond, Diana (2006): Narzissmus als klinisches und gesellschaftliches Phänomen. In: Otto F. Kernberg/Hans-Peter Hartmann (Hrsg.): Narzissmus. Grundlagen – Störungsbilder – Therapie. Stuttgart, New York: Schattauer, S. 171–204.

Düwell, Marcus (2011): Arterhalt, Umweltverschmutzung und Naturverbrauch. In: Ralf Stoecker/Christian Neuhäuser/Marie-Luise Raters (Hrsg.): Handbuch Angewandte Ethik. Stuttgart, Weimar: Metzler, S. 502–508.

Earth Charter International (o.J.): Die Erd-Charta (deutsche Version). Online: https://earthcharter.org/wp-content/uploads/2020/03/echarter_german-1.pdf?x62355 (Abruf: 31.08.2022).

Eilenberger, Wolfram (2021): Das Ruhrgebiet. Versuch einer Liebeserklärung. Stuttgart: Tropen.

Ess, Charles (2020): Digital Media Ethics. 3rd ed. Cambridge, Medford: Polity Press.

Ferber, Rafael (2021): Key Concepts in Philosophy: An Introduction. 2nd ed. Baden-Baden: Academia.

Forsythe, Diana (1989): German Identity and the Problem of History. In: Elizabeth Tonkin/Maryon McDonald/Malcolm Chapman (Eds.): History and Ethnicity (ASA Monographs, Vol. 27). London/New York: Routledge, S. 137–156.

Forum Ökologie & Papier (2013): Kritischer Papierbericht 2013. UFOPLAN-Vorhaben FKZ 3709 95 302. Weiterentwicklung des Umweltzeichens Blauer Engel. Roth: Forum Ökologie & Papier. Online: https://www.foep.info/dokumente/upload/6c397_kritischer_papierbericht_2013_neu.pdf (Abruf am 31.08.2022).

Foucault, Michel (1977): Überwachen und Strafen. Die Geburt des Gefängnisses. Frankfurt am Main: Suhrkamp.

Georgi, Dominik/Bründler-Ulrich, Susanne/Schaffner, Dorothea/Federspiel, Esther/Wolf, Patricia/Abplanalp, Richard/Minder, Bettina/Frölicher, Jonas (2019): ShareCity. Sharing-Ansätze, Sharing-Verhalten, Sharing-Strategien, Sharing-Cases in Städten. Wiesbaden: Springer Gabler.

Graf, Klaus (2007): Bücher weggeben statt wegwerfen. Onlinequelle: https://archivalia.hypotheses.org/28169 (Abruf am 31.08.2022).

Grütter, Heinrich Theodor/Heimsoth, Axel (Hrsg.) (2019): Aufbruch im Westen. Die Künstlersiedlung Margarethenhöhe. Essen: Klartext.

Hallich, Oliver (2020): Was ist Moralismus? Ein Explikationsvorschlag. In: Christian Neuhäuser/Christian Seidel (Hrsg.): Kritik des Moralismus. Berlin: Suhrkamp, S. 61–80.

Hartmann, Nicolai (1962): Ethik. 4. Aufl. Berlin: de Gruyter [zuerst 1926].

Heiser, Sebastian (2012): „Man darf kein Buch wegwerfen". Elke Heidenreich findet, man müsse jedes Buch weitergeben. Der Satiriker Martin Sonneborn hingegen steckt manche „ungeprüft in die Tonne". Online: https://taz.de/Streit-der-Woche/!5082519 (Abruf am 31.08.2022).

Höffe, Otfried (2009): Einführung in Aristoteles' Poetik. In: Ders. (Hrsg.): Aristoteles. Poetik (Klassiker Auslegen, Bd. 38). Berlin: Akademie-Verlag, S. 1–27.

Hutchinson, Leona/Appel, Markus (2020): Die Psychologie des Gerüchts. In: Markus Appel (Hrsg.): Die Psychologie des Postfaktischen: Über Fake News, „Lügenpresse", Clickbait & Co. Berlin: Springer, S. 157–166.

Katrini, Eleni (2018): Sharing Culture: On Definitions, Values, and Emergence. In: The Sociological Review Monographs 66(2), S. 425–446. DOI: 10.1177/0038026118758550.

Klug, Katharina (2017): A Gift for a Stranger: Freecycling as a Current Lifestyle of Sustainable Consumption. In: Thomas Osburg/Christiane Lohrmann (Eds.): Sustainability in a Digital World: New Opportunities Through New Technologies. Cham: Springer, S. 201–207.

Lange, Steffen/Santarius, Tilman (2018): Smarte grüne Welt? Digitalisierung zwischen Überwachung, Konsum und Nachhaltigkeit. München: oekom.

Little Free Library (2022): Little Free Library. Take a Book. Share a Book. Online: https://littlefreelibrary.org/ (Abruf: 18.02.2022).

Löfgren, Orvar/Czarniawska, Barbara (2012): The Inherited Theories of Overflow and Their Challengers. In: Dies. (Eds.): Managing Overflow in Affluent Societies. New York/London: Routledge, S. 1–12.

Luhmann, Niklas (1990): Ökologische Kommunikation. Kann die moderne Gesellschaft sich auf ökologische Gefährdungen einstellen? 3. Aufl. Opladen: Westdeutscher Verlag.

Malone, Jürgen (2020): Margarethenhöhe. Stiftung und Promenadenschenkung. 2. Aufl. Essen: Bürgerschaft Essen-Margarethenhöhe.

Margarethe-Krupp-Stiftung (2020): Ein Bücherschrank auf der Höhe. Online: https://www.margarethe-krupp-stiftung.de/news/ein-buecherschrank-auf-der-hoehe/ (Abruf: 18.02.2022).

Martens, Hans/Goldmann, Daniel (2016): Recyclingtechnik. Fachbuch für Lehre und Praxis. 2. Aufl. Wiesbaden: Springer Vieweg.

McLuhan, Marshall (1964): Understanding Media: The Extensions of Man. New York/Toronto/London: McGraw-Hill.

Mersch, Sonja (2021, 26.03.): Bücher sind jetzt gestempelt. In: Die Höhe. Neues aus dem schönsten Dorf der Stadt [Blog]. Online: https://diehoehe.de/buecher-sind-jetzt-gestempelt/ (Abruf: 18.02.2022).

Mersch, Sonja (2022, 24.02.): Bücherschrank sucht Paten. In: Die Höhe. Neues aus dem schönsten Dorf der Stadt [Blog]. Online: https://diehoehe.de/buecherschrank-sucht-paten/ (Abruf: 06.04.2022).

Metzendorf, Rainer/Mikuscheit, Achim (2016): Architekturführer durch die Gartenstadt Margarethenhöhe (Kleine Schriften des Ruhr Museums, Bd. 4). Essen: Klartext.

Mieth, Corinna/Rosenthal, Jacob (2020): Spielarten des Moralismus. In: Christian Neuhäuser/Christian Seidel (Hrsg.): Kritik des Moralismus. Berlin: Suhrkamp, S. 35–60.

Morrison, James (2019): Scroungers: Moral Panics and Media Myths. London: Zed Books.

mr [= Manfred Raub] (2021): Bücherschrank auf der Höhe. In: Die Bürgerschaft Essen-Margarethenhöhe e.V. Mitglieder-Information, Ausgabe 1/2021, S. 8.

Müller, Christian/Tietzel, Manfred (1998): Allmende-Allokationen. In: Manfred Tietzel (Hrsg.): Ökonomische Theorie der Rationierung. München: Vahlen, S. 163–201.

Nebenan.de (2021): Stadtteilgruppe Margarethenhöhe. Online: https://nebenan.de/feed (Abruf: 22.04.2021).

Neef, Karla (2019): Fake News überall? Wenn Meinungsbildung und Demokratie auf dem Prüfstand stehen. In: Petra Grimm/Tobias O. Keber/Oliver Zöllner (Hrsg.): Digitale Ethik. Leben in vernetzten Welten (Kompaktwissen XL, Bd. 15240). Ditzingen: Reclam, S. 106–120.

Neuhäuser, Christian/Seidel, Christian (2020): Kritik des Moralismus. Eine Landkarte zur Einleitung. In: Dies. (Hrsg.): Kritik des Moralismus. Berlin: Suhrkamp, S. 9–34.

Nitschke, Paula/Schweiger, Moritz (2021): Alltagspraktiken digitaler Teilhabe in Nachbarschaft und Stadt. In: Medien und Kommunikationswissenschaft 69(3), S. 363–379. DOI: 10.5771/1615-634X-2021-3-363.

Nocun, Katharina/Lamberty, Pia (2020): Fake Facts. Wie Verschwörungstheorien unser Denken bestimmen. Köln: Quadriga.

Ostrom, Elinor (1990): Governing the Commons: The Evolution of Institutions for Collective Action. Cambridge: Cambridge University Press.

Parker, Ian (2007): Die diskursanalytische Methode. In: Uwe Flick/Ernst von Kardorff/Ines Steinke (Hrsg.): Qualitative Forschung. Ein Handbuch. 5. Aufl. Reinbek: Rowohlt, S. 546–556.

Pfeifer, Wolfgang (Hrsg.) (2005): Etymologisches Wörterbuch des Deutschen. 8. Aufl. München: dtv.

Przyborski, Aglaja/Wohlrab-Sahr, Monika (2014): Qualitative Sozialforschung. Ein Arbeitsbuch. 4. Aufl. München: Oldenbourg.

Rapp, Christof (2009): Aristoteles über das Wesen und die Wirkung der Tragödie (Kap. 6). In: Otfried Höffe (Hrsg.): Aristoteles. Poetik (Klassiker Auslegen, Bd. 38). Berlin: Akademie-Verlag, S. 87–104.

Reder, Michael/Gösele, Andreas/Köhler, Lukas/Wallacher, Johannes (2019): Umweltethik. Eine Einführung in globaler Perspektive (Grundkurs Philosophie, Bd. 21). Stuttgart: Kohlhammer.

Rohloff, Amanda/Hughes, Jason/Petley, Julian/Critcher, Chas (2013): Moral Panics in the Contemporary World: Enduring Controversies and Future Directions. In: Chas Critcher/Jason Hughes/Julian Petley/Amanda Rohloff (Eds.): Moral Panics in the Contemporary World. New York: Bloomsbury, S. 1–30.

Sandel, Michael J. (2020): The Tyranny of Merit: What's Become of the Common Good? London: Allen Lane.
Scheffer, Jörg (2020): Digital verbunden – sozial getrennt. Gesellschaftliche Ungleichheit in räumlicher Perspektive. Wiesbaden: Springer VS.
Schreiner, Nadine (2020): Konsumentenverhalten in der Sharing Economy. Analysen ausgewählter Einflussfaktoren auf das Sharingverhalten (Verbraucherforschung, Bd. 2). Baden-Baden: Nomos.
Schweiger, Wolfgang (2017): Der (des)informierte Bürger im Netz. Wie soziale Medien die Meinungsbildung verändern. Wiesbaden: Springer.
Seebold, Elmar (Bearb.) (2011): Kluge – Etymologisches Wörterbuch der deutschen Sprache. 25. Aufl. Berlin: De Gruyter.
Sell, Saskia/Linke, Christine (2019): Zur kommunikationswissenschaftlichen Analyse von Online-Diskursen: Konzeption, Adaption und Grenzziehung transmedialer Diskurskaskaden. In: Thomas Wiedemann/Christine Lohmeier (Hrsg.): Diskursanalyse für die Kommunikationswissenschaft. Theorie, Vorgehen, Erweiterungen. Wiesbaden: Springer VS, S. 307–330.
Staab, Philipp (2019): Digitaler Kapitalismus. Markt und Herrschaft in der Ökonomie der Unknappheit. Berlin: Suhrkamp.
Stadt Essen (2021): Bücherschränke – Literaturangebot im öffentlichen Raum. Online: https://www.essen.de/leben/kultur_/foerderung/buecherschraenke_in_essen.de.html (Abruf: 18.02.2022).
Stadt Essen (2022a): Bevölkerung nach Alter in den Stadtbezirken und Stadtteilen am 31.12.2021. Online: https://media.essen.de/media/wwwessende/aemter/12/Bevoelkerungszahlen.pdf (Abruf: 18.02.2022).
Stadt Essen (2022b): Ein Blick auf … Soziales in Essen. 31.12.2019 bis 2021. Essen: Stadt Essen, Amt für Statistik, Stadtforschung und Wahlen.
Suler, John R. (2016): Psychology of the Digital Age: Humans Become Electric. New York: Cambridge University Press.
Tenenbom, Tuvia (2012): Allein unter Deutschen. Eine Entdeckungsreise. Berlin: Suhrkamp.
Traue, Boris/Pfahl, Lisa/Schürmann, Lena (2019): Diskursanalyse. In: Nina Baur/Jörg Blasius (Hrsg.): Handbuch Methoden der empirischen Sozialforschung. 2. Aufl. Wiesbaden: Springer VS, S. 565–583.
Vereinte Nationen (2015): Resolution der Generalversammlung, verabschiedet am 25. September 2015. 70/1. Transformation unserer Welt: die Agenda 2030 für nachhaltige Entwicklung. Online: https://www.un.org/depts/german/gv-70/band1/ar70001.pdf (Abruf: 31.08.2022).
Werner, Micha H. (2021): Einführung in die Ethik. Berlin: Metzler.
Wiedemann, Thomas/Lohmeier, Christine (2019): Einleitung. Die Diskursanalyse für die Kommunikationswissenschaft fruchtbar machen. In: Dies. (Hrsg.): Diskursanalyse für die Kommunikationswissenschaft. Theorie, Vorgehen, Erweiterungen. Wiesbaden: Springer VS, S. 1–15.
Wikipedia (2022): Public bookcase. Online: https://en.wikipedia.org/wiki/Public_bookcase (Version vom 21.01.2022; Abruf: 18.02.2022).
Zöllner, Oliver (2015): Was ist eine Ökonomisierung der Wertesysteme? Gibt es einen Geist der Effizienz im mediatisierten Alltag? Einleitende Bemerkungen zum Thema des Buches. In: Petra Grimm/Oliver Zöllner (Hrsg.): Ökonomisierung der Wertesysteme. Der Geist der Effizienz im mediatisierten Alltag (Medienethik, Bd. 14). Stuttgart: Steiner, S. 7–18.
Zöllner, Oliver (2020): Klebrige Falschheit. Desinformation als nihilistischer Kitsch der Digitalität. In: Petra Grimm/Oliver Zöllner (Hrsg.): Digitalisierung und Demokratie. Ethische Perspektiven (Medienethik, Bd. 18). Stuttgart: Steiner, S. 65–104.

HOMO DIGITALIS MEETS HOMO MONTANUS

Harald Pechlaner, Michael de Rachewiltz

Wer erklärt den Menschen? Gegenwärtig kann kaum eine wissenschaftliche Disziplin oder religiöse Weltanschauung behaupten, die Erklärungshoheit in diesen Belangen zu besitzen: Zu unterschiedlich sind hierbei die Zugänge und schon die Frage selbst eröffnet vielfältige Interpretationsmöglichkeiten, auch wenn in den letzten Jahrzehnten ein gewisser Neurohype dazu geführt hat, dass die Hirnforschung die „Deutungsmacht" für sich beansprucht.[1] Geht es darum zu erklären, was der Mensch ist oder wie er zu dem geworden ist, was er ist? Geht es um eine Differenzierung zu anderen Wesen, um rein essentialistische Bestimmungsversuche? Oder geht es um die Frage nach der Zukunft des Menschen, wie er sein könnte oder sollte? In diesem Beitrag wollen wir zunächst überblicksartig das Spektrum dieser Fragen und entsprechender Antworten nachzeichnen, um in einem zweiten Schritt zwei Menschenbilder gegenüberzustellen und zu beurteilen. Während der erste Teil primär deskriptiv vorgeht und eine Bestandsaufnahme versucht, geht es im zweiten Teil auch um einen normativen Vergleich.

1 WAS IST DER MENSCH?

Bei dieser Frage ging und geht es um ein Abstraktum: Wer ist der Mensch oder was ist die menschliche Natur, ungeachtet der individuellen Unterschiede? Worin besteht genau die anthropologische Differenz, die uns von anderen Lebewesen unterscheidet? Schon die Tatsache, dass der Mensch diese Frage stellt, das Erkenntnisinteresse auf sich selbst richtet und sich über seine Existenz wundert, wurde als ihm eigenes Spezifikum ausgemacht – dem Menschen ist die Welt und sein eigenes Dasein bewusst. Er ist ein sein Wesen suchendes Wesen. Und die Welt und sein Dasein sind zugleich theoretisches Erkenntnisobjekt als auch praktisches Handlungsobjekt bzw. der Mensch sowohl aktives, erlebendes Subjekt als auch passives Objekt. Dieser bereits seit Platon diskutierte antithetische Dualismus zwischen Körper und Seele kulminierte in der humanistischen Philosophie der Renaissance in der Idee der Seele als Vermittler zwischen Geist und Körper. Der Mensch ist demnach *copula mundi*, das Mittelglied zwischen Gott und der Welt im Zentrum des Universums.[2]

---

1 Vgl. Hasler 2013.
2 Vgl. Ficino 2001.

In der philosophischen Anthropologie wird seit Max Scheler zwischen einem natursystematischen Begriff und einem Wesensbegriff vom Menschen unterschieden: In den Naturwissenschaften und speziell in der Biologie wurde der Mensch von Carl von Linné beispielsweise als *Homo sapiens* klassifiziert, es geht also um eine taxonomische Einordnung des Menschen als eine biologische Spezies unter vielen. Neben der Gattung und der Art gibt es bei Linné auch weitere Kategorien, z. B. *Homo sapiens ferus*, die sogenannten *Wolfskinder*.[3] Mit dem Aufkommen der Evolutionstheorie und der Idee einer Stammesgeschichte der Arten wird zwar weiterhin von Arten gesprochen, die weiteren Kategorien von Linné wurden jedoch durch die Abstammungsgemeinschaft (Monophylum) ersetzt, wonach der Mensch zur Familie der Menschenaffen in der Ordnung der Primaten gezählt wird.

Für den Wesensbegriff des Menschen wurden unzählige Vorschläge für biologische oder geistig-kulturelle Wesenseigenschaften, sogenannte Anthropina, gemacht. Vom aufrecht gehenden oder unbehaarten Wesen über sekundäre Nesthocker bei Adolf Portmann, dem *Homo homicidius*, also Artgenossen tötendem Wesen bei Thomas Hobbes und anderen, dem Mängelwesen bei Arnold Gehlen, dem *Homo faber* bei Max Scheler, dem *Zoon politikon* bei Aristoteles, dem zukunftsorientierten Wesen, dem Wanderwesen (*Homo viator*), dem Ritus vollziehenden Wesen, der Zweckfreiheit fähigem Wesen, dem zur Freiheit verurteilten Wesen bei Sartre oder dem entarteten Tier bei Nietzsche, um nur einige wenige Beispiele zu nennen. Aber nicht alle Beispiele stellen Versuche einer Wesensbestimmung dar, sondern können auch als normative Setzungen verstanden werden – welches Selbstverständnis wir Menschen von uns haben *sollten*. Damit wird der zunächst offene Charakter, die Unbestimmtheit des Menschen, als wesentliche Eigenschaft betrachtet. Und als Mängelwesen schaffen wir uns erst mit der Kultur eine zweite Natur, um überhaupt überleben zu können – die Natur des Menschen ist seine natürliche Künstlichkeit.[4] Mit der Kultur entstehen auch komplexere Formen der Weltanschauungen als „Gesamtheit von Auffassungen über Aufbau, Ursprung und Ziel, Sinn und Wert der Welt und des menschlichen Lebens"[5]. Unsere Weltanschauung (oder auch Weltbild) beinhaltet aber nicht nur die Deutung und den Sinn des Weltganzen, sondern auch unsere Vorstellungen von einem gelungenen Leben und dient insofern als Orientierung für die Lebensgestaltung. Die heute vorherrschende Weltanschauung ist der Naturalismus, alles geht mit rechten Dingen zu, ohne Zutun übernatürlicher, transzendenter Vorgänge. Und auch das Geistige kann auf natürliche Prozesse zurückgeführt werden. Neben dieser ontologischen These wird meist auch ein methodologischer Naturalismus vertreten, wonach die wissenschaftliche Methode bei der Erforschung aller Bereiche der Realität Autorität beanspruchen kann.[6] Der Erfolg der Natur- und Technikwissenschaften hat in Folge eine mit dem Naturalismus oft in Zusammenhang gebrachte Lebenshaltung erschaffen: die Konsum-, Überfluss- und Wegwerfgesellschaft, die durch die sogenannte „McDonald-

---

3 Vgl. Becker 2017.
4 Vgl. ebd.
5 Ulfig 2003, S. 468–470.
6 Vgl. Beckermann 2021; Vollmer 2017.

isierung"⁷ inzwischen die ganze Welt dominiert. Durch die digitale Revolution und die dadurch entstandene, sich gegenwärtig weiterhin beschleunigende digitale Transformation aller Lebensbereiche scheint sich diese Lebensweise bisher zu verstärken und durch neue Aspekte zu ergänzen – das Ergebnis ist der *Homo digitalis*.

2 HOMO DIGITALIS – EIN NOCH JUNGES WESEN

Es gab zwar bereits in den 1990er-Jahren Mobiltelefone mit Internetzugang und anderen ähnlichen Funktionen, aber spätestens mit dem Durchbruch des Smartphones durch die Einführung des ersten iPhones im Jahr 2007 ist die Digitalisierung nicht nur allgegenwärtig, sie ist inzwischen fester Bestandteil unseres Daseins, soweit, dass die Unterscheidung zwischen virtueller und realer Welt ihren Sinn verloren hat, zu eng sind beide Welten miteinander verwoben. Wir müssen zugestehen, dass virtuelle Welten genauso genuine Wirklichkeiten sind wie unsere „gewöhnliche" Realität, ganz unabhängig davon, ob diese selbst eine Simulation ist oder nicht.⁸ Daraus folgt auch, dass ein sinnvolles Leben mit echten Beziehungen auch virtuell möglich ist. Das Problem an der Digitalisierung ist also nicht notgedrungen die Technologie selbst, sondern zu was sie uns bisher verleitet hat, wie wir sie nutzen und wie sie unsere sozialen Beziehungen beeinflusst. Zumindest solange es zu keiner technologischen Singularität kommt und künstliche Intelligenz unsere Existenz bedroht,⁹ liegen die wahren Risiken der Digitalisierung in der Art und Weise, wie sie unseren Alltag und unser Menschenbild hin zum *Homo digitalis* verändert hat. Vor allem das Internet und die darauf aufbauenden Technologien haben die Art, wie wir leben, ganz entscheidend gewandelt: Wir kommunizieren untereinander über das Internet, konsumieren digitale Medien und eignen uns unser Wissen aus digitalen Quellen an. Unternehmen bewerben und verkaufen ihre Produkte über das Internet oder bieten selbst digitale Produkte an. Als Bürger nutzen wir digitale Dienste des Staates, verwalten unsere persönlichen Daten online, egal ob dies unsere bürgerlichen Rechte oder unsere Gesundheit betrifft. Und Blockchain-Technologien erlauben die endgültige Entstofflichung des Geldes.

All diese Veränderungen haben Vor- und Nachteile. Die Informationsfülle im Internet erlaubt uns über praktisch jeden Bereich des Lebens und auch der Erde über Webcams, Wetterstationen usw. aktuelle Informationen einzuholen und uns weltweit in Sekundenschnelle mit anderen auszutauschen. Zugleich hat diese Geschwindigkeit sowohl unsere Arbeitswelt als auch unsere Freizeit in einen Schnelllebigkeitsstrudel gezogen, der uns nur noch selten die Gegenwart erleben lässt, und zu psychischen Problemen führen kann. Der *Homo digitalis* will immer erreichbar sein, konsumiert im Dauermodus digitale Medien, schießt Selfies und hat auch kein Problem damit, dass seine digitalen Daten der Rohstoff für den sogenannten Überwachungskapitalismus sind, in dem die Prognosen über unser zukünftiges Verhal-

---

7 Ritzer 1997.
8 Vgl. Chalmers 2022.
9 Vgl. Bostrom 2016.

ten verkauft werden.[10] Diese Asymmetrie von Wissen und Macht spiegelt die infantile Phase, in der sich der *Homo digitalis* noch befindet, wider. Die Sehnsucht nach Zeit, Ruhe, Spiritualität, Einsamkeit und Abschalten-Können wächst bei vielen Menschen, beispielsweise wenn versucht wird, mittels sogenanntem Digital Detox auf die Nutzung des Smartphones und anderer digitaler Geräte für eine gewisse Zeit zu verzichten.

3 HOMO MONTANUS – ZÄH, NACHHALTIG UND ZUTIEFST DEMOKRATISCH

Berge sind unter mythologischen Gesichtspunkten Sitz der Götter und in praktisch allen Kulturen Symbole für das Überirdische. Das menschliche Dasein hat viel mit einem Streben nach oben zu tun, womit Vertikalität ins Spiel kommt. Jenseits des religiösen Rahmens werden Berge aber auch mit unberührter Natur, Wildnis oder Einfachheit in Verbindung gebracht. Erst die Romantik hat die Wildnis der Berge mit Schönheit verknüpft, bevor im 19. Jahrhundert die Begeisterung für die Berge auch zu deren alpinistischer Eroberung und später zu einem touristischen Massenphänomen wurde. Berge wurden in den Nachkriegsjahren des 20. Jahrhunderts zu Projektionsflächen eigener Sehnsüchte, das (bäuerliche) Leben in den Bergen wurde mit Vorstellungen von intakten Familienwelten, Zurückgezogenheit und Einfachheit in Verbindung gebracht. Die Idylle der Berge war gewissermaßen die Gegenwelt zu den Nachwehen der Kriege.[11] Aber Berge sind nicht nur Überlebensräume für die Alpinisten weit oben, wo nur wenige Menschen hinkommen, sondern sie sind in vielen Teilen der Welt vor allem Lebensräume, wenngleich unter anderen Bedingungen. Menschen in den Bergen ringen diesen eine Existenzgrundlage ab, die hart verdient ist: zu steil sind die Böden, zu heterogen die Landschaften, zu schwierig erreichbar sind die Berge, als dass man mit den Vorzügen der Globalisierung im Wettstreit bestehen könnte.

In den Bergen leben bedeutet, sich mit den Bergen auseinanderzusetzen und ein Wissen anzueignen, das für das (Über-)Leben von zentraler Wichtigkeit ist. „Die Bedeutung der Berge entscheidet sich gewiss zum einen in den Bergen selbst, auch wenn die Menschen dort wissen, wie man mit ihnen umgeht, wie man sie behandelt und welche Art von Respekt und Demut notwendig ist, um nachhaltig zu leben und zu wirtschaften."[12] In den Bergen zu leben bedeutet, Verantwortung zu zeigen gegenüber der Natur, denn auf sie kann man nur reagieren, was ein hohes Maß an Flexibilität und Einfühlungsvermögen braucht, aber vor allem auch Verantwortung gegenüber sich und dem menschlichen Umfeld. Man ist ständig für den anderen verantwortlich, aufeinander angewiesen und effizient abgestimmt, um Beschwerlichkeiten zu minimieren und der Natur bzw. den Bergen etwas abzuringen, ohne sie auszubeuten.[13] Der *Homo montanus* musste lernen, die Dinge gemeinsam

---

10   Vgl. Zuboff 2018.
11   Vgl. Rösch 2017.
12   Pechlaner/de Rachewiltz 2021, S. 415.
13   Vgl. Mühle 2011.

zu tun, Teil einer Gemeinschaft zu sein, die im Grunde dasselbe Interesse an den Bergen hat und mit derselben Demut an diese herangeht. Das Leben in den Tälern und auf den Bergen hat gemeinsam, dass man sich mit den Naturgefahren auseinandersetzen und allenfalls auch eine Antwort finden muss. Diese Gefahren betreffen nicht nur einzelne, sondern ganze Landschaften und deren Bewohner. Viele Almen in den Bergen, im Besonderen in den Alpen, sind kooperativ bewirtschaftet: Großvieh, wie Rinder, Pferde und Schweine, sowie Kleinvieh, wie Schafe, Ziegen und sogar Geflügel, weiden auf den genossenschaftlich organisierten Weideflächen, die gewonnenen Rohstoffe werden kooperativ veredelt und vermarktet. Die Berge werden aber auch bewirtschaftet, weil nur die Bewirtschaftung garantiert, dass es in den Bergen nicht zu Verbuschungen und Verödungen kommt, was wiederum die Risiken durch Naturgefahren in den Tälern erhöht. Ähnliche Beispiele sind die von Landwirten gemeinschaftlich bewirtschafteten Bewässerungssysteme in vielen alpinen Regionen, im Grunde verwaltetes Gemeingut (commons), seit Jahrhunderten gute Beispiele für verwaltete Gemeinnutzen, sozusagen gemeinschaftliches Eigentum von Nutzerorganisationen.[14] Dieses Miteinander fördert den Austausch von Informationen, Erfahrungen und Wissen, im Bewusstsein, dass man auf die Informationen gegenseitig angewiesen ist, um gemeinsam in den Bergen zu bestehen und der Natur zu antworten. Es sind die öffentlichen Informationsräume, die das Überleben des Einzelnen erleichtern. Im Grunde sind diese Formen des kooperativen Miteinanders gelebte Demokratien mit Institutionen, Verbänden, Eigentums- und Nutzungsrechten, Regeln und Abstimmungsprozessen. Es geht um die Verbindung von gesellschaftlicher, ökonomischer und ökologischer Tragfähigkeit, eine solidarische Ökonomie, die sich am Gemeinwohl orientiert.[15]

4 WAS KANN DER HOMO MONTANUS DEM HOMO DIGITALIS MITGEBEN?

Der *Homo montanus* ist an Lebenserfahrung und -haltung reicher als der junge *Homo digitalis* und hat schon viele Lehren hinter sich. Er weiß unter anderem, dass ein Raubbau an der Natur nicht betrieben werden darf und stattdessen mit der Natur kooperativ umgegangen werden muss bzw. er sich als abhängiger Teil eines größeren Ganzen erkennt und dadurch weiß, welche Prinzipien für ein gutes Leben beachtet werden müssen. Digital Detox ist im Grunde die Sehnsucht des *Homo digitalis* nach dem Leben des *Homo montanus*.

Der *Homo montanus* weiß um die Notwendigkeit gemeinsamer Informationsräume, die der *Homo digitalis* tendenziell besitzen, betreiben und kontrollieren möchte, „ohne dass sie durch Gesetze eingeschränkt werden"[16]. Und weiter: „Die liberalen Demokratien der Welt sehen sich heute mit einer ‚Tragödie des Nichtallgemeinguts' konfrontiert. Informationsräume, von denen die Menschen annehmen, dass sie öffentlich sind, werden zur maximalen Profiterzielung streng von privaten

---

14 Vgl. Kramer 2019.
15 Vgl. Kramer 2021.
16 Zuboff 2021, S. 14.

Interessen beherrscht."[17] Es geht um die Maximierung der Erfassung von Daten als Grundressource, um menschliches Verhalten vorhersagen zu können. Daten, von Usern zur Verfügung gestellt, werden zu Unternehmensvermögen mit wirtschaftlichem Nutzen für die Unternehmen. Zunehmend stellt sich aber die Frage nach dem gesellschaftlichen Schaden, etwa durch das Wegfallen von Privatsphäre, aber auch öffentlichen Informationsräumen, die ohne privatwirtschaftliche Intervention mit je eigenen Interessen – die denen des Gemeinwohls oftmals diametral gegenüberstehen – funktionieren.

Das kooperative Wertschöpfen des *Homo montanus* ermöglicht Transparenz, ein gewisses Maß an sozialer Kontrolle bezüglich des individuellen Beitrages zum Ganzen und Lebensqualität durch das entstehende Sozialkapital. Die Orientierung an einer (nachhaltigen) Lebensgestaltung kann nicht ohne gemeinsame Wertvorstellungen darüber funktionieren, ein Ausbrechen aus diesen sozialen Normen wird schwierig bis unmöglich. Demokratische Verhältnisse ermöglichen soziale Ethiken, funktionieren aber auch nur auf der Basis sozialer Ethiken. Der *Homo digitalis* muss sich im Klaren sein, dass die technologische Entwicklung eine demokratisch legitimierte Festlegung von Spielregeln braucht, damit sie dem Wohl der Gesellschaft dient. Der *Homo montanus* verkörpert gewissermaßen das Ideal der (gesellschaftlichen) Selbstverwaltung mit dem Ziel eines guten Lebens und des (gemeinsamen) Überlebens. Jäger, Hirten, Landwirte oder Förster besitzen ein spezielles Mikrowissen über die Verhältnisse in den Bergen, mit dem alleine sie nicht ausreichend vor den Risiken der Berge geschützt sind. Wenn sie dieses jedoch mit den anderen Akteuren teilen, lebt der öffentliche Informationsraum, der die Grundlage für die Entscheidungen der jeweiligen Interessensgruppen darstellt. Der *Homo digitalis* hat die Tendenz, die Informationen des Einzelnen zu sammeln und für sich zu nutzen, im Idealfall ein Geschäftsmodell daraus zu machen. Dieses zerstört aber das Vertrauen, schafft Abhängigkeiten, vergrößert die Ungleichheiten, schürt Neid und erleichtert Manipulation. Der Berg lehrt uns einiges in Sachen gutes Leben. Es ergibt wenig Sinn, gegen die Natur zu wirtschaften: „Die Natur lehrt uns Demut. Sie reagiert nicht auf dich, du musst auf die Natur reagieren. Sonst bist du verloren."[18] Der *Homo digitalis* kann das Denken in Mensch-Natur-Beziehungen lernen sowie die Bedeutung öffentlicher Räume erkennen, die die Privatsphäre nicht einschränken. Der *Homo digitalis* richtet damit sein wirtschaftliches Handeln auf das Gemeinwohl und den Gemeinnutzen aus, ohne seine Existenzgrundlage in Gefahr zu bringen, sondern vielmehr um seine Existenzgrundlage zu sichern und die positiven Seiten der Digitalisierung im Rahmen von demokratisch legitimierten Zielsetzungen zur Qualität der Daten und der Datensicherheit weiterzuentwickeln.

Vielleicht besteht die Lösung in einem Mittelweg: Nachhaltigkeit und Digitalisierung finden gemeinsam den richtigen Rhythmus und ermöglichen so eine selbstbestimmte Lebenshaltung mit einer klaren Vorstellung vom guten Leben. Der *Homo digitalis* strebt nach vorne und ermöglicht Fortschritt durch Digitalisierung, der *Homo montanus* kann mit Ressourcen nachhaltiger umgehen und ist resistenter ge-

---

17 Zuboff 2021.
18 Mühl 2011, S. 19.

genüber konsumistischen Tendenzen. Die Demokratiekrise hängt eng mit anderen Krisen in Wirtschaft, Gesellschaft und Politik zusammen. Demographie- oder Klimakrisen tun ein Übriges, um die Komplexität zu steigern. Der *Homo digitalis* braucht den *Homo montanus*, um durch das bessere Verstehen der Natur und die entsprechende Einstellung oder Demut einen anderen Blick auf die Möglichkeiten, mit diesen Krisen umzugehen, zu bekommen. Der *Homo montanus* braucht den *Homo digitalis*, um Effizienz und Effektivität zu erhöhen und Innovation und Wohlstand zu generieren. Technologische Entwicklungen sind dazu die zentralen Treiber. Beide zusammen können daran arbeiten, dass diese Technologien durch einen Schulterschluß von Nachhaltigkeit und Digitalisierung Lösungen zur Bewältigung der vielen Krisen hervorbringen, und den „Überwachungskapitalismus als Mutter aller Krisen"[19] weitestgehend eindämmen.

BIBLIOGRAFIE

Becker, Ralf (2017): Mensch. In: Kirchhoff, Thomas/Karafyllis, Nicole C. et al. (Hrsg.): Naturphilosophie. Tübingen: Mohr Siebeck, S. 165–170.
Beckermann, Ansgar (2021): Naturalismus. Entwurf eines wissenschaftlich fundierten Welt- und Menschenbilds. Paderborn: Brill mentis.
Bostrom, Nick (2016): Superintelligenz: Szenarien einer kommenden Revolution. Berlin: Suhrkamp Verlag.
Chalmers, David (2022): Reality+: Virtual Worlds and the Problems of Philosophy. City of Westminster, London: Allan Lane.
Fenner, Dagmar (2022): Einführung in die Angewandte Ethik. Tübingen: Narr Francke Attempto Verlag.
Ficino, Marsilio (2001–2006): Platonic Theology. Cambridge (Mass.): Harvard University Press.
Hasler, Felix (2013): Neuromythologie: Eine Streitschrift gegen die Deutungsmacht der Hirnforschung. Bielefeld: Transcript Verlag.
Kramer, Dieter (2019): Es gibt ein Genug – Lebensqualität, Enkelgerechtigkeit und die kulturellen Dimensionen zukunftsfähigen Lebens. München: oekom.
Mühl, Melanie (2011): Menschen am Berg. München: Malik – Piper.
Pechlaner, Harald/de Rachewiltz, Michael: Von Hannibal bis Habeler: „Mountain Leadership" und „Leadership in the Mountains". In: Kisgen, Stefanie (Hrsg.): Leadership – Transdisciplinary Writings. Stuttgart: Steinbeis-Edition, S. 109–126.
Ritzer, George (1997): Die McDonaldisierung der Gesellschaft. Frankfurt am Main: Fischer Taschenbuch Verlag.
Rösch, Paul (2017): Wechselwirkungen der Tourismusentwicklung im Spannungsfeld von Gästen und Bereisten am Beispiel Südtirols. In: Pechlaner, Harald/Volgger, Michael (Hrsg.): Die Gesellschaft auf Reisen – Eine Reise in die Gesellschaft. Wiebaden: Springer, S. 269–282.
Ulfig, Alexander (2003): Lexikon der philosophischen Begriffe. Köln: Komet Verlag.
Vollmer, Gerhard (2017): Gretchenfragen an Naturalisten. Aschaffenburg: Alibri Verlag.
Zuboff, Shoshana (2018): Das Zeitalter des Überwachungskapitalismus. Frankfurt am Main/New York: Campus.
Zuboff, Shoshana (2021): Überwachungskapitalismus ist die Mutter aller Krisen. In: Die Welt, 01.12.2021, S. 14f.

---

19 Zuboff 2021, S. 14f.

WUNDERBARE ETHIK?
MÄRCHEN ALS BILDUNGSMEDIUM FÜR EINE
DIGITALE ETHIK

Susanne Kuhnert

Das wohl charakteristischste Merkmal von Märchen ist das Wunderbare. Im Märchen taucht nicht nur das Wunderbare oder das Übernatürliche auf, sondern es taucht auf eine bestimmte Art und Weise auf: es erscheint als vollkommen normal.[1] Vieles, was Menschen vor einhundert Jahren noch als wunderbar oder unmöglich gegolten haben müsste, erscheint uns in der heutigen Zeit als normal. Selbstfahrenden Fahrzeuge, humanoide Roboter und das Smartphone bringen einen realen Zauber in diese Welt, und die Digitalisierung des Alltags wird begleitet von einem Gefühl des Wunderbaren oder Zauberhaften. Gleichzeitig wachsen die Sorgen vor den Geistern, die gerufen werden, und niemand möchte eine Situation erleben, wie Goethes Zauberlehrling, der verzweifelt feststellen musste: „Herr, die Not ist groß! Die ich rief, die Geister werd ich nun nicht los."[2] Ein Gegenzauber zur Macht der Digitalisierung muss demnach her, eine Kraft, die das Wunderbare auch wieder bändigen kann. Vielleicht liegt die Hoffnung für viele in der Ethik, nach der in den letzten Jahren ein immer stärkeres Verlangen in Wissenschaft, Forschung und Gesellschaft geäußert wird. Vielleicht hat dabei die eine oder andere auch das berühmteste Zitat von Immanuel Kant im Sinn, der die Kraft der Moral beschwor und diese dabei in die Nähe des Himmels rückte: „Zwei Dinge erfüllen das Gemüt mit immer neuer und zunehmenden Bewunderung und Ehrfrucht, je öfter und anhaltender sich das Nachdenken damit beschäftigt: Der bestirnte Himmel über mir und das moralische Gesetz in mir."[3] Oder aber die Menschen erinnern sich an die Moral der Märchen ihrer Kindheit, denn das Märchen fand immer ein gutes Ende, wenn die Heldinnen und Helden ihre Moral unter Beweis gestellt hatten. Vom Sieg des Guten wird vor allem im Märchen erzählt.

Allerdings würde auf den ersten Blick wohl kaum jemand Märchen als adäquates Mittel betrachten, um sich mit der Digitalisierung und den entsprechenden ethischen Herausforderungen zu befassen. Zu tief sitzt die Skepsis gegenüber Geschichten und vor allem Märchen, denen auch immer ihr Ruf als Lügenschichten vorauseilt.[4] Märchen werden höchstens als geeignetes Bildungsmedium für Kinder

---

1 „Im Märchen fehlt das Gefühl für das Numinose, die jenseitigen Gestalten haben nichts Gespenstisches an sich, Zauber und Wunder werden erzählt, als ob sie sich von selber verstünden, sie verlieren an spezifischem Gewicht." Lüthi 2004, S. 7.
2 Goethe 1982, S. 129.
3 Kant 2003, KpV Beschluß, AA 288.
4 Vgl. Lüthi 2004, S. 1.

betrachtet,⁵ wobei die Grausamkeit der Darstellung bei vielen Menschen auch hier Zweifel hinsichtlich eines kindergerechten Lernens aufkommen lassen kann. Wieso soll eine digitale Ethik sich demnach mit Märchen beschäftigen? Dieser Artikel möchte Argumente aufzeigen, die Märchen als ein Medium betrachten, das sowohl zur Vermittlung als auch zur Analyse von ethischen Inhalten geeignet ist – und dies auch im gegenwärtigen Kontext der Digitalisierung, die offensichtlich mit dem Wunderbaren spielt. Das Märchen bietet eine spielerische Sphäre, die gleichzeitig sehr ernsthaft auf Aspekte der Digitalisierung antworten kann, die sonst leicht in den Hintergrund geraten können, auch weil die Auseinandersetzung mit Geschichten, die in einer Symbolsprache geschrieben sind, eine besondere Art und Weise bietet, um sich mit den Werten einer Kultur auseinanderzusetzen. Eine digitale Ethik, die sich mit den Werten der Digitalisierung beschäftigt, kann deshalb von der Arbeit mit Märchen in ganz bestimmter Weise profitieren, und Märchen können als Bildungsmedium einer digitalen Ethik für alle Menschen und Altersklassen interessant sein. Darauf soll im Folgenden näher eingegangen werden. Zunächst werden jedoch einige Grundlagen zum Thema Märchen erörtert.

1 MÄRCHEN

Die Erzählgattung des Märchens wird klassisch grob unterteilt in Volksmärchen und Kunstmärchen. Die typische Gestalt des Volksmärchens ergibt sich dadurch, dass diese aus einer Tradition der mündlichen Überlieferung entstammen, weshalb sie meist weniger komplex sind als die Kunstmärchen, die von einer einzelnen Autorin oder einem einzelnen Autor geschaffen werden.⁶ Das Märchen ist weiterhin keine veraltete Erzählform, sondern auch in der Gegenwart äußerst populär. Eines der erfolgreichsten Bücher der letzten Jahre, „Harry Potter", kann als ein modernes Märchen klassifiziert werden.⁷ Und die Geschichten von Michael Ende haben eine ganze Generation von Kindern und Erwachsenen mit ihren Bildern geprägt, so sind beispielsweise die „grauen Männer" aus „Momo" für viele ein vertrautes Symbol für die Kultur des Kapitalismus geworden.

Lüthi charakterisiert die Besonderheit der Gattung Märchen dadurch, dass

> der Charakter des Künstlich-Fiktiven, der das Märchen von Berichten über Gesehenes, Gehörtes, Erlebtes, Geglaubtes trennt, die Leichtigkeit, das Spielerische, das ihm im Gegensatz zu den verwandten Gattungen Sage, Legende, Mythus eignet, die im Vergleich mit Fabeln und Exempeln unbedeutende Rolle des belehrenden Elements, und das Miteinander von Wirklichkeit und Nichtwirklichkeit, welches das Märchen von erfundenen Erzählungen mit realistischem oder pseudorealistischem Anspruch wie Novellen, Romanen, science fictions (und, zusammen mit der strengen Gliederung, auch von willkürlichen Phantastereien) unterscheidet.⁸

Das Spielerische hat für Lüthi demnach im Märchen mehr Gewicht als die Moral und das für ihn entscheidende Element im Märchen ist das Zusammenwirken vom

---

5   Die Bedeutung von Märchen für Kinder zeigt vor allem Bettelheim 2003.
6   Vgl. Lüthi 2004, S. 1–5.
7   Vgl. Neuhaus 2017, S. 391ff.
8   Lüthi 2004, S. 3.

Natürlichen und dem Übernatürlichen. Im Märchen können phantastische Dinge einfach passieren oder phantastische Wesen auftauchen, ohne dass dies einer besonderen Erklärung bedarf. Gleichzeitig hat das Märchen eine klare Struktur und einen Handlungsverlauf, der sich im Wesentlichen um das Lösen von Konflikten, Aufgaben und Herausforderungen dreht.

Im Zentrum des Märchens steht die Heldin oder der Held. Ihre Situation ist zu Beginn der Geschichte durch einen Verlust oder durch einen „Mangel oder eine Notlage" gekennzeichnet.[9] Im weiteren Verlauf müssen sie Konflikte oder Herausforderungen lösen. Beispielsweise muss das Aschenputtel zu Beginn der Geschichte den frühen Tod der Mutter verkraften, während es sich im Hauptteil der Geschichte gegen die Stiefmutter und die Stiefschwestern sowie die Armut und Einschränkungen ihrer Situation behaupten muss, bis sie trotz aller Hindernisse, aber auch durch magische Hilfe, den Prinzen heiraten und ein neues, besseres Leben beginnen kann. Harry Potter muss zu Beginn ebenfalls den Verlust der Eltern und die Unterdrückung durch seine Pflegeeltern erdulden, bis er sich im Verlauf der Geschichte immer wieder im Kampf gegen das Böse und gegen die Gestalt des Zauberers Lord Voldemort behaupten muss, in diesem Kampf aber viel magische Hilfe erfährt.[10] Diese für das Märchen typische Struktur, die mit dem Lösen von Aufgaben und der Entwicklung von Fähigkeiten beziehungsweise dem individuellen Wachstum der Helden verbunden ist, ist auch für die Psychoanalyse und deren Arbeit mit den Märchen wesentlich. Kast schreibt dazu:

> In der Jungschen Schule betrachten wir die Märchen als symbolische Darstellungen von allgemeinmenschlichen Problemen und von möglichen Lösungen dieser Probleme. Das Märchen handelt immer von etwas, das den Fortgang des Lebens bedroht – meistens dargestellt in der Ausgangssituation des Märchens –, und es zeigt, welcher Entwicklungsweg aus diesem Problem heraus und in eine neue Lebenssituation hineinführt.[11]

Ein weiteres Merkmal von Märchen ist der zumeist gute Ausgang der Geschichte, aber obwohl das Happy End ein sehr charakteristisches Merkmal ist, muss es nicht zwingend vorkommen. Das Märchen der kleinen Meerjungfrau von Hans Christian Andersen ist eines der populärsten Beispiele für eine Geschichte mit einem traurigen Ende. Einem Ende, das auf den ersten Blick keinen Erfolg für die Heldin bietet. Sie entscheidet sich für ihren Tod und muss erleben, wie ihr geliebter Prinz eine andere Frau heiratet und wie ihr Traum zerfällt. Dennoch transportiert die Geschichte eine Botschaft von persönlichem Wachstum und damit von einer Art von Erfolg, die für das Märchen sehr häufig ist: der Schritt zur Autonomie und Freiheit. Bucay deutet das Märchen von der kleinen Meerjungfrau als eine Geschichte, die zeigen könne, dass wahre Liebe nur dann entstünde, wenn beide Partner authentisch sind. Die kleine Meerjungfrau gibt einen Teil ihrer Selbst auf, um mit dem Prinzen zusammen sein zu können, doch diese Strategie hat keinen Erfolg. Zum Schluss trifft sie aber dennoch eine eigenständige und autonome Entscheidung,

---

9   Lüthi 2004, S. 26.
10 Vgl. Rowling 2005.
11 Kast 1998, S. 12.

denn wie Bucay schreibt, bleibe sie sich und ihren Gefühlen treu.[12] Die gesamte Geschichte ist für Bucay ein Beispiel für den Kampf einer Frau um Unabhängigkeit, denn: „Es braucht nicht viel Psychologie, um die Metapher zu begreifen, die in Undines Entscheidung liegt, ihr Leben in Abhängigkeit zu verlassen und auf eigenen Füßen zu stehen (auch wenn es weh tut)."[13]

Allerdings haben nicht nur Märchen mit einem tragischen Ende Tiefgang, sondern auch das Happy End und der gute Ausgang von Geschichten haben eine tiefere Botschaft. Der Mythenforscher Joseph Campell sieht als das Wesentliche der Heldenreise die Darstellung des inneren Wachstums, und das spielerische und positive Element sind für ihn Symbole des Lebens. Ein Leben, das trotz Niederlagen nicht besiegt werden kann, sondern immer wieder von vorne beginnt.

> Das glückliche Ende des Märchens, des Mythos und der göttlichen Komödie der Seele ist nicht als Widerspruch zur universalen Tragödie des Menschen zu verstehen, sondern als deren Überwindung zu deuten. […] Es ist das wahre Geschäft des Mythos und des Märchens, die besonderen Gefahren und Techniken des dunklen inneren Weges von der Tragödie zur Komödie zu offenbaren. Deshalb sind die Begebnisse phantastisch und gleichsam unwirklich: sie bedeuten seelische, nicht körperliche Triumphe.[14]

Im Märchen geht es demnach um das individuelle Wachstum, die Freiheit, Entscheidungen zu treffen, und um den Weg zur Autonomie, denn wie Kast schreibt, „sind Märchenheldinnen und Märchenhelden immer auf dem Weg zu mehr Autonomie" und das Märchen würde die Botschaft transportieren, in der „Autonomer-Werden als ein Sinn des Lebens herausgestellt wird".[15] Auch wenn dies eine sehr pauschale Aussage ist, die bestimmt nicht auf alle Märchen angewandt werden kann, so lässt sich dennoch festhalten, dass es in den meisten Märchen, ebenso wie in der Ethik, um die zentrale Fragen geht, wie der Mensch handeln soll. Und weil es im Grundsatz um diese Frage geht, kann das Märchen auch moralische Botschaften transportieren, die in einem übergreifenden Sinn als handlungsleitend verstanden werden können. Das Märchen reflektiert in einer ganz eigenen Art und Weise über die Entscheidungen und das Wachstum von Menschen, aber im Gegensatz zur Ethik sind die Botschaften in einer besonderen Sprache versteckt. Während die Ethik um eine klare Sprache und um das Verständnis von Begriffen und Argumenten bemüht ist, spielen die Märchen im Reich der Phantasie und leben von einer bildhaften Sprache, die auf den ersten Blick vielleicht mehr versteckt als offenbart. Märchen sind keine Ethik, aber mithilfe von Märchen können ethische Gedankengänge auf eine besondere Art und Weise anschaulich gemacht werden.

Die Symbolsprache, die typisch für Märchen und Mythen ist, ist für den Psychoanalytiker Erich Fromm der interessanteste Aspekt von Märchen. Fromm plädiert für ein besseres Verständnis dieser Sprache, weil sie für ihn die einzig universale Sprache ist. Er beklagt den Verlust, diese Sprache zu deuten und zu erkennen. Für ihn ist die Fähigkeit, diese Sprache zu verstehen, der Schlüssel, um Märchen

---

12 Bucay 2019, S. 293–301.
13 Ebd., S. 299.
14 Campbell 2021, S. 40–41.
15 Kast 1998, S. 11.

und Mythen deuten zu können.[16] Fromm klassifiziert die Symbolsprache folgendermaßen: „Die Symbolsprache ist eine Sprache, in der innere Erfahrungen, Gefühle und Gedanken so ausgedrückt werden, als ob es sich um sinnliche Wahrnehmungen, um Ereignisse in der Außenwelt handelte."[17] Weiter schreibt Fromm:

> Ein Symbol dieser Art ist etwas außerhalb von uns selbst; was es symbolisiert, ist etwas in uns. Die Symbolsprache ist die Sprache, in der wir innere Erfahrungen so zum Ausdruck bringen, als ob es sich dabei um Sinneswahrnehmungen handelte, um etwas, was wir tun, oder um etwas, was uns in der Welt der Dinge widerfährt.[18]

Mithilfe der Symbolsprache vermitteln und deuten die Menschen demnach ihre Gefühls- und Gedankenwelt. So werden Erfahrungen in ein Märchen übersetzt und nicht anhand eines bestimmten Fallbeispiels beschrieben. Fromm deutet das Märchen vom Rotkäppchen als die Warnung an junge Frauen vor den Gefahren der Sexualität, ab dem Zeitpunkt, wenn sie ihre Geschlechtsreife erfahren. Das Rotkäppchen ist für Fromm ein Symbol für eine junge Frau, die zum Opfer werden kann.[19] Das Märchen trifft, im Gegensatz zu einer beispielhaften Einzelfallbeschreibung, eine viel allgemeinere Aussage mit einer bestimmten Botschaft, gerade weil es durch die Symbolsprache einerseits abstrakter, aber auch anregender für die Vorstellungskraft ist. Es werden andere Bilder im Kopf provoziert.

Der Kinderpsychologe Bruno Bettelheim betont die besondere Bedeutung der Symbolsprache im Märchen vor allem für Kinder, weil sie die Gefühlswelt und insbesondere auch die Ängste und Zweifel von Kindern, die für Erwachsene oft nicht mehr verständlich sind, unmittelbar adressieren kann: „Das Märchen dagegen nimmt diese existentiellen Ängste sehr ernst und spricht sie unmittelbar aus: das Bedürfnis, geliebt zu werden, und die Furcht, als nutzlos zu gelten; die Liebe zum Leben und die Furcht vor dem Tode."[20] Auch der Schriftsteller Michael Ende betont die Bedeutung der Symbolsprache für seine Arbeit. Ende beschreibt seine Absicht als Erzähler mit dem Vorhaben: „Innenwelt in Außenwelt und Außenwelt in Innenwelt zu verwandeln, so dass das eine sich im anderen wiedererkennt."[21] So lautet sein selbsterklärtes Ziel: „Als Erzähler ging und geht es mir also darum, die äußeren Bilder unserer heutigen Welt in Innenbilder zu verwandeln."[22] Weiterhin stellt Ende die Brücke zwischen Symbolen und den Werten einer bestimmten Kultur her:

> Bei diesem Vorgang offenbaren die Dinge sozusagen ganz von selbst ihren Wert oder Unwert. Ein Schwert beispielsweise lässt sich ohne weiteres in ein Innenbild verwandeln, eine Maschinenpistole jedoch nicht. Wir leben im Grunde mit lauter Dingen, die wir zwar selbst geschaffen haben, für die es aber keine Entsprechung in unserem Inneren gibt. Das heißt: Unsere Welt bleibt uns im Grunde völlig fremd.[23]

---

16 Vgl. dazu Fromm 2020, S.11–25.
17 Ebd., S. 14.
18 Ebd., S. 18.
19 Vgl. ebd., S.157–160.
20 Bettelheim 2003, S. 17.
21 Ende 2019, S. 48.
22 Ebd.
23 Ebd., S. 49.

Daraus lässt sich schließen, dass Märchen auf eine besondere Art und Weise Vermittler von Werten sein können, weil sie die Gefühle im Zusammenhang mit den Werten in einer symbolischen Sprache zum Ausdruck bringen und diese in einer nicht nur begrifflich-abstrakten Dimension greifbar und verständlich werden lassen.[24] Sowohl der Begriff als auch das Symbol abstrahieren, aber das Symbol spricht im Gegensatz zum Begriff meistens direkt die bildliche Vorstellungskraft an. Der Psychiater und Psychotherapeut Nossrat Peseschkian bezeichnet Geschichten und Märchen deshalb nicht nur als Kulturgut, sondern auch als Träger und Vermittler von Werten und spricht ihnen ein Potenzial als „transkulturelle Vermittler" zu.[25] Dieser Gedanke ließe sich auch auf die Kultur der Digitalisierung übertragen und dann wären Märchen und Geschichten über eine digitale Welt ebenso sinnvoll wie notwendig, weil sie den Menschen helfen können, die Kultur sowie die Herausforderungen und Aufgaben der Digitalisierung besser zu verstehen. Gerade weil die technischen Prozesse und Grundlagen der Digitalisierung sich oft der unmittelbaren Erfahrung entziehen, droht ein wesentlicher Teil der Digitalisierung für viele Menschen unverständlich zu bleiben. Hier besteht also ein weiterer Anknüpfungspunkt zwischen einer digitalen Ethik und Märchen, auf den im Abschnitt 4, „Symbole der Digitalisierung", weiter eingegangen wird. Zunächst soll jedoch der Blick auf die Moral und die moralischen Botschaften von Märchen gelenkt werden.

2 DIE MORAL VON MÄRCHEN

André Jolles spricht im Zusammenhang mit Märchen von einer „naiven Moral"[26], denn Märchen sind für ihn Entwürfe der Menschen, „wie es eigentlich in der Welt zugehen müßte".[27] Jolles zeigt seine These anhand des Märchens „Der gestiefelte Kater". Ein Vater hat drei Söhne und das Erbe wird ungerecht verteilt, weil der jüngste Sohn nichts Wertvolles bekommt, sondern nur einen Kater. Aber genau dieser Kater verhilft dem Sohn zu Reichtum und Glück. Das Märchen zeigt für Jolles eine ausgleichende Gerechtigkeit, eine Gerechtigkeit, die auf Gefühlsurteilen und Wunschvorstellungen beruht und in diesem Sinne naiv ist. Die Welt der Märchen steht im Gegensatz zur Realität, aber genau das macht nach Jolles ihren Reiz aus: „Aus diesem inneren Bau des Märchens erwächst nun die moralische Befriedigung,

---

24 Vgl. dazu Peterson (2020, S. 21): „Die Welt lässt sich mit Recht als Handlungsraum und als Ort der Dinge verstehen. Wir beschreiben die Welt mithilfe der formalen Methoden der Wissenschaft als einen Ort der Dinge. Die narrativen Techniken allerdings – Mythos, Literatur und Drama – zeigen die Welt als einen Handlungsraum. Die beiden Darstellungsarten wurden unnötigerweise als gegensätzlich aufgefasst, weil wir noch kein klares Bild ihrer jeweiligen Bereiche geformt haben. Der erste Bereich ist die objektive Welt – was ist, aus der Perspektive intersubjektiver Wahrnehmung. Der zweite Bereich ist die Welt der Werte – was ist und was sein sollte, aus der Perspektive von Emotion und Handeln."
25 Peseschkian 1979, S. 31.
26 Vgl. Jolles 1985, S. 46.
27 Vgl. ebd., S. 42.

von der wir sprachen: Sobald wir in die Welt des Märchens eintreten, vernichten wir die als unmoralisch empfundene Welt der Wirklichkeit."[28]

Sowohl Bettelheim als auch Kast betonen, dass im Märchen nicht einfach das Gute siegt, sondern die Heldin oder der Held.[29] Kast betont dabei, dass die meisten Figuren im Märchen „böse und gut zugleich" sein können.[30] Entscheidend für sie ist, dass es im Märchen immer um eine Entwicklung und um das Wachstum der Heldin oder des Helden geht und dass dieses Wachstum nur in einer Auseinandersetzung mit dem Bösen und mit dem Überwinden von Hindernissen einhergehen kann. Die Ethik des Märchens ist für sie also mit der individuellen Entwicklung verbunden:

> Die Ethik, die das Märchen vertritt, ist eine Weg-Ethik, eine Ethik des Unterwegs-Seins. Der Held handelt spontan, ist jeweils auf die bestehende Situation und auf ein Ziel bezogen. Das Handeln ist nicht einfach gut, sondern so, daß Entwicklung stattfinden kann, daß der Held auf dem ‚Weg' bleibt, auf dem Weg zum Ziel.[31]

Märchen haben demnach sehr oft eine teleologische Ausrichtung, denn es gibt einen Wunsch, ein Ziel, eine Hoffnung, die verwirklicht werden soll. Das Märchen ist die Geschichte davon, wie dieses Ziel erreicht wird. Wobei keine realistische Darstellung das Märchen charakterisiert, sondern eine symbolische Erzählweise, weshalb auch das Auftauchen des Übernatürlichen keinen wesentlichen Bruch in der Handlung darstellt, sondern sich als ein natürliches Geschehen in die Geschichte einfügen kann. William K. Frankena definiert eine teleologische Ethik folgendermaßen:

> Eine teleologische Theorie behauptet, dass das grundlegende Kriterium dafür, was moralisch richtig, falsch, verpflichtend usw. ist, der außermoralische Wert ist, der geschaffen wird. Danach muss man sich, ob direkt oder indirekt, letzten Endes auf die vergleichsweise Summe guter Konsequenzen berufen oder vielmehr auf das vergleichsweise Übergewicht von guten gegenüber schlechten Konsequenzen.[32]

Im Märchen sind häufig die Handlungen richtig, die zu guten Konsequenzen führen. So darf auch List angewandt und damit gelogen und betrogen werden, wenn die Sache zu einem guten Ende führt oder zu einem richtigen Zweck eingesetzt wird. Das tapfere Schneiderlein erreicht durchgängig mit List, Mut und Glück seine Ziele.

Jedoch gibt es auch Märchen, die eher für eine deontologische Ethik sprechen würden, denn die kleine Meerjungfrau wird für ihre Täuschung und Lüge bestraft. Sie bekommt nicht den Prinzen und findet erst im Angesicht des Todes zu sich selbst zurück und handelt dann aufrichtig, indem sie sich gegen den Mord des Prinzen und seiner Frau entscheidet. Die kleine Meerjungfrau lernt also, dass die Handlung an sich zählt und nicht der außermoralische Wert, der dadurch gewonnen werden kann. Lug und Betrug werden in dem Märchen nicht belohnt, sondern hart bestraft, obwohl die Liebe das Motiv der Handlungen war. Nachdem sie das gelernt

---

28 Vgl. Jolles 1985, S. 44.
29 Vgl. dazu Bettelheim 2003, S. 15 oder Kast 1994, S. 43.
30 Kast 1994, S. 25.
31 Ebd., S. 44.
32 Frankena 2017, S. 15.

hat, findet die kleine Meerjungfrau am Ende zwar den Tod, bekommt aber als Luftgeist, der 300 Jahre lang Gutes tun muss, um eine unsterbliche Seele zu erhalten, wiederum eine zweite Chance beziehungsweise ein neues Leben geschenkt.

Was können nun Märchen im Speziellen für die (digitale) Ethik leisten? Warum soll eine fiktive, spielerische und vollkommen unrealistische Erzählgattung für die (digitale) Ethik interessant sein? Noch dazu, wo Märchen, wie gezeigt wurde, für einige eher eine Art des Wunschdenkens sind, das auf Gefühlsurteilen beruht. In diesem Artikel wird die These vertreten, dass die Arbeit mit Märchen gerade deshalb so interessant ist, weil es um die Wünsche, Sehnsüchte, Ziele und Hoffnungen der Menschen und ebenso um die tiefen Ängste, Sorgen, Zweifel und Herausforderungen des Lebens geht. Selbst wenn es ein naiver Wunsch nach einer gerechten Welt wie im Gestiefelten Kater sein mag, so lässt sich daran doch vieles über den starken Wunsch der Menschen und die Vorstellung von einem Ideal der Gerechtigkeit ablesen. Zweifel hinsichtlich einer gerechten Welt sollten auch von einer Ethik erhört werden, damit aus den Zweifeln keine Verzweiflung und Hoffnungslosigkeit erwächst. Ebenso sind die Attribute, die einer Heldin oder einem Helden zugesprochen werden, Indikatoren für geltende Wertvorstellungen. Diese Wunschvorstellungen und Ideale sollten auch von einer Ethik anerkannt werden, denn in der Ethik geht es letztlich auch um die Motivation für bestimmte Handlungen.[33] Nicht nur abstrakte Werte, sondern auch die damit verbundenen konkreten Wünsche und Sehnsüchte, die Idealvorstellungen motivieren das Handeln der Menschen. Sie prägen das Denken.

Der Wunsch nach einer bestimmten Vorstellung von Gerechtigkeit bietet die Möglichkeit, über den Begriff der Gerechtigkeit nachzudenken. Es ist ein guter Ausgangspunkt für eine philosophische Reflexion. Es ist eine Möglichkeit, um von der Moral tatsächlich zur ethischen Reflexion zu gelangen. Es geht dabei nicht nur um die Akzeptanz von bestimmten Wertvorstellungen. Das wäre zu einfach und tatsächlich naiv. Es geht darum, ein philosophisches Gespräch beginnen zu können, und zwar dort, wo die Wünsche, Sehnsüchte, Ängste und Zweifel liegen. Ethik sollte eine Relevanz im Alltag haben und deshalb muss sie den Menschen auch tatsächlich begegnen können und dies funktioniert nicht über ethische Fachdiskurse. Die Frage, ob beispielsweise eine teleologische Ethik oder eine deontologische Ethik bevorzugt werden sollte, steht im Zentrum von ethischen Debatten. Im Märchen geht es zudem um die Hoffnungen der Menschen. Diese finden gerade im Märchen ihren stärksten Ausdruck, denn Märchen und vor allem das Happy End erzählen von der Hoffnung. Und Märchen reflektieren über die Wege und Mittel, die angewandt werden, um diese Hoffnungen zu erfüllen. Märchen sind somit Reflexionsmedien der Moral und der Hoffnung, gerade wenn sie einen starken Gegenentwurf zur realen Welt präsentieren und damit zum Nachdenken auffordern, was verändert werden sollte.

Richard Rorty stellt in das Zentrum der Philosophie des Pragmatismus die Hoffnung. Der Pragmatismus sei die Philosophie der Demokratie. Und anstelle auf das Suchen und das Finden einer Wahrheit fokussiert zu sein, stehe der Pragmatis-

---

33 Vgl. dazu beispielsweise Frankena 2017, S. 9.

mus für ihn für „Hoffnung statt Erkenntnis".³⁴ Es geht um die Hoffnung auf eine bessere Gesellschaft. Eine Gesellschaft, in der es mehr Solidarität und ein Miteinander statt eines Gegeneinanders geben kann. Der Fokus liegt auf der Zukunft und auf der Kraft der Veränderung. Rorty ist auch einer der bekanntesten Vertreter einer narrativen Ethik. Einer narrativen Ethik, die im praktischen Sinne danach fragt, wie diese Veränderung in der Gesellschaft und durch die Ethik herbeigeführt werden kann. Im nächsten Abschnitt wird deshalb auf die narrative Ethik eingegangen, die die Arbeit mit literarischen Werken und deren Wert oder Bedeutung für die Ethik untersucht.

3 MÄRCHEN UND NARRATIVE ETHIK

Für Rorty steht der moralische Fortschritt in einem direkten Zusammenhang mit der

> Zunahme der Vorstellungskraft. Sie, die Phantasie, bringt die kulturelle Evolution voran. Sie ist die Kraft, die unter Voraussetzung von Frieden und Wohlstand ständig dahingehend wirkt, daß sich die Zukunft des Menschen reichhaltiger gestaltet als seine Vergangenheit. Die Phantasie ist die Quelle neuer wissenschaftlicher Bilder des physikalischen Universums ebenso wie die Quelle neuer Entwürfe möglicher Gesellschaftsformen. Sie ist das, was Newton und Christus, Freud und Marx gemeinsam war: die Fähigkeit, das Vertraute mit Hilfe unvertrauter Begriffe neu zu beschreiben.³⁵

Der Begriff der narrativen Ethik umfasst unterschiedliche Ansatzpunkte und theoretische Auslegungen.³⁶ In diesem Artikel werden nur die Positionen von Rorty und Martha C. Nussbaum sehr kurz umrissen, denn beide haben ein vergleichbares Ziel, auch wenn ihre Theorien und Positionen unterschiedlich sind. Beiden geht es um das Mitleid und um die Rolle der Emotionen in der Ethik. Beide hinterfragen mit ihren Theorien, was eine Ethik erreichen kann oder soll und welche Mittel und Wege es gibt, um zu einer besseren Gesellschaft zu gelangen. Nussbaum und Rorty möchten beide das Denken der Menschen verändern und sehen in der Literatur und Kunst Werkzeuge, um dieses Ziel zu erreichen. Sie nutzen Narrative als Bildungsmedien der Ethik.

Rorty ist Pragmatist, während Nussbaum eine liberale, neoaristotelische Denkerin ist. Rorty ist der Überzeugung, dass es keine absolute Wahrheit oder eine universale menschliche Natur gibt und die einzige Gemeinsamkeit von Lebewesen die Fähigkeit sei, Leid beziehungsweise Schmerzen zu empfinden. Fortschritt geht für Rorty mit dem Gebrauch oder dem Wandel der Sprache einher. Es braucht die Phantasie des Menschen und den Zufall, die Kontingenz, um den Wandel herbeizuführen. Rortys Vorschlag lautet: „Privatisiert den Nietzsche-Sartre-Foucaultschen Versuch zur Authentizität und Reinheit, damit ihr euch davor schützen könnt, in eine politische Einstellung abzugleiten, die euch zu der Überzeugung bringen würde, daß es ein wichtigeres soziales Ziel als die Vermeidung von Grausamkeit

---

34 Vgl. Rorty 1994.
35 Ebd., S. 88.
36 Vgl. Grimm/Kuhnert 2018.

gibt."³⁷ Rorty will als Liberaler die Möglichkeit zur Autonomie und Freiheit des Einzelnen verteidigen, betrachtet aber als primäres Ziel der Ethik die Kultivierung und Erweiterung des Mitgefühls, das immer auch in einem Spannungsverhältnis zum Versuch der persönlichen Freiheit und Entwicklung steht, denn „Neubeschreibung demütigt oft"³⁸. Menschen, die Altes in Frage stellen, konfrontieren damit andere Menschen, die an diese Muster glauben und sich damit identifizieren. Wesentlich ist deshalb für Rorty der Versuch, aufzuzeigen, „wie Romanschreiber etwas sozial Nützliches tun können – wie sie uns helfen können, auf die Quellen der Grausamkeit in uns selbst zu achten"³⁹.

Nussbaum ist, im Gegensatz zu Rorty, eine Vertreterin eines Neo-Aristotelismus. Sie glaubt an universale Werte und tritt dafür auch in ihrem Fähigkeiten-Ansatz ein. Ihre Philosophie dreht sich um die Frage, wie allen Menschen der Zugang zu einem guten Leben ermöglicht und dadurch Gerechtigkeit geschaffen werden kann. Nussbaums These ist, dass Werte Emotionen brauchen, um lebendig zu sein sowie Bestand zu haben.⁴⁰ Nussbaum sieht den Wert des Ästhetischen darin, dass Kunst eine bestimmte Kultur unterstützen und erschaffen kann. Nussbaum beschäftigt sich mit den Möglichkeiten einer gerechten Gesellschaft und lotet in ihrem Buch „Politische Emotionen" die Grenzen und Potenziale vom gezielten Einsatz der Kunst und von Narrativen aus. Nussbaum hat eine Gesellschaft vor Augen, in der die Menschen bereit sind, Opfer für bestimmte Ideale und Werte zu bringen, unter anderem Verzicht zu üben für den Wert der Gerechtigkeit.

> Reale Menschen hegen mitunter positive Gefühle für gerechte Prinzipien, auch wenn diese in eine abstrakte Form gekleidet sind. Der menschliche Geist ist jedoch eigenwillig und bevorzugt das Partikulare; er ist zu einer starken Bindung fähig, wenn hehre Prinzipien mit bestimmten Wahrnehmungen, Erinnerungen und Symbolen verknüpft sind, die tief in der Persönlichkeit und in der Art und Weise verankert sind, in der Menschen ihre eigene Geschichte sehen. […] Symbole können eine motivierende Kraft entfalten, die bloße Abstraktionen nicht haben können. Dies würde selbst in der wohlgeordneten Gesellschaft gelten, da ihre Bürger immer noch Menschen mit einem begrenzten Vorstellungsvermögen sind; aber in unvollkommenen, nach Gerechtigkeit strebenden Gesellschaften sind spezifische Narrative und Symbole noch dringender erforderlich.⁴¹

Besonders wichtig ist jedoch, dass Nussbaum in all ihren Schriften zu einer narrativen Ethik betont, dass die Arbeit mit Narrativen oder Kunst nicht die analytischen Grundlagen der Ethik ersetzen kann oder soll. Die Abstraktion und damit die universalen Geltungsansprüche von ethisch-normativen Vorgaben oder Prinzipien sind für sie eine nicht in Frage zu stellende Grundlage der Ethik.⁴²

---

37 Rorty 1992, S. 117.
38 Ebd., S. 154.
39 Ebd., S. 161.
40 Vgl. Nussbaum 2021, S. 196.
41 Ebd., S. 25.
42 „The literary imagination is a part of public rationality, and not the whole. I believe that it would be extremely dangerous to suggest substituting empathetic imagining for rule-governed moral reasoning, and I am not making that suggestion. In fact, I defend the literary imagination precisely because it seems to me an essential ingredient of an ethical stance that asks us to

Nussbaum strebt universale Werte an und ist eine Vertreterin einer Tugendethik. Ein weiterer Philosoph, der sowohl eine Tugendethik als auch eine narrative Ethik vertritt, ist Alasdair MacIntyre. Nussbaum steht MacIntyres narrativer Ethik jedoch kritisch gegenüber, weil diese ihrer Meinung nach einen Relativismus fördere.[43] Der Philosoph Michael Sandel sieht in MacIntyres Ansatz jedoch die Stärke, dass dieser erklären können, „wie wir als moralisch Handelnde zu unseren Zwecken und Zielen gelangen"[44]. Für Sandel geht aus MacInytres Ansatz hervor, wie Menschen durch Geschichten sowohl ihre individuelle als auch ihre kollektive Identität formen und wie das moralische Handeln dadurch beeinflusst würde. Das Individuum ist nicht isoliert und es erzählt keine alleinstehende Geschichte, sondern es ist immer eingebettet in die Geschichten seiner Vorfahren und der Gemeinschaft und damit gebunden an das ihn umgebende Umfeld. Dadurch ist der Mensch nicht vollkommen frei in seinen Entscheidungen, sondern auch an die Geschichten der anderen und an die Geschichten der Vergangenheit gebunden:

> Sein Leben zu leben heißt, eine narrative Suche in Szene zu setzen. [...] Moralische Überlegungen haben eher damit zu tun, meine Lebensgeschichte zu interpretieren, als damit, meinen Willen auszuüben. Das schließt eine Wahl ein, doch sie geht aus der Interpretation hervor – sie ist kein souveräner Willensakt.[45]

Diese kurzen Skizzen sollten ausschließlich verdeutlichen, dass verschiedene Philosophinnen und Philosophen sich mit der Bedeutung und dem Wert von Narrativen für die Moralphilosophie beschäftigen. Gleichzeitig kann unter dem Begriff der narrativen Ethik keine einheitliche Ethik zusammengefasst werden, weil sehr unterschiedliche moralphilosophische Positionen dabei zusammenkommen. Übergreifend können die folgenden Merkmale einer narrativen Ethik festgehalten werden: Eine narrative Ethik kann dazu dienen, Emotionen besser zu verstehen und Empathie und Mitleid zu fördern. Eine narrative Ethik kann weiterhin dazu beitragen, die einzelne Person besser zu verstehen, aber auch dazu, dass sich das Individuum als Teil einer Gemeinschaft beziehungsweise Gesellschaft begreifen lernen kann. Das sinnstiftende Element von Geschichten rückt dabei in den Vordergrund. Eine narrative Ethik kann demnach die individuelle und die gesellschaftliche/kollektive Identitätsbildung analysieren und unterstützen. Und als wesentlicher Punkt kommt hinzu, dass die Dimension der Ästhetik dadurch in der Ethik beachtet wird. Es wird dem Wohlwollen, der Gunst und dem Gefallen, die nicht auf normativen Vorgaben oder ethischen Prinzipien beruhen, Beachtung geschenkt. Es findet eine Auseinandersetzung damit statt, wie dieses Wohlwollen unser Handeln beeinflusst. Es wird Gefühlen begegnet, die wesentliche Auswirkungen auf die Motivation und das Handeln haben und die auch die Kraft haben, das moralische Handeln zu verändern und die deshalb von einer ethischen Theorie berücksichtigt werden sollten.

---

    concern ourselves with the good of other people whose lives are distant from our own." Nussbaum 1995, S. XVI.
43 Vgl. dazu Nussbaum 2018, S. 228.
44 Sandel 2017, S. 302.
45 Ebd.

4 SYMBOLE DER DIGITALISIERUNG

Wie verstehen die Menschen die Digitalisierung? Die Technik hat immer auch eine ästhetische Ebene, eine Oberfläche, an der sie sichtbar wird und ihre Spuren hinterlässt. Ein Smartphone beispielsweise ist Teil des modernen Lebens und die Wischbewegung zaubert ganze Welten durch einfache Applikationen auf das digitale Medium. Gleichzeitig bleibt die tatsächliche, technische Funktionsweise verborgen. Die Rechenprozesse entziehen sich vollständig dem sinnlichen Erkenntnisvermögen. Vielleicht nutzt die Digitalisierung auch aus diesem Grund viele Symbole aus der analogen Welt, um Rechenprozesse anzudeuten, denn letztlich muss die Digitalisierung die Brücke schlagen zum analogen Wesen Mensch. Das Symbol des Zahnrads leitet die Nutzenden beispielsweise zu den Einstellungen der meisten Computer. Das Zahnrad, das im Herzen einer analogen Uhr diese mit zum Laufen bringt, zeigt den Nutzenden den Weg zu den Funktionen, bildlich gesprochen also zum Inneren der Rechenmaschine. Die Sanduhr indiziert bei Windows einen Rechenprozess, der Zeit in Anspruch nimmt. Die Sanduhr zeigt, es wird Zeit gebraucht, um einen bestimmten Befehl auszuführen. Es wurde dafür keine digitale Zeitanzeige gewählt, sondern eine sehr alte, aber gleichzeitig die anschaulichste Weise, um die Zeit zu messen. Virenschutzprogramme zeigen ihren aktiven Status häufig an, indem ein Schutzschild auf dem Bildschirm auftaucht. Schutzschilder hatten in längst vergangen Zeiten Krieger und Ritter, um sich im Kampf zu schützen. Virenschutzprogramme zeigen in der Gegenwart damit, dass sie bereit sind, Angriffe von außen abzuwehren. Eines der erfolgreichsten Unternehmen der Welt hat ein markantes Firmenlogo, das aber auch im Märchen das Symbol der Verführung ist: Schneewittchen kann dem verführerisch leuchtenden Apfel nicht widerstehen und beißt hinein. Darüber hinaus haben auch in der Alltagssprache viele Symbole Einzug gehalten, die das sinnliche und bildliche Vorstellungsvermögen ansprechen. Der Datenfluss repräsentiert die unfassbare Menge an Daten, die erfasst und verarbeitet sowie verbreitet wird. Daten, die fließen, obwohl sie doch unsichtbar sind. Das Bild des Flusses erzeugt eine lebendige Vorstellung in den Köpfen der Menschen, die sich durch und mit diesem Fluss bewegen müssen. Das Internet beinhaltet schon im Namen das Symbol des Netzes, das mittlerweile die ganze Welt umspannt. Das Netz kann Verbindungen schaffen, aber es kann auch gefangen nehmen. Ein Fluss kann Lebensquelle sein, aber auch ein reißender Strom der Vernichtung. Die Symbole lassen immer mehrfache Deutungen zu und schaffen so einen besonderen Bedeutungsreichtum.

Die Hoffnung, die in Märchen und der Arbeit mit den Märchen als ein Bildungsmedium der digitalen Ethik liegt, ist demnach die Kraft, die Phantasie anzuregen. Ein freies Spiel der Gedanken zur Reflexion über Werte und zur Verständigung über Symbole der Digitalisierung, um den Wert der Digitalisierung für das Leben der Menschen besser oder tiefer zu verstehen. Die Werte, die unser Leben prägen und die uns eine Orientierung bieten, verändern sich mit der Zeit, sind dynamisch. Aus diesem Grund müssen auch bestehende Werte immer wieder aufs Neue verstanden und dadurch sinn- und bedeutungsvoll für uns werden. Dies kann durch die Arbeit mit Geschichten geleistet werden. In diesem Sinn folgt dieser Artikel einer pragmatistischen Perspektive, aber auch der liberalen Perspektive von Nussbaum und ihrer Theorie der politischen Emotionen, denn dieser Artikel befürwortet die Bedeutung der Ästhetik für das Leben und für die ethische Theorie. Das Wohlwollen, die Lust und die Emotionen sind Teil des Lebens und auch Teil der Moral, denn sie haben Einfluss auf das moralische Handeln. Kaum eine Erzählgattung ist spielerischer und freier als das Märchen, weil das Übernatürliche und Wunderbare ein Teil der Geschichte sein kann. Und kaum eine Erzählgattung kann damit besser auf die Aspekte der Digitalisierung antworten, die mit dem Wunderbaren spielen. Der Wunsch im Alltag, zaubern zu können, kann in vielen digitalen Produkten und Services erkannt werden, und auch die moderne Kommunikation hat etwas Magisches, aber über diese Art von Magie oder deren Bedeutung für die Menschen wird nicht geredet. So entsteht vielleicht auch die Angst vor der Technik und vor ihrer Kraft und vielleicht auch die pessimistischen Gedanken hinsichtlich eines Technikdeterminismus.[46] Dies ist aber nur eine These, die noch zu überprüfen wäre.

In diesem Artikel soll jedoch vorerst nur der Gedanke vertreten und deutlich gemacht werden, dass die Arbeit mit Märchen eine digitale Ethik dazu anregen kann, die Symbole der Digitalisierung auf eine spielerische und kreative Weise zu erkennen und zu verstehen, um dadurch ein tieferes Werteverständnis zu erlangen. Die Hoffnungen und Wunschvorstellungen der Digitalisierung können zugleich beflügeln und beängstigen. Viele sind utopisch und wunderbar, vielleicht sogar wundersam, und andere verändern tatsächlich unsere Realität. Eine digitale Ethik sollte die Kultur der Digitalisierung mitgestalten. Hierfür ist eine Ethik notwendig, die Wachstumsprozesse und Veränderungen verstehen und begleiten kann. Eine Ethik, die für ein besseres Werteverständnis Sorge trägt und dabei auch die Kultur und die Werteentstehung während spielerischen, künstlerischen und ästhetischen Ereignissen oder Prozessen verstehen und begleiten kann. Im Gegensatz zu einer narrativen Ethik, die mit Romanen, Novellen oder Prosa arbeitet und deren Ziel es ist, einzelne Personen und deren Situation und Emotionen zu verstehen, um so zu mehr Mitgefühl zu gelangen, ist die Arbeit mit Märchen nicht primär für das Mitgefühl geeignet. Die Figuren im Märchen haben dafür meist nicht den notwendigen Tiefgang. Das Märchen ist für eine narrative Ethik interessant, die Interesse an den Konflikten hat, die in einer bestimmten Kultur auftauchen, und die ein Interesse daran hat, zu verstehen, welche Werte in diesen Konflikten auf einer persönlichen, menschlichen Ebene eine entscheidende Rolle spielen. Für eine digitale Ethik ist einer dieser Konflikte dabei das Digitale mit dem Analogen in Einklang zu bringen, und zwar auf einer tiefergehenden Ebene, als nur Symbole aus einer analogen Zeit für ein digitales Medium zu nutzen. Das Zahnrad führt die Nutzenden zwar anschaulich zu den Einstellungen, aber es hilft ihnen noch lange nicht dabei, diese zu verstehen. Grundwald fordert:

> Unsere Aufgabe ist es, die digitalen Technologien so zu entwickeln und einzusetzen, dass wir, und das schließt alle Menschen auf dieser Welt ein, ein möglichst gutes analoges Leben führen können. [...] Wir leben in der analogen Welt, die wir gestalten können und für die wir Verantwortung übernehmen müssen.[47]

---

46 Zum Thema des Technikdeterminismus vgl. beispielsweise Grundwald 2019, S. 154–157.
47 Ebd., S. 246.

5 MÄRCHEN ALS BILDUNGSMEDIUM

Die Arbeit mit Märchen soll nicht nur als eine Form der deskriptiven Ethik verstanden werden. Eine narrative Ethik lässt sich im Grunde schwer weder als deskriptive noch normative Ethik verstehen. In der Auseinandersetzung mit literarischen Texten wird eine andere Ebene der Ethik angesprochen, bei der es eben nicht nur um das reine Beschreiben, Analysieren oder Vorschreiben von Regeln und Pflichten geht. Sowohl Rorty als auch Nussbaum bezwecken mit ihrer narrativen Ethik eine Veränderung und einen Wandel im Denken, Fühlen und Handeln. Und dieser Wandel wird nicht bewirkt durch eine rein moralische Vernunfterkenntnis.

Die Psychoanalyse arbeitet mit Märchen anhand von Interpretationen, und dieser Schritt ist auch für eine (digitale) Ethik notwendig, weil die Symbolsprache der Märchen die Botschaften der Geschichte auch verdecken kann. Es gibt viele Möglichkeiten, um Märchen zu interpretieren, und eine wesentliche Erkenntnis, die auch Kast formuliert, ist, dass es nie nur eine gültige Interpretation gibt oder geben kann.

> Märchen können sehr verschieden interpretiert werden. Es gibt eine germanistische, eine volkskundliche, eine soziologische, eine psychologische Märcheninterpretation. Man kann sich von allen Seiten her dem Märchen nähern. Je nachdem, von welchem Blickpunkt man ausgeht, wird man etwas anderes als wichtig am Märchen erachten. […] Außerdem handelt es sich beim Märchen um Bilder, und Bilder sind nie eindeutig, und je vielschichtiger diese Bilder werden, je märchenhafter, um so schwieriger ist es, eine eindeutige Bedeutung zu sehen. Das ist aber gerade das Spannende an der Märcheninterpretation, das Anregende. Man kann ein Märchen immer auch anders interpretieren.[48]

Die Vielfalt oder der Bedeutungsreichtum verleihen dem Märchen zuletzt auch das Spielerische und Interessante. Die Interpretation und Analyse ermöglichen und eröffnen eine kreative Auseinandersetzung mit dem Märchen. Der Schritt der Analyse ist deshalb notwendig, um die Geschichte tiefer zu verstehen und um die Symbole und deren Bedeutung zu erkennen. Die Analyse dient zum tieferen Verständnis, wodurch die logische Struktur und der Aufbau erkannt und Symbole entschlüsselt werden können. Die Märchen können als Träger und Vermittler von moralischen Botschaften und kulturellen Normen und Werten erkannt werden, die Botschaften müssen aber nicht immer eindeutig sein. Die digitale Kultur kann mithilfe von Märchen ebenfalls auf einer anderen Ebene verstanden werden, vor allem wenn es sich um moderne Märchen handelt, Märchen, die die Digitalisierung thematisieren.[49] Die Analyse sollte aus diesen Gründen offen sein für Kreativität, jedoch bieten die Interpretation und Analyse gleichzeitig eine logische Vorgehensweise und sorgen damit für Nachvollziehbarkeit.

---

48 Kast 2002, S. 8–9.
49 Moderne Märchen der Digitalisierung wurden beispielsweise von Grimm und Kuhnert (2021) herausgegeben. Der Landesbeauftragte für den Datenschutz und die Informationsfreiheit Baden-Württemberg hat ein Märchenprojekt speziell für Kinder ins Leben gerufen, das mit klassischen Märchen Themen und Werte der Datensialsierung vermitteln soll. Insbesondere der Wert der Privatheit und die Herausforderungen durch den Datenschutz werden beispielsweise anhand der Märchen „Rumpelstilzchen" und „Schneewittchen" für Kinder zugänglich gemacht. Vgl. dazu das Projekt „Datenschutz kinderleicht", online unter: https://www.baden-wuerttemberg.datenschutz.de/datenschutz-kinderleicht/ (Abruf: 07.08.2022).

Im Anschluss an die Analyse können mögliche ethische Konflikte oder Herausforderungen beschrieben werden. Ein bestimmter Konflikt muss immer erst erkannt werden, und die Beschreibung eines Konflikts macht deutlich, aus welcher Perspektive der Konflikt gesehen wird. Das Erkennen der Perspektive ist wichtig, um wiederum einen notwendigen Perspektivwechsel vornehmen zu können. Das Betrachten von verschiedenen Perspektiven kann dabei helfen eine angemessene Lösungsstrategie auszuarbeiten. Ethische Konflikte lassen sich jedoch häufig nicht immer einfach auflösen, weil damit grundsätzliche Fragen und philosophische Standpunkte verbunden sind. Wenn Märchen als ein Bildungsinstrument angewandt werden sollen, dann müssen sie auch zu den philosophisch-ethischen Fragen führen und diese mitbehandeln. Nach dem Verständnis dieses Artikels sollen Märchen die Perspektive weiten und den Blick für philosophische Fragen und Argumentationen auf eine spielerische Art und Weise über das Märchen vermitteln. Insbesondere wenn das einfache Gut/Böse-Schema im Märchen überwunden und hinterfragt wird, kann der Bedeutungsreichtum erschlossen werden. Jedoch bietet auch gerade das spielerische und kindliche Märchenschema den großen Vorteil, dass es die Leserinnen und Leser in einen Zustand der Offenheit (zurück-)versetzen kann. Die Philosophie beginnt mit dem Staunen und der Neugier, und das Staunen und die Neugier werden mit dem Kindlichen in uns assoziiert, und gleichzeitig wecken diese Emotionen die Lust am Denken. Diese Lust kann dazu führen, dass nicht nur Probleme gesehen werden, sondern auch das Positive, das Wunderbare und das Wertvolle, und der Aspekt der Hoffnung kann dabei zum Tragen kommen. Jedoch soll nicht einfach ein Wunderglaube mit dem Märchen assoziiert werden, sondern, wie bereits beschrieben, steht im Märchen eine Ethik des Wachstums und der Entwicklung im Zentrum. Die Hoffnung muss also mit einem realistischen Wachstum verbunden sein. Die Digitalisierung lebt von Gedanken des Wachstums und Fortschritts, die häufig jedoch vollkommen losgelöst vom analogen Wesen Mensch und der Erde und den natürlichen Ressourcen gedacht werden. Das Wachstum wird auf die Technik und nicht auf den Menschen bezogen, und die Marketingstrategien der Digitalisierung spielen mit den Gedanken an das Zauberhafte und verdecken dabei den Aspekt der persönlichen Verantwortung und den Zusammenhang zum Menschlichen. Das Märchen der Digitalisierung dient dann nur zum Einschläfern und nicht zum Wachrütteln und Nachdenken, dabei hat diese Form des Geschichtenerzählens die Kraft für beides.

Peseschkian beschreibt mehrere Vorteile, die in der Arbeit mit Geschichten und Märchen in der Psychotherapie liegen. Ein Großteil dieser Vorteile lässt sich auch auf die Bildungsarbeit der Ethik mit Märchen übertragen. Ein Aspekt betrifft dabei die Distanz, die eine Geschichte erlaubt. Die Geschichte erzählt von einer anderen Person, und es ist nicht die eigene Geschichte, die offenbart werden muss. Im Märchen erzeugen die symbolischen, übernatürlichen Elemente und unrealistische Szenarien eine noch größere Distanz. Die Distanz hat einen positiven Effekt, weil sich eine Person nicht direkt angegriffen fühlen muss, wenn Probleme angesprochen werden, so wird ein neutraler Raum für einen Gedankenaustausch und Diskussionen geboten, der bei einer direkten Konfrontation nicht gegeben wäre.[50] Weiterhin haben Märchen und Geschichten einen anderen und höheren Erinnerungswert. Geschichten und Symbole werden leichter und anders erinnert als theoretische Argumente. Die Symbole und die Bildsprache, die besonders im Märchen vorkommen, sprechen das kreative Denkvermögen an, aktivieren andere Hirnregionen und werden anders abgespeichert. Akademische Texte und Argumente werden demgegenüber schwer erinnert und leicht wieder vergessen. Geschichten können aus diesem Grund eine längerfristige Wirkung haben. Peseschkian bezeichnet dies als „Depotwirkung" von Geschichten.[51] Märchen sind, wie bereits mehrfach betont wurde, in einer Bildsprache geschrieben und benutzen Symbole. Die Symbole regen direkt das Vorstellungsvermögen an, dadurch werden leichter Verknüpfungen und Assoziationen zu Gefühlen oder anderen Gedanken provoziert. Hierdurch wird einerseits der Erinnerungswert gesteigert, aber auch die Möglichkeit zu kreativen Denkprozessen und vor allem das Finden von kreativen und neuen Lösungsstrategien kann angeregt werden. Insbesondere der Nutzen vom Rückfall in das Kindliche werden in diesem Zusammenhang von Peseschkian betont:

> Der Rückgriff auf die Phantasie besitzt innerhalb der leistungsbetonten Gesellschaft die Bedeutung einer Regression, eines Rückschritts in frühere Entwicklungsstufen: Wenn ich mich mit Geschichten beschäftige, verhalte ich mich weniger wie ein typischer mitteleuropäischer Erwachsener, sondern wie ein Kind oder wie ein Künstler, dem Abweichungen von gängigen Leistungsnormen und der Zugang zur Welt der Phantasie noch zuerkannt werden.[52]

Zu guter Letzt können Märchen ihre Rolle als Träger und Vermittler von Werten für die Bildungsarbeit in der Ethik entfalten. Märchen beschreiben eine bestimmte Kultur und deren Normen. Sie beschreiben den Handlungsraum der Menschen. Und gerade im Zusammenhang mit der Digitalisierung gibt es Fragen wie beispielsweise: Was ist überhaupt die Kultur des Digitalen? Welche Spielregeln und Normen gelten in dieser Kultur? Welche Werte prägen diese Kultur? Welche Werte sollen und wollen die Menschen dieser Kultur verleihen? Ein Großteil der digitalen Ethik beschäftigt sich mit diesen Wertefragen.[53] Ende beschreibt den Anteil, den die Literatur an den Prozessen der Wertegestaltung haben kann:

> Werte verteidigen ist eine Sache, aber Werte schaffen oder erneuern eine andere. Was hilft alle gesellschaftskritische Argumentation gegen die Vergiftung und Zerstörung der Natur, wenn der Baum selber uns im Grunde nichts mehr bedeutet? Aber ein Poet, der mich in einem Gedicht die Schönheit eines Baumes, die Brüderlichkeit zu diesem geheimnisvollen Wesen erleben lässt, gilt als unzeitgemäß, als nahezu lächerliches Relikt der Vergangenheit, während ein Autor, der ein zorniges Pamphlet gegen die Umweltzerstörung schreibt – wobei aber ihm selbst der Wald nicht mehr bedeutet als die biologisch-chemische Grundlage unseres eigenen Lebens – für progressiv, ja mutig gehalten wird.[54]

Märchen und Geschichten können, insbesondere im Rahmen einer ethischen Bildung, eine Rolle als Vermittler einnehmen: zwischen kritischer, analytischer Be-

---

50 Vgl. dazu Peseschkian 1979, S. 29–30.
51 Ebd., S. 30.
52 Ebd., S. 32.
53 Vgl. beispielsweise Spiekermann 2019.
54 Ende 2019, S. 110–111.

trachtung und Reflexion und schöpferischem, kreativem Denken und Wachstum. Beides sollte Hand in Hand gehen.

Zusammengefasst bietet die Arbeit mit Märchen für eine (digitale) Ethik die folgenden Vorteile:
- Die Geschichten sind meist kurz und einfach verständlich.
- Komplexe Themen können anschaulicher und dadurch leichter zugänglich gemacht werden.
- Die Bildsprache rührt eine andere Bewusstseinsebene an.
- Geschichten ermöglichen eine Form der Distanz und schaffen dadurch wiederum leichter Zugänge, um schwierige Themen oder Konflikte zu besprechen.
- Bilder und Geschichten werden leichter erinnert als theoretische Argumente.
- Das Kindliche und Spielerische im Märchen kann das kreative Denken fördern.
- Die digitale Kultur kann über die Ebene der symbolischen Sprache anders wahrgenommen und verstanden werden.

6 FAZIT

Die Psychoanalyse arbeitet mit Märchen, um persönliche Konflikte verstehen und lösen zu können. Eine digitale Ethik kann diese Methode aufgreifen, um Wertekonflikte der Digitalisierung zu thematisieren und um die Arbeit an der Konfliktlösung anzuregen. Es sind keine normativen Vorgaben, die aus der Arbeit mit Märchen entstehen sollen. Die digitale Ethik ist in ihrer bisherigen Auslegung häufig eudämonistisch ausgerichtet[55] und folgt einer neoaristotelischen Tradition. Sie ist also eine teleologische Ethik, die ein Ziel verfolgt, das Ziel eines guten Lebens in der Digitalisierung. Eine teleologische Ethik wird, wie gezeigt wurde, auch von den meisten Märchen dargestellt. Mithilfe von Märchen lassen sich deshalb einerseits Wertekonflikte aufschlüsseln, aber auch die Ziele des Handelns und dessen Folgen reflektieren. Die Vorstellung des guten Lebens kann anschaulich durchdacht werden. Geschieht dies zudem zusätzlich zu einer logisch-argumentativen Ebene mit bildlich-symbolischen Vorstellungen, kann die Ebene der Emotionen und Wertvorstellungen viel intensiver angesprochen und betrachtet werden. Das Märchen bietet dabei als Gattung mehr Freiraum für die Phantasie als andere literarische Gattungen, weil das Übernatürliche als „normales" Element einfließen kann. Märchen eröffnen aus diesem Grund auch neue Möglichkeiten, über die Kultur der Digitalisierung zu reflektieren und in kreativer Weise diese mitzugestalten, weil das symbolische Denken eine Brücke schlagen kann zwischen dem analogen Wesen Mensch und einer digital-abstrakten Gegenwart und Zukunft. Worauf sollen wir also in der Arbeit mit den Märchen hoffen? Darauf, dass eine gute Fee erscheint, die alle Probleme löst? Oder sollten wir lernen, die Fee als Symbol für den Zufall zu begreifen,

---

55 Vgl. beispielsweise Spiekermann 2019, S. 9.

der uns helfen kann, aber noch lange keine Hoffnung schenkt? Die Hoffnung muss darauf liegen, Konflikte zu erkennen und zu lernen, die Fähigkeiten auszubilden, die jede Person selbst braucht, um diese Konflikte auch selbstständig lösen zu können. Es geht sowohl um das individuelle als auch um das gesellschaftliche Wachstum durch die Reife hin zu mehr persönlicher Autonomie und Verantwortung.

BIBLIOGRAFIE

Bettelheim, Bruno (2003): Kinder brauchen Märchen. 25. Aufl. München: Deutscher Taschenbuch Verlag.
Bucay, Jorge (2019): Was Märchen über dich erzählen. Frankfurt am Main: S. Fischer Verlag.
Campbell, Joseph (2021): Der Heros in tausend Gestalten. 7. Aufl. Berlin: Insel Verlag.
Ende, Michael (2019): Mehr Phantasie wagen. Ein Manifest für Mutige. Wien und München: Thiele Verlag.
Frankena, William K. (2017): Ethik. Eine analytische Einführung. 6. Aufl. Wiesbaden: Springer VS.
Fromm, Erich (2020): Märchen, Mythen, Träume. Eine Einführung in das Verständnis einer vergessenen Sprache. 22. Aufl. Reinbek bei Hamburg: Rowohlt Taschenbuch Verlag.
Goethe, Johann Wolfgang (1982): Gedichte. Lieder/Balladen/Elegien/Sonette/Kantaten/Epigramme. Zürich: Diogenes Verlag.
Grimm, Petra/Kuhnert, Susanne (Hrsg.) (2021): Märchen und Erzählungen der digitalen Ethik. Online: https://hdms.bsz-bw.de/frontdoor/deliver/index/docId/6693/file/maerchenbuch.pdf (Abfrage: 09.08.2022).
Grimm, Petra/Kuhnert, Susanne (2018): Narrative Ethik in der Forschung zum automatisierten und vernetzen Fahren. In: Grimm, Petra/Zöllner, Oliver (Hrsg.): Mensch – Maschine. Ethische Sichtweisen auf ein Spannungsverhältnis. Schriftenreihe Medienethik, Band 17. Stuttgart: Franz Steiner Verlag, S. 93–109.
Grundwald, Armin (2019): Der unterlegene Mensch. Die Zukunft der Menschheit im Angesicht von Algorithmen, künstlicher Intelligenz und Robotern. München: riva Verlag.
Jolles, André (1985): Märchen als Einfache Form. In: Schödel, Siegfried (Hrsg.): Märchenanalysen. Arbeitstexte für den Unterricht. Ditzingen: Reclam Verlag, S. 38–47.
Kant, Immanuel (2003): Kritik der praktischen Vernunft. Hamburg: Felix Meiner Verlag.
Kast, Verena (2002): Mann und Frau im Märchen. Eine psychologische Deutung. 9. Aufl. München: Deutscher Taschenbuch Verlag.
Kast, Verena (1998): Wege zur Autonomie. Märchen psychologisch gedeutet. 6. Aufl. München: Deutscher Taschenbuch Verlag.
Kast, Verena (1994): Zum Umgang der Märchen mit dem Bösen. Thematische Zugänge zum Märchen als dynamischer Prozeß. In: Jacoby, Mario/Kast, Verena/Riedel, Ingrid (Hrsg.): Das Böse im Märchen. Freiburg i. Br. u. a.: Herder Verlag, S. 24–45.
Lüthi, Max (2004): Märchen. 10. akt. Aufl. Stuttgart/Weimar: J. B. Metzler Verlag.
Neuhaus, Stefan (2017): Märchen. 2. überar. Aufl. Tübingen: A. Francke Verlag.
Nussbaum, Martha C. (2018): Gerechtigkeit oder Das gute Leben. 10. Aufl. Frankfurt am Main: Suhrkamp Verlag.
Nussbaum, Martha C. (1995): Poetic Justice. The Literary Imagination and Public Life. Boston: Beacon Press.
Nussbaum, Martha C. (2021): Politische Emotionen. Warum Liebe für Gerechtigkeit wichtig ist. 2. Aufl. Berlin: Suhrkamp Verlag.
Peseschkian, Nossrat (1979): Der Kaufmann und der Papagei. Orientalische Geschichten als Medien in der Psychotherapie. Frankfurt am Main: Fischer Taschenbuch Verlag.
Peterson, Jordan B. (2020): Warum wir denken, was wir denken. Wie unsere Überzeugungen und Mythen entstehen. 2. Aufl. München: mvg Verlag.

Rorty, Richard (1994): Hoffnung statt Erkenntnis. Eine Einführung in die pragmatische Philosophie. IWM-Vorlesungen zur modernen Philosophie. Wien: Passagen Verlag.
Rorty, Richard (1992): Kontingenz, Ironie und Solidarität. Frankfurt am Main: Suhrkamp Verlag.
Rowling, Joanne K. (2005): Harry Potter und der Stein der Weisen. Hamburg: Carlsen Verlag.
Sandel, Michael J. (2017): Gerechtigkeit. Wie wir das Richtige tun. 5. Aufl. Berlin: Ullstein Verlag.
Spiekermann, Sarah (2019). Digitale Ethik. Ein Wertesystem für das 21. Jahrhundert. München: Droemer Verlag.

EINFACH NUR HEISS? DIE VISUELLE KONSTRUKTION EINER HITZEWELLE IN ZEITEN DER KLIMAKRISE

Mirjam Gruber, Valeria von Miller, Michael de Rachewiltz

1 MEDIEN, HITZE UND DIE KLIMAKRISE

Hitze und Dürre haben den Sommer 2022 in vielen Regionen Europas geprägt. Die überdurchschnittlichen Temperaturen in Kombination mit unterdurchschnittlichen Regenmengen führten unter anderem zu schweren Waldbränden in Italien, Spanien, Frankreich, Portugal, Deutschland und Tschechien. Noch nie fiel in Europa eine so große Fläche Land (7200 km^2, etwa die Größe Südtirols) den Bränden zum Opfer. Solche Extremwetterereignisse und deren steigende Häufigkeit werden von Klimaforscherinnen und Klimaforschern der menschengemachten globalen Erwärmung bzw. dem Klimawandel zugeschrieben. Bewegungen wie „Fridays for Future" oder „extinction rebellion" haben durch globale Klimastreiks und Demonstrationen dazu beigetragen, die Salienz des Klimawandels in aktuellen politischen und medialen Berichterstattungen zu erhöhen. Studien unterstreichen auch, dass die gesellschaftlich wahrgenommene Relevanz des Themas über die letzten Jahre gestiegen ist (Poushter/Huang 2019). Der Klimawandel ist komplex und obwohl auch die Qualität der Klimaberichterstattung zugenommen hat, wird diese trotzdem oft als unzureichend wahrgenommen (Guenther et al. 2020).

Gerade beim Thema des Klimawandels rücken die Prozesse sozialer Deutungsproduktionen und ihre Folgen für die Gesellschaft in den Fokus kommunikationswissenschaftlicher Analysen (Brüggemann et al. 2018). Der Klimawandel ist nämlich nicht nur ein rein physikalischer Prozess, der aus naturwissenschaftlicher Sicht gut dokumentiert ist, sondern er ist auch ein gesellschaftlich konstruiertes Phänomen (Beck 1997; Hulme 2009). Was Menschen unter dem Klimawandel verstehen, hängt von unterschiedlichen Faktoren wie dem eigenen kulturellen und sozialen Hintergrund oder der Gruppenzugehörigkeit, aber auch dem nationalen Kontext, der Geschichte und den Traditionen ab. Klassische Massenmedien sowie neue digitale und soziale Medien spielen aber mittlerweile eine große Rolle und können das individuelle Verständnis und die Meinungsbildung von Phänomenen wie dem Klimawandel beeinflussen.

Für die Klimaberichterstattung steht den Medien bzw. dem Journalismus ein breites Repertoire an Themen, Informationen und Darstellungsformen sowie visuelle Mittel zur Verfügung (Brüggemann et al. 2018; Grittmann 2012; Neverla/Trümper 2012). Die Deutung des Klimawandels beeinflusst schließlich, wie Individuen sowie Entscheidungsträger in Politik und Wirtschaft auf die Klimakrise reagieren, welche Anpassungs- und Mitigationsmaßnahmen als sinnvoll erachtet und wie diese schließlich umgesetzt werden. Während für lange Zeit in vielen Berichten des Weltklimarates die Rolle von Medienkommunikation ignoriert wurde, wird im kürzlich veröffentlichten Bericht des Weltklimarates (IPCC) Narrativen nicht nur für die Kommunikation, sondern auch für die Risikoanalysen hinsichtlich des Klimawandels eine wichtige Rolle zugestanden (IPCC 2022).

In der Berichterstattung bzw. in den Medien hat in den letzten Jahrzehnten besonders die Bedeutung von Bildern zugenommen. In Printmedien, in digitalen Medien, aber auch in sozialen Medien nehmen Bilder und Fotos eine zentrale Rolle ein. Die Verwendung dieser visuellen Mittel ist jedoch nicht so einfach zu beschreiben, da Bilder unterschiedliche Funktionen erfüllen können. Vom reinen Dekorationselement bis hin zum Meme mit einer zentralen Botschaft (implizit oder explizit) sind besonders in den digitalen und sozialen Medien (z. B. Facebook, Instagram, TikTok) keine Grenzen gesetzt. Medien- und Sozialwissenschaft, aber auch aus den Kulturwissenschaften stammende Theorien der Visual Studies und der Bildwissenschaften beschäftigen sich seit den 1990er-Jahren verstärkt mit den visuellen Berichterstattungen von unterschiedlichen gesellschaftsrelevanten Phänomenen (Grittmann 2012), die besonders durch die zunehmende Digitalisierung ein neues Ausmaß an Relevanz gewonnen haben.

Bilder von hungernden Eisbären, schmelzenden Gletschern, anhaltenden Dürren oder großflächigen Hochwassern gehören mittlerweile zur populären Bebilderung der Klimakrise in den Medien und darüber hinaus. Bilder besitzen nämlich neben der Sprache in Text oder Wort eine Eigenlogik und können als Konstruktionen begriffen werden, die nicht nur darstellen, sondern auch eine eigene Bedeutung erzeugen sowie kulturell codiert sind (ebd.: 174). Um die visuelle Berichterstattung der Klimakrise zu verstehen, ist es notwendig, die visuellen Diskurse zwischen unterschiedlichen Bereichen zu untersuchen und den Kontext, in dem Klimabilder entstehen (oder nicht entstehen), zu begreifen.

Dieser Beitrag beschäftigt sich mit einer Hitzewelle in der Region Südtirol. Die Häufigkeit und Ausprägung von Hitzewellen haben in vielen Regionen aufgrund des globalen Klimawandels in den letzen Jahren zugenommen. Die Forschungsfrage lautet: Wie präsent ist der Klimawandel in der visuellen Berichterstattung über die (aktuelle) Hitzewelle (14. bis 25. Juli 2022) in der deutschsprachigen Online-Berichterstattung in Südtirol? Das Ziel ist es, die Bebilderung der Online-Berichterstattung zu untersuchen, um zu verstehen, ob und wie eine Verbindung zwischen der Hitzewelle und der Klimakrise hergestellt wird.

Klimawandelkommunikation ist längst ein zentrales Thema in wissenschaftlichen Fachzeitschriften (vgl. Brouwer et al. 2022; Matthews et al. 2022; Moser 2016; Pearce et al. 2015; Schäfer 2012, 2015; Neverla/Schäfer 2012; Boykoff/Smith 2010; Carvalho 2010; Anderson 2009). Dabei wird in der Literatur auch die Rolle des Journalismus bzw. die Rolle von Journalistinnen und Journalisten hinsichtlich ethischer und moralischer Fragen diskutiert. Das folgende Kapitel beschäftigt sich mit der medialen und besonders der visuellen Kommunikation des Klimawandels. Im Anschluss wird das Forschungsdesign vorgestellt, bevor die Ergebnisse der Analyse präsentiert und diskutiert werden. Im letzten Teil folgen Schlussfolgerungen und ein kurzer Ausblick.

2 BILDER UND UMWELTKOMMUNIKATION

Kernaufgabe des Journalismus ist die Information. Als sogenannte „Vierte Gewalt" nimmt der Journalismus eine Kontrollfunktion über die drei staatlichen Gewalten Executive, Legislative und Judikative ein. Er gilt als Frühwarnsystem der Gesellschaft und soll auf drängende Themen und Problematiken aufmerksam machen, um einen breiten gesellschaftlichen Diskurs anzustoßen (Meier 2018: 15–16). „Was wir über unsere Gesellschaft, ja über die Welt, in der wir leben, wissen, wissen wir durch die Medien", schrieb Niklas Luhmann (2017: 9) in seinem Standardwerk „Die Realität der Massenmedien". Daraus erschließt sich gleichermaßen die große Verantwortung der Journalistinnen und Journalisten, wie auch Grittmann (2012: 174) sie beschreibt: „Die Herstellung, Auswahl und Verbreitung von Bildern des Klima-Themas in den Medien liegt maßgeblich in der Verantwortung des Journalismus." Gleichzeitig wird journalistisches Handeln von verschiedensten Faktoren beeinflusst, die Weischenberg (2004: 71) gemäß seinem Zwiebelmodell in vier Ebenen gliedert, nämlich die Ebene der Mediensysteme (Normenkontext), der Medieninstitutionen (Strukturkontext), der Medienaussagen (Funktionskontext) und der Medienakteure (Rollenkontext). Auf den Punkt bringt dieses Spannungsfeld Bernhard Pörksen (2012: 99), wenn er von unauflösbaren Widersprüchen des journalistischen Berufs spricht: „Man soll aufklären und Geld verdienen, der Wahrheit verpflichtet, Profite für den eigenen Verlag erwirtschaften, die Gesellschaft orientieren, unter Höchstgeschwindigkeit objektive Erkenntnis produzieren und die Welt, zu der man gehört, vollkommen unabhängig und wie von außen beobachten." Vor allem in der journalistischen Bildkommunikation führen nicht zuletzt die Digitalisierung der Fotografie und die Möglichkeiten des Internets zu einer Auflösung technischer Grenzen und zu einem Bruch des klassischen Kommunikationsmodells aus Produzenten und Rezipienten (Isermann 2015: 30), wobei auch Bild- und Presseagenturen eine stärkere Bedeutung zukommt (ebd.: 21).

Die Bildkommunikation in Bezug auf die Umweltberichterstattung wurde bereits in den 1970er-Jahren im Zuge des Aufmerksamkeitszyklus (issue-attention cycle) von Anthony Downs systematisch eingeordnet. Der Zyklus beginnt mit dem Vor-Problem-Stadium (1), in dem nur Experten oder bestimmte Interessengruppen über einen unerwünschten sozialen Zustand informiert sind. In der zweiten Phase, der „alarmierten Entdeckung und euphorischen Begeisterung" (2), wird auch die breite Öffentlichkeit durch eine Reihe von Ereignissen und sichtbaren Folgen des Problems aufmerksam. Auch auf politischer Ebene werden Forderungen nach Maßnahmen laut. Diese Forderungen nehmen mit Eintritt der dritten Phase ab, wenn nämlich die Kosten eines signifikanten Fortschritts deutlich werden (3). Vor allem über Medienberichte beginnt die Öffentlichkeit, die finanziellen und vielleicht auch sozialen Opfer zu verstehen, die erbracht werden müssen, um einen Wandel herbeizuführen, was zu einem Rückgang des intensiven öffentlichen Interesses führt (4). In der fünften Phase verdrängen neue Themen von nationalem oder internationalem Interesse das zuvor diskutierte (5) (Downs 1972: 39–41). Einen völligen Eintritt in die Post-Problem-Phase schließt Downs für Umweltthemen auch damals schon aus, allen voran aus dem Grund, dass viele Arten der Umweltverschmutzung viel sichtbarer und deutlich bedrohlicher sind als soziale Probleme. Je anschaulicher ein Problem auch visuell dargestellt werden kann, desto länger besteht das öffentliche Interesse, wenn auch eine gewisse Abstumpfung bei ständiger Wiederholung des Gesehenen eintritt (ebd.: 46–47).

Kreative und effektive (Klima-)Kommunikation hat zum Ziel, den Klimawandel für die Menschen im Alltag bedeutsam zu machen (Boykoff 2019: 238). Während visuelle Kommunikation bei vielen Umweltfragen – von der Ausdünnung der Ozonschicht, der Abholzung des Regenwaldes bis zur Umweltverschmutzung – eine entscheidende Rolle eingenommen hat, betonen DiFrancesco und Young (2011: 531) „given that Canada ratified the Kyoto Protocol but has since become obstructionist on the global stage. Our analysis, which focuses on image-language interactions, leads us to conclude that climate change is being inconsistently narrated to Canadians in this regard. While the power of visual communication comes from its ability to blend fact and emotion, to engage audiences, and to add narrative complexity to linguistic claims." In Bezug auf die globale Klimakrise braucht es Schlüsselsymbole in der Darstellung, um es Rezipientinnen und Rezipienten zu erleichtern, die möglichen Konsequenzen zu visualisieren und die oft abstrakten Aussagen auf ihre tägliche Lebenswelt zu übertragen. Eine 2016 erschienene Studie von Rebich-Hespanha und Rice (2016: 4830–4862) konnte 15 besonders hervorstechende visuelle Frames (Rahmungen) identifizieren. Dazu gehören *Regierung, Politik und Verhandlungsführung* (1), *Klimaforschung, Wissenschaft und Forschende* (2), *Beobachtung und Quantifizierung* (3), *Temperaturrekorde* (4), *normale (mitunter gefährdete) Personen* (5), *Lebensmittel und Landwirtschaft* (6), *alternative Energien und Energiepreise* (7), *Auswirkungen der Industrie auf die Umwelt* (8), *zukünftiges Klima, gefährdete Gebiete und Anpassung* (9), *führende Persönlichkeiten aus der Zivilgesellschaft* (10), *Wildnis und Naturerholung* (11), *Stürme* (12), *Auswirkungen auf Tiere und Landschaften im Polargebiet* (13), *Blick auf die Weltkugel aus dem Weltraum* (14) und *Energieeffizienz* (15). Diese visuellen Frames basieren auf emotionalen Appellen und stellen Schlüsselelemente der Klima-Kommunikationsstrategie dar. Ob der Einsatz vorwiegend angstauslösender Bilder allerdings in die gewünschte Reaktion der Rezipientinnen und Rezipienten mündet, bleibt insofern fraglich, als dass eine Veränderung bei Einstellungen und Verhaltensweisen mittels des Hervorrufens positiver Emotionen wahrscheinlicher ist (Searles 2010: 14–15). Wie bereits erwähnt, haben sich Fotos von Eisbären als Standardmotive für den Klimawandel etabliert, aber eine Untersuchung von Climate Outreach kam zu dem Ergebnis, dass viele Rezipientinnen und Rezipienten mittlerweile mit Ermüdung oder sogar Zynismus darauf reagieren (Corner/Webster/Teriete 2015). Derselbe Bericht empfiehlt zudem die Verwendung von Politikerinnen und Politikern sowie offensichtlich gestellte Werbefotos, wie z. B. für Energiesparlampen oder ähnliches, zu vermeiden (siehe auch O'Neill 2017).

Die Schlüsselrolle von Bildern in der Klimawandelkommunikation für das Bewusstsein sowie die Handlungsmotivation der Menschen wird in der Literatur hervorgehoben, aber besonders bei Kommunikation, die zwar den Klimawandel direkt oder indirekt betrifft, aber nicht immer direkt tangiert, ist noch Potenzial für mehr Forschung. Hitzewellen sowie deren visuelle Berichterstattung sind zwar bereits

Forschungsgegenstand (siehe z. B. O'Neill et al. 2022), trotzdem verlangt die hohe Relevanz des Themas zusätzlichen Fokus auf die Beziehung zur Klimakrise.

3 KONTEXT UND FORSCHUNGSDESIGN

Südtirol ist eine autonome Provinz im Norden Italiens, in der Deutsch (69,4 %), Italienisch (26,1 %) und Ladinisch (4,5 %) gesprochen wird (Astat 2012). Laut dem Klimareport Südtirol 2018 (Zebisch et al. 2018) hat sich die norditalienische Region seit den 1960er-Jahren überdurchschnittlich stark erwärmt. In zwei Städten (Bozen und Brixen) hat sich die Durchschnittstemperatur im Sommer um 3 °C und im Winter um ca. 1,5° bis 2,0 °C erhöht. Auswirkungen dieser Erwärmung wurden beispielsweise im Jahr 2017 ersichtlich, als Norditalien durch Hitze, ausbleibende Niederschläge und einen schneearmen Winter von einer beispiellosen Dürre betroffen war und Schäden für die Landwirtschaft in Milliardenhöhe vermeldet wurden. Die Klimaforscherinnen und -forscher erwarten zudem eine Zunahme von Klimaschäden in den kommenden Jahren und Jahrzehnten. Die Politik sowie andere Akteure aus Wirtschaft und Gesellschaft haben den Klimaschutz mittlerweile als zentrales Ziel auf ihrer Agenda verankert. Seit einigen Jahren steigt sowohl in der Bevölkerung als auch in der Medienberichterstattung das Bewusstsein für den Klimawandel und dessen Konsequenzen auf globaler und lokaler Ebene (Lübke 2021). Besonders die geologische und geografische Lage macht Südtirol zu einem interessanten und relevanten Fall, um die visuelle Berichterstattung hinsichtlich des Klimawandels zu untersuchen. In Südtirol ist die globale Erwärmung etwa durch die Gletscherschmelze sehr deutlich sichtbar. Aber auch andere negative Vorkommnisse, wie das vermehrte Auftreten von Extremwetterereignissen, können auf den Klimawandel zurückgeführt werden.

Um die Forschungsfrage zu beantworten, wurden Online-Artikel führender Medienhäuser Südtirols mit Bildern im Zeitabschnitt zwischen dem 14. und 25. Juli 2022 gesammelt. Auswahlkriterium war die Nennung eines der folgenden Schlagworte: Hitze, Klima, Wetter und Temperatur. Der gewählte Zeitraum entspricht einer besonders hervorstechenden Hitzeperiode im Sommer 2022 in Südtirol. Die gewählten Artikel sollen einen prägnanten Einblick in die Besonderheiten der Visualisierung der Hitzewelle in der Online-Berichterstattung liefern. Im Zuge der Analyse wurden alle bezugnehmenden bebilderten Artikel der digitalen Nachrichtenportale stol.it, Die Neue Südtiroler Tageszeitung ONLINE, UnserTirol24, Rai Tagesschau, salto.bz sowie des Online-Auftrittes der Wochenzeitungen Südtiroler Wirtschaftszeitung (SWZ) und FF – das Südtiroler Wochenmagazin erfasst. In der Auswahl der Online-Portale wurde auf eine ausgewogene Einbeziehung der unterschiedlichen Medienhäuser in Südtirol geachtet. Insgesamt wurden 88 Artikel mit mindestens einem Bild gesammelt. Quantitativ hervorzuheben ist stol.it mit insgesamt 47 Artikeln, während die übrigen Medienportale durchschnittlich neun Artikel und die Online-Plattformen der Wochenzeitungen jeweils drei Artikel mit den genannten Schlagworten veröffentlichten.

Die qualitative Analyse der visuellen Berichterstattung der Hitzewelle erfolgte mithilfe der Software QSR Nvivo® und verfolgt einen induktiven, datengestützten Ansatz. In einem ersten Schritt wurden die Ebene des Diskurses, die Online-Zeitungen und der institutionelle Rahmen kategorisiert. Zu letzterem gehören das Auswahlkriterium eines Artikels nach Schlagworten, die Autorenschaft oder die Referenz, der Anlass und die Rubrik jedes Artikels. Anschließend wurden detaillierte, inhaltliche und argumentative Merkmale der visuellen Berichterstattung untersucht. Außerdem wurde versucht, implizite Informationen und einen Interpretationsrahmen zu erfassen. Diese detailliertere Analyse macht es möglich, Muster in den Daten zu finden und explizite und implizite Zusammenhänge zwischen verschiedenen visuellen Elementen zu erkennen. Bilder und Titel der Artikel sowie die Bildunterschrift wurden unabhängig voneinander codiert bzw. einem Thema zugeordnet und in einem zweiten Schritt auf die Intertextualität bzw. das Verhältnis zwischen den drei Elementen (Bildinhalt, Titel, Bildunterschrift) untersucht.

4 DIE HITZEWELLE IN BILDERN: ERGEBNISSE UND DISKUSSION

Der erste Schritt der Analyse gibt Aufschluss über allgemeine Aspekte der Artikel und Bilder. Der Großteil der Zeitungsberichte (39) wurde der Rubrik Chronik zugeordnet, zehn wurden in der Umweltrubrik, sechs in Panorama und jeweils ein bis maximal fünf Artikel in anderen Rubriken wie etwa Gesellschaft und Wissen, Südtirol, Wirtschaft und Arbeit, Politik, Klima, News, Nordtirol, Gesundheit, Wetter usw. veröffentlicht. Unterschiedliche Online-Nachrichtenportale verfügen zudem über unterschiedliche Rubriken, weshalb ein Vergleich zwischen den Publikationshäusern wenig Sinn ergibt. Auch bei der Autorenschaft der Artikel finden wir eine große Diversität, und hervorzuheben mit elf Artikeln ist nur APA – Austria Presse Agentur eG. Ebenfalls in dieser Phase der Auswertung wurde die Herkunft der Bilder in den Artikeln identifiziert. Von insgesamt 120 Bildern waren 30 Prozent Stock-Fotos, wovon wiederum 77 Prozent von Shutterstock stammten. Weitere Quellen der Stockfotos waren Pixabay (4), 123rf.com (2), ndla.no (1) und unsplash (1). 28 Prozent der Bilder stammen von Presseagenturen, 18 Prozent wurden von In-house-Fotografen gemacht bzw. dem Archiv der Zeitungen entnommen, 13 Prozent der Bilder stammen von Behörden, Organisationen oder Vereinen. Bei ca. sechs Prozent gab es keine Quellenangabe und drei Prozent waren private Fotos.

Die folgenden Ergebnisse der detaillierten Analyse, die in einem zweiten Schritt vorgenommen wurde, liefern Einblick in die Themen, Inhalte und in die Intertextualität der visuellen Darstellung der Hitzewelle in Südtirol (siehe Tab. 1).

Inhalt	Frequenz
Feuer und Brände	23
Sonne	10
Wasser – Getränke	10
Gletscher	9
Thermometer	9
Tiere und Insekten	8
See – Schwimmbad – Baden	7
Menschen schwitzen	5
Niedriger Wasserpegel	4
Karte	4

Tab. 1: Inhalt der Bilder und deren Häufigkeit

Der Großteil der Bilder in den Artikeln zum Thema Hitzewelle in Südtirol enthält Feuer oder Brände. Insbesondere Waldbrände werden häufig in Fotos dargestellt. Diese Bilder thematisieren sowohl Feuer und Brände in Südtirol als auch im restlichen Teil Italiens sowie im Ausland. Circa die Hälfte der Bilder, die diesem Code zugeordnet wurden, zeigen Flammen sowie Rauch in Wäldern, neben Straßen, brennende Bäume und Feuerwehrleute im Kampf gegen die Brände. Diese Fotos zeigen eine reale Gefahr, die in unterschiedlichen Regionen Europas während der Hitzewelle im Juli bestand. Andere Bilder dieser Kategorie zeigen abgebrannte Landschaften, Löschhubschrauber oder Feuerwehreinsätze.

Viele Artikel zur Hitzewelle enthalten das Bildmotiv einer gleißenden Sonne. Die Sonne wird vielfach auch in Kombination mit einem Thermometer, das hohe Temperaturen anzeigt, abgebildet. Die Autorinnen und Autoren interpretieren diese visuelle Darstellung der Hitzewelle als neutral und einfach. Die Visualisierung von Hitze mittels einer strahlenden Sonne belässt den Fokus auf dem zentralen Thema „Hitze" und wird nicht mit anderen Inhalten kombiniert. Es geht in diesem Fall wie auch bei der Kategorie „Thermometer" also in erster Linie um hohe Temperaturen, die in einer Region vorherrschen.

Wasser und Getränke sind ebenfalls ein häufiges Motiv in den analysierten Bildern. Es handelt sich dabei um etwas unterschiedliche Inhalte: ein Teil dieser Bilder zeigt Getränke (häufig Wasser, manchmal auch andere Erfrischungsgetränke oder Cocktails), die teilweise von Personen getrunken oder gehalten werden. Weitere Bilder zeigen Wasserquellen, wie etwa Brunnen in Städten oder Wasserhähne, wo sich Menschen abkühlen oder Wasser trinken. Hier wird das Thema der Hitze einerseits mit Wassernotstand, andererseits aber auch mit gesundheitlichen Auswirkungen auf den Menschen verbunden. Diese Kategorie von Bildern lässt Interpretationen bezüglich des Klimawandels nicht eindeutig zu. Vielmehr fokussieren die Bilder das punktuelle Problem der Hitze und deren Auswirkungen auf die Menschen.

Im Kontext Südtirols und dessen alpiner Landschaft überrascht es nicht, dass auch das Motiv des Gletschers sehr präsent ist. Besonders hervorzuheben ist hier das Thema der Gletscherschmelze, das fotografisch dargestellt wird. Konkret werden mehrere Fotos unterschiedlicher Gletscher aus dem frühen 20. Jahrhundert oder Ende des 19. Jahrhunderts mit aktuellen Fotos verglichen und es wird aufgezeigt, wie sich die Landschaft verändert hat. Die Bilder zeigen einen eindeutigen Rückgang unterschiedlicher Gletscher in Südtirol und verweisen damit explizit auf den Klimawandel.

Die Gletscherschmelze ist ein starkes Motiv, um die Auswirkungen des Klimawandels aufzuzeigen. Solche Visualisierungen der Entwicklung über fast ein Jahrhundert hinweg gehen weit über die Thematisierung einer individuellen Hitzewelle hinaus. Gletscher gelten als guter Indikator für den Klimawandel, da sie relativ unsensibel gegenüber einzelnen Wetterphänomenen sind. In anderen Worten: einzelne Winter mit mehr oder weniger Schneefall oder ein heißer Sommer verändern Gletscher kaum. Nur langfristige Klimaveränderungen haben das Potenzial, Gletscher sichtbar zu beeinflussen. Allein mit der Gegenüberstellung der Bilder schaffen die Journalistinnen und Journalisten eine Verbindung zwischen dem Phänomen der Hitzewelle mit dem globalen Thema der Klimaerwärmung und deren Auswirkungen auf lokaler Ebene.

Im Zuge einer Hitzewelle geht es oft auch darum, wie und wo sich betroffene Menschen abkühlen können. Die Darstellung von Schwimmbädern und Seen ist naheliegend. Im Zuge der Erhebung wurden einige Bilder von Personen in oder um Schwimmbäder und Seen gefunden, die eine grundsätzlich eher positive Emotion auslösen. Paradoxerweise ist extreme Hitze besonders für ältere und kranke Menschen lebensgefährlich und in heißen Monaten sterben im Durchschnitt deutlich mehr Menschen als sonst (Statistisches Bundesamt 2022). Kinder, die lachend in Schwimmbecken oder Seen hüpfen, vermitteln hingegen Spaß, Spiel und Freude. Der inhärente negative Aspekt der Hitze wird durch die angenehme Abkühlung in einem Freibad oder See eher ausgeblendet. Vielmehr erhöhen Hitze oder Wärme in dieser Darstellung die Lust am Baden, da eine Abkühlung bei hohen Temperaturen als besonders erfrischend erscheint. In der Bildbeschreibung oder im Titel der Artikel wurde dennoch meist auf die negativen Aspekte der Hitzewelle (etwa für die Gesundheit) hingewiesen und somit bestand in diesen Fällen oft eine Dissonanz zwischen Bild und Text. Die Bedeutung visueller Kommunikation in der Berichterstattung zu Hitzewellen wurde bereits in vorhergehenden Studien hervorgehoben. Dabei wurde deutlich, dass das häufigste Framing von Hitzewellen in Frankreich, Deutschland, den Niederlanden und Großbritannien „fun in the sun" (Spaß in der Sonne) war (O'Neill et al. 2022: 1).

Auch Tiere werden in Zusammenhang mit der Hitzewelle visuell dargestellt. Darunter finden sich Bilder von Tieren, denen die Hitze zu schaffen macht. So werden etwa Fische gezeigt, die aufgrund der hohen Wassertemperaturen verendet sind oder auch gerettet wurden. Andere Bilder stellen den Umgang von Wildtieren mit der Hitze dar (Vögel sperren ihre Schnäbel weit auf, um sich abzukühlen; Füchse kühlen den Kreislauf durch Hecheln). Des Weiteren fallen Bilder von Mücken in diese Kategorie, die sich trotz Trockenheit weiter vermehren. Das in den Bildern verdeutlichte Leid der Tiere ruft vorwiegend unangenehme Emotionen hervor und unterstreicht die negativen Aspekte der Hitzewelle.

Häufig werden auch schwitzende Menschen gezeigt, was wiederum negative Emotionen auslöst, da sich auch diese Personen ermattet und gesundheitlich angeschlagen präsentieren. Genauso wie bei vielen der bereits genannten Kategorien werden durch die Visualisierung zwar negative Aspekte der hohen Temperaturen thematisiert, es wird jedoch keine Verbindung zum globalen Problem des Klimawandels hergestellt. Trotzdem weisen diese Fotos auf unangenehme und mitunter gefährliche Gesundheitsaspekte extremer Hitze für den Menschen hin.

Ein prägnantes Motiv in Bildern jener Artikel, die sich mit Wasser beschäftigen, ist der Wasserpegel, der aufgrund der Hitze niedriger ist als normal. Hierbei handelt es sich meist um Fotos von Bächen oder Flüssen, die einen niedrigen Wasserstand zeigen. Dies verweist auf die Trockenheit in Zusammenhang mit der Hitzewelle, die als Problem erkannt und dargestellt wird. Im Unterschied zum oben beschriebenen Code „Wasser – Getränke" verweist die bildliche Darstellung von niedrigen Wasserpegeln auf mögliche größere Zusammenhänge der Hitzewelle, etwa mit der globalen Erwärmung, die wiederum als ein Grund für das häufigere Auftreten von Hitzewellen gilt.

Bei der Codierung „Karte" handelt es sich fast ausschließlich um Karten von Südtirol, die die Temperaturen anhand von unterschiedlichen Farben in unterschiedlichen Regionen des Landes darstellen. Eine Karte stellt die schlechte Luftqualität rund um die Landeshauptstadt Bozen dar.

Beim Großteil der Bilder (58), die den Online-Artikeln zum Thema Hitzewelle in Südtirol zugeordnet sind, handelt es sich um Darstellungen mit negativ konnotiertem Inhalt. Zwar gibt es unterschiedliche Inhalte, Waldbrände und Feuer kommen jedoch überdurchschnittlich oft vor. Zudem werden Folgen der Hitze wie „schwitzen" bzw. die Reaktionen von Tieren auf die hohen Temperaturen visuell dargestellt. 27 der Bilder – etwa solche, die Getränke zeigten – wurden als neutral bewertet. Als positiv wurden elf Bilder bewertet, die beispielsweise Kinder in Schwimmbädern oder Ähnliches zeigten.

5 CONCLUSIO UND AUSBLICK

Wie bereits unterstrichen wurde, sind Bilder und Fotos ein wichtiger Teil der Klimakrisenkommunikation. Fokus dieses Beitrages war jedoch nicht die Kommunikation in Bezug auf den Klimawandel, sondern die Frage, wie eine Hitzewelle visuell dargestellt wird und ob Verbindungen zum Klimawandel gezogen werden. Die überdurchschnittlich hohe Anzahl von Fotos der Kategorie „Brände und Feuer" stellt die Gefahr für Mensch, Tier und Natur einer Hitzewelle in den Vordergrund. Die Berichterstattung in Südtirol thematisierte eine Vielzahl von Bränden auch außerhalb der Region, wodurch die „globale" Perspektive in den Vordergrund rückt. Mit anderen Worten: lokale Phänomene werden nicht nur als solche betrachtet, sondern werden auch in einen größeren Kontext gestellt. Da viele Regionen Europas unter extremen Hitzewellen litten und das Problem kein lokales war, sondern ein großes Ausmaß erreichte, kann eine implizite Verbindung zur globalen Erwärmung bzw. dem Klimawandel hergestellt werden.

Die Kategorien „Gletscher" oder „niedriger Wasserpegel" bewegen sich hingegen vorwiegend auf der lokalen Ebene, beziehen sich aber dennoch auf den Klimawandel. Wie bereits erläutert, gelten die schmelzenden Gletscher rund um die Erde als eindeutiger Indikator für den Klimawandel. Auch die niedrigen Wasserpegel hängen damit zusammen, und eine mögliche Wasserknappheit für Mensch, Tier und Natur wird als gefährlich eingestuft. Der Rückgang der Gletscher lässt sich in Südtirol eindeutig beobachten. Bilder der Gletscherschmelze haben insofern das Potenzial starke Emotionen bei den Rezipientinnen und Rezipienten hervorzurufen, da die Identität der Südtirolerinnen und Südtiroler stark mit der heimischen Landschaft und damit mit Bergen und Gletschern verbunden ist. Auch für den Tourismus, der als zentraler Wirtschaftsfaktor in Südtirol gilt, ist eine intakte alpine Landschaft ein wichtiger Aspekt.

Im Gegensatz zu den drei zuvor genannten Kategorien streift der Großteil der weiteren Visualisierungen die Klimakrise kaum. In den Darstellungen geht es vorwiegend um das Hier und Jetzt, wobei mögliche gesundheitliche und unangenehme Aspekte der Hitzewelle für Mensch und Tier mehrfach hervorgehoben werden. Fotos von Menschen im Schwimmbad vermitteln – wie bereits in der Literatur hervorgehoben – in der untersuchten Berichterstattung zur Hitzewelle eher positive Emotionen und stellen somit Gefahren für Mensch, Tier und Umwelt in den Hintergrund. Unter Berücksichtigung des Wertekanons der Medien, der neben Medienfreiheit, Schutz der Privatsphäre, Öffentlichkeit auch Pluralität und Wahrheit umfasst, bieten die Medien Orientierungswissen, tragen zur menschlichen Persönlichkeitsentwicklung bei und dienen dem Allgemeinwohl (Heesen 2011). Wie eingangs bereits ausgeführt wurde, tragen Medien deshalb eine große Verantwortung, vor allem dann, wenn es um globale und intra- und intergenerationale Fragen rund um den Klimawandel geht. Dabei geht es nicht allein um gerechtigkeitstheoretische Fragen, etwa welche Welt wir zukünftigen Generationen schulden, sondern wie aufgrund der Unsicherheit bezüglich der Folgen der Klimakrise überhaupt bewertet werden kann, welches Handeln richtiges Handeln darstellt. Verantwortliches Handeln hängt von Folgeerwartungen, von Vermutungen über die Zukunft ab. Die Vermittlungsleistung der Medien hängt von der bestmöglichen Information über Prognosen zur weiteren Entwicklung und unsere Optionen ab – egal ob in Text oder Bild. Die Sparpolitik in vielen Medienhäusern sowie der große Zeitdruck vor allem im Online-Journalismus macht es für Journalistinnen und Journalisten nicht immer einfach, sich bewusst mit der Auswahl und Beschaffung geeigneten Bildmateriales zu beschäftigen. Insofern verwundert es nicht, dass ein nicht unerheblicher Teil der analysierten Fotos von Stock-Agenturen oder Presseagenturen stammen.

Die Verantwortung von Journalistinnen und Journalisten war und ist noch immer groß und besonders bei Themen, die im Zusammenhang mit der Klimakrise stehen, gibt es noch viel Potenzial, um die visuelle Berichterstattung hinsichtlich der Klimawandelsensibilisierung zu stärken und sich nicht nur an den Mechanismen des Medienmarktes, sondern auch am Wert des Allgemeinwohls zu orientieren.

BIBLIOGRAFIE

Anderson, Alison (2009): Media, Politics and Climate Change: Towards a New Research Agenda. In: Sociology Compass 3, S. 166–182.

Anne DiFrancesco, Darryn/Young, Nathan (2011): Seeing climate change: the visual construction of global warming in Canadian national print media. In: Cultural Geographies 18, S. 517–536.

Astat (2012): Volkszählung 2011. Bozen-Bolzano: Abteilung 8 – Landesinstitut für Statistik. (= astat info). Online: https://astat.provinz.bz.it/downloads/mit38_2012.pdf (Abfrage: 15.09.2022).

Beck, Ulrich (1997): Weltrisikogesellschaft, Weltöffentlichkeit und globale Subpolitik: Ökologische Fragen im Bezugsrahmen fabrizierter Unsicherheiten. Wien: Picus.

Boykoff, Maxwell (Hg.) (2019): Search for Meaning. In: Creative (Climate) Communications: Productive Pathways for Science, Policy and Society. Cambridge: Cambridge University Press, S. 218–239.

Boykoff, Max/Smith, Joe (2010): Media presentations of climate change. In: Lever-Tracy, Constance (Hg.): Routledge Handbook of Climate Change and Society. Routlede International Handbooks. Abingdon, UK: Routledge. S. 210–218.

Brouwer, Claire et al. (2022): Communication strategies for moral rebels: How to talk about change in order to inspire self-efficacy in others. In: WIREs Climate Change 13, S. e781.

Brüggemann, Michael et al. (2018): Klimawandel in den Medien. In: von Storch, Hans/Meinke, Insa/Claußen, Martin (Hg.): Hamburger Klimabericht – Wissen über Klima, Klimawandel und Auswirkungen in Hamburg und Norddeutschland. Berlin, Heidelberg: Springer. S. 243–254.

Carvalho, Anabela (2010): Reporting the climate change crisis. In: The Routledge companion to journalism and the news. New York: Routledge, S. 485–495.

Corner, Adam/Webster, Robin/Teriete, Christian (2015): Climate Visuals. Seven principles for visual climate change communication (based on international social research). Oxford: Climate Outreach.

Downs, Anthony (1972): Up and down with ecology – the „issue-attention cycle". In: The Public Interest 28, S. 38–50.

Grittmann, Elke (2012): Visuelle Konstruktionen von Klima und Klimawandel in den Medien. Ein Forschungsüberblick. In: Neverla, Irene/Schäfer, Mike S. (Hg.): Das Medien-Klima: Fragen und Befunde der kommunikationswissenschaftlichen Klimaforschung. Wiesbaden: VS Verlag für Sozialwissenschaften. S. 171–196.

Guenther, Lars et al. (2020): Klimawandel und Klimapolitik: Vom Nischenthema auf die öffentliche Agenda. In: Media Perspektiven 5/2020, S. 1–10. Online: https://www.ard-media.de/fileadmin/user_upload/media-perspektiven/pdf/2020/052020_Guenther_Mahl_De_Silva-Schmidt_Brueggemann.pdf (Abfrage: 10.09.2022).

Heesen, Jessica (2011): Medienethik. In: Düwell, Marcus/Hübenthal, Christoph/Werner, Micha H. (Hg.): Handbuch Ethik. 3. aktualisierte Aufl. Verlag J. B. Metzler, S. 269–274.

Hulme, Mike (2009): Why We Disagree about Climate Change: Understanding Controversy, Inaction and Opportunity. Cambridge: Cambridge University Press.

Intergovernmental Panel on Climate Change (IPCC) (2022): Climate Change 2022: Impacts, Adaptation and Vulnerability. Contribution of Working Group II to the Sixth Assessment Report of the Intergovernmental Panel on Climate Change. Cambridge, UK/New York, USA: Cambridge University Press.

Isermann, Holger (2015): Digitale Augenzeugen. Entgrenzung, Funktionswandel und Glaubwürdigkeit im Bildjournalismus. Wiesbaden: Springer VS.

Lübke, Christiane (2021): Wahrnehmung des Klimawandels als gesellschaftliches Problem. In: Bundeszentrale für politische Bildung (bpb.de). Online: https://www.bpb.de/kurz-knapp/zahlen-und-fakten/datenreport-2021/umwelt-energie-und-mobilitaet/330375/wahrnehmung-des-klimawandels-als-gesellschaftliches-problem/ (Abfrage: 23.08.2022).

Luhmann, Niklas (2017): Die Realität der Massenmedien. Wiesbaden: Springer VS.

Matthews, Tom et al. (2022): Latent heat must be visible in climate communications. In: WIREs Climate Change 13, S. e779.

Meier, Klaus (2018): Journalistik. 4. Aufl. Konstanz/München: UTB basics.

Moser, Susanne C. (2016): Reflections on climate change communication research and practice in the second decade of the 21st century: what more is there to say? In: WIREs Climate Change 7, S. 345–369.

Neverla, Irene/Schäfer, Mike S. (2012): Das Medien-Klima. Fragen und Befunde der kommunikationswissenschaftlichen Klimaforschung. Wiesbaden: Springer VS.

Neverla, Irene/Trümper, Stefanie (2012): Journalisten und das Thema Klimawandel: Typik und Probleme der journalistischen Konstruktionen von Klimawandel. In: Neverla, Irene/Schäfer, Mike S. (Hg.): Das Medien-Klima. Wiesbaden: Springer VS, S. 95–118.

O'Neill, Saffron (2017): Engaging with Climate Change Imagery. In: Oxford Research Encyclopedia of Climate Science.

O'Neill, Saffron et al. (2022): Visual portrayals of fun in the sun is represent heatwave risks in European newspapers. In: preprint (via SocArXiv).

Pearce, Warren et al. (2015): Communicating climate change: conduits, content, and consensus. In: WIREs Climate Change 6, S. 613–626.

Pörksen, Bernhard (2012): Die Ideologie der Reinheit. In: brand eins. Online: https://www.brand-eins.de/magazine/brand-eins-wirtschaftsmagazin/2012/interessen/die-ideologie-der-reinheit (Abfrage: 08.08.2022).

Poushter, Jacob/Huang, Christine (2019): Climate Change Still Seen as the Top Global Threat, but Cyberattacks a Rising Concern. In: Pew Research Center's Global Attitudes Project. Online: https://www.pewresearch.org/global/2019/02/10/climate-change-still-seen-as-the-top-global-threat-but-cyberattacks-a-rising-concern/ (Abfrage: 08.08.2022).

Rebich-Hespanha, Stacy/Rice, Ronald E. (2016): Climate and Sustainability. Dominant Visual Frames in Climate Change News Stories: Implications for Formative Evaluation in Climate Change Campaigns. In: International Journal of Communication 10, S. 33.

Schäfer, Mike S. (2012): Online communication on climate change and climate politics: a literature review. In: WIREs Climate Change 3, S. 527–543.

Schäfer, Mike (2015): Climate Change and the Media. In: International Encyclopedia of the Social & Behavioral Sciences, S. 853–859.

Searles, Kathleen (2010): Feeling Good and Doing Good for the Environment: The Use of Emotional Appeals in Pro-Environmental Public Service Announcements. In: Applied Environmental Education & Communication 9, S. 173–184.

Statistisches Bundesamt (2022): Sterbefallzahlen im Juli 2022 um 12 % über dem mittleren Wert der Vorjahre. In: Statistisches Bundesamt. Online: https://www.destatis.de/DE/Presse/Pressemitteilungen/2022/08/PD22_343_126.html (Abfrage: 18.08.2022).

Weischenberg, Siegfried (2004): Journalistik. Medienkommunikation: Theorie und Praxis Band 1: Mediensysteme – Medienethik – Medieninstitutionen. Wiesbaden: VS Verlag.

Zebisch, Marc et al. (2018): Klimareport – Südtirol 2018. Bozen, Italien: Eurac Research. Online: https://webassets.eurac.edu/31538/1618826782-klimareport-2018-de.pdf (Abfrage: 03.08.2022).

ZWISCHEN UTOPIE UND DYSTOPIE: KÜNSTLICHE INTELLIGENZ ALS NICHTSTATTFINDENDES ZENTRALEREIGNIS IN FERNSEHMAGAZINBEITRÄGEN DER ARD

Jan Doria

Der folgende Beitrag basiert auf der Masterarbeit des Verfassers, die unter dem Titel „Zwischen Utopie und Dystopie: Metanarrative in Filmmagazinbeiträgen der ARD über Künstliche Intelligenz" im August 2021 an der Stuttgarter Hochschule der Medien (HdM) eingereicht wurde (vgl. Doria 2021). Diese legte zum ersten Mal eine erzähltheoretisch fundierte Analyse der KI-Narrative im journalistischen Diskurs vor, basierend auf einer Korpusauswertung aus 30 Fernsehmagazinbeiträgen der ARD zum Thema im Zeitraum vom 1. Quartal 2020 bis zum 1. Quartal 2021. Die hier wiedergegebene Zusammenfassung dieser Arbeit reicht jedoch insofern über die Ursprungsarbeit hinaus, als dass sie die dort analysierten Befunde systematisiert und jeweils eine vorläufige Definition für die in dieser Arbeit neu eingeführten narratologischen Begriffe „nichtstattfindendes Zentralereignis" (NSZE), „Verhinderung eines Zentralereignisses" (VZE) und „semantisches Gefängnis" (SG) vorschlägt (Kapitel 4.2) sowie diese abschließend im Spannungsfeld zwischen Digitalisierung und Nachhaltigkeit verortet (Kapitel 5).

1 THEORETISCHE GRUNDLAGEN UND FORSCHUNGSSTAND

In der jüngeren Vergangenheit hat sich sowohl im wissenschaftlichen als auch im öffentlichen Diskurs eine gewisse Tendenz etabliert, an jeder beliebigen Stelle von „Narrativen" sprechen zu wollen. So sehr sich der Erzählforscher bzw. die Erzählforscherin über die gesteigerte Aufmerksamkeit für sein/ihr Fach freuen mag, so sehr enttäuscht es ihn/sie jedoch, dass sich jener Begriff mit zunehmend unreflektierter Verbreitung sinnentleert (vgl. Müller 2020a: 9f.).

1.1 Zum Verhältnis zwischen Narrativität, Fiktionalität und Diskurs

Was also ist eigentlich ein „Narrativ"? Ein Narrativ liegt, kurz gesagt, immer dann vor, wenn in der dargestellten Welt einer Erzählung ein Ausgangs- in einen Endzustand überführt wird, sprich: wenn ein Zentralereignis stattfindet, das die semantische Raumstruktur eines Textes verändert. Neben dieser Raumstruktur ist für die Analyse von Narrativen auch die sogenannte Aktantenstruktur zu berücksichtigen. Als Held wird dabei derjenige Aktant einer Geschichte beschrieben, dem die zentrale Veränderung widerfährt. Ihm gegenüber steht ein Gegner, ihm zu Hilfe eilt ein

Helfer. Das Ziel des Helden besteht in der Erreichung eines Wunschobjekts, von dem entweder er selbst oder andere Nutznießer in der Geschichte (oder niemand) profitieren. Der Held ist außerdem durch einen Auftraggeber motiviert. Diese Aktantenpositionen einer Geschichte können im Einzelfall besetzt werden, sie müssen es jedoch nicht, und sie können auch durch Gegenstände oder durch abstrakte Wert- und Normvorstellungen repräsentiert werden (vgl. Müller/Grimm 2016: 64–76 u. 86–91), wie es in dieser Untersuchung insbesondere beim Dystopie-Metanarrativ der Fall ist (siehe Kapitel 4.1). In der Literatur werden derartige Aktanten- und semantische Raumstrukturen klassischerweise mit Hilfe eines bestimmten Schemas dargestellt, dessen sich auch dieser Beitrag bedient (vgl. ebd.: 70 u. 87).

Immerhin, in einem Punkt liegt die populäre Verwendung des Begriffs „Narrativ" richtig: Narrative sind nicht an eine bestimmte mediale Form gebunden (vgl. Titzmann 2013a: 115) und „Narrativität [...] ist [...] kein Unterscheidungskriterium für Fiktionalität/Non-Fiktionalität. Erzählstrukturen können sowohl non-fiktionale Sendungen als auch fiktionale Sendungen aufweisen." (Grimm 2002: 374) Nur unter diesen Voraussetzungen ist es sinnvoll, die Frage nach den (Meta-)Narrativen der Künstlichen Intelligenz im medialen – das heißt hier: journalistischen – Diskurs zu stellen. Unter einem Metanarrativ wird dabei eine zusätzliche Abstraktionsebene oberhalb isolierter Narrative in einem Kommunikat verstanden: „Ein Meta-Narrativ ist eine narrative Struktur, die viele Geschichten oder andere Kommunikationsakte in einer Gesellschaft teilen." (Müller 2020a: 94) Im Gegensatz zu dem von Jean-François Lyotard postulierten „Ende der großen Erzählungen" in der Postmoderne (Lyotard 1999: 112) sind derartige Metanarrative, der narratologischen Forschungsliteratur zufolge, auch heute noch diskurs- und handlungsprägend (vgl. Müller 2020a: 33f.; Viehöver 2006: 180).

1.2 Narrative der Digitalisierung

Umso mehr überrascht es jedoch, dass bisher „noch zu wenig Diskursanalysen bezüglich der narrativen Formationen existieren" (Müller/Grimm 2016: 102). Darunter fallen auch Analysen zum KI- bzw., versteht man das Schlagwort „Künstliche Intelligenz" gewissermaßen als pars pro toto für das der Digitalisierung insgesamt, zum Digitalisierungsdiskurs. Den bisher vorliegenden Arbeiten mangelt es allesamt entweder an erzähltheoretischer Fundierung im obenstehend äußerst knapp umrissenen Sinne oder an der empirischen Grundlage (oder an beidem). Ein Beispiel dafür ist die von Müller vorgeschlagene Konzeption des Digitalisierungsnarrativs mit dem Ausgangszustand „Die schon begonnene Digitalisierung schreitet voran.", der Transformation „Sie wird Grundlegendes verändern." und dem Endzustand „Sie wird zunehmend alle Lebensbereiche betreffen." (Müller 2020a: 104). Diese erfüllt zwar die oben skizzierte Grundanforderung an ein Narrativ, erfüllt sie aber gleichzeitig auch wieder nicht: Denn was genau verändert sich, wenn die Digitalisierung sowieso schon begonnen hat? Und auf welcher empirischen Grundlage trifft Müller diese und weitere Aussagen wie die, dass die Digitalisierung vor allem ein „Anpassungs-Narrativ" (ebd.: 62) sei und dass es dem Digitalisierungsdiskurs an „offenen Zukunftsgeschichten" (ebd.: 60) mangele? Mit der Studie „Werte, Ängste, Hoffnungen. Das Erleben der Digitalisierung in der erzählten Alltagswelt" gibt Müller – gemeinsam mit der Mitherausgeberin dieses Bandes, Petra Grimm, und Kai Erik Trost – daher seine Konzeption auf und spricht auf der Grundlage empirischer Befragungen in narrativen Interviews von den beiden Metanarrativen „Digitalisierung als Segen" und „Digitalisierung als Fluch" (Grimm/Müller/Trost 2021: 142f.), wobei Grimm in einer früheren Veröffentlichung auch von der Digitalisierung als Hermes- bzw. Pandora-Narrativ spricht (Grimm 2018: 26–29).

Diese dialektische Betrachtung ist jedenfalls allen Autoren, die sich mit der Digitalisierung beschäftigen, gemeinsam, wobei die meisten von ihnen zur Beschreibung des KI- bzw. Digitalisierungsdiskurses ein Utopie-Dystopie-Schema anwenden. So zum Beispiel Fischer und Puschmann (2021: 22ff.), die in einer zwar ebenfalls empirischen, aber nicht erzähltheoretisch fundierten Untersuchung des journalistischen und des Twitter-Diskurses für die Bertelsmann-Stiftung feststellen, dass das Utopie-Narrativ bzw. die Rede von den Zukunftschancen, die die Digitalisierung mit sich bringe, überwiege – hauptsächlich vorangebracht von ökonomiegetriebenen Akteuren.

Angesichts dieser Forschungslage lautet das Ziel nun, eine sowohl erzähltheoretisch gestützte als auch empirisch fundierte Analyse der (Meta-)Narrative des KI-Diskurses vorzulegen. Das Utopie-Dystopie-Schema wurde in der Folge aus der Literatur übernommen.

2 KORPUSAUSWAHL UND -ZUSAMMENSETZUNG

Der KI-Diskurs wird empirisch durch den Zugriff auf ein Korpus operationalisiert, das, wie im Folgenden weiter ausgeführt wird, als annähernd repräsentativ für den journalistischen KI-Diskurs insgesamt gelten darf. Aus forschungsökonomischen Gründen war es dabei notwendig, sich auf eine spezifische Mediengattung zu beschränken. Ausgewählt wurde das Format „Fernsehmagazinbeitrag", konkret untersucht wurden 30 Einzelbeiträge aus ARD-Fernsehmagazinen, die im Zeitraum vom 01. Januar 2020 bis zum 31. März 2021 in der ARD-Mediathek zum Schlagwort „Künstliche Intelligenz" auffindbar waren.

Reiner Keller (2011: 87) beklagt einen Mangel an „audiovisuellen Daten [im Original hervorgehoben]" in der Diskursanalyse, obwohl er diesen „eine wichtige Rolle in der gesellschaftlichen Bedeutungszirkulation" zuschreibt. Hierbei spielt die Mediengattung Fernsehmagazinbeitrag eine besondere Rolle: Für Claudia Wegener ist neben der Periodizität, dem Baukastenprinzip und der Existenz einer Moderation vor allem das Prinzip der latenten Aktualität das entscheidende Charakteristikum dieser Mediengattung (vgl. Wegener 2001: 54f. u. 171), was sich vorteilhaft auf die hier intendierte Untersuchung auswirkt, handelt es sich bei der Künstlichen Intelligenz zweifelsohne ebenfalls um ein latent aktuelles Thema. Das Fernsehmagazin wirkt darüber hinaus profilbildend für die einzelnen Fernsehsender (vgl. Rosenstein 1993: 5), was sich unter anderem darin äußert, dass im Untersuchungsjahr 2020 unter den journalistischen Informationssendungen im Programm des Ersten das Format Fernsehmagazinbeitrag einen Anteil von 57,2 Prozent einnahm (vgl. Maurer/Wagner/Weiß 2021: 302). Claudia Nothelle weist außerdem darauf hin, dass Magazinsendungen einen potenziell narrativen Charakter aufweisen (vgl. Nothelle 2020: 163).

Was wiederum die öffentlich-rechtlichen Fernsehsender selbst angeht, so kann eine Diskursanalyse, die sich auf diese stützt, als einigermaßen repräsentativ für den journalistischen Diskurs insgesamt gelten, weil diese einen besonders hohen Stellenwert innerhalb der (deutschen) Medienlandschaft einnehmen. Allen Unkenrufen zum Trotz zeigen regelmäßige Befragungen, dass die Öffentlich-Rechtlichen nach wie vor das größte Medienvertrauen genießen, und zwar nicht nur in der Gesamtbevölkerung, sondern auch in der jüngeren Zielgruppe (vgl. Jakobs et al. 2021: 158; Engel/Rühle 2017: 404; Feierabend/Rathgeb/Reutter 2018: 17). Bezogen auf die Gesamtbevölkerung stellen sie nach wie vor das mit Abstand wichtigste Nachrichten- und Informationsmedium dar (vgl. Engel/Rühle 2017: 396f.).

In die Korpusauswahl mit einbezogen wurden auch die Beiträge des Jugendkanals funk, nicht jedoch tagesaktuell berichtende Nachrichtenmagazine, da KI hier wie gesagt als ein latent aktuelles Thema gefasst wird. Die Auswahl des Untersuchungszeitraums orientierte sich an einem synchronen Ansatz, Aussagen zur diachronischen Entwicklung des KI-Diskurses bzw. der KI-Narrative sind mit dem gewählten Untersuchungsdesign also nicht möglich.[1]

Der so zusammengesetzte Korpus wurde in der Folge mit einer Kombination aus klassischer Inhaltsanalyse (vgl. dazu Brosius/Haas/Koschel 2016: 137–171) und narrativ-semiotischer Medienanalyse (vgl. Müller/Grimm 2016) untersucht, wobei die verwendeten inhaltlichen Kategorien größtenteils deduktiv aus der narratologischen Literatur abgeleitet wurden (vgl. Müller/Grimm 2016; Müller 2020a; Müller 2020b). Analyseeinheit war der einzelne Beitrag bzw. das durch ihn konstruierte Narrativ als Ganzes, nicht einzelne Filmszenen oder Ähnliches. Das Kategoriensystem umfasste formale Kategorien mit grundlegenden Informationen zum einzelnen Beitrag wie Sendung, Sendungstyp und Sender sowie inhaltliche Kategorien wie lebensweltlicher Bezug, Zeitbezug, Vorhandensein von Narrativität, Pro-/Kontra-Geschichte, Art der Zukunftsgeschichte in der Begrifflichkeit von Müller (2020a: 61–66: „Goldenes Vlies", „Aufbruch ins Unbekannte", „Monster in the house", „Anpassung"), Aktantenstruktur, semantische Raumstruktur, Zentralereignis und sonstige Besonderheiten. Auf die ausführliche Wiedergabe des Codebuchs wird an dieser Stelle aus Platzgründen verzichtet.

---

1   Die intersubjektive Nachvollziehbarkeit der im folgenden referierten Befunde wird leider durch den Umstand eingeschränkt, dass die Fernsehmagazinbeiträge, auf die sie sich stützen, aufgrund der Vorschriften der §§ 11d,f des Rundfunkstaatsvertrages zur Vermeidung der sogenannten „Presseähnlichkeit" zum Teil nicht mehr in der ARD-Mediathek zur Verfügung stehen, weswegen die in der Filmographie angegebenen Links teilweise schon nicht mehr funktionieren können – ein Problem, unter dem die gesamte Medieninhaltsforschung leidet. Jedoch lassen sich diese Beiträge gegen Gebühr beim Deutschen Rundfunkarchiv auch nachträglich noch beziehen.

3 STATISTISCHE KORPUSAUSWERTUNG

Abgesehen von der Aktantenstruktur, der semantischen Raumstruktur und dem Zentralereignis, die in Kapitel 4 für die narratologische Korpusauswertung herangezogen werden, ist bei allen Kategorien jeweils eine statistische Auswertung mit absoluten Häufigkeiten möglich und sinnvoll, die Rückschlüsse auf das Korpus insgesamt erlaubt. Dabei ist jedoch die methodische Einschränkung zu machen, dass aufgrund der bereits erwähnten Vorschriften des Rundfunkstaatsvertrags die Grundgesamtheit aller Beiträge im Untersuchungszeitraum ggf. nur unvollständig erfasst werden konnte und es eine nicht zu beziffernde „Dunkelziffer" an weiteren Beiträgen geben könnte; außerdem wurden Beiträge, die in mehreren Sendern ausgestrahlt wurden, nicht doppelt codiert. In der Folge sollen dennoch die wichtigsten Ergebnisse dieser statistischen Auswertung kurz zusammengefasst werden.

Bei der Auswertung der Merkmale Sendung und Sendungstyp fällt auf, dass Wissenschaftsmagazine (insgesamt 14 Beiträge) wie „odysso – Wissen im SWR" (viermal im Korpus) gegenüber klassischen Politikmagazinen (insgesamt sechs Beiträge) wie „Panorama", „Monitor" und „report" (je einmal im Korpus) und gegenüber Wirtschaftsmagazinen (insgesamt ein Beitrag von „Markt") deutlich überwiegen. Dies überrascht insbesondere vor dem Hintergrund der Befunde von Fischer und Puschmann (2021: 26), wonach Berichte über „Produkt- und Anwendungsneuheiten" gegenüber Berichten über die „Veröffentlichung wissenschaftliche[r] Studie[n]" der mit deutlichem Abstand häufigste Anlass für die Berichterstattung über KI darstellen. Für die Redaktionen der ARD scheint „Künstliche Intelligenz" also in erster Linie ein Wissenschaftsthema bzw. ein Thema für Wissenschaftsmagazine zu sein, was die Frage aufwirft, ob trotz dieser Konzentration der KI-Berichterstattung auf Wissenschaftsmagazine auch die Perspektiven anderer Teilbereiche der Gesellschaft wie Kultur, Bildung, Politik und Wirtschaf adäquat abgebildet werden können. Die Codierung der untersuchten Beiträge nach lebensweltlichem Kontext lässt darauf schließen, dass dies durchaus der Fall ist: Zwar kreist das Gros der Beiträge ebenfalls um Technologie- (sechsmal) sowie Forschungs- und Wissenschaftsthemen (je dreimal), jedoch finden sich auch Beiträge aus dem Alltag und dem Beruf (je dreimal), dem Verkehr (zweimal) sowie dem Sport (einmal). Überraschend ist der hohe Anteil an Gesundheits- (viermal) und Medizinthemen (zweimal), der wahrscheinlich der SARS-CoV-2-Pandemie geschuldet ist – zwei Beiträge behandeln KI als konkrete Lösungsstrategie für diese Krisensituation – sowie die ansonsten große Spannbreite der Themen, die bis hin zu eher ‚exotischeren' Themengebieten wie Rechtsstaat und Tod (je zweimal) sowie Dating, Finanzen, Kino, Kunst, Literatur und Religion (je einmal) reicht, die nicht auf den ersten Blick mit Künstlicher Intelligenz in Verbindung gebracht werden. Die Fernsehmagazinbeiträge der ARD zum Thema Künstliche Intelligenz bilden im Untersuchungszeitraum also eine hohe Vielfalt unterschiedlicher lebensweltlicher Kontexte ab.

23 der 30 untersuchten Beiträge enthalten implizite Narrativität und belegen damit das Vorhandensein narrativer Strukturen in non-fiktionalen Texten. Dabei sind zwei Drittel aller untersuchten Beiträge insgesamt auf die Gegenwart bezogen.

Künstliche Intelligenz wird von den hier untersuchten Fernsehmagazinen also als etwas konstruiert, was längst in unserer Gesellschaft angekommen ist und konkrete Auswirkungen auf das Hier und Heute zeigt. Dieser Befund mag jedoch zum Teil auch dem medialen Format geschuldet sein; Visionen einer ferneren Zukunft werden wahrscheinlich eher in fiktionalen Medienformen verhandelt werden als in non-fiktionalen. Müllers in Kapitel 1.2 referierte Diagnose, dass geläufige Digitalisierungsgeschichten Anpassungsgeschichten seien, bestätigt sich in diesem Korpus empirisch nicht: Zwölf Narrative gehören dem Typus „Monster in the house" an und sechs dem Typus „Goldenes Vlies". Jedoch bestätigt sich Müllers Befund insofern, als dass es an offenen Zukunftsgeschichten mangelt, die eine Art „Aufbruch ins Unbekannte" zeigen würden. Hier sticht nur ein einziger, sehr nachdenklicher Beitrag über die „digitale Unsterblichkeit" hervor, der sich einer Zuordnung zum Utopie-Dystopie-Schema gänzlich entzieht (vgl. o.V. 2020d).

4 NARRATOLOGISCHE KORPUSAUSWERTUNG

Die narratologische Korpusauswertung gibt in der Folge Auskunft über die identifizierten Metanarrative, wobei jeweils ein Beitrag beispielhaft für das Utopie- und das Dystopie-Metanarrativ herangezogen wird. Zudem werden drei besonders auffällige Varianten anhand jeweils eines Beispiels beschrieben, verbunden mit einem Vorschlag für eine allgemeingültige Definition derartiger narrativer Strukturen, die zukünftig als „narrative Mutationen" bezeichnet werden können.

Die Anwendung des Begriffs „Mutation" auf den Begriff des Narrativs lehnt sich an den Ökonomen Robert Shiller an, der Methoden der Epidemiologie auf das Entstehen von Wirtschaftskrisen übertagen und die besondere Rolle von Narrativen in diesem Zusammenhang herausgearbeitet hat. Für Shiller wird die Wirtschafts- und Sozialgeschichte diachron durch gleichbleibende narrative Muster geprägt, die in unterschiedlichen Varianten neu auftreten und so Wirtschaftsbooms wie -krisen auslösen können (vgl. Shiller 2020: 159–167). Zwar gehört Shiller ebenfalls zur Gruppe derjenigen, die den Narrativ-Begriff ohne jede erkennbare erzähltheoretische Fundierung verwenden, jedoch findet sich die Metapher vom Narrativ als Mutation in der Literaturgeschichte auch in einem Nachwort von Alberto Piazza zu Franco Morettis „Kurven, Karten, Stammbäume" (vgl. Moretti 2009: 126f.). Diese Metapher soll in der Folge also dafür verwendet werden, um zu beschreiben, dass es sich bei der hier vorgenommenen Typisierung von Narrativen in Metanarrative natürlich, wie bei jeder anderen Typisierung auch, nicht um konkrete empirisch existente Narrative handelt, sondern um abstrakte „narrative *Grund*struktur[en]" (Müller/Grimm 2016: 98, eigene Hervorhebung), die sich im konkreten Kommunikat durchaus unterschiedlich – eben in Form von „Mutationen" – realisieren können. Das ändert jedoch nichts an der Bedeutung, die Metanarrative für Diskurse haben.

4.1 Zwischen Utopie und Dystopie: Metanarrative der Künstlichen Intelligenz

Insgesamt ließen sich acht Beiträge dem Utopie- und 15 Beiträge dem Dystopie-Metanarrativ zuordnen, was in diesem Fall Fischer und Puschmann widerspricht, die auf der Grundlage ihres Korpus' von einer Dominanz der Utopie im KI-Diskurs sprechen.

Die folgenden beiden Abbildungen 1 und 2 zeigen die idealtypische Aktantenstruktur des Utopie- und des Dystopie-Metanarrativs. Sie unterscheiden sich hauptsächlich in den Positionen des Helfers bzw. Gegners und in der Ausgestaltung des Wunschobjekts. In der Tat kann mit einer einzigen Ausnahme (vgl. o.V. 2020b) die Zuordnung eines Beitrags zum Utopie- oder zum Dystopie-Metanarrativ davon abhängig gemacht werden, ob die KI die Aktantenrolle des Helfers oder die des Gegners einnimmt. Im Fall der Dystopie ist die Rolle des Helfers häufig nicht besetzt, was den dystopisch-ausweglosen Charakter dieses Narrativs verstärkt. Protagonist ist in beiden Fällen eine menschliche Person bzw. im Falle der Dystopie etwas häufiger die menschliche Gesellschaft als Ganzes; das Anthropomorphisierungsnarrativ mit einer KI als Protagonistin kommt im Korpus nur einmal (vgl. o.V. 2021b) vor. Wunschobjekt des menschlichen Protagonisten ist im Falle der Utopie häufiger eine konkrete Weltverbesserung wie zum Beispiel ein Medikament gegen Covid-19 (vgl. Hackl 2020), im Falle der Dystopie häufiger ein abstrakter moralischer Wert wie Wahrheit (vgl. Hillebrandt 2020) oder Humanität (vgl. o.V. 2020c). Das bedeutet freilich nicht, dass die Wunschobjekte der Protagonisten der Utopie-Narrative nicht auch von moralischen Werten getrieben wären; sie sind bloß weniger offensichtlich.

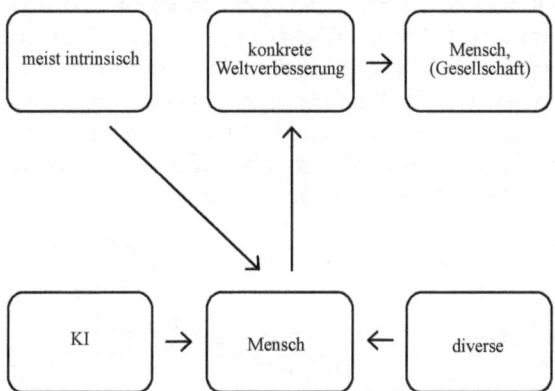

Abb. 1: Aktantenstruktur des Dystopie-Metanarrativs

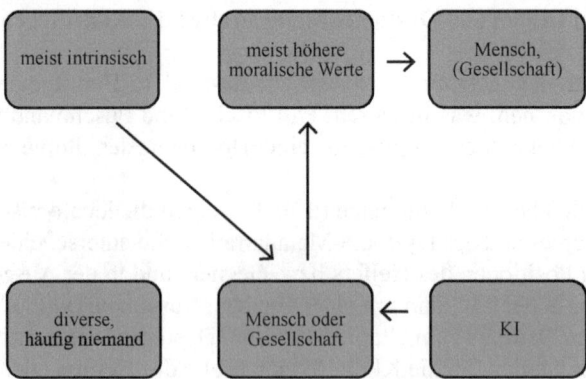

Abb. 2: Aktantenstruktur des Utopie-Metanarrativs

In zwölf der 23 untersuchten narrativ konstruierten Beiträge stellt das Eintreten der KI in die Handlung das Zentralereignis dar, also dasjenige Ereignis, das die Transformation der dargestellten Welt auslöst und dem Narrativ daher erst Narrativität verleiht. Die semantische Raumstruktur der Beiträge ist darüber hinaus recht simpel und besteht aus zwei, maximal drei semantischen Räumen, ein Befund, der ebenfalls der geringen Komplexität des medialen Formats geschuldet sein mag. Wenn es zu einem zweiten Zentralereignis kommt, dann ist dieses häufig die Umkehrung des ersten.

Beim Utopie-Metanarrativ erfolgt durch die KI eine Transformation einer als problembehaftet angesehenen Welt der Gegenwart in eine positiv-utopische Zukunft (semantischer Raum 2 = SR2), in der alle Probleme, die sich im SR1 gestellt hatten, gelöst wurden (vgl. Abb. 3). Rückbezogen auf die Aktantenstruktur bedeutet das die Erreichung des Wunschobjekts durch den Protagonisten. Beim Dystopie-Metanarrativ dagegen wird das Wunschobjekt nicht erreicht: In der meist als positiv dargestellten Welt der Gegenwart (SR1) kommt es durch das Auftreten der KI zu einer mehr oder weniger großen Katastrophe (SR2) (vgl. Abb. 4), weil, frei nach Murphys Gesetz, schiefgeht, was schiefgehen muss.

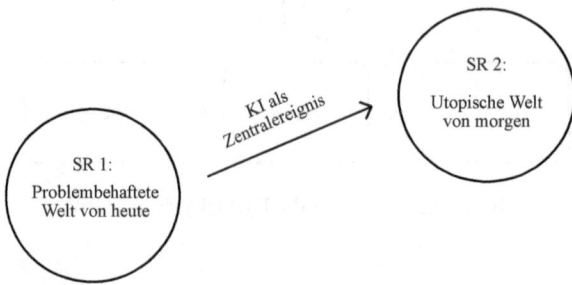

Abb. 3: Semantische Raumstruktur des Utopie-Metanarrativs

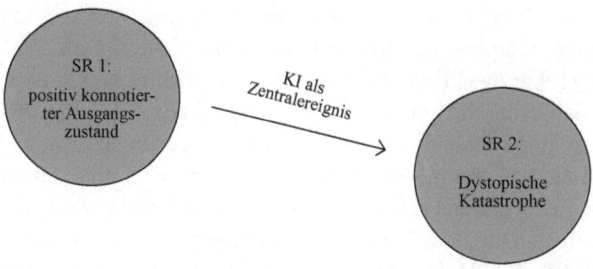

Abb. 4: Semantische Raumstruktur des Dystopie-Metanarrativs

Im Normalfall vollzieht sich die Transformation wie dargestellt als einfacher Übergang von einem SR1 zu einem SR2; einzelne Beiträge weisen jedoch auch komplexere narrative Ereignisse wie die Errichtung einer Raumgrenze (vgl. Wolf 2020) oder einer Aufhebung derselben (vgl. Peikert 2020; Haas 2020) auf. Als Kriterium für die Zuordnung dieser Beiträge zum Utopie- oder zum Dystopie-Metanarrativ kann die Frage dienen, wie dieses Ereignis in der dargestellten Welt bewertet wird: als positive oder als negative, erstrebenswerte oder abzulehnende Entwicklung. Diese beiden Metanarrative sollen nun an jeweils einem Beispiel aus dem Korpus plausibilisiert werden.

Der Beitrag „Corona: Künstliche Intelligenz erkennt Covid-19" aus der Sendung Visite (NDR) (Roth 2021) weist eine für das Utopie-Metanarrativ geradezu idealtypische Raum- und Aktantenstruktur auf (vgl. Abb. 5). Ein Forscherteam der Universität Augsburg (Protagonist) geht der Aufgabe nach, mit Hilfe einer KI-App, die Stimmproben erkennen kann (Helfer), Corona-Infizierte besser bzw. einfacher als bisher zu erkennen und damit „über Lösungen [für die Pandemie] nachzudenken" (ebd.: 00:47–00:48, Wunschobjekt). Hier handelt es sich also um einen der beiden Beiträge im Korpus, der in einem Zusammenhang zur aktuellen SARS-CoV-2-Pandemie steht. Neben der KI-App selbst können auch die Testpersonen, die den Forschern ihre Stimmproben zur Verfügung stellen, als Helfer betrachtet werden (vgl. ebd.: 03:30–05:19).

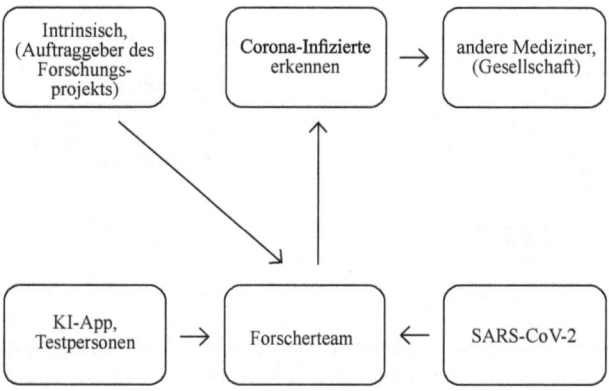

Abb. 5: Aktantenstruktur von „Corona: Künstliche Intelligenz erkennt Covid-19", Visite (NDR)

Der gemeinsame Gegner nicht nur des Forscherteams, sondern auch der an der Studie beteiligten Testpersonen ist das Coronavirus SARS-CoV-2. Die Nutznießer und die Auftraggeber der Protagonisten werden im Beitrag nicht explizit angesprochen, stellen also eine Nullproposition dar (vgl. dazu Titzmann 2013b: 91f.). Im Falle des Nutznießers lässt dieser sich aus den Äußerungen eines Mediziners der Universitätsklinik Augsburg, der im Beitrag zitiert wird, als „andere Mediziner" rekonstruieren: „Das hat uns natürlich fasziniert, dass so eine im Prinzip ganz nichtinvasive, harmlose Diagnostik zu so hervorragenden Ergebnissen führen kann" (Roth 2021: 04:01–04:13). Der Auftraggeber wiederum lässt sich einerseits aus der bereits zitierten Äußerung, das Forscherteam wolle einen Beitrag zur Überwindung der Corona-Pandemie leisten (vgl. ebd.: 00:41–00:54), als intrinsische Motivation identifizieren; unter Einbeziehung des kulturellen Kontextwissens (vgl. dazu Titzmann 2013b: 94–106; Titzmann 1989: 47–51) darüber, dass Forschung im gegenwärtigen Wissenschaftsbetrieb zumeist drittmittelfinanziert erfolgt, lässt sich jedoch auch die Existenz eines nicht genannten Auftraggebers des Forschungsprojekts postulieren. Das kulturelle Wissen erlaubt es ebenfalls, die Aktantenrolle des Nutznießers um die Gesellschaft insgesamt zu ergänzen, denn letztlich hätten wahrscheinlich alle Menschen einen Nutzen davon, wenn die Pandemie mithilfe einer verbesserten Teststrategie überwunden oder zumindest eingedämmt werden könnte. Diese Aktantenstruktur stimmt somit mit der idealtypischen Aktantenstruktur des Utopie-Metanarrativs überein: Es geht um konkrete Weltverbesserung, die allerdings globale Auswirkungen zeitigen kann. Dass hinter dem konkreten Wunschobjekt, Corona-Infizierte mithilfe von KI zu erkennen, sehr wohl auch ein abstrakter moralischer Wert steht, wird in den letzten beiden Sätzen des Beitrags deutlich, in denen die Off-Stimme darüber reflektiert, inwieweit man der neuen Spracherkennungstechnologie bei der Erkennung potenziell lebensbedrohlicher Infektionen vertrauen kann: „Wie genau die App auch arbeiten wird: Bei einem positiven Testergebnis wird immer ein PCR-Test folgen. Hundertprozentig vertrauen will man der Künstlichen Intelligenz nicht. Noch nicht." (Roth 2021: 06:11–06:25) Die semantische Raumstruktur des Beitrags entspricht ebenfalls dem idealtypischen Utopie-Schema und wird daher nicht eingehender analysiert, sie geht aus Abb. 6 hervor.

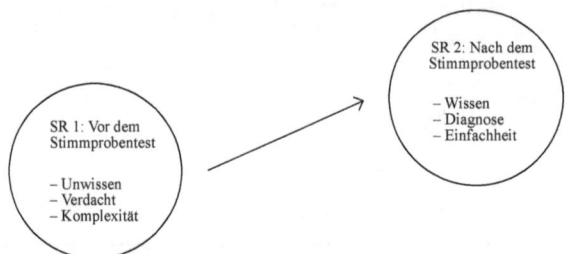

Abb. 6: Semantische Raumstruktur von „Corona: Künstliche Intelligenz erkennt Covid-19", Visite (NDR)

Ebenfalls exemplarisch für ein Metanarrativ – das der Dystopie – kann in Aktanten- und semantischer Raumstruktur der Beitrag „Verbrechen vorhersagen, bevor sie passieren" aus der Sendung Capriccio (BR) (O.V. 2020e) stehen. Besonders deutlich wird dies daran, dass die Rolle des Protagonisten nicht von einem Menschen, sondern, wie bei der Dystopie häufiger der Fall, von einer abstrakten Figur, nämlich dem Rechtsstaat, eingenommen wird. Auch das Wunschobjekt – die Gerechtigkeit – ist abstrakt, genauso der Auftraggeber und der Nutznießer (vgl Abb. 7). Diese abstrakten Figuren werden im Film selbst prototypisch durch die handelnden Figuren, darunter ein Kriminalkommissar und ein Datenschützer, dargestellt. Sie handeln jedoch nicht aus sich selbst heraus, sondern als Stellvertreter für die von ihnen repräsentierten Subsysteme der Gesellschaft, gefangen in einem Netz, das von einer potenziell übermächtig zu werdenden, drohenden Überwachungs-KI gesponnen wird.

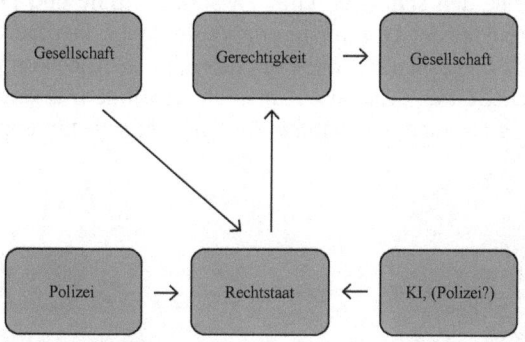

Abb. 7: Aktantenstruktur von „Verbrechen vorhersagen, bevor sie passieren", Capriccio (BR)

Der Beitrag behandelt das im KI-Diskurs häufige Topos des predictive policing. Der Kommissar beschreibt zu Beginn des Films ein Szenario, das anfangs sogar noch als „Utopie" (ebd.: 00:11–00:12) bezeichnet wird: Mithilfe von KI Verbrechen zu bekämpfen, bevor sie entstehen (vgl. ebd. 2020e: 02:18–02:22). Diese Utopie verkehrt sich jedoch in ihr Gegenteil, als der Protagonist dieses Narrativs, vorgetragen von einer Sprecherin aus dem Off, seine Stimme erhebt und mit dem Wort „wir" die Gesellschaft als Ganzes anspricht: „In der Realität wollen wir das [Wegsperren unschuldiger Menschen] verhindern. […] Wir müssen entscheiden, welche Macht wir Algorithmen geben." (Ebd.: 05:18–05:19, 05:30–05:33) Filmisch markiert wird dies durch die Darstellung der Tintenkleckse, die den Beitrag als Schnittbilder untermalen. Der positiv konnotierte SR1 „Freiheit" wird, wie im Screenshot in Abb. 8 gezeigt, mit bunten, vielfarbigen Tintenklecksen assoziiert, der negativ konnotierte SR2 „Unfreiheit" dagegen mit schwarzen Klecksen auf lilafarbenem Grund, die zum ersten Mal auftauchen, als von „wir" zu sprechen begonnen wird, und die bis zum Ende des Beitrags beibehalten werden. Abb. 9 zeigt die semantische Raumstruktur des Beitrags.

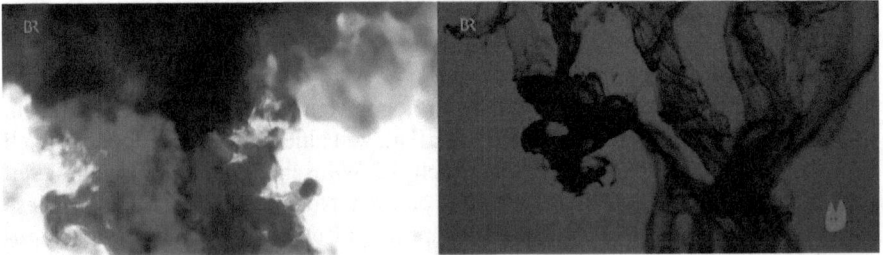

Abb. 8: Unterschiedliche Darstellung der semantischen Räume in „Verbrechen vorhersagen, bevor sie passieren", Capriccio (BR) (Screenshots 02:43 (links) und 04:29 (rechts))

In diesem semantischen Raum herrscht tatsächlich die viel befürchtete Dystopie der totalen Überwachung, eine Willkürherrschaft, die dem Rechtsstaat widerspricht und auf diese Weise den schmalen Grat zwischen Utopie und Dystopie und den dialektischen Charakter der Digitalisierung verdeutlicht. Der Beitrag „Verbrechen vorhersagen, bevor sie passieren" weist insofern eine deutlich komplexere narrative Struktur auf als der Beitrag „Corona: Künstliche Intelligenz erkennt Covid-19", da sowohl Darstellung als auch dargestellte Welt semantisch stärker aufgeladen sind.

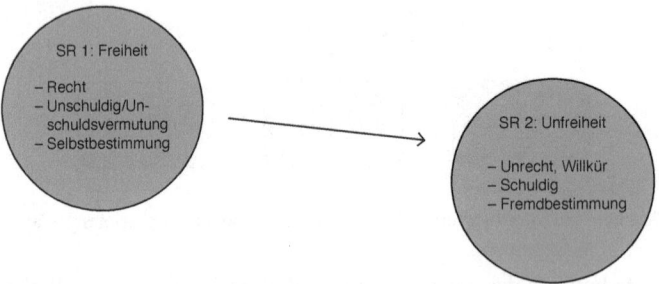

Abb. 9: Semantische Raumstruktur von „Verbrechen vorhersagen, bevor sie passieren", Capriccio (BR)

4.2 Mutierte Narrative: KI, Zentralereignis und semantisches Gefängnis

Besondere Aufmerksamkeit verdienen innerhalb des Korpus' nun diejenigen Beiträge, die obenstehend „narrative Mutationen" genannt wurden, also (besonders auffällige) Abweichungen von dem zuvor vorgestellten Grundmuster darstellen. Von diesen Abweichungen gibt es dreierlei, die alle die semantische Raumstruktur und das Verhältnis des Protagonisten zu dieser betreffen (weswegen in diesem Kapitel auf eine tiefergehende Analyse der Aktantenstrukturen der untersuchten Narrative verzichtet wird): das „nichtstattfindende Zentralereignis" (NSZE), die „Verhinderung des Zentralereignisses" (VZE) und das „semantische Gefängnis" (SG). NSZE-Narrative gibt es im Korpus fünfmal (zweimal Utopie, dreimal Dystopie), VZE-Narrative zweimal (beide Dystopie) und das SG einmal (Utopie). Alle drei sollen nun anhand jeweils eines Beispiels aus beiden Kategorien (wo vorhanden) vorgestellt und auf eine tragfähige definitorische Grundlage gebracht werden, die weitere Forschungsarbeit mit diesen Begriffen erlaubt (siehe Kapitel 5).

Was die Wirkung dieser beiden Mutationen angeht, so führt die NSZE-Mutation im Falle der Utopie zu einer Enttäuschung auf Seiten des Protagonisten, der sein Wunschobjekt nicht erreicht, und im Falle der Dystopie zu einer Verschärfung des dystopischen Charakters, da der Protagonist so keinen Ausweg mehr aus seiner dystopischen Situation sieht. Die VZE-Mutation dagegen handelt vom engen Zusammenhang zwischen Utopie und Dystopie, wie es bereits am Beispiel des Beitrags „Verbrechen vorhersagen, bevor sie passieren" verdeutlich wurde (und in der Tat lässt sich dieses Narrativ auch als VZE auffassen). Das SG ist zu guter Letzt dem Protagonisten selbst gar nicht bewusst und führt ebenfalls zum Nichtstattfinden eines Zentralereignisses, allerdings auf einer anderen Ebene. Die folgenden vier Beispiele mögen dies verdeutlichen.

Der Beitrag „Wege aus dem Stau" aus der Sendung Markt (WDR) (O.V. 2020f) zeigt ein NSZE in der positiv-utopischen Variante. Eine KI-Navigationsapp soll drei Berufspendler dabei unterstützen, einen stau- und stressfreien Weg zu ihrem Arbeitsort zu finden. Die KI ist jedoch nicht in der Lage, dieses Versprechen einzuhalten: die drei Testpersonen benötigen am Ende oftmals länger für ihre Autofahrt, als wenn sie sich auf ihr eigenes Wissen verlassen und diejenigen Verkehrswege genommen hätten, die sie immer schon genommen haben. Eine Transformation hin zu einem staufreien Arbeitsweg (SR2) wäre also möglich gewesen, fand aber in diesem Narrativ nicht statt (vgl. Abb. 10).

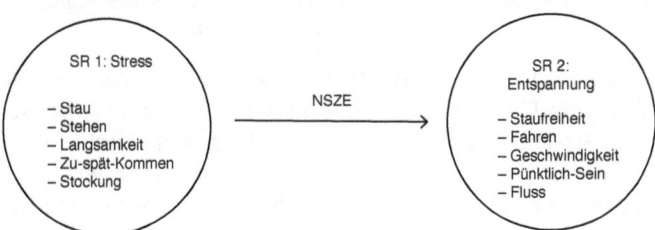

Abb. 10: Semantische Raumstruktur von „Wege aus dem Stau", Markt (WDR

Ähnlich verhält es sich im Beitrag „KI – Dein ständiger Begleiter" aus der Sendung odysso – Wissen im SWR (SWR) (Wolf 2020), der das NSZE in der negativ-dystopischen Variante zeigt. Die Protagonistin dieses Beitrags, die Studentin Lena, versucht nacheinander vier verschiedene Kaufhandlungen bzw. Transaktionen im Netz zu tätigen (ein Cocktailkleid für ihre Mutter, ein neues WG-Zimmer, eine Reklamation für eine fehlerhafte Mahnung und einen Konsumentenkredit für einen Roller), denn: „Das Einkaufen läuft online im Prinzip ja genauso wie im echten Laden." (Ebd.: 00:12-00:16) Im Laufe des Beitrags muss sie feststellen, dass dem nicht so ist, sondern dass sie bei jedem Einkauf im Netz von für sie unsichtbaren(!) KI-Algorithmen überwacht wird, die im Ergebnis dazu führen, dass sie sich ihre Einkäufe nicht leisten kann bzw. ihre Transaktionen abgelehnt werden. Hier wird also eine Opposition konstruiert zwischen den semantischen Räumen „offline" (SR1) und „online" (SR2), wobei letztgenannter negativ semantisiert und als durch die unsichtbaren KI-Algorithmen fremdbestimmt erfahren wird. Narrativ problematisiert wird nun die Raumgrenze zwischen diesen beiden Räumen. Lena versucht, dem Zugriff dieser Überwachungsalgorithmen zu entkommen, erreicht dieses Ziel jedoch nicht: „Die Algorithmen haben Lena voll im Griff." (Ebd.: 05:58–06:00) Die Grenze zwischen den beiden Räumen „offline" (ohne Überwachung) und „online" (mit Überwachung) wird also als durchlässig (in Abb. 11 angedeutet durch die gestrichelte Linie links) erfahren, wo sie doch, dem Wunsch der Protagonistin folgend, eigentlich hart (in Abb. 11 als durchgezogene Linie rechts dargestellt) sein sollte. Auch hier wäre das Zentralereignis als Errichtung dieser harten Raumgrenze zwar möglich, findet jedoch in Wahrheit nicht statt.

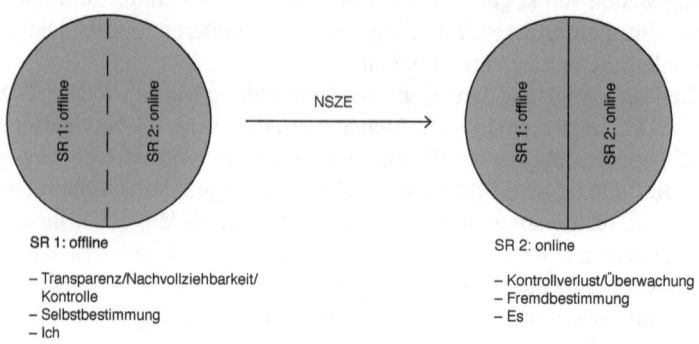

Abb. 11: Semantische Raumstruktur von „KI – Dein ständiger Begleiter", odysso – Wissen im SWR (SWR)

In beiden Fällen wird der zur dargestellten Welt jeweils alternative semantische Raum (2 im Fall des Utopie-, 1 im Fall des Dystopie-Narrativs) im Beitrag selbst nicht explizit dargestellt, sondern muss aufgrund der semantischen Oppositionsrelationen (vgl. Müller/Grimm 2016: 36f. u. 71) rekonstruiert werden. Abstrahiert man nun von diesen beiden Beispielen, so ergibt sich folgende vorläufige Definition eines nicht stattfindenden Zentralereignisses:

> Ein nicht stattfindendes Zentralereignis (NSZE) liegt dann vor, wenn das Zentralereignis in der dargestellten Welt eines Narrativs zwar möglich ist und vom Protagonisten in der Form der Erreichung des Wunschobjekts angestrebt wird, dieses aber eben nicht erreicht wird.

Da das Zentralereignis jedoch theoretisch jederzeit stattfinden könnte, tut dies dem narrativen Charakter des Textes keinen Abbruch.

Der Beitrag „Rassismus durch Algorithmen" aus der Sendung puzzle (BR) (O.V. 2020a) illustriert die Mutation „Verhinderung eines Zentralereignisses" (VZE). Der Beitrag handelt von der drohenden Gefahr durch diskriminierende KI-Algorithmen insbesondere für marginalisierte Gruppen und interviewt für dieses Thema zwei Experten, einen Wissenschaftler am Deutschen Forschungszentrum für Künstliche Intelligenz (DFKI), der Mitglied der EU High Level Expert Group on Artificial Intelligence ist, und eine Vertreterin einer NGO. Auf den ersten Blick ist in diesem Beitrag keine narrative Struktur erkennbar, auf den zweiten Blick zeigt sich jedoch auch hier, dass im Dystopie-Metanarrativ die Aktantenpositionen des

Helden und des Wunschobjekts tendenziell häufiger von abstrakten als von konkreten Charakteren ausgefüllt werden. Wissenschaftler und Aktivistin stehen auch hier stellvertretend für die Gesellschaft als Ganzes, die, intrinsisch motiviert, nach Gerechtigkeit bzw. Diskriminierungsfreiheit strebt und deswegen versucht, ein „Umkippen" des als positiv bewerteten SR1 „Gerechte Gegenwart" in den als negativ bewerteten SR2 „Ungerechte Zukunft" zu verhindern (vgl. Abb. 12).

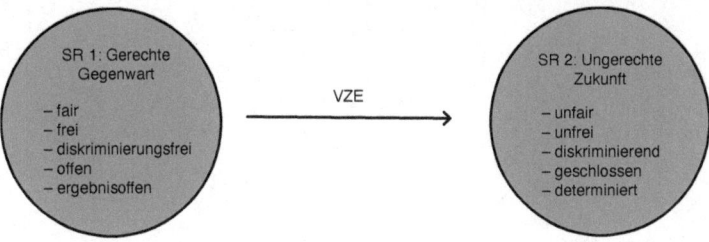

Abb. 12: Semantische Raumstruktur von „Rassismus durch Algorithmen", puzzle (BR)

Der Unterschied zwischen VZE und NSZE liegt also nicht darin, dass das Zentralereignis nur potenziell stattfindet – dies haben beide Mutationen gemeinsam – sondern darin, wie sich der Protagonist zur Potenzialität dieses Stattfindens positioniert. Auch hier tut diese Potenzialität dem narrativen Charakter keinen Abbruch. Damit ergibt sich als vorläufige Definition für die „Verhinderung eines Zentralereignisses":

> Eine Verhinderung eines Zentralereignisses (VZE) als Sonderform des NSZE liegt dann vor, wenn das Zentralereignis in der dargestellten Welt eines Narrativs zwar möglich ist und gleichzeitig nicht erreicht wird, dieses Nicht-Erreichen im Unterschied zum NSZE vom Protagonisten jedoch gewollt ist. Der Protagonist möchte damit das ‚Umkippen' eines positiv konnotierten Weltentwurfes in einen negativ konnotierten Entwurf verhindern.

Zu guter Letzt bleibt noch die Sonderform „semantisches Gefängnis" (SG), die einmal im Korpus als Utopie-Narrativ vorkommt. Der Beitrag „Profis testen die Basketball-App" aus der Sendung Gut zu wissen (BR) (Focke 2020) handelt vom Training eines Spielers der Basketballmannschaft des FC Bayern, das mit Hilfe einer KI-App effizienter gestaltet werden soll. Die Aktantenstruktur mit der KI als Helfer und einem konkret-realistischen Wunschobjekt (Trainingserfolg) ist hier nicht weiter von Interesse. Von Bedeutung ist dagegen die semantische Raumstruktur und das Verhältnis des Protagonisten (des Basketballspielers) zu ihr (vgl. Abb. 14). Diese besteht aus einem Innen- und einem Außenraum, wobei der Innenraum in zwei Teilräume geteilt ist. Zunächst befinden sich Basketballspieler und Trainer, da dieser sich bei seinem Coaching auf „fast zwanzig Jahre Berufserfahrung" (ebd.: 00:11–00:13) stützen kann, im Ausgangsraum „Erfahrungswissen" (SR1a). Nun kommt die KI in Form der App hinzu, die das Training durch empirisch gestützte Zahlen und Daten verbessert und so Spieler und Trainer in den zweiten Teilraum „Empirisches Wissen" (SR1b) transformiert (vgl. ebd.: 01:23–01:41, 03:49–03:55). Gemeinsam machen App und Trainer so das Training „besser" (ebd.: 00:53).

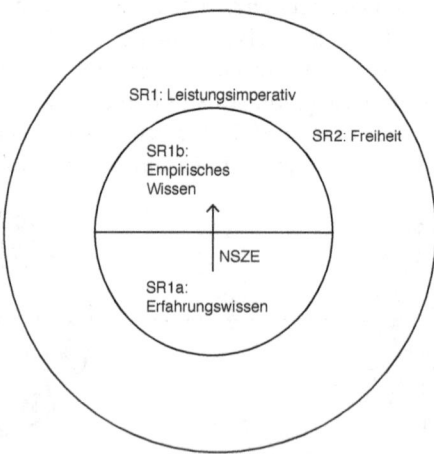

Abb. 13: Semantische Raumstruktur „Profis testen die Basketball-App", Gut zu wissen (BR)

Entscheidend ist allerdings, zu erkennen, dass das Training durch Anwendung der KI-App eben nur „besser", nicht aber substantiell „anders" geworden ist. Im SR1b kommt es also nur zu einer Potenzierung dessen, was im SR1a bereits angelegt war, nicht aber zu einer radikalen Transformation des Weltentwurfs insgesamt. Denn das Geschehen auf dem Basketballfeld findet nicht isoliert im luftleeren Raum statt, sondern situiert sich im Kontext eines ganz bestimmten, narrativ konstruierten Verständnisses von Leistung und Erfolg, das – und hier kommt das kulturelle Wissen ins Spiel – kommerziell definiert ist, da Leistungssport heutzutage und erst recht beim FC Bayern eine kommerzielle Unternehmung darstellt. SR1a und SR1b sind daher nur Teilräume desselben Innenraums SR1 „Leistungsimperativ" mit den gemeinsamen Eigenschaften „Leistung" und „Kommerzialisierung". Filmisch dargestellt wird dieser Zusammenhang nur in einem einzigen Standbild zu Beginn des Beitrags (vgl. Abb. 13), das mit dem folgenden Sprecherkommentar versehen ist: „FC Bayern Basketball gehört zu den besten Teams in Deutschland. 2018 und 2019 war die Mannschaft deutscher Meister." (Ebd.: 00:00–00:08).

Abb. 14: Darstellung des SR1 in „Profis testen die Basketball-App", Gut zu wissen (BR) (Screenshot 00:06)

Im Beitrag wird jedoch nicht expliziert, dass dem Basketballspieler dieser Zusammenhang bewusst wäre – auch, wenn es sich vermuten lässt, schließlich hat er sich aktiv für seinen Beruf entschieden und könnte ihn jederzeit auch wieder wechseln, freilich um den Preis seiner Karriere. Zu fragen ist dennoch, wie frei sich ein Basketballspieler bewegen kann, der sich zwar vor der Kamera der KI-App, die seine Spielzüge aufzeichnet, frei bewegt (vgl. ebd.: 01:19f.) – aber eben gleichzeitig von der Kamera verfolgt wird (vgl. ebd.: 02:47). Zu ergänzen ist also aufgrund der semantischen Opposition zwischen dem, was ist (= SR1), und dem, was möglich wäre, ein SR2 „Freiheit", aus dem der Protagonist ausbrechen würde, wenn er den Kontext des kommerzialisierten Leistungssports verlassen würde. Der Übergang zwischen den Teilräume SR1a und SR1b ist hier zwar im Unterschied zum NSZE sehr wohl als „echtes" Zentralereignis zu werten, da es aus der subjektiven Sicht des Basketballspielers ein solches darstellt; aus der intersubjektiven Sicht des Rezipienten jedoch handelt es sich wiederum um ein NSZE, da sich der Außenraum SR2 wie ein semantisches Gefängnis um den Innenraum SR1 legt und so verhindert, dass die KI zu einem Ausbruch aus dem Leistungsimperativ führen würde.

Davon abstrahiert ergibt sich die vorläufige Definition des „semantischen Gefängnisses" wie folgt:

> Ein semantisches Gefängnis (SG) liegt dann vor, wenn ein semantischer Raum einen anderen Raum vollständig umschließt, sodass im Innenraum nur ein Übergang zwischen zwei Teilräumen möglich wird, jedoch kein Ausbruch aus dem Innenraum insgesamt. In der dargestellten Welt ist sich der Protagonist der Existenz des Außenraums nicht bewusst. Der Übergang zwischen den beiden Teilräumen im Innenraum stellt daher zwar für den Protagonisten ein Zentralereignis dar, gleichzeitig entsteht jedoch für den Rezipienten der Eindruck, dass in Wirklichkeit kein Zentralereignis stattfindet, weil die Grenzen des Innenraums nicht überschritten werden.

5 FAZIT UND AUSBLICK

Welche Metanarrative prägen den journalistischen Diskurs über künstliche Intelligenz? Diese Untersuchung kann auf Grundlage des hier zugrunde gelegten Korpus eine empirisch gestützte wie erzähltheoretische Antwort auf diese Leitfrage geben.

Zu benennen sind zwei Metanarrative und drei besonders auffällige sogenannte „narrative Mutationen". Der Held ist in beiden Metanarrativen jeweils der Mensch bzw. die menschliche Gesellschaft. Der Unterschied zwischen Utopie- und Dystopie-Metanarrativ liegt jeweils darin, dass für die Utopie die KI als Helfer auftritt, die den Menschen unterstützt, eine positiv konnotierte Transformation der dargestellten Welt zu erreichen, während für das Dystopie-Metanarrativ die KI als Gegner auftritt, die die als ideal dargestellte Welt der Gegenwart in die Katastrophe stürzt oder zu stürzen droht. Außerdem gilt für die Utopie, dass das Wunschobjekt des Protagonisten tendenziell eher konkret-dinglicher Natur ist, während es bei der Dystopie meistens abstraktere Werte sind, die von der dystopischen Entwicklung bedroht werden. In beiden Fällen jedoch wird der KI eine hohe Bedeutung für die

Zukunft des menschlichen Zusammenlebens zugesprochen, da sie als das das Narrativ überhaupt erst konstituierende Zentralereignis auftritt.

An „narrativen Mutationen" zu nennen sind das „nichtstattfindende Zentralereignis" (NSZE), die „Verhinderung des Zentralereignisses" (VZE) und das „semantische Gefängnis" (SG), für die jeweils ein Definitionsvorschlag vorgelegt wurde. Beim NSZE strebt der Protagonist die Realisierung des Zentralereignisses zwar an, dieses findet jedoch nicht statt. Beim VZE ist es umgekehrt: Hier möchte der Protagonist die Realisierung des Zentralereignisses verhindern. Beim SG existieren potenzielle Zentralereignisse als Transformation in einen Außenraum, dessen Existenz dem Protagonisten nicht bewusst ist und die sich ebenfalls nicht realisieren.

Ermöglicht wurde diese Antwort insofern durch methodisches Neuland, als dass hier zwei unterschiedliche Ansätze, die der klassischen Inhaltsanalyse und die der narrativ-semiotischen Medienanalyse, miteinander kombiniert wurden (siehe Kapitel 2). Diese Kombination hat sich als äußerst produktiv erwiesen, weswegen es wünschenswert wäre, sie auf weitere und größere Korpora auszuweiten. Das betrifft insbesondere die weitere empirische Untermauerung der hier vorgeschlagenen „narrativen Mutationen". Ein Sample von 23 narrativ konstruierten Fernsehmagazinbeiträgen, in dem sich insgesamt acht dieser „mutierten Narrative" haben finden lassen, ist natürlich bei weitem nicht ausreichend, um Allgemeingültigkeit für eine systematische Einführung dieser Begriffe zu beanspruchen. Dafür ist auch der Zusammenhang zwischen diesen einzelnen Begriffen, insbesondere der zwischen dem SG und dem NSZE, noch zu unklar. Da sich eine solche Innenraum-Außenraum-Struktur durchaus bei recht vielen Narrativen findet (vgl. Müller/Grimm 2016: 68), ist zu vermuten, dass es auch noch andere Formen semantischer Gefängnisse gibt.

Ebenfalls von Interesse wäre eine Anwendung dieser Methode und dieser Begriffe nicht nur auf einen größeren Korpus, sondern auch auf andere Topoi, beispielsweise auf den Nachhaltigkeitsdiskurs – geht es hier, so eine erste Vermutung, doch ebenfalls darum, eine krisenhafte Entwicklung der Gegenwart in eine nichtklimaneutrale Zukunft zu verhindern. Der Begriff der VZE und ggf. auch die beiden anderen hier vorgestellten Begriffe wären also prinzipiell anwendbar. Die Aufgabe einer narrativen Digitalethik bestünde dann darin, im Angesicht der Klimakrise realistische Utopie-Narrative für eine nachhaltige Gestaltung der Digitalisierung zu entwickeln, die keine semantischen Gefängnisse sind.

BIBLIOGRAFIE

ARD (o. J.): Verwendung des Rundfunkbeitrags. Wofür verwenden wir Ihr Geld? Online: https://www.ard.de/die-ard/Verwendung-des-Rundfunkbeitrags-100 (letzter Zugriff: 18.07.2022).

Brosius, Hans-Bernd/Haas, Alexander/Koschel, Friederike (2016): Methoden der empirischen Kommunikationsforschung. Eine Einführung. Wiesbaden: Springer VS.

Doria, Jan (2021): Zwischen Utopie und Dystopie. Metanarrative in Filmmagazinbeiträgen der ARD über Künstliche Intelligenz. Stuttgart.

Engel, Bernhard/Rühle, Angela (2017): Medien als Träger politischer Information. In: Media Perspektiven, Nr. 7-8, S. 388–407.

Feierabend, Sabine/Rathgeb, Thomas/Reutter, Theresa (2018): JIM-Studie 2018. Basisuntersuchung zum Medienumgang 12- bis 19-Jähriger. Online: https://www.mpfs.de/fileadmin/files/Studien/JIM/2018/Studie/JIM2018_Gesamt.pdf.

Fischer, Sarah/Puschmann, Cornelius (2021): Wie Deutschland über Algorithmen schreibt. Eine Analyse des Mediendiskurses über Algorithmen und Künstliche Intelligenz (2005-2020). Online: https://www.bertelsmann-stiftung.de/fileadmin/files/user_upload/Diskursanalyse_2021_Algorithmen.pdf (letzter Zugriff: 06.02.2021).

Grimm, Petra (2002): Die Illusion der Realität im Labyrinth der Medien. In: Krah, Hans/Ort, Claus-Michael (Hrsg.): Weltentwürfe in Literatur und Medien. Phantastische Wirklichkeiten - realistische Imaginationen. Kiel: Ludwig, S. 361–382.

Grimm, Petra (2018): Grundlagen für eine digitale Wertekultur. In: Stadler, Wolfgang (Hrsg.): Mehr als Algorithmen. Digitalisierung in Gesellschaft und Sozialer Arbeit. Weinheim: Beltz Juventa, S. 23–31.

Grimm, Petra/Müller, Michael/Trost, Kai-Erik (2021): Werte, Ängste, Hoffnungen. Das Erleben der Digitalisierung in der erzählten Alltagswelt. Baden-Baden: Academia.

Jakobs, Ilka/Schultz, Tanjev/Viehmann, Christina/Quiring, Oliver/Jackob, Nikolaus/Ziegele, Marc/Schemer, Christian (2021): Medienvertrauen in Krisenzeiten. Mainzer Langzeitstudie Medienvertrauen 2020. In: Media Perspektiven, Nr. 3, S. 152–162.

Keller, Reiner (2011): Diskursforschung. Eine Einführung für SozialwissenschaftlerInnen. Wiesbaden: VS Verlag.

Lyotard, Jean-François (1999): Das postmoderne Wissen. Ein Bericht. Wien: Passagen.

Maurer, Torsten/Wagner, Matthias/Weiß, Hans-Jürgen (2021): Informationsprofile von Das Erste, ZDF, RTL und Sat.1. Ergebnisse der ARD/ZDF-Programmanalyse 2020 – Teil 2. In: Media Perspektiven, Nr. 5, S. 301–324.

Moretti, Franco (2009): Kurven, Karten, Stammbäume. Abstrakte Modelle für die Literaturgeschichte. Frankfurt am Main: Suhrkamp.

Müller, Michael (2020a): Politisches Storytelling. Wie Politik aus Geschichten gemacht wird. Köln: Herbert von Halem.

Müller, Michael (2020b): Storytelling im Unternehmen. Stuttgart.

Müller, Michael/Grimm, Petra (2016): Narrative Medienforschung. Einführung in Methodik und Anwendung. Konstanz, München: UVK Verlagsgesellschaft.

Nothelle, Claudia (2020): Magazinstück. In: Buchholz, Axel/Schupp, Katja (Hrsg.): Fernseh-Journalismus. Ein Handbuch für TV, Video, Web und mobiles Arbeiten. Wiesbaden: Springer VS, S. 161–166.

O.V. (2021a): Finanzen. Online: https://www.zdf.de/zdfunternehmen/regeln-und-finanzen-zdfunternehmen-100.html (letzter Zugriff: 25.05.2021).

Rosenstein, Doris (1993): Magazine – von morgens bis mitternachts. In: Rosenstein, Doris (Hrsg.): Magazine – von morgens bis mitternachts. Beiträge zur Untersuchung einer flexiblen Sendeform. Siegen: DFG-Sonderforschungsbereich 240, S. 5–30.

Shiller, Robert J. (2020): Narrative Wirtschaft. Wie Geschichten die Wirtschaft beeinflussen – ein revolutionärer Erklärungsansatz. Kulmbach: Plassen.

Titzmann, Michael (1989): Kulturelles Wissen – Diskurs – Denksystem. Zu einigen Grundbegriffen der Literaturgeschichtsschreibung. In: Zeitschrift für französische Sprache und Literatur, Nr. 1, S. 47–61.

Titzmann, Michael (2013a): Narrative Strukturen in semiotischen Äußerungen. In: Krah, Hans/Titzmann, Michael (Hrsg.): Medien und Kommunikation. Eine interdisziplinäre Einführung. Passau: Stutz, S. 115–141.

Titzmann, Michael (2013b): Propositionale Analyse – kulturelles Wissen – Interpretation. In: Krah, Hans/Titzmann, Michael (Hrsg.): Medien und Kommunikation. Eine interdisziplinäre Einführung. Passau: Stutz, S. 87–114.

Viehöver, Willy (2006): Diskurse als Narrationen. In: Keller, Reiner/Hierseland, Andreas/Schneider, Werner/Viehöver, Willy (Hrsg.): Handbuch sozialwissenschaftliche Diskursanalyse. Band 1: Theorien und Methoden. Wiesbaden: VS Verlag für Sozialwissenschaften, S. 179–208.

Wegener, Claudia (2001): Informationsvermittlung im Zeitalter der Unterhaltung. Eine Langzeitanalyse politischer Fernsehmagazine. Wiesbaden: Westdeutscher Verlag.

6 FILMOGRAFIE

Focke, Katrin (2020): Profis testen die Basketball-App. In: Gut zu wissen, BR, 29.02.2020. Online: https://www.ardmediathek.de/video/gut-zu-wissen/profis-testen-die-basketball-app/br-fernsehen/Y3JpZDovL2JyLmRlL3ZpZGVvLzZlZmU2YTljLTA5ZDAtNDEyZS1hOThmLWQ1OWNmYmM0N2NkZg/?isChildContent (letzter Zugriff: 13.01.2022).

Haas, Monika (2020): Brückenbauen zwischen Algorithmen und Gesellschaft. In: Campus Magazin, ARD-alpha, 13.01.2020. Online: https://www.ardmediathek.de/video/campus-magazin/brueckenbauen-zwischen-algorithmen-und-gesellschaft/ard-alpha/Y3JpZDovL2JyLmRlL3ZpZGVvL2I5NTJhZDY3LTE4ZDgtNDk1YS05M2Y1LWYwZGJlMGU3MWY4MQ/ (letzter Zugriff: 13.01.2022).

Hackl, Herbert (2020): Mit Supercomputer und KI gegen Corona. In: Gut zu wissen, BR, 09.05.2020. Online: https://www.ardmediathek.de/video/gut-zu-wissen/mit-supercomputer-und-ki-gegen-corona/br-fernsehen/Y3JpZDovL2JyLmRlL3ZpZGVvLzk5MjFhMTBmLTEwYjUtNDA3Z-S05MmViLTMyMDI1ZDMyZGRjZA/?isChildContent (letzter Zugriff: 13.01.2022).

Hillebrandt, Thomas (2020): Gesichtserkennung: Ich sehe, was du fühlst! In: W wie Wissen, Das Erste, 23.05.2020. Online: https://www.ardmediathek.de/video/w-wie-wissen/gesichtserkennung-ich-sehe-was-du-fuehlst/das-erste/Y3JpZDovL2Rhc2Vyc3RlLmRlL3cgd2llIHdpc3Nlbi8wYTI5NzhmZi01ODNmLTRmMmYtOWJlMi1hNWNiYjk3ZjZkZjM/ (letzter Zugriff: 13.01.2022).

O.V. (2020a): Rassismus durch Algorithmen. In: puzzle, BR, 26.05.2020. Online: https://www.ardmediathek.de/video/puzzle/rassismus-durch-algorithmen/br-fernsehen/Y3JpZDovL2JyLmRlL3ZpZGVvLzUzMTlhMTcxLWYxYWEtNDk5My1hOWI1LWE2YWIzNGE5NDMxZg/ (letzter Zugriff: 13.01.2022).

O.V. (2020b): Fake Voice. In: Planet Wissen, ARD-alpha, 10.06.2020. Online: https://www.ardmediathek.de/video/planet-wissen/fake-voice/ard-alpha/Y3JpZDovL3dkci5kZS9CZWl0cmFnL-TExNjczMjFiLWU2NmEtNGEwNS1hNjFhLTM3MDI2ZDdjYjQ3Zg/ (letzter Zugriff: 13.01.2022).

O.V. (2020c): Künstliche Intelligenz. In: Westart, WDR, 11.07.2020. Online: https://www.ardmediathek.de/video/westart/kuenstliche-intelligenz/wdr/Y3JpZDovL3dkci5kZS9CZWl0cmFnL-TY3NDgzZWY0LTc2ZWMtNDg5NC1hZDZlLTc3YTAwNmEwMzM5Mg/ (letzter Zugriff: 13.01.2022).

O.V. (2020d): Digitale Seele – Ewiges Leben dank KI. In: ttt – titel, thesen, temperamente, Das Erste, 04.10.2020. Online: https://www.ardmediathek.de/video/ttt-titel-thesen-temperamente/digitale-seele-ewiges-leben-dank-ki/das-erste/Y3JpZDovL2Rhc2Vyc3RlLmRlL3R0dCA-tIHRpdGVsIHRoZXNlbiB0ZW1wZXJhbWVudGUvYjQ5M2Q2YzgtZTcwOC00O-DExLWI5MzktNzRjYjNkMzllY2Y2/ (letzter Zugriff: 13.01.2022).

O.V. (2020e): Verbrechen vorhersagen, bevor sie passieren. In: Capriccio, BR, 06.10.2020. Online: https://www.ardmediathek.de/video/capriccio/verbrechen-vorhersagen-bevor-sie-passieren/br-fernsehen/Y3JpZDovL2JyLmRlL3ZpZGVvL2Q1MjUyNzI1LTkzY2QtNDBjYi1i-Y2EyLTM2ZWE3YzQzYTNiMA/ (letzter Zugriff: 13.01.2022).

O.V. (2020f): Wege aus dem Stau. In: Markt, WDR, 04.11.2020. Online: https://www.ardmediathek.de/video/markt/wege-aus-dem-stau/wdr/Y3JpZDovL3dkci5kZS9CZWl0cmFnLTQ5YTl-jODkzLTYwZTktNDc4My1hMWY3LWJhMGM1OTJjOWFlOQ/ (letzter Zugriff: 13.01.2022).

O.V. (2021b): Christoph Drösser. In: Westart, WDR, 13.02.2021. Online: https://www.ardmediathek.de/video/westart/christoph-droesser/wdr/Y3JpZDovL3dkci5kZS9CZWl0cmFnLTZjN-mM4MDdhLWIyZWEtNDMwNC1hOGY3LWZiMWQ1ZmEyNWRjZA/ (letzter Zugriff: 13.01.2022).

Peikert, Linda (2020): Wenn Mensch und Maschine gemeinsam zum Künstler werden. In: Campus Magazin, ARD-alpha, 20.01.2020. Online: https://www.ardmediathek.de/video/campus-magazin/wenn-mensch-und-maschine-gemeinsam-zum-kuenstler-werden/ard-alpha/Y3JpZDovL2JyLmRlL3ZpZGVvL2E1YjM0NDc0LTk0YTgtNDA3Zi04NTAyLWEzN2U3M2NiODlhOA/ (letzter Zugriff: 13.01.2022).

Roth, Tina (2021): Corona: Künstliche Intelligenz erkennt Covid-19. In: Visite, NDR, 30.03.2021. Online: https://www.ardmediathek.de/video/visite/corona-kuenstliche-intelligenz-erkennt-covid-19/ndr/Y3JpZDovL25kci5kZS9lZGViYjQ5NS02YjczLTQ4YmItOTgyMi05M2Q0ODdkMmQzYTQ/ (letzter Zugriff: 13.01.2022).

Wolf, Jörg (2020): KI – Dein ständiger Begleiter. In: odysso – Wissen im SWR, SWR, 12.03.2020. Online: https://www.ardmediathek.de/video/odysso-wissen-im-swr/ki-dein-staendiger-begleiter/swr/Y3JpZDovL3N3ci5kZS9hZXgvbzEyMTE0OTQ/ (letzter Zugriff: 13.01.2022).

QUERDENKEN 711 UND NIHILISTISCHE HALTUNGEN

Die Zusammenfassung einer qualitativen Untersuchung nihilistischer Haltungen im Kontext des Verschwörungsglaubens in der Corona-Pandemie

Laura Braxmaier

„Ich möchte einfach wieder so leben wie vorher. Ich bin erwachsen. Ich möchte, dass unsere Grundgesetze wieder gelten. Und ich möchte sehr, sehr deutlich, dass ich wieder über mein Leben selbst entscheiden kann."[1] So antwortete eine Teilnehmerin der „Querdenken"-Bewegung auf die Frage, welche Ziele und Veränderungen sie durch ihre Teilnahme an dieser Bewegung anstrebt. Darüber hinaus definiert sie: „Uns eint alle dieses Ziel, (.) dass diese Maßnahme[n] endlich beendet werden müssen."[2]

Wir schreiben das Jahr 2022. Seit nun mittlerweile mehr als zwei Jahren leben wir inmitten einer Pandemie, die unser Leben in vielen Aspekten drastisch verändert hat. Die Gesundheitskrise entwickelte sich dabei mehr und mehr zu einer viel umfassenderen Herausforderung, sowohl für die Politik als auch für die gesamte Gesellschaft. Neben der Bewältigung der gesundheitlichen Folgen sowohl für das Gesundheitssystem wie für den Einzelnen steht die sogenannte „Querdenken"-Bewegung im Zentrum, die seit Beginn der Pandemie mit ihren Meinungen, Aktionen und Demonstrationen die Politik herausfordert und für Unverständnis und Entsetzen in großen Teilen der Gesellschaft sorgt.

Entstanden ist die Bewegung im April 2020 auf dem Schlossplatz in Stuttgart unter dem Namen „Querdenken 711" und demonstriert seitdem deutschlandweit gegen die von der Bundesregierung beschlossenen Corona-Maßnahmen. Geeint durch ihr Misstrauen und die Zweifel gegenüber Politik, Wissenschaft und den deutschen Medien sowie durch das Persönlichkeitsmerkmal einer grundlegenden Verschwörungsmentalität gewann die Bewegung immer mehr an Popularität und Zuwachs. Das Corona-Virus wird dabei entweder verharmlost, ganz geleugnet oder mit anderen (böshaften) Absichten verbunden. Eine zunehmende Radikalisierung zeigt sich dabei in der gesamten Bewegung durch die Teilnahme von Extremist*innen und der Verbreitung von rechtsextremen, antisemitischen, demokratiefeindlichen und nicht zuletzt verschwörungsideologischen Narrativen.

Besonders in Krisenzeiten wie der aktuellen Corona-Pandemie sind diese Verhaltensweisen und der Glaube an Verschwörungen nicht zu verharmlosen. Durch

---

1 Braxmaier 2021, S. 151.
2 Ebd., S. 154. (.) steht für eine Sprechpause im Interview.

die Nicht-Einhaltung der Schutzmaßnahmen, um die Verbreitung des Virus zu entschleunigen, und die Verharmlosung der Gefahr durch das Virus stellen „Querdenker*innen" eine Gesundheitsgefährdung für sich selbst und die gesamte Gesellschaft dar.

Viele fragen sich, was die Bewegung und die einzelnen Individuen in ihrem Handeln und in ihrem Glauben antreibt, woher diese Wut kommt, dieses Unverständnis gegenüber politischen Instanzen, einzelnen Politiker*innen und den deutschen Medien. Warum glauben „Querdenker*innen" nicht an belegte Fakten und wissenschaftliche Erkenntnisse, sondern informieren sich über alternative Medien wie Telegram, um ihr teils sehr konträres Weltbild zu stützen. Mit genau diesen Fragen befasst sich der folgende Beitrag.

1 VERSCHWÖRUNGSTHEORIEN IN DER CORONA-PANDEMIE

Verschwörungstheorien[3] und der Glaube daran sind Phänomene, die schon seit langer Zeit in unserer Gesellschaft existieren. Die grundlegende Annahme dieser Theorien geht davon aus, dass eine Organisation – bestehend aus einer Gruppe oder Individuen – im Geheimen operiert, um ein oft bösartiges Ziel zu erreichen[4], oder dramatischer formuliert, um gar die Weltherrschaft zu erlangen und für Zerstörung zu sorgen.[5] Dabei skizzieren Verschwörungstheorien die Konträre Gut und Böse.[6] Es wird ein klares Feindbild präsentiert, eine hierarchische Gemeinschaft von Verschwörer*innen, die gemeinsam – wahrscheinlich schon seit Jahrzehnten – Komplotte planen und umsetzen.[7] Barkun definiert drei Grundannahmen von Verschwörungstheorien: 1. Nichts geschieht zufällig. 2. Nichts ist, wie es scheint. 3. Alles hängt zusammen.[8]

Insbesondere Ereignisse, die nicht erklärt werden können, bedrohlich oder beängstigend wirken, sorgen immer wieder für Verschwörungstheorien. Um Antworten für diese Unsicherheiten zu finden, werden eine Ursache oder Schuldige gesucht.[9] Dabei steht die Frage „Cui bono?" (dt.: „Wem zum Vorteil?") im Vordergrund, die die schuldigen Akteure*innen identifizieren soll.[10] Dies zeigt sich besonders häufig in Krisenzeiten, die bei Menschen Gefühle der Angst, Überforderung

---

3   „Verschwörungstheorie" ist die wohl gängigste Bezeichnung für dieses Phänomen, steht jedoch oftmals in der Kritik. Aus wissenschaftlicher Perspektive gelten „Verschwörungstheorien" nicht als Theorien, da sie weder eindeutig nachprüfbar sind noch für deren Anhänger*innen durch Gegenbeweise widerlegt werden können. Im Rahmen dieses Beitrags wird vereinfacht der populärste Begriff „Verschwörungstheorie" als Bezeichnung des Phänomens verwendet. Vgl. Nocun/Lamberty 2020, S. 21 und Lamberty 2020, S. 2.
4   Vgl. Butter 2018, S. 21; Hendricks/Vestergaard 2018, S. 147; Körner 2020, S. 384 und Nocun/Lamberty 2020, S. 18.
5   Vgl. Butter 2018, S. 21.
6   Vgl. ebd. S. 57; Ebner 2019, S. 174 und Hendricks/Vestergaard 2018, S. 147.
7   Vgl. Butter 2018, S. 24–26.
8   Vgl. Barkun 2003, S. 3f.
9   Vgl. Körner 2020, S. 385.
10 Vgl. Butter 2018, S. 59.

und des Kontrollverlusts auslösen können.[11] Neben unerklärlichen Ereignissen spielen auch Existenzängste und Sorgen um die wirtschaftlichen Folgen eine Rolle.[12] Verschwörungstheorien liefern vereinfachte Erklärungen komplexer Ereignisse und eine gewisse Struktur.[13] „Normalen" Informationskanälen[14] wird dabei stark misstraut. Globale und umfassende Verschwörungstheorien lassen sich kaum entkräften, da jeder Aufklärungsversuch als Falle oder Manipulation gewertet wird.[15]

Vor allem während der Corona-Pandemie gewannen Verschwörungstheorien an Popularität, und es entstanden zahlreiche Spekulationen über die Herkunft des Virus: Corona als entwickelte Biowaffe, die Etablierung einer neuen Weltbevölkerung, Bill Gates als Strippenzieher, Zwangsimpfung, Mikrochips, die absurden Theorien der Q'Anon-Bewegung und viele mehr. Die Gefahr des Virus' sowie die grundsätzliche Existenz einer Pandemie werden ebenfalls in Frage gestellt[16], und altbekannte antisemitische Verschwörungstheorien tauchen wieder auf.[17] Diese Aufzählung zeigt nur einen kleinen Ausschnitt der verschiedenen und abstrusen Erklärungsversuche für das Coronavirus und dessen Auswirkungen auf die gesamte Weltbevölkerung.

Der Glaube an Verschwörungstheorien ist in einer Pandemie jedoch keinesfalls zu verharmlosen, denn Menschen, die offiziellen Stellen und Informationen keinen Glauben schenken, werden sich nicht an die Anordnungen der Schutzmaßnahmen halten, um Infektionen und somit die weitere Verbreitung des Virus zu verhindern.[18] Tedros Adhanom Ghebreyesus, der Generaldirektor der WHO, warnte schon im Februar 2020 vor einer „Infodemie" durch die schnelle Verbreitung von Verschwörungstheorien und ihre unkontrollierbaren und gefährlichen Folgen.[19] Das Internet und soziale Netzwerke hatten hier einen wesentlichen Einfluss. Aufgrund der Pandemie verschob sich das öffentliche Leben immer mehr in die digitale Welt und auf soziale Plattformen wie Facebook, Twitter und Co., die versuchten diesem Verbreitungswillen durch bestimmte Restriktionen, wie beispielsweise der Kennzeichnung von Falschinformationen durch Warnhinweise, entgegenzuwirken. In dieser Zeit etablierte sich vor allem der Messenger-Dienst Telegram aufgrund der minimalen Regulierung der Inhalte zu einem präferierten Verbreitungsmedium für Verschwörungstheorien und verzeichnete einen Zuwachs an Aktivitäten.[20]

Die Auswirkungen dieser massenhaften Verbreitung zeigen sich deutlich. Schon durch den einmaligen Kontakt mit einer Verschwörungstheorie kann laut

---

11 Vgl. van Prooijen/Douglas 2017, S. 327.
12 Vgl. Nocun/Lamberty 2020, S. 265.
13 Vgl. van Prooijen/Douglas 2017, S. 327.
14 Als Beispiele können hier die Mainstream-Medien, Schul-, Forschungs- und Wissenschaftseinrichtungen genannt werden. Vgl. Hendricks/Vestergaard 2018, S. 150f.
15 Vgl. ebd.
16 Vgl. BRISANT 2020.
17 Vgl. ADL 2020.
18 Vgl. Lamberty 2020, S. 14.
19 Vgl. World Health Organization 2020.
20 Vgl. Lamberty 2020, S. 13f.

psychologischen Experimenten Misstrauen[21] und gesellschaftliche Distanzierung entstehen.[22] Für das erfolgreiche Bewältigen einer Pandemie ist das Vertrauen der Bevölkerung maßgeblich. Eine kritische Auseinandersetzung mit dem Staat und der Politik ist wichtig in einer Demokratie, haltloses Misstrauen stellt dagegen eine Gefahr dar.[23] Dabei kann die zunehmende Verbreitung zu Rissen im gesellschaftlichen Zusammenhalt führen und die demokratische politische Kultur in Deutschland schädigen.[24]

2 QUERDENKEN 711 – DIE ENTSTEHUNG EINER BEWEGUNG

„Wir sind Demokraten. Wir sind eine friedliche Bewegung, in der Extremismus, Gewalt, Antisemitismus und menschenverachtendes Gedankengut keinen Platz hat [sic]."[25] So heißt es auf der offiziellen Website von „Querdenken 711". Die Initiative beschreibt sich selbst als überparteiliche Bewegung, die keine Meinungen ausschließt und laut eigenen Angaben ihre Pflicht darin sieht, die Grundrechte wieder herzustellen, die durch die beschlossenen Corona-Maßnahmen der Regierung maßgeblich eingeschränkt würden. Dabei fordern sie unter Berufung auf die ersten 20 Artikel des deutschen Grundgesetzes deren sofortige Aufhebung.[26]

Einen genaueren Einblick in die Ansichten und Werte der Bewegung ermöglichen einige Ausgaben des Blattes „Corona-Fakten – Was sie über Corona vermutlich noch nicht wissen". Bei den Publikationen handelt es sich um ein Projekt, das nach eigenen Angaben der ‚alternativlos' verkündeten Corona-Politik und -Berichterstattung entgegenwirken und über die ‚Realität' berichten soll.[27] Diese Dokumente wurden 2020 offiziell und prominent auf der Website „Querdenken 711" publiziert,[28] daher kann davon ausgegangen werden, dass die Inhalte und das beschriebene Gedankengut mit denen der Bewegung nahezu kongruieren.

Zu den zentralen und den vielfach thematisierten Narrativen gehören folgende:
- *Die Mainstream-Medien:* Es tauchen zahlreiche Vorwürfe gegen die sogenannten Mainstream-Medien auf, die sich auf die von ihnen angeblich verbreiteten Fake News, regierungspolitische Propaganda, falsche Prognosen, falsche Zahlen und falschen Infektionsverläufe beziehen.[29]
- *Die Gefahr des Virus:* Die reale Gefahr durch das Virus wird angezweifelt. Dabei soll es sich nicht um eine tödliche Krankheit, sondern lediglich um eine schwere Grippe sowie einen gigantischen Schwindel handeln.[30] Es wird

---

21 Vgl. Jolley/Douglas 2014, S.1–8.
22 Vgl. Lamberty/Leiser 2019, S.1–24.
23 Vgl. Nocun/Lamberty 2020, S. 266.
24 Vgl. Pickel et al. 2020, S. 113–115.
25 Querdenken 711 2022.
26 Vgl. ebd.
27 Vgl. Hüther et al. 2020a, S. 3.
28 Vgl. Querdenken 711 2021.
29 Vgl. Hüther 2020, S. 1f.
30 Vgl. Hüther et al. 2020c, S. 4.

über falsche Todeszahlen[31], Fallzahlen, PRC-Tests und sogar über die Inszenierung einer Pandemie gemutmaßt.[32]
- *Die Impfung:* Der Impfung gegen das Corona-Virus wird ein politisches Ziel unterstellt.[33] Die schnelle Entwicklung und das Zulassungsverfahren werden stark kritisiert. Dabei soll der neue genbasierte Impfstoff in nicht vorhersehbaren Folgen für den Menschen resultieren – darunter die Bildung von Krebstumoren und die Entstehung von Autoimmunerkrankungen.[34]
- *Die Corona-Maßnahmen:* In den Publikationen werden ebenfalls starke Zweifel an und eine Ablehnung der Corona-Maßnahmen deutlich, vor allem im Zusammenhang mit der Maskenpflicht.[35] Die politischen Entscheidungen werden als demokratische Zumutung bezeichnet, die nicht die Gesundheit der Bevölkerung im Sinn habe.[36] Darüber hinaus wird Politiker*innen angelastet, Angst und Panik zu verbreiten.[37]

Als zentrale Glaubensgrundsätze können also starke Zweifel und Misstrauen gegenüber der Politik, den Medien, der Wissenschaft, der Medizin und den beschlossenen Corona-Maßnahmen erkannt werden – auch wenn dies wahrscheinlich nicht von jede*r Teilnehmer*in der Bewegung gleichermaßen in dieser Ausprägung vertreten wird.

Die Sozialpsychologin Julia Becker bestätigt diese Annahme des grundlegenden Misstrauens gegenüber anderen Menschen und Institutionen. Des Weiteren sind vor allem das Gefühl im Unwissenden gelassen zu werden, Wut und das fehlende Verständnis für „die da oben"[38] sowie die Angst vor einer möglichen Diktatur einende Persönlichkeitsmerkmale der heterogenen Gruppe.[39] Auch eine grundlegende Verschwörungsmentalität[40] charakterisiert die Bewegung.[41]

Aber inwiefern handelt es sich bei der „Querdenken"-Bewegung um eine Verschwörungsideologie? Die Gruppierung begegnet den Maßnahmen nicht nur mit Widerspruch, vielmehr wird der Grund für eine solche Pandemie, ihre Existenz sowie die Gefahr durch das Virus angezweifelt. Die Pandemie wird als vorgeschobener Grund gesehen, um die wahren, geheimen Ziele als Teil einer Weltverschwörung zu erreichen. Diese Annahme gleicht eindeutig einer Verschwörungstheorie, der ein nicht unbeachtlicher Teil der Demonstrant*innen Glauben schenkt und zumindest die Gefahr des Virus anzweifelt.[42] Der Teil der Bewegung, der dieser An-

---

31 Vgl. Hüther et al. 2020b, S. 4.
32 Vgl. Hüther et al. 2020a, S. 2f. und Hüther et al. 2020b, S. 1 und 3.
33 Vgl. Hüther et al. 2020a, S. 1.
34 Vgl. Hüther et al. 2020b, S. 2.
35 Vgl. Hüther et al. 2020c, S. 1f. und Hüther et al. 2020b, S. 3.
36 Vgl. Hüther et al. 2020a, S. 1f.
37 Vgl. Hüther et al. 2020c, S. 1 und Hüther et al. 2020b, S. 3.
38 Vgl. Garrelts 2020.
39 Vgl. Schießler et al. 2020, S. 300.
40 Die „Verschwörungsideologie und -mentalität" kann aus psychologischer Sicht als Persönlichkeitseigenschaft einer Person bezeichnet werden und beschreibt, wie ausgeprägt an Verschwörungen geglaubt wird. Vgl. Lamberty 2020, S. 3.
41 Vgl. Decker et al. 2020, S. 203.
42 Vgl. Roose 2020, S. 6.

nahme zustimmt, kann demnach einer Verschwörungsideologie zugeordnet werden. Eine Begründung erfolgt anhand der zuvor aufgeführten Definition einer Verschwörungstheorie: 1. Nichts geschieht zufällig, 2. nichts ist, wie es scheint, 3. alles hängt zusammen, und einer einflussreichen Gruppe werden geheime Absichten zur Erfüllung ihrer dunklen Ziele vorgeworfen.

3 DIE RADIKALISIERUNG EINER BEWEGUNG

Schon nach der ersten Demonstration am 18. April auf dem Schlossplatz in Stuttgart erreichte die Bewegung schnell Zuwachs, sodass sich im Mai schon mehrere tausend Teilnehmer*innen auf dem Cannstatter Wasen versammelten.[43] Auch deutschlandweit stiegen die Teilnehmerzahlen und Demonstrationen wurden in vielen deutschen Städten organisiert, bei denen es immer häufiger zu Auseinandersetzungen und vermehrt zu Festnahmen kam.[44]

Vor allem durch die Großdemonstrationen seit August 2020 zeigten sich vermehrt Ausschreitungen und eine deutlich werdende Radikalisierung der Bewegung und deren Anhänger*innen. Die Großdemonstrationen in Berlin im August 2020[45] – darunter der versuchte Sturm auf das Reichstagsgebäude[46] – sowie im November 2020[47] und die Großdemonstration in Leipzig im November 2020[48] sorgten dabei für Unverständnis und scharfe Kritik unter deutschen Politiker*innen und in der Gesellschaft. So äußerte sich Heiko Maas zu den gewalttätigen Auseinandersetzungen in Leipzig mit Entsetzen: „Das Grundgesetz garantiert das Demonstrationsrecht. Wer aber wie in Leipzig Mitmenschen gefährdet, PolizistInnen und JournalistInnen angreift, rechtsextreme Hetze verbreitet oder bei Gegendemonstrationen Barrikaden anzündet, verlässt den Schutzbereich dieses Grundrechts."[49] Aufgrund der Gefährdung für Sicherheit und Ordnung im Pandemiegeschehen wurde die zuletzt geplante Demonstration 2020 am 30. Dezember in Berlin nicht zugelassen.50 Welche Auswirkungen diese Großdemonstrationen haben können, zeigt eine Studie des ZEW Mannheim und der Humboldt-Universität Berlin, die am 08. Februar 2021 veröffentlicht wurde. In dieser Studie untersuchten die Institutionen die Auswirkungen der Großdemonstrationen in Leipzig und Berlin im November 2020 auf das Infektionsgeschehen, nach deren Ergebnis eine Absage 16.000 bis 21.000 COVID-19-Infektionen hätte verhindern können. Diese Erkenntnisse bestätigen, dass die Großdemonstrationen sehr wohl eine ernst zu nehmende Gefährdung für die öffentliche Gesundheit darstellen.[51]

---

43 Vgl. Süddeutsche Zeitung 2021 und Zeit Online 2020.
44 Vgl. Focus 2020 und Süddeutsche Zeitung 2021.
45 Vgl. RBB24 2020a und RBB24 2020b.
46 Vgl. RBB24 2020b.
47 Vgl. RBB24 2020c.
48 Vgl. MDR 2020.
49 Maas 2020.
50 Vgl. RBB4 2020d.
51 Vgl. Lange/Monscheuer 2021, S. 1–23.

Neben dieser Problematik bereitete insbesondere auch die fortschreitende Radikalisierung der Bewegung große Sorgen und entwickelte sich mehr und mehr zu einer Gefährdung für die politische demokratische Kultur in Deutschland.

Extremismus und Verschwörungstheorien bilden dabei eine beunruhigende Mischung und sind oft eng miteinander verbunden. Verschwörungstheorien können in diesem Kontext auch als „Umwegkommunikation" antisemitischer, rassistischer oder demokratiefeindlicher Haltungen bezeichnet werden.[52] Viele Verschwörungstheorien basieren auf antisemitischen Narrativen, die Jüd*innen für alle unerklärlichen Ereignisse verantwortlich machen und das jüdische Volk als unheilvolle Macht präsentieren, die im Hintergrund operiere.[53] Auch antidemokratische Narrative sind Grundlage vieler Verschwörungstheorien und richten sich gegen Politiker*innen und die Demokratie an sich. Diese Narrative resultieren häufig aus einer Gegenposition von Verschwörungstheoretiker*innen zum aktuellen politischen System und der Demokratie an sich.[54] Verschwörungsgläubige ziehen sich daher eher aus einer Demokratie zurück und nehmen seltener an Wahlen und am demokratischen Diskurs teil. Tendenziell sind vor allem Menschen, die rechtspopulistische bzw. rechtsextremistische Einstellungen vertreten, empfänglicher für Verschwörungstheorien und zeigen dabei eine erhöhte Gewalttoleranz und -bereitschaft. Daher scheint es nicht verwunderlich, dass terroristische und extremistische Gruppierungen diese Erzählungen nutzen, um ihre Anhängerschaft zu mobilisieren. Aus diesen genannten Gründen können Verschwörungstheorien auch als Radikalisierungsbeschleuniger bezeichnet werden.[55]

Eine Radikalisierung dieser Art kann auch in der „Querdenken"-Bewegung beobachtet werden. Schon seit den ersten Demonstrationen waren Impfgegner*innen, Verschwörungstheoretiker*innen und Rechtsextremist*innen fester Bestandteil der Bewegung.[56] Viele Politiker*innen warnten schon früh vor einer extremistischen Unterwanderung[57] sowie der Verbreitung von Verschwörungstheorien, die oft mit rassistischer und antisemitischer Hetze verbunden sind[58] und vermehrt auf Demonstrationen gestreut werden. Viele Redner*innen vertreten extreme Ansichten, kritisieren die Politik, die Wissenschaft und die Medizin und werden dafür von den Demonstrant*innen gefeiert. Wie auch in Verschwörungstheorien bieten die Reden einfache Erklärungsmuster und ein klares Feindbild. So werden die Einschränkungen zum Beispiel mit der Machtergreifung Hitlers verbunden und immer wieder auf den Begriff „Corona-Diktatur" verwiesen. Es besteht teils eine aggressive Grundstimmung in der Teilnehmerschaft, und Auseinandersetzungen und Verstöße häufen sich. Dabei machen sich die Links- und Rechtsextremist*innen sowie Verschwö-

---

52 Vgl. Thórisdóttir et al. 2020, S. 304–314.
53 Vgl. Lamberty 2020, S. 6.
54 Vgl. Pickel et al. 2020, S. 105f.
55 Vgl. Lamberty 2020, S. 8f.
56 Vgl. Zeit Online 2020.
57 Vgl. Tagesschau 2020a.
58 Vgl. Tagesschau 2020b.

rungsideolog*innen die Unsicherheit vieler Demonstrant*innen in der Corona-Pandemie zu Nutze und versuchen ihre Anhängerschaft zu erweitern.[59]

Vermehrt tauchen auch Vergleiche zur Zeit des Nationalsozialismus und des Holocaust auf, bei der Rednerinnen auf Demonstrationen zum Beispiel ihre Erfahrungen in der Corona-Krise mit denen von Anne Frank oder Sophie Scholl gleichsetzen.[60]

Der Relativismus zur nationalsozialistischen Zeit geht aber auch weit über verbale Äußerungen hinaus. Einige Teilnehmer*innen der Demonstrationen tragen beispielsweise gelbe Sterne mit dem Schriftzug „Ungeimpft" oder die Häftlingskleidung von KZ-Insass*innen. Dabei sind die antisemitischen Vorfälle auf Demonstrationen keine aggressiven Einzelfälle,[61] „(...) sondern wurden von einer breiten Masse geduldet, gebilligt und mitgetragen. Dies normalisiert Antisemitismus."[62] Auch wenn Gründer Michael Ballweg mehrmals betonte, dass die Bewegung keine Verbindung zu Extremismus, Verschwörungsideolog*innen und Reichsbürger*innen haben soll, wird diesen Gedankenausprägungen auf den Demonstrationen dennoch eine Bühne geboten.[63]

Aufgrund der Nähe zu extremistischen Kreisen, der Verbindungen zu Verschwörungsideolog*innen sowie der fortschreitenden Radikalisierung und Instrumentalisierung der Bewegung entschied das Landesamt für Verfassungsschutz in Baden-Württemberg „Querdenken 711" und seine regionalen Ableger zu beobachten.[64]

4 EIN NIHILISTISCHES PRINZIP ALS ANTRIEB

Als Erklärung für die grundlegende Ablehnung gesellschaftlicher und politischer Werte der „Querdenken"-Bewegung in Verbindung mit einer deutlich erkennbaren Verschwörungsmentalität kann ein nihilistisches Prinzip dienen.

Da der Begriff des Nihilismus oft nicht pointiert und präzise definiert und in vielen unterschiedlichen Kontexten und Bedeutungsnuancen verwendet wurde, gilt es, eine klar definierte Grundlage für die Forschung und deren Interpretation zu schaffen. Die englische Routledge Encyclopedia of Philosophy bietet eine grundlegende Definition des Nihilismus – als etwas, das mit dem *Nichts (lat.: nihil) bzw. mit dem Akt des Nichtens einhergeht*.[65]

Friedrich Nietzsche – auf dessen philosophisches Verständnis auch nachfolgende Interpretationen und Sinndeutungen aufbauen – charakterisierte wohl als einer der populärsten Philosophen den Begriff des Nihilismus und kritisierte seine Zeitgenoss*innen, die Moral und das Christentum.[66] Nach seiner Definition steht

---

59 Vgl. Gensing 2020.
60 Vgl. Schneider 2020.
61 Vgl. Kummer/Lelle 2020, S. 30–32.
62 Ebd., S. 32.
63 Vgl. Steffen/Wildschutz 2020.
64 Vgl. Baden-Württemberg.de 2020.
65 Vgl. Brock 2015, S. 8.
66 Vgl. Schönherr-Mann 2008, S. 10.

der Nihilismus für die Entwertung der obersten Werte, denen ein Glaube und die Existenz von Werten zugrunde liegen durch welche eine Wertlosigkeit und Nichtigkeit von allem entsteht.[67] Es gilt den Nihilismus zu überwinden. Dies erfordert eine Neugründung der Wertsetzung[68] sowie einen neuen Typus Mensch, den Übermensch, welcher für Nietzsche als notwendige Konsequenz aus der Zersetzung der bisherigen Werte hervorgeht und das Resultat eines vollendeten Nihilismus abbildet.[69]

Crosby beschreibt den Nihilismus als „attitude of negation or denial"[70]. Er nimmt aufgrund der Mehrdeutigkeit des Nihilismus in seinem Werk „The Specter of the Absurd" eine Differenzierung in unterschiedliche Auffassungen und Interpretationsweisen des Nihilismus vor. Dazu gehören der politische Nihilismus, der epistemologische Nihilismus, der moralische Nihilismus[71], der kosmische Nihilismus[72] und der existenzielle Nihilismus[73]. Insbesondere der politische und der epistemologische Nihilismus können im Zusammenhang mit der „Querdenken"-Bewegung genauer betrachtet werden. Nach Crosbys Systematisierung zeigt sich der politische Nihilismus in der Verneinung der aktuellen politischen Strukturen sowie der sozialen und kulturellen Ansichten, die diesen Strukturen zugrunde liegen – ohne dabei die Vision einer konstruktiven Alternative sowie deren Erreichung zu präsentieren.[74] Der epistemologische Nihilismus besagt, dass der Wahrheitsanspruch und die Sinnverständlichkeit auf dem Relativismus zu Individuen, Gruppen oder Systemen beruhen, deren Glaubens- und Bedeutungsmuster keine gemeinsame Grundlage aufweisen und daher nicht miteinander verglichen werden können. Wahrheiten sind demnach nur verschiedene Perspektiven oder ein Ausdruck des Willens, der beschreibt, was das Individuum, die Gruppe oder das System als wahr betrachtet.[75]

Neben Crosby beschreibt auch Gertz in seinen Werken „Nihilism and technology" und „Nihilism" wichtige Aspekte des Nihilismus, die auf Nietzsches philosophischem Verständnis aufbauen und im Kontext der „Querdenken"-Bewegung und

---

67 Vgl. Heidegger 1961 zitiert nach Heisterhagen 2018, S. 102–103.
68 Zentrale Begriffe von Nietzsches Nihilismus-Analyse sind neben der ‚*Umwertung der obersten Werte*', der ‚*Wille zur Macht*', der ‚*Übermensch*' und die ‚*ewige Wiederkehr des Gleichen*'. Vgl. Heisterhagen 2018, S.105.
69 Vgl. ebd., S. 107–110.
70 Crosby 1988, S. 35.
71 Der *moralische Nihilismus* kann sich in mindestens drei Formen äußern und verneint nach jeglichen moralischen Standards zu leben, die Objektivität moralischer Prinzipien oder den Sinn einer moralischen Verpflichtung gegenüber anderen Individuen. Vgl. ebd., S. 11.
72 Der kosmische Nihilismus ist von der absoluten Sinnlosigkeit des Kosmos überzeugt, indem er ihm im absoluten Sinne jegliche Sinnhaftigkeit und Struktur abspricht oder im relativen Sinne der vom Mensch angestrebten wertvollen und existenziellen Bedeutung des Kosmos keinen Platz einräumt. Vgl. ebd., S. 26.
73 Nach dem *existenziellen Nihilismus* beurteilt der Mensch sein Leben als völlig sinnlos und absurd. Die Existenz führt in das Nichts und das Leben verfolgt keinen Sinn. Nach Crosby beinhaltet der existenzielle Nihilismus das ganze menschliche Leben und ist die grundlegendste, umfassendste und somit auch die bedeutendste Form des Nihilismus. Vgl. ebd., S. 8 und S. 30.
74 Vgl. ebd., S. 35.
75 Vgl. ebd., S. 18f.

deren Verschwörungsmentalität von Bedeutung sind: die Herdenbildung sowie der aktive und passive Nihilismus.

Die Herdenbildung bzw. den Herdentrieb beschreibt Nietzsche als eines der Mittel[76] des „asketischen Priesters", um sein Ziel, das Leiden des Nihilismus erträglich zu machen, zu erreichen.[77] Die Herde entsteht durch das Streben der Schwachen nach einem Stärkegefühl und einem Priester als Organisator der Herde, der dieses Bedürfnis erkannt hat:[78] „(…) wo es Herden giebt, ist es der Schwäche-Instinkt, der die Heerde [sic] gewollt hat, und die Priester-Klugheit, die sie organisirt [sic] hat."[79] Gertz beschreibt den Herdentrieb als eine der bekanntesten menschlich-nihilistischen Beziehungen Nietzsches.[80] Der Instinkt, sich einer Herde anzuschließen, wird durch das Bedürfnis nach Gemeinschaft, Anerkennung und Gehör zu finden hervorgebracht.[81] Durch den Anschluss an eine Herde finden die Schwachen Gemeinschaft, Stärke und Sicherheit, verlieren jedoch zwangsläufig die Identität des Einzelnen.[82] Interessen und Handlungen verschmelzen mit der Herde, und eine Identifizierung über die Assoziation der Gemeinschaft verdrängt die Individualität.[83] Die gewonnene Stärke und Sicherheit durch die Herde hindert den Einzelnen mehr und mehr daran diese je wieder zu verlassen: „(…) the more we derive strength from those around us, the more we need others in order to feel powerful, and the less able we are to leave the others and risk losing that power."[84]

Der aktive und passive Nihilismus zeigen ebenfalls eine Mehrdeutigkeit des Begriffs. Gertz beschreibt den passiven Nihilismus in seinen Werken als die Passivität, mit der wir unsere traditionellen und als selbstverständlich angesehenen Werte lange akzeptiert haben. Dieser passive Nihilismus könnte demnach dazu verleiten, die traditionellen Werte sowie deren grundlegende Existenz in Frage zu stellen.[85] Dies kann zu einem aktiven Nihilismus führen, indem durch die Entwertung der Werte Raum für die Schaffung neuer Werte eröffnet wird.[86] Der aktive Nihilismus erfordert zum einen die Vernichtung der Gegenwart und ihrer destruktiven Ideale,[87] zum anderen die Vorstellungen von einer „besseren Welt", wie diese aussehen, welchen Sinn und welches Ziel sie verfolgen soll.[88] Für Gertz liegt das Ziel nicht in der Überwindung, sondern in der Umwandlung eines passiven Nihilismus in einen ak-

---

76 Neben der Herdenbildung bzw. dem Herdentrieb definiert Nietzsche folgende Mittel des asketischen Priesters: *die Ausschweifung des Gefühls, die Gesammt-Dämpfung des Lebensgefühls, die machinale Tätigkeit* und *die kleine Freude*. Vgl. Nietzsche 1988, S. 137.
77 Vgl. ebd., S. 130; im Original: „Heerdenbildung".
78 Vgl. ebd., S. 136.
79 Ebd.
80 Vgl. Gertz 2018, S. 137.
81 Vgl. ebd., S. 166.
82 Vgl. ebd., S. 151.
83 Vgl. ebd., S. 137f.
84 Ebd., S. 138.
85 Vgl. ebd., S. 23.
86 Vgl. ebd., S. 208.
87 Vgl. Gertz 2019, S. 162.
88 Vgl. Gertz 2018, S. 212.

tiven Nihilismus[89] „by turning from destruction for the sake of destruction to destruction for the sake of creation"[90].

5 EINE QUALITATIVE UNTERSUCHUNG NIHILISTISCHER HALTUNGEN

Inwiefern äußern sich nihilistische Haltungen im Kontext des Verschwörungsglaubens in der „Querdenken"-Bewegung in der Corona-Pandemie? So lautet die Forschungsfrage meiner Bachelorarbeit.[91] Im Rahmen dieser Arbeit befasste ich mich detailliert mit der „Querdenken"-Bewegung, deren Anhänger*innen, ihren Einstellungen, Motivationen und Zielen, einer grundlegenden Verschwörungsmentalität der Gruppierung und einem nihilistischen Prinzip dahinter.

Zur Beantwortung der Forschungsfrage interviewte ich im Rahmen der qualitativen Forschung mittels leitfadengestützter Tiefeninterviews sechs weibliche Teilnehmerinnen – teils auch Organisatorinnen – der Bewegung, um so tiefliegende Einstellungen, Motivationen und Ziele der Probandinnen zu erfassen. Die ausgewählten Probandinnen wurden größtenteils über den Messengerdienst Telegram rekrutiert – ein bedeutendes Kommunikationsmittel für Anhänger*innen der „Querdenken"-Bewegung.

In einige der Messenger-Gruppen lokaler Initiativen wurde ein zuvor aufgesetzter Text gepostet, in dem das Forschungsvorhaben und die Art der Untersuchung kurz beschrieben wurden. Oft reagierten die Teilnehmer*innen der Messenger-Gruppe mit Unverständnis, negativer Resonanz, Klärungsbedarf oder der Sorge, verunglimpft zu werden.

Die letztendlich an der Forschung teilnehmenden Probandinnen sind alle weiblich, decken verschiedene Altersgruppen zwischen 18 und 64 Jahren ab und üben unterschiedliche berufliche Tätigkeiten aus – von Medien- und Grafikdesignerin, über Kunsttherapeutin, bis zu ehemaliger Schulsekretärin. Weitere spezifische oder gemeinsame Merkmale lassen sich jedoch nicht feststellen. Die Tiefeninterviews fanden aufgrund der pandemischen Lage – und der teils großen Entfernung – mit Hilfe des Online-Tools ‚Zoom' oder per Telefon im Februar 2021 statt. Die Tiefeninterviews wurden anschließend transkribiert und die Daten anhand der qualitativen Inhaltsanalyse nach Mayring ausgewertet, um so die Forschungsfrage beantworten zu können.

6 QUERDENKEN UND NIHILISMUS

Die Forschungsfrage „Inwiefern äußern sich nihilistische Haltungen im Kontext des Verschwörungsglaubens in der ‚Querdenken'-Bewegung in der Corona-Pandemie?" wurde im Rahmen der Diskussion in mehrere Teilfragen separiert, um so die

---

89 Vgl. Gertz 2018, S. 210.
90 Ebd., S. 10.
91 Vgl. hierzu und im Folgenden Braxmaier 2021.

einzeln vorgestellten Teilaspekte des Nihilismus und letztendlich die Gesamtheit der Frage beantworten zu können. Diese nihilistischen Haltungen wurden im Anschluss in Zusammenhang mit der Verschwörungsmentalität der Probandinnen analysiert.

Zu Beginn erfolgte eine Definition der Glaubensgrundsätze anhand der erfassten Forschungsergebnisse. Demnach lässt sich „Querdenken" laut eigenen Angaben als eine überparteiliche Bewegung, die keine Meinungen ausschließt, definieren. Darüber hinaus haben die Teilnehmer*innen grundlegende Zweifel und Misstrauen gegenüber politischen Instanzen, wissenschaftlichen Erkenntnissen sowie deren Vermittlung an die Öffentlichkeit durch die deutschen Medien. Das kritische Hinterfragen wird dabei als zentrale Absicht gesehen. Die beschlossenen Corona-Maßnahmen und die Corona-Impfstrategie werden nicht akzeptiert, die Gefahr durch das Virus wird angezweifelt und die Angst vor einer Diktatur deutlich. Eine grundlegende Verschwörungsmentalität als Persönlichkeitsmerkmal der „Querdenker*innen" kann anhand der Ergebnisse der empirischen Forschung ebenfalls festgestellt werden. An dieser Stelle muss jedoch erwähnt werden, dass diese Glaubensgrundsätze nicht auf jede*n Teilnehmer*in der „Querdenken"-Bewegung in voller Ausprägung zutreffen. Die Bewegung ist eine heterogene Gruppierung und so äußern auch die Probandinnen der Forschung unterschiedliche Einstellungen, Motivationen und Ziele. Anhand der Überschneidungen zwischen der Theorie und den Ergebnissen der Untersuchung lassen sich jedoch eindeutige Tendenzen ablesen.

Im Folgenden werden nun die einzelnen Teilfragen und Teilaspekte des Nihilismus anhand der Ergebnisse der qualitativen Forschung beantwortet:

- „Inwiefern äußert sich der politische Nihilismus?": Die Ergebnisse der Untersuchung zeigen, dass alle Probandinnen die aktuell gelebten politischen Strukturen ablehnen: „Die Politik, (lacht) ja was kann man dazu noch sagen?"[92] Dies äußert sich vor allem in ihrer Kritik, ihrem verlorenen Vertrauen und ihrer Unzufriedenheit mit dem deutschen politischen System. Dabei soll die Politik mit der „Querdenken"-Bewegung einen ungerechten Umgang pflegen und wird zudem der Manipulation beschuldigt. Die Bevölkerung soll „lieber nicht so viel wissen, lieber nicht hinterfragen, ihre Maske tragen, daheimbleiben und sich die hohen Sterbezahlen im Fernsehen anhören"[93]. Auch die Kritik am politischen demokratischen System, die Angst vor einer Diktatur und eine nicht vorhandene Meinungsfreiheit – teils auch als Zensur von alternativen und abweichenden Meinungen betitelt – sind Themen der Interviews. „Die manipulieren nicht nur die Leute, die machen denen Angst und die machen ihnen Panik und die verbreiten Hysterie und die machen auch die Leute hoffnungslos, perspektivlos"[94], schildert eine Probandin. In besonders starker Ausprägung zeigt sich die Ablehnung der Maßnahmen zur Eindämmung des Infektionsgeschehens in der Corona-Pandemie. Die Maßnahmen werden als sinnlos, unverhältnismäßig und als starke Einschränkung der Freiheit und der Grundrechte betrachtet. Dabei wird de-

---

92 Braxmaier 2021, S. 90.
93 Ebd., S.143
94 Ebd., S. 162.

ren sofortige Aufhebung und die Wiederherstellung der Grundrechte verlangt. Zudem soll die Regierung auch andere Absichten haben. Sie soll „von irgendwelchen Elite-Organisationen, irgendwelchen reichen Menschen, die sich da zusammengetan haben (…)"[95] geleitet werden und einfach nur Marionetten darstellen, „die von noch weiter oben regiert, also angeleitet und manipuliert werden und korrumpiert werden und Geld kassieren dafür, dass sie das Volk einfach mal manipulieren"[96]. Als weitere Absichten werden der Übergang zu einem Überwachungsstaat, der „Great Reset" und die Schwächung der Gesellschaft und des Widerstandes genannt. Auch die unterstützenden Instanzen in der Krise – wie die Wissenschaft, auf deren Erkenntnissen viele Entscheidungen basieren, die öffentlich-rechtlichen Medien, als Kommunikationsplattform, sowie die Polizei, die die Maßnahmen der Regierung exekutiv umsetzt und kontrolliert – werden ebenfalls negiert und stark kritisiert. Vor allem die angeblich unbegründete Gewalt der Polizei gegenüber den Teilnehmer*innen der Bewegung auf Demonstrationen wird hervorgehoben und damit die eigene aggressive Grundhalten der Bewegung begründet. „Die Polizei sieht mittlerweile eine Querdenken-Demo und denkt: ‚Oh cool, sie kann quasi Boxsack spielen mit uns.'"[97] Die Beobachtung durch den Verfassungsschutz wird ebenfalls als ungerechtfertigt eingeordnet: „(…) in dem Moment, in dem man hier kritische Positionen vertritt, in diesem Land wird man neuerdings unter Beobachtung des Verfassungsschutzes gestellt."[98] Zwei Probandinnen sehen dahinter sogar ein durch Angst angetriebenes Motiv, wenn „wir natürlich dann die Wahrheit rausfinden und ihr Kartenhaus von Lügen durcheinander fällt"[99].

Der politische Nihilismus äußert sich demnach deutlich in den Aussagen der Probandinnen, indem sie das demokratische System und alle unterstützenden Instanzen ablehnen. Der Wunsch nach einer neuen sozialen Ordnung wird deutlich, es wird jedoch keine konstruktive Alternative aufgezeigt: „(…) aktuell ist das ja eine Initiative, die sich damit befasst, was wir nicht wollen. (.) Man spricht aber nicht darüber, wie eine neue bessere Welt für einen wirklich aussehen würde."[100]

- „Inwiefern äußert sich der epistemologische Nihilismus?": Der epistemologische Nihilismus ist ebenfalls deutlich in den Aussagen der Probandinnen zu erkennen. Offizielle Informationen seitens der Wissenschaft, Politik oder deren Übermittlung über deutsche Medien werden zumindest angezweifelt oder gar vollständig negiert. Vor allem diejenigen wissenschaftlichen Erkenntnisse, die die Gefahr des Virus und die Ernsthaftigkeit der pandemischen Lage attestieren, werden abgelehnt: „Wenn jetzt also in einer solchen politischen Lage ein Wissenschaftler sich hinstellt und (…) behauptet, er hätte DIE

---

95 Braxmaier 2021, S. 160.
96 Ebd.
97 Ebd., S. 141.
98 Ebd., S. 156.
99 Ebd., S. 138.
100 Ebd., S. 96.

WISSENSCHAFTSMEINUNG, dann halte ich das für sehr skurril."[101] Die Studie der ZEW Mannheim und der Humboldt-Universität Berlin wird zudem für eine blanke Erfindung gehalten: „Das ist an den Haaren herbeigezogen (…), da glaube ich überhaupt nicht dran."[102] Auch die politischen Entscheidungen, die auf diesen wissenschaftlichen Erkenntnissen basieren, werden konsequent abgelehnt. Zudem wird meist eine Gegenposition zur politischen und medialen Sichtweise eingenommen und teils deutlich differente Beobachtungen geschildert. Die voranschreitende Radikalisierung der Bewegung durch Extremist*innen und Verschwörungsideolog*innen wird nicht erkannt: „Beobachten kann man das tatsächlich, wenn man dabei ist, kaum."[103] Dieses Bild soll laut den Probandinnen von der Regierung und den Medien erst geschaffen worden sein, indem häufig eine unwahre Faktenlage und falsche Berichterstattung erfolgte: „(…) nur weil eine Gruppe als rechter Rand oder als verschwörungstheoretische Gruppe gekennzeichnet ist, seitens Mainstream-Presse, heißt es halt noch lange nicht, dass sie es wirklich sind."[104] Offiziellen Informationen wird mit Misstrauen begegnet, hinter der Pandemie andere Absichten vermutet und teils auch Verschwörungsideolog*innen wie Ken Jebsen Glauben geschenkt: „(…) weil einfach so viele Dinge, die er sagt, tatsächlich sehr wahr sind, sehr fundiert sind und auch Quellen geprüft sind."[105] Letztendlich formuliert eine Mehrheit der Probandinnen den Wunsch nach einem offeneren Diskurs, in dem jede*r seine/ihre Meinung äußern darf, so auch die „Querdenken"-Seite. Im Kontext des epistemologischen Nihilismus kann anhand dieser Aussagen bestätigt werden, dass der Wahrheitsanspruch und die Sinnverständlichkeit völlig individuell und relativ zu Individuen, Gruppen oder Systemen sind. „Querdenker*innen" besitzen demnach Glaubens- und Bedeutungsmuster, die den offiziellen Informationen und Institutionen misstrauen und das Virus nicht als gefährlich einstufen. Die andere Seite der Gesellschaft vertraut im Gegensatz dazu den offiziellen Informationen und Instanzen und ist sich der Gefahr durch das Virus bewusst. Beide Wahrheiten können als unterschiedliche Perspektiven bezeichnet und in diesem Kontext als geschlossene Systeme betrachtet werden, in dem ebendiese Wahrheit dominiert. Daher kann der Wahrheitsgehalt der Perspektiven auch nicht bestätigt oder widerlegt werden. Eine Argumentation gegen eine der Perspektiven ist nicht möglich, da die Anhänger*innen innerhalb ihrer eigenen Glaubens- und Bedeutungsmuster Recht haben. Dies kann eine Erklärung für die häufig sehr konträren Wahrnehmungen der „Querdenker*innen" im Vergleich zu denen eines Großteils der Gesellschaft sein.

- „Inwiefern äußert sich die Herdenbildung?": Auch diese bedeutende menschlich-nihilistische Beziehung ist in den Aussagen der Probandinnen zu erken-

---

101 Braxmaier 2021, S. 91.
102 Ebd., S. 164.
103 Ebd., S. 115.
104 Ebd., S. 97.
105 Ebd., S. 99.

nen. In diesem Kontext könnten die Demonstrationsteilnehmer*innen als die Schwachen gesehen werden – als Herde, die aus dem Schwäche-Instinkt der „Querdenker*innen" entsteht. Die Organisator*innen bzw. diejenigen, die diese Bewegung als Plattform instrumentalisieren, könnten als die asketischen Priester – „Querdenken"-Gründer Micheal Ballweg als ‚höchster' Priester – eingeordnet werden. Die Probandinnen sprechen von einem Gefühl der Stärke, gehört und anerkannt zu werden sowie unter den „Querdenker*innen" mit Gleichgesinnten zusammen sein zu können. Teilweise geäußerte Gefühle der Unterdrückung und des Alleinseins vor der Teilnahme an der Bewegung werden durch die Partizipation überwunden. Vor allem wird auch die Verschmelzung der eigenen Interessen und Einstellungen mit denen der Bewegung deutlich. Dabei wird jegliches Verhalten innerhalb der Bewegung scheinbar toleriert, sofern die gleiche Zielverfolgung im Vordergrund steht. Es werden keine Meinungen ausgeschlossen, demnach dürfen auch Individuen und Gruppierungen mit rechtsextremistischen, antisemitischen, demokratiefeindlichen und verschwörungsideologischen Ansichten an der Bewegung und ihren Demonstrationen teilnehmen. Es wird keine eindeutige Gegenposition zur Teilnahme dieser Gruppen eingenommen, lediglich die Distanzierung von ihren Wertvorstellungen vorgenommen und dennoch auf die Berechtigung zur Teilnahme an der überparteilichen Bewegung verwiesen: „Jeder läuft für sich und seine Werte und jeder darf mitlaufen."[106] Diese Einstellung verdeutlicht, dass die eigene Meinung der Probandinnen sowie ihre Ablehnung gegenüber extremistischen und verschwörungsideologischen Ansichten der Definition als überparteiliche Bewegung, die einen freien Debattenraum führt, unterliegt und die individuellen Ansichten der Probandinnen insofern verdrängt, dass deren Teilnahme toleriert wird. Zudem werden die vermehrt geäußerten Vergleiche mit der NS-Zeit toleriert, Verständnis gezeigt und diese Aussagen nicht als Holocaust-Verharmlosung oder -Leugnung bewertet. Die Probandinnen selbst sehen teils auch Parallelen zum Nationalsozialismus: „Ich persönlich sehe einfach schon (.) sehr gefährliche Parallelen, nicht zwischen dem Dritten Reich und der jetzigen Situation, sondern zwischen der Anfangszeit, zwischen der Pre-Phase."[107] Eine weitere Probandin beschrieb: „Also man wird gejagt als Maskenloser und man wurde gejagt als Jude. Also irgendwie stelle ich da auch manchmal doch leicht Verbindung her zur Nazi-Zeit. Oder wenn man eben hier von Menschen angebrüllt wird (.) in Bahnen, weil man keine Maske trägt. (…) Und da vergleiche ich manchmal auch. Denke ich: ‚Ach, habe ich einen Judenstern dran?'"[108] Diese Toleranz und Rechtfertigung führt zu einer Normalisierung extremistischer Haltungen und des Verschwörungsglaubens.

Ein Verlassen der Herde aus eigener Kraft kommt für die Probandinnen nicht in Frage, da weder Motivation noch Grund dafür gesehen werden. Lediglich eine Probandin äußerte einen Grund für das Verlassen der Herde, dieser be-

---

106 Braxmaier 2021, S. 134.
107 Ebd., S. 100.
108 Ebd., S. 169f.

zieht sich jedoch auf die generelle Auflösung der Bewegung: „Also, wenn alle aufgeben würden, dann würde ich auch aufgeben."[109] Somit zeigt sich die gewonnen Stärke durch die Partizipation als Teil der Gruppe und deren Gefahr für den Einzelnen, diese je wieder verlassen zu können, in den Aussagen der Probandinnen. Die gewonnene Stärke überwiegt das Risiko durch das Verlassen der Herde diese Vorteile wieder zu verlieren.

- „Inwiefern äußert sich ein aktiver oder ein passiver Nihilismus?": Die Beantwortung dieser Frage anhand der Äußerungen der Probandinnen ist komplex. Ein Teil der Probandinnen scheint nach der Mehrdeutigkeit des Begriffs nach Gertz einen passiven Nihilismus als Ausgangszustand zu vertreten, indem das bestehende politische System, unterstützende Instanzen und die Werte der Gesellschaft abgelehnt und viele Thematiken vor dem Hintergrund der Corona-Pandemie hinterfragt werden. Dabei erläutern nicht alle Probandinnen ein eindeutiges Ziel der Bewegung: die Vision einer „besseren" Zukunft und wie sie erreicht werden kann.

Im Vordergrund stehen vielmehr die grundlegenden Ziele der „Querdenken"-Bewegung, die die Rücknahme aller einschränkenden Corona-Maßnahmen sowie die Wahrung der Grundrechte umfassen. Das Hauptziel eines Großteils der Probandinnen ist lediglich zum Ausgangszustand vor der Pandemie zurückzukehren. Dabei wird nicht die Intention einer grundlegenden Veränderung, sondern vielmehr eine passive Haltung der Probandinnen deutlich, die sich durch Resignation, Verzweiflung und düstere Visionen äußert: „Ja, dass ich einfach nur mit dem Schlimmsten rechne, dass hier alles den Bach runtergeht. (…) Also es kommt was Neues, aber nichts Gutes."[110] Grundlegend kann der Bewegung somit eine tendenziell passive Haltung zugeordnet werden – auch wenn bei einigen Probandinnen das Streben nach einer Umwandlung in eine aktive Haltung zu erkennen ist, die sich durch konstruktive Kritik und konkrete Verbesserungsvorschläge für eine „bessere" Welt zeigen. Eine Einordnung der „Querdenker*innen" in den aktiven oder passiven Nihilismus sollte somit individuell vorgenommen werden.

7 WIE DAS NIHISLISTISCHE PRINZIP UND VERSCHWÖRUNGSMENTALITÄT ZUSAMMENHÄNGEN KÖNNTEN

Nachdem die Aussagen der Probandinnen anhand unterschiedlicher Aspekte des Nihilismus analysiert wurden, müssen wir uns einer weiteren Teilfrage stellen, um die Gesamtheit der Forschungsfrage beantworten zu können: „Inwiefern hängen diese nihilistischen Haltungen mit der Ausprägung der Verschwörungsmentalität der Probandinnen zusammen?"

Um diese Frage beantworten zu können erfolgt eine Einordnung der Verschwörungsmentalität der Probandinnen anhand ihrer Äußerungen in einer Ordinalskala

---

[109] Braxmaier 2021, S. 168.
[110] Ebd., S. 165.

und jeweils im Verhältnis zu den anderen Probandinnen. Dabei entstehen die folgenden Abstufungen:
- *Weniger starke Verschwörungsmentalität:* Haltungen, die zumindest Zweifel an der Gefahr des Virus, wissenschaftlichen und politischen Instanzen sowie der deutschen Medienlandschaft aufweisen.
- *Starke Verschwörungsmentalität:* Haltungen, die darauf aufbauend Andeutungen von Verschwörungstheorien enthalten und eine Tendenz zum Verschwörungsglauben erkennen lassen.
- *Sehr starke Verschwörungsmentalität:* Haltungen, die zusätzlich durch eigene Äußerungen von Verschwörungstheorien gekennzeichnet sind und einen deutlich erkennbaren Verschwörungsglauben aufweisen.

Im folgenden Schritt werden die Probandinnen in Kategorien eingeteilt, die sich auf die vorangegangene Einordnung der Verschwörungsmentalität beziehen. Die Ausprägung der nihilistischen Haltungen wird dabei in den Kategorien *weniger starke Verschwörungsmentalität, starke Verschwörungsmentalität* und *sehr starke Verschwörungsmentalität* interpretativ anhand der Aussagen der Probandinnen abgeleitet.

Dabei zeigt sich, dass die Ausprägung nihilistischer Haltungen mit der Ausprägung der Verschwörungsmentalität in Zusammenhang stehen kann (vgl. Abb. 1). Je stärker die Verschwörungsmentalität der Probandinnen desto ausgeprägter zeigen sich auch die nihilistischen Haltungen in ihren Aussagen und damit ein intensiverer politischer und epistemologischer Nihilismus sowie eine stärker ausgeprägte Herdenbildung wie auch die Tendenz zu einem passiven Nihilismus.

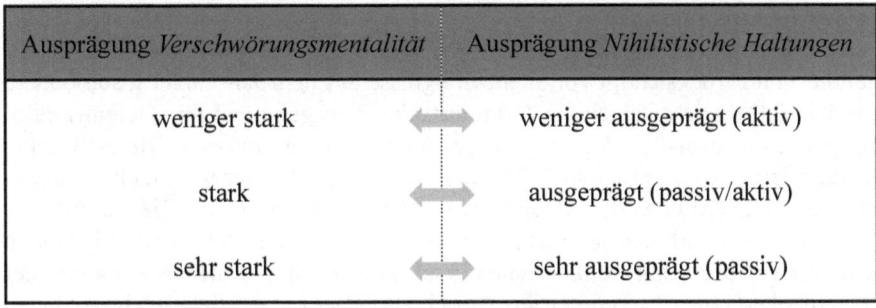

Abb. 1: Zusammenhang zwischen der Ausprägung der Verschwörungsmentalität und der Ausprägung nihilistischer Haltungen

Aus der Untersuchung im Rahmen der Arbeit geht demnach hervor, dass ausgeprägtere nihilistische Haltungen und ein passiver Nihilismus mit der Tendenz zu einer stärkeren Verschwörungsmentalität einhergehen können.

8 FAZIT

Die Untersuchung zeigt, dass die Einstellungen der befragten „Querdenkerinnen" eindeutig nihilistische Haltungen im Kontext des Verschwörungsglaubens aufweisen und diese keinesfalls zu verharmlosen sind.

Aufgrund des politischen und epistemologischen Nihilismus nehmen die „Querdenker*innen" eine Gegenposition zu politischen Instanzen, deren Beschlüssen und offiziellen Informationen seitens der Wissenschaft und der Medien in der Corona-Pandemie ein.

Durch Zweifel und Misstrauen an diesen Instanzen entsteht eine Gefährdung der öffentlichen Gesundheit und der Erfolge im Kampf gegen die Pandemie, die sich in der Nicht-Einhaltung der beschlossenen Corona-Schutzmaßnahmen zeigen. Aufgrund des epistemologischen Nihilismus können die Teilnehmer*innen der Bewegung auch nur schwer von der Gefahr des Virus und der Notwendigkeit der Maßnahmen sowie Ernsthaftigkeit der Lage überzeugt werden, da sie und ihre Wahrheit sich innerhalb der eigenen Glaubens- und Bedeutungsmuster bewegen. Argumente gegen diese und für die „offizielle Wahrheit" werden abgelehnt.

Eine weitere ernstzunehmende Problematik zeigt sich in der Toleranz gegenüber extremistischen und verschwörungsideologischen Ansichten und somit der Normalisierung solcher Einstellungen innerhalb der Bewegung, die durch den Herdentrieb verstärkt werden. Die Rechtfertigung und Toleranz von jeglichem Verhalten innerhalb der Bewegung sowie die Verneinung einer Radikalisierung zeigen, dass ebendiese existiert und weiter fortschreitet. Die tendenziell passive Haltung der Bewegung befürwortet diesen ‚Willen der Zerstörung', der keinen Ausweg und keine Alternative sieht.

Die qualitative Forschung dieser Bachelorarbeit wurde im Februar 2021 durchgeführt und berücksichtigt vor allem Ereignisse aus dem Jahr 2020. Insbesondere das Jahr 2021 zeigte jedoch verstärkt, dass die Bewegung und ihre Demonstrationen nicht ruhen und eindeutig ernst genommen werden müssen. Die Bewegung radikalisierte sich im Frühjahr 2021 stark. Wo anfangs Bürger noch mehr oder weniger legitime Kritik an den Maßnahmen äußerten, haben sich die Ziele der Bewegung unter den Verbliebenen verschärft: sie wollen den Umsturz. Extremist*innen und Verschwörungstheoretiker*innen sind immer noch fester Bestandteil der „Querdenker*innen", verbreiten ihre Ansichten und versuchen die Teilnehmer*innen für ihre Zwecke zu mobilisieren. Mit dem Spätsommer 2021 kamen schließlich die Lockerungen, durch die die „Querdenken"-Bewegung auch zunehmend an Zuspruch verlor, aber einen harten, vor allem radikalen Kern formte. Dieser Zustand änderte sich mit der vierten Corona-Welle und den erneut verschärften Maßnahmen. Vermehrt finden wieder Demonstrationen statt und eine Radikalisierung wird immer deutlicher. So demonstrierte ein Fackelzug Anfang Dezember 2021 vor dem Haus der sächsischen Staatsministerin Petra Köpping (SPD). Auch weitere Politiker*innen, wie der sächsische Ministerpräsident Michael Kretschmer, wurden mit ernsten Drohungen – darunter auch Morddrohungen – konfrontiert.[111]

---

111 Vgl. Sundermann 2021.

Wie sich die Bewegung in den nächsten Monaten oder auch Jahren weiterentwickeln wird, bleibt offen, jedoch ist mittlerweile klar, dass es wahrscheinlich immer einen radikalen Kern geben wird, der weiterhin jede Chance nutzen wird, die Bewegung für die eigenen Interessen und Umsturzfantasien zu mobilisieren. Dabei wird es umso wichtiger, sich mit den Einstellungen und Meinungen der „Querdenker*innen" auseinanderzusetzen und einen offeneren Diskurs zu führen, um den Rissen im politischen und gesellschaftlichen Zusammenhalt sowie der fortschreitenden Radikalisierung entgegentreten zu können. Wichtig hierbei für die Gesellschaft ist es, sich mit diesen Einstellungen, Motivationen und Zielen auseinanderzusetzen und auch bei teils sehr konträren Ansichten den Dialog zu suchen und zu wahren. Besonders die Radikalisierung innerhalb der Bewegung muss dabei ernst genommen werden. Auch wenn ursprünglich ein Großteil der Teilnehmerschaft selbst keine extremistischen Ansichten vertritt, werden diese Haltungen dennoch in der Bewegung toleriert und verbreitet. Diese Toleranz unter den Teilnehmer*innen führt zu einer Normalisierung und ‚Salonfähigkeit' extremistischer Haltungen und des Verschwörungsglaubens, die nicht zu verharmlosen sind. Eine Auseinandersetzung damit muss geführt werden, denn diese Entwicklungen ge-fährden schon lange nicht mehr nur die öffentliche Gesundheit, vielmehr stellen sie eine Gefährdung des gesellschaftlichen Zusammenhalts und der demokratischen politischen Kultur in Deutschland dar.

BIBLIOGRAFIE

ADL (2020): Coronavirus Crisis Elevates Antisemitic, Racist Tropes. 17.03.2020. Online: https://www.adl.org/blog/coronavirus-crisis-elevates-antisemitic-racist-tropes (Abruf: 02.11.2022).

Baden-Württemberg.de (2020): „Querdenken 711" wird beobachtet. 09.12.2020. Online: https://www.baden-wuerttemberg.de/de/service/presse/pressemitteilung/pid/querdenken-711-wird-beobachtet-1/ (Abruf: 03.11.2022).

Barkun, Michael (2003): A Culture of Conspiracy: Apocalyptic Visions in Contemporary America. Berkeley/Los Angeles/London: University of California Press.

Braxmaier, Laura (2021): Nihilismus & „Querdenken 711". Eine Qualitative Untersuchung nihilistischer Haltungen im Kontext des Verschwörungsglaubens in der Corona-Pandemie (unveröffentlichte Bachelorarbeit). Hochschule der Medien Stuttgart.

BRISANT (2020): Die verrücktesten Corona-Verschwörungsmythen – Darum sind sie falsch. In: MDR, 03.08.2020. Online: https://www.mdr.de/brisant/corona-verschwoerungstheorien-100.html (Abruf: 02.05.2022).

Brock, Eike (2015): Nietzsche und der Nihilismus. Monographien und Texte zur Nietzsche-Forschung. Berlin: De Gruyter.

Butter, Michael (2018): „Nichts ist, wie es scheint": Über Verschwörungstheorien. Berlin: Suhrkamp Verlag.

Crosby, Donald A. (1988): The specter of the absurd. Sources and criticisms of modern nihilism. Albany: State University of New York Press.

Decker, Oliver/Schuler, Julia/Yendell, Alexander/Schließer, Clara/Brähler, Elmar (2020): Das autoritäre Syndrom: Dimensionen und Verbreitung der Demokratie-Feindlichkeit. In: Decker, Oliver/Brähler, Elmar (Hrsg.): Autoritäre Dynamiken. Neue Radikalität – alte Ressentiments. Leipziger Autoritarismus Studie 2020. Originalausgabe. Gießen: Psychosozial-Verlag, S. 179–210.

Ebner, Julia (2019): Radikalisierungsmaschinen. Wie Extremisten die neuen Technologien nutzen und uns manipulieren. Berlin: Suhrkamp Verlag.

Focus (2020): Demos in Deutschland: „Diese Leute haben es nicht verstanden". 15.05.2020. Online: https://www.focus.de/politik/deutschland/demos-in-deutschland-diese-leute-haben-es-nicht-verstanden_id_11973532.html (Abruf: 05.11.2022).

Garrelts, Nantke (2020): „Narzissmus spielt auch eine Rolle". In: Tagesspiegel, 01.09.2020. Online: https://www.tagesspiegel.de/politik/sozialpsychologin-ueber-corona-demonstranten-narzissmus-spielt-auch-eine-rolle/26145256.html (Abruf: 02.11.2022).

Gensing, Patrick (2020): Einfache Erklärungen, klare Feindbilder. In: Tagesschau, 11.05.2020. Online: https://www.tagesschau.de/investigativ/corona-demos-105.html (Abfrage: 03.11.2021).

Gertz, Nolen (2019): Nihilism. Cambrigde MA/London: MIT Press.

Gertz, Nolen (2018): Nihilism and technology. London/New York: Rowman & Littlefield International.

Heisterhagen, Nils (2018): Kritik der Postmoderne. Warum der Relativismus nicht das letzte Wort hat. Wiesbaden: Springer Fachmedien.

Hendricks, Vincent F./Vestergaard, Mads (2018): Postfaktisch. Die neue Wirklichkeit in Zeiten von Bullshit, Fake News und Verschwörungstheorien. München: Blessing.

Hüther, Dirk (2020): Corona-Fakten. Was sie vermutlich über Corona noch nicht wissen (3). Sonderausgabe zu Berlin. 03.08.2020. Online: https://img1.wsimg.com/blobby/go/74e92e2f-7c73-4d74-b272-819b4890ad68/downloads/Corona%20Fakten%203.pdf?ver=1616014377769 (Abfrage: 15.04.2021).

Hüther, Dirk/Kühn, Hajo/Veil, Jan (2020a): Corona-Fakten. Was sie vermutlich über Corona noch nicht wissen (4). 25.08.2020. Online: https://img1.wsimg.com/blobby/go/74e92e2f-7c73-4d74-b272-819b4890ad68/downloads/Corona%20Fakten%204.pdf?ver=1616014377514 (Abfrage: 15.04.2021).

Hüther, Dirk/Kühn, Hajo/Veil, Jan (2020b): Corona-Fakten. Was sie vermutlich über Corona noch nicht wissen (5). 21.09.2020. Online: https://img1.wsimg.com/blobby/go/74e92e2f-7c73-4d74-b272-819b4890ad68/downloads/Corona%20Fakten%205.pdf?ver=1616014377514 (Abfrage: 15.04.2021).

Hüther, Dirk/Kühn, Hajo/Veil, Jan/Hübner, Wolfgang (2020c): Corona-Fakten. Was sie vermutlich über Corona noch nicht wissen (6). 21.10.2020. Online: https://img1.wsimg.com/blobby/go/74e92e2f-7c73-4d74-b272-819b4890ad68/downloads/Corona%20Fakten%206.pdf?ver=1616014377514 (Abfrage: 15.04.2021).

Jolley, Daniel/Douglas, Karen M. (2014): The Effects of Anti-Vaccine Conspiracy Theories on Vaccination Intentions. PLOS ONE 9(2): e89177. Online: https://doi.org/10.1371/journal.pone.0089177 (Abfrage: 05.11.2022).

Körner, Jürgen (2020): Über Verschwörungstheorien und ihre Anhänger. In: Forum der Psychoanalyse 36 (4), S. 383–401.

Kummer, Imke/Lelle, Nikolas (2020): Antisemitische Verschwörungsmythen während der „Corona-Demos". In: Amadeu Antonio Stiftung (Hrsg.): Zivilgesellschaftliches Lagebild Antisemitismus. Deutschland, S. 30–32. Online: https://www.amadeu-antonio-stiftung.de/wp-content/uploads/2020/11/Lagebild_Antisemitismus_2020.pdf (Abfrage: 03.11.2022).

Lamberty, Pia (2020): Verschwörungserzählungen. In: Bundeszentrale für politische Bildung und Info aktuell 25/2020. Online: https://www.bpb.de/shop/zeitschriften/info-aktuell/318171/verschwoerungserzaehlungen (Abfrage: 02.11.2022).

Lamberty, Pia/Leiser, David (2019): Sometimes you just have to go in – The link between conspiracy beliefs and political action. Online: https://psyarxiv.com/bdrxc/download (Abfrage: 05.11.2022).

Lange, Martin/Monscheuer, Ole (2021): Spreading the Disease: Protest in Times of Pandemics. In: ZEW Mannheim/Humboldt-Universität Berlin (Hrsg.), 08.02.2021. Online: http://ftp.zew.de/pub/zew-docs/dp/dp21009.pdf (Abfrage: 03.11.2022).

Maas, Heiko [@HeikoMaas] (2020): Das Grundgesetz garantiert das Demonstrationsrecht. [Tweet]. Twitter, 08.11.2020. Online: https://twitter.com/HeikoMaas/status/1325348301970038785 (Abfrage: 03.11.2022).

MDR (2020): Entsetzen nach gewalttätigen Auseinandersetzungen in Leipzig. 08.11.2020. Online: https://www.mdr.de/sachsen/leipzig/leipzig-leipzig-land/corona-querdenken-gegendemonstrationen-100.html (Abfrage: 03.11.2022).
Nietzsche, Friedrich (1988): Zur Genealogie der Moral. Eine Streitschrift. Stuttgart: Reclam.
Nocun, Katharina/Lamberty, Pia (2020): Fake Facts. Wie Verschwörungstheorien unser Denken bestimmen. Originalausgabe. Köln: Quadriga Verlag.
Pickel, Gert/Pickel, Susanne/Yendell, Alexander (2020): Zersetzungspotenziale einer demokratischen politischen Kultur: Verschwörungstheorien und erodierender gesellschaftlicher Zusammenhalt? In: Decker, Oliver/Brähler, Elmar (Hrsg.): Autoritäre Dynamiken. Neue Radikalität – alte Ressentiments. Leipziger Autoritarismus Studie 2020. Originalausgabe. Gießen: Psychosozial-Verlag, S. 89–118.
Querdenken 711 (2021): Start. Online: https://querdenken-711.de/ (Abfrage: 15.04.2021).
Querdenken 711 (2022): Manifest. Online: https://querdenken-711.de/manifest/ (Abfrage: 02.11.2022).
RBB24 (2020a): Kundgebung der Corona-Leugner am Brandenburger Tor aufgelöst. 01.08.2020. Online: https://www.rbb24.de/politik/thema/2020/coronavirus/beitraege_neu/2020/08/demonstrationen-corona-berlin-mitte-polizei.html (Abfrage: 03.11.2022).
RBB24 (2020b): Fast 40.000 Menschen bei Corona-Demos – Sperren am Reichstag durchbrochen. 29.08.2020. Online: https://www.rbb24.de/politik/thema/2020/coronavirus/beitraege_neu/2020/08/demonstrationen-samstag-corona-querdenken-gegendemos.html (Abfrage: 03.11.2022).
RBB24 (2020c): Polizei beendet Demo mit Wasserwerfern – 365 Festnahmen. 18.11.2020. Online: https://www.rbb24.de/politik/thema/2020/coronavirus/beitraege_neu/2020/11/demonstrationen-corona-gegner-bundestag-infektionsschutzgesetz.html (Abfrage: 03.11.2022).
RBB24 (2020d): Demo von Corona-Leugnern am 30. Dezember verboten. 23.12.20. Online: https://www.rbb24.de/panorama/thema/2020/coronavirus/beitraege_neu/2020/12/polizei-berlin-verbietet-auch-demo-von-corona-leugnern-am-30-dezember.html (Abfrage: 03.11.22).
Roose, Jochen (2020): Verschwörung in der Krise. Repräsentative Umfragen zum Glauben an Verschwörungstheorien vor und in der Corona-Krise. In: Konrad-Adenauer-Stiftung e. V. Berlin. Online: https://www.kas.de/documents/252038/7995358/Verschw%C3%B6rung+in+der+Krise+%28PDF%29.pdf/7703c74e-acb9-3054-03c3-aa4d1a4f4f6a?version=1.1&t=1608644973365 (Abfrage: 03.11.2022).
Schießler, Clara/Hellweg, Nele/Decker, Oliver (2020): Aberglaube, Esoterik und Verschwörungsmentalität in Zeiten der Pandemie. In: Decker, Oliver/Brähler, Elmar (Hrsg.): Autoritäre Dynamiken. Neue Radikalität – alte Ressentiments. Leipziger Autoritarismus Studie 2020. Originalausgabe. Gießen: Psychosozial-Verlag, S. 283–310.
Schneider, Jan (2020): Krude Geschichtsvergleiche der „Querdenker". In: ZDF, 22.11.2020. Online: https://www.zdf.de/nachrichten/politik/corona-querdenken-sophie-scholl-100.html (Abfrage: 15.04.2021).
Schönherr-Mann, Hans-Martin (2008): Friedrich Nietzsche. UTB Profile. Paderborn: Fink.
Steffen, Tilmann/Wildschutz, Nicolas (2020): Wenn das Denken zu quer verläuft. In: Die Zeit, 29.12.2020. Online: https://www.zeit.de/gesellschaft/2020-12/verfassungsschutz-querdenken-711-baden-wuerttemberg-verschwoerungstheorien-rechtsextremismus (Abfrage: 03.11.2022).
Sundermann, Tom (2021): So rechtsextrem war 2021. In: Zeit Online, 28.12.2021. Online: https://www.zeit.de/gesellschaft/zeitgeschehen/2021-12/jahresrueckblick-2021-rechtsextremismus-querdenker-deutschland/komplettansicht (Abfrage: 05.11.2022).
Süddeutsche Zeitung (2021): Von Stuttgart bis auf die Treppen des Reichstagsgebäudes. 28.04.2021. Online: https://www.sueddeutsche.de/politik/querdenken-chronologie-bundestag-1.5279496 (Abfrage: 03.11.2022).
Tagesschau (2020a): Tausende bei Demos gegen Corona-Regeln. 09.05.2020. Online: https://www.tagesschau.de/inland/corona-demos-103.html (Abfrage: 15.04.2021).
Tagesschau (2020b): Tausende gegen Corona-Maßnahmen. 16.05.2020. Online: https://www.tagesschau.de/inland/corona-demos-109.html (Abfrage: 15.04.2021).

Thórisdóttir, Hulda/Mari, Silvia/Krouwel, André (2020): Conspiracy theories, political ideology and political behaviour. In: Butter, Michael/Knight, Peter (Hrsg.): Routledge handbook of conspiracy theories. London/New York: Tyler & Francis Group, S. 304–316.

van Prooijen, Jan-Wilhelm/Douglas, Karen M. (2017): Conspiracy theories as part of history: The role of societal crisis situations. In: Memory Studies (Hrsg.): The role of societal crisis situations, 10(3), S. 323–333. Online: https://journals.sagepub.com/doi/pdf/10.1177/1750698017701615 (Abfrage: 05.11.2022).

World Health Organization (2020): Munich Security Conference. Online: https://www.who.int/director-general/speeches/detail/munich-security-conference (Abfrage: 02.11.2022).

Zeit Online (2020): Tausende demonstrieren in Stuttgart gegen Einschränkungen. 02.05.2020. Online: https://www.zeit.de/gesellschaft/zeitgeschehen/2020-05/demonstration-stuttgart-tausende-teilnehmer-corona-einschraenkungen (Abfrage: 03.11.2022).

KURZBIOGRAFIEN

Laura Braxmaier
Laura Braxmaier hat Medienwirtschaft an der Hochschule der Medien Stuttgart studiert. Ihren Bachelor of Arts erlangte sie 2021 mit ihrer Abschlussarbeit „Nihilismus & ‚Querdenken 711'. Eine qualitative Untersuchung nihilistischer Haltungen im Kontext des Verschwörungsglaubens in der Corona-Pandemie", für die sie mit dem Capurro-Fiek-Preis für die beste Abschlussarbeit im Bereich Digitale Ethik ausgezeichnet wurde. Seit 2021 studiert sie im Masterstudium Medienmanagement mit dem Schwerpunkt Digitale Medien und Marketing an der Hochschule der Medien (Stuttgart).

Michael de Rachewiltz
Michael de Rachewiltz hat Umweltwissenschaften in den USA und Philosophie in Innsbruck studiert und arbeitet am Center for Advanced Studies von Eurac Research. Seine Forschungsschwerpunkte liegen in den Bereichen Philosophie der Geistes- und Wissenschaftstheorie.

Jan Doria
Jan Doria ist seit 2021 Akademischer Mitarbeiter am Institut für Digitale Ethik (IDE) der Hochschule der Medien Stuttgart in den Forschungsprojekten Digital//Dialog21 und IKID. Er studierte Medienwissenschaft im Bachelor in Tübingen und Unternehmenskommunikation im Master in Stuttgart und promoviert an der Universität Passau über narrative Weltentwürfe der Digitalisierung in non-fiktionalen Medien. Seine Forschungsschwerpunkte sind Narratologie, digitaler Utopismus und die Ethik künstlicher Intelligenz.

Prof. Dr. Petra Grimm
Petra Grimm ist seit 1998 Professorin für Medienforschung und Kommunikationswissenschaft an der Hochschule der Medien (Stuttgart). Sie ist Leiterin des Instituts für Digitale Ethik (IDE) und Ethikbeauftragte der Hochschule der Medien. Ihre Forschungsschwerpunkte sind „Digitalisierung der Gesellschaft", „Ethik der KI und Robotik", „Narrative Ethik" und „Mediennutzung von Kindern und Jugendlichen". Hierzu hat sie zahlreiche Publikationen veröffentlicht und Forschungsprojekte durchgeführt. Ihr Lehrgebiet ist Digitale Ethik und Narrative Medienforschung in Master- und Bachelor-Studiengängen. Sie ist (Mit-)Herausgeberin der Schriftenreihe Medienethik und der Schriftenreihe Daten, Recht und Digitale Ethik. Sie ist u. a.

Mitglied im Baden-Württemberg Center of Applied Research (BW-CAR) und der Deutschen Gesellschaft für Publizistik (Fachgruppe Kommunikations- und Medienethik).

Mirjam Gruber
Mirjam Gruber ist Doktorandin am Institut für Politikwissenschaft der Universität Leipzig und seit 2017 Wissenschaftliche Mitarbeiterin am Center for Advanced Studies von Eurac Research, Bozen (Italien). Von Februar bis Juli 2022 war sie Visiting PhD Student an der University of Leicester (Großbritannien). Ihre Forschungsschwerpunkte sind Klimawandelkommunikation, politische Diskurse sowie Populismus und rechtsradikale Parteien.

Dr. Christopher Koska
Christopher Koska hat sich im März 2022 mit einer Arbeit zur Ethik der Algorithmen an der Hochschule für Philosophie (München) promoviert. Seit Mai 2022 ist er Postdoc am Lehrstuhl für Praktische Philosophie an der Hochschule für Philosophie. Er ist Projektkoordinator des vom bidt finanzierten Forschungsprojekts KAIMo (Kann ein Algorithmus moralisch kalkulieren). Zudem ist er Partner und Gesellschafter bei der Unternehmensberatung dimension 2 GmbH, die sich auf die Themenfelder Corporate Digital Responsibility (CDR) sowie Daten- und Algorithmenethik spezialisiert hat. Seit 2016 unterstützt er verschiedene Unternehmen bei der Konzeption und Umsetzung einer wertorientierten und verantwortungsvollen Datennutzungspraxis. Mit dem Projekt „Digitale Verantwortung leben" hat einer seiner langjährigen Klient:innen den 1. Platz beim CDR Award 2021 (BVDW e.V. und Bayern Innovativ) in der Kategorie „CDR und Mitarbeitende" gewonnen. Er ist Mitgründer des CDR-Labs und beschäftigt sich in diesem Rahmen v. a. mit praxisorientierten Lösungsansätzen für unterschiedliche Handlungsfelder und Branchen.

Susanne Kuhnert
Susanne Kuhnert hat Philosophie, Interkulturelle Kommunikation und Neuere Deutsche Literatur an der Ludwig-Maximilians-Universität in München studiert und ist als Wissenschaftliche Mitarbeiterin seit Februar 2017 am Institut für Digitale Ethik an der Hochschule der Medien in Stuttgart beschäftigt. Sie arbeitete in dieser Zeit in den vom Bundesministerium für Bildung und Forschung geförderten Forschungsprojekten KoFFI (Kooperative-Fahrer-Fahrzeug-Interaktion) und SmartIdentifikation (Smartphone-basierte Analyse von Migrationstrends zur Identifikation von Schleuserrouten). In diesen Projekten konnte sie sich intensiv mit technikethischen Fragen der Digitalisierung auseinandersetzen, bis sie im Juli 2020 zum vom MWK Baden-Württemberg geförderten Projekt Digital Dialog 21 wechselte, das die gesellschaftlichen Herausforderungen der Digitalisierung in den Mittelpunkt stellte. In dieser Zeit war sie mitverantwortlich für die Gestaltung von medienethischen Tools wie der Podcast-Reihe „Digital & Glücklich", dem Online-

Datenschutz-Tool „Privat-o-Mat" und für das E-Book „Märchen und Erzählungen der Digitalen Ethik". Susanne Kuhnert war von 2018 bis 2021 neben ihrer Arbeit am Institut für Digitale Ethik auch als Lehrbeauftragte für das Hasso-Plattner-Institut an der Universität Potsdam tätig. Aktuell arbeitet sie am Institut für Digitale Ethik in den Forschungsprojekten „ELSI-SAT Health & Care" und „SHUFFLE".

Dr. des. Adriano Mannino
Geboren 1988 in Interlaken.
Studium der Philosophie und Rechtswissenschaften in Zürich und Bern.
2009–2018 Sozialunternehmer, Mitgründer dreier Nonprofit-Organisationen (in den Bereichen Menschenrechte, Tier- und Umweltschutz sowie KI-Sicherheit), Mitgründer eines Datenunternehmens.
Seit 2018 Politikberater, Mitgründer des Solon Center for Policy Innovation der Parmenides Stiftung.
2020–2023 Promotion an der Ludwig-Maximilians-Universität München im Bereich der Ethik und Entscheidungstheorie.
Ab 2023 Postdoctoral Fellow an der University of California, Berkeley, im Bereich der KI-Ethik und Gastwissenschaftler am Munich Center for Mathematical Philosophy der LMU München.

Dr. Jan Mehlich
Geboren 1964 in Wien.
Jan Mehlich studierte von 2002 bis 2012 Chemie (Diplom, Promotion) und Angewandte Ethik (Master) an der Westfälischen Wilhelmsuniversität Münster. Ausgestattet mit Kenntnissen der Nanowissenschaft sowie der Anforderungen an ethischen Diskurs übernahm er die Koordination eines Begleitforschungsprojekts zu ethischen und sozialen Implikationen von Nanomedizin an der Europäischen Akademie Bad Neuenahr-Ahrweiler GmbH, einer Institution im Bereich Technikfolgenbewertung. Als Stipendiat der Alexander-von-Humboldt-Stiftung forschte er in Taiwan an der National Chung Hsing University und der Tunghai University zu der Frage, inwiefern ethische, soziale und ökologische Aspekte im Rahmen der taiwanischen National Nanotechnology Initiative berücksichtigt wurden. Im Anschluss an dieses Postdoktorat bekleidete er Stellen zunächst als Wissenschaftlicher Mitarbeiter und dann als Assistenzprofessor an der International School of Technology and Management an der Feng Chia University, wo er sich mit der Rolle verschiedener Akteure im normativen Innovationsdiskurs befasste. Zu seinen Lehraktivitäten gehören Kurse in Wissenschafts- und Technikethik, Innovationsmanagement, Kritisches Denken und Diskurskompetenz. Seit Oktober 2021 arbeitet er am Center for Life Ethics der Rheinischen Friedrich-Wilhelms-Universität Bonn, unter anderem im Projekt ELSI-SAT Health & Care.

Marina Moreno
Geboren 1998 in Bern.
2016–2020 Bachelor-Studium der Philosophie, Computerwissenschaft und Volkswirtschaftslehre in Bern.
2020–2022 Master-Studium der Logik und Wissenschaftstheorie am Munich Center for Mathematical Philosophy (MCMP) der Ludwig-Maximilians-Universität München.
Seit 2020 Wissenschaftliche Mitarbeiterin am Solon Center for Policy Innovation der Parmenides Stiftung.
Seit 2022 Promotion im Bereich der Entscheidungtheorie sowie der Künstlichen Akteurschaft und Intelligenz an der LMU München.

PD Dr. Nikil Mukerji
Geboren 1981 in München.
Studium der Philosophie, Logik und Wissenschaftstheorie an der Ludwig-Maximilians-Universität (LMU) in München sowie Betriebs- und Volkswirtschaftslehre (u. a. in Aberdeen, Großbritannien, und Auckland, Neuseeland).
2011–2013 Wissenschaftlicher Mitarbeiter am Lehrstuhl für Wirtschaftsethik der Technischen Universität München (TUM).
2014 Promotion in Philosophie an der LMU München.
2014–2021 Akademischer Geschäftsführer des Executive-Studiengangs M.A. in Philosophie Politik Wirtschaft (PPW) der LMU München.
Seit 2019 Vorstandsmitglied und Mitglied des Wissenschaftsrats der Gesellschaft zur wissenschaftlichen Untersuchung von Parawissenschaften (GWUP).
Seit 2020 Mitglied des wissenschaftlichen Beirats des Hans-Albert-Instituts (HAI).
2021 Habilitation in Praktischer Philosophie.
Seit 2022 Privatdozent am Munich Center for Mathematical Philosophy (MCMP) der LMU München.

Univ.-Prof. Dr. Harald Pechlaner
Harald Pechlaner ist Head des Center for Advanced Studies von Eurac Research in Bozen. Er ist Inhaber eines Lehrstuhls für Tourismus und leitet ein Zentrum für Entrepreneurship an der Katholischen Universität Eichstätt-Ingolstadt. Seine Forschungsschwerpunkte liegen im Bereich der nachhaltigen Destinations-, Standort- und Regionalentwicklung sowie ausgewählten Fragen der Global Governance im Zusammenspiel von Wirtschaft, Technologie, Gesellschaft, Religion und Politik. Er ist seit 2014 Adjunct Research Professor an der School of Management and Marketing der Curtin Business School in Perth (Westaustralien) und Präsident der AIEST (Association Internationale d'Experts Scientifiques du Tourisme), der weltweit ältesten Vereinigung von Expert:innen der Tourismuswissenschaften, mit Sitz an der Universität St. Gallen. Seit vier Jahren begleitet Harald Pechlaner das Kompetenzzentrum Tourismus des Bundes, eine Einrichtung des Bundesministeriums für Wirtschaft und Klimaschutz in Berlin, als wissenschaftlicher Leiter mit dem

Ziel eines engeren Zusammenspiels von Politik, Wirtschaft und Wissenschaft. Er ist Mitglied der Europäischen Akademie der Wissenschaften und Künste sowie Ehrendoktor (doctor honoris causa) der Matej Bel Universität in Banska Bystrica (SK).

Prof. Dr. Michael Reder
Michael Reder ist Professor für Praktische Philosophie und Vizepräsident für Forschung an der Hochschule für Philosophie in München. Er forscht seit vielen Jahren intensiv zu Grundlagenfragen der Sozial- und politischen Philosophie wie der Bereichsethik, u. a. auch mit Blick auf aktuelle gesellschaftliche Transformationsprozesse und Krisen. Beispielhaft sind die Forschungsprojekte zu Klimawandel & Gerechtigkeit, zu transnationalen Praktiken der Solidarität und zum Verhältnis von Wissenschaft und Politik. Seit einigen Jahren arbeitet er vermehrt zur philosophischen Reflexion digitaler Transformationen mit Schwerpunkt auf KI. Dabei fokussiert er auf die normativen Implikationen dieser Transformationen und die Entstehung neuer sozialer Praktiken an der Schnittstelle von Mensch und Maschinen. Er ist Konsortialführer des vom bidt finanzierten Forschungsverbundes „Kann ein Algorithmus moralisch kalkulieren" und Mitglied des Direktoriums des gemeinsamen „Center for Responsible AI Technologies" der Technischen Universität München, der Universität Augsburg und der Hochschule für Philosophie München.

Marcel Schlegel
Marcel Schlegel ist seit 2021 Wissenschaftlicher Mitarbeiter am Institut für Digitale Ethik (IDE) an der Hochschule der Medien (Stuttgart). Der volontierte Zeitungsredakteur beschäftigt sich mit (politischen) Influencer:innen. Weiterhin war er Mitarbeiter in einem Forschungsprojekt zur Förderung von digitaler Barrierefreiheit (SHUFFLE).

Valeria von Miller
Valeria von Miller ist Wissenschaftskommunikatorin am Center for Advanced Studies von Eurac Research, einem privaten Forschungszentrum in Südtirol, Italien. Nach ihrem Master-Abschluss in Publizistik- und Kommunikationswissenschaften an der Universität Wien war sie zunächst im Journalismus, dann in der Öffentlichkeitsarbeit einer NGO tätig und zeichnet nun für die Wissenschaftskommunikation eines multi- und interdisziplinär arbeitenden Forschungsteams verantwortlich, das sich mit nachhaltiger Transformation auf globaler und lokaler Ebene beschäftigt.

Prof. Dr. Oliver Zöllner
Oliver Zöllner ist seit 2006 Professor für Medienforschung, Soziologie der Medienkommunikation und Digitale Ethik an der Hochschule der Medien Stuttgart. Er lehrt dort im Bachelor-Studiengang Medienwirtschaft und in den Medienmaster-

Programmen. Zudem ist er seit 2006 Honorarprofessor für Kommunikations- und Medienwissenschaft an der Heinrich-Heine-Universität Düsseldorf.

Zöllner forscht und lehrt zu Fragen der Digitalisierung, der digitalen Transformation und der damit verbundenen Aspekte der reflexiven Medienkompetenz und Digitalen Ethik. Zu seinen Spezialgebieten zählen außerdem die strategische Eigendarstellung von Staaten im System der internationalen Kommunikation (Public Diplomacy, Nation Branding, Competitive Identity) wie auch Prozesse der Identitätsbildung in Gesellschaften, etwa im Kontext von Migrationsdebatten.